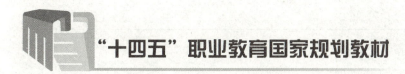

"十四五"职业教育国家规划教材

财务管理

主　编　刘　娜　宋艳华
副主编　张忻悦　褚静静　郑婉丽
　　　　王　静　王立平

北京理工大学出版社
BEIJING INSTITUTE OF TECHNOLOGY PRESS

版权专有 侵权必究

图书在版编目（CIP）数据

财务管理 / 刘娜，宋艳华主编．-- 北京：北京理工大学出版社，2021.9

ISBN 978-7-5763-0334-6

Ⅰ．①财… Ⅱ．①刘…②宋… Ⅲ．①财务管理—高等学校—教材 Ⅳ．① F275

中国版本图书馆 CIP 数据核字（2021）第 184878 号

出版发行 / 北京理工大学出版社有限责任公司
社　　址 / 北京市海淀区中关村南大街 5 号
邮　　编 / 100081
电　　话 /（010）68914775（总编室）
　　　　　（010）82562903（教材售后服务热线）
　　　　　（010）68944723（其他图书服务热线）
网　　址 / http://www.bitpress.com.cn
经　　销 / 全国各地新华书店
印　　刷 / 河北盛世彩捷印刷有限公司
开　　本 / 889 毫米 × 1194 毫米　1/16
印　　张 / 23.5
字　　数 / 732 千字
版　　次 / 2021 年 9 月第 1 版　2021 年 9 月第 1 次印刷
定　　价 / 59.90 元

责任编辑 / 王俊洁
文案编辑 / 王俊洁
责任校对 / 刘亚男
责任印制 / 施胜娟

图书出现印装质量问题，请拨打售后服务热线，本社负责调换

前言

本教材编者在对财务管理岗位进行调研分析、与企业专家共同研讨的基础上，基于企业实际工作内容构建教材体系，以财务管理的工作环节：财务预测、财务决策、财务预算、财务控制、财务分析为体系，以筹资管理、投资管理和润分配管理为主要内容，系统地阐述了财务管理的理论、方法和技能。

本教材中含有案例导入、案例讨论等丰富的案例资源，通过实例操作和分析，有助于学生内化理论知识和技能，培养自主创新能力；结合案例详尽地列出了相关知识点，并配有课件、微课、动画等课程资源，学生通过扫描二维码，就可以迅速完成课前自学；每个项目后附有多种题型的习题，帮助学生掌握重点、难点内容；"财博士知识通""想一想""企业伦理与职业道德"等小栏目贯穿教材，将思政元素、职业道德、行业文化有机地融入课程内容，旨在举旗帜、聚民心、育新人、兴文化、展形象，增强读者文化自信。项目中的学习目标、知识架构，方便学生梳理课程内容；学习成果认定，通过多项指标的学生自测和教师评定，师生可以掌握自查教学情况，提高教学效果。

本教材的编写理念是：理论够用、实践为重，全面贯彻落实党的二十大精神，牢牢把握习近平新时代中国特色社会主义思想的世界观和方法论，坚持好、运用好贯穿其中的立场观点方法，以财务管理岗位能力为核心，以实践技能和素养形成为目标，以企业财务管理业务操作为主线，建成集纸质教材、教学资源为一体的立体化教材。

本教材共分为11个项目，项目1、项目3、项目7由刘娜编写；项目2、项目8由宋艳华编写；项目4、项目10由张忻悦编写；项目5、项目6、项目9由褚静静、郑婉丽、王静编写；项目11由刘娜、王立平编写，王立平负责本书的校对和审核工作。主编刘娜、宋艳华负责全书的协作组织与协调工作。

本教材在编写过程中参阅了大量的中外书籍，曹妃甸港集团有限公司王娟根据企业账务管理工作的职责，提供了大量案例资源，另有多位校企合作企业和有关领导、专家提供了帮助和支持，在此一并表示感谢。

由于编者水平和经验有限，书中难免有欠妥和错误之处，恳请读者批评指正。

编　者

目录

项目 1　走进财务管理 1
　　任务 1　认识财务管理 3
　　任务 2　明确财务管理目标 9
　　任务 3　熟悉财务管理环境 14

项目 2　树立财务管理基本观念 23
　　任务 1　计算资金时间价值 25
　　任务 2　了解风险与报酬 35
　　任务 3　成本性态分析和本量利分析 43

项目 3　编制财务预算 64
　　任务 1　预算相关知识 66
　　任务 2　预算的编制方法 71
　　任务 3　财务预算的编制 83

项目 4　财务控制 101
　　任务 1　认识财务控制 103
　　任务 2　责任中心的划分与评价指标 108
　　任务 3　内部转移价格 118

项目 5　财务报表分析 129
　　任务 1　认识财务报表分析 131
　　任务 2　财务比率分析 139
　　任务 3　综合财务分析 152

项目 6　筹资管理 169
　　任务 1　认识筹资 171
　　任务 2　资金需要量预测 176

任务3　负债筹资 …………………………………………………………………………… 180
　　任务4　权益筹资 …………………………………………………………………………… 189

项目7　资本成本和资本结构 …………………………………………………………………… 200
　　任务1　资本成本的计算与应用 …………………………………………………………… 202
　　任务2　杠杆原理和风险衡量 ……………………………………………………………… 210
　　任务3　资本结构的优化与选择 …………………………………………………………… 216

项目8　项目投资管理 …………………………………………………………………………… 226
　　任务1　认识项目投资管理 ………………………………………………………………… 228
　　任务2　现金流量法 ………………………………………………………………………… 232
　　任务3　项目投资决策评价指标 …………………………………………………………… 241
　　任务4　项目投资决策分析方法的应用 …………………………………………………… 249

项目9　证券投资管理 …………………………………………………………………………… 261
　　任务1　认识证券投资 ……………………………………………………………………… 263
　　任务2　债券投资管理 ……………………………………………………………………… 270
　　任务3　股票投资管理 ……………………………………………………………………… 280
　　任务4　基金投资管理 ……………………………………………………………………… 291
　　任务5　证券组合投资决策 ………………………………………………………………… 298

项目10　营运资金管理 …………………………………………………………………………… 311
　　任务1　认识营运资金 ……………………………………………………………………… 313
　　任务2　货币资金管理 ……………………………………………………………………… 316
　　任务3　应收账款管理 ……………………………………………………………………… 324
　　任务4　存货管理 …………………………………………………………………………… 332

项目11　收益分配管理 …………………………………………………………………………… 346
　　任务1　认识收益分配管理 ………………………………………………………………… 348
　　任务2　选择股利分配政策 ………………………………………………………………… 353
　　任务3　股票股利和股票分割 ……………………………………………………………… 360

附录　资金时间价值系数表 ……………………………………………………………………… 370

项目 1

走进财务管理

学习目标

【素质目标】
1. 形成正确的就业观和创业意识
2. 培养良好的职业道德和严谨的工作态度
3. 具有较强的社会责任感和工作责任心
4. 培养团队合作精神

【知识目标】
1. 理解财务管理的内涵
2. 熟悉企业的财务活动
3. 明确企业的财务关系
4. 了解财务管理的环境
5. 掌握财务管理的含义和特点

【能力目标】
1. 能按照财务管理目标的本质要求,解释几个主要财务管理目标的观点
2. 能区分财务管理岗位的工作环节

知识架构

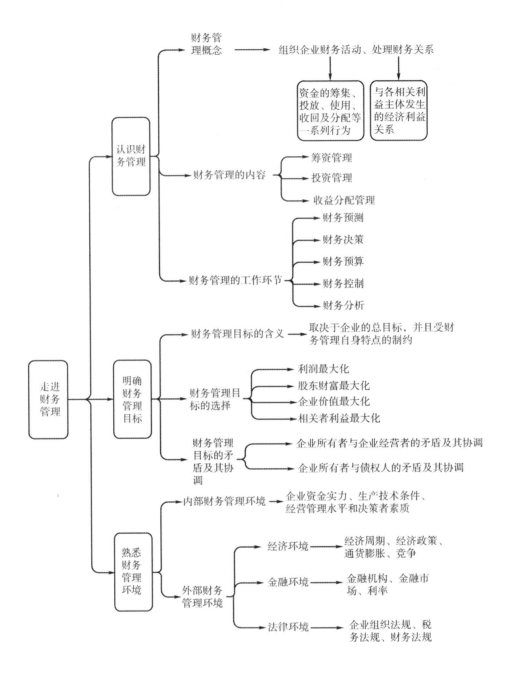

任务1　认识财务管理

案例导入

什么是财务管理？财务管理能解决什么问题？

小王大学毕业，正值国家大力推行大学生创业，他和朋友小张注册了一家摄影服务公司，致力于服务大学生，记录大学四年青春成长足迹，这家影像公司的成立开启了他的创业之路。短短两年时间，公司由最初的影像业务逐步扩展为集影像、服装、舞美三大类业务于一体，各方面逐步走向正规化。但随着公司业务的发展，小王遇到了一系列问题：

（1）公司扩大经营规模需要更多资金投入，小王不知道从何处筹集资金。
（2）公司现金管理缺乏制度约束，经常存在资金闲置和不足的现象。
（3）公司难以评价考核各个摄影组的业绩，经常出现员工抱怨绩效工资发放不公的情况。
（4）小王和小张这两位合伙人的分红数额也很随意，感觉他们在靠友谊支配公司的盈利分配。

面对这些困难，小王能作出什么对策呢？有人认为，这些问题大学里学过的财务管理课程能帮上忙，那么，什么是财务管理？财务管理课程能解决什么问题呢？

任务发布

讨论	1.1 什么是财务管理？财务管理能解决什么问题？
教师布置任务	
任务描述	1. 学生熟悉相关知识。 2. 教师结合案例问题组织学生进行研讨。 3. 将学生每5个人分成一个小组，分组研讨案例问题，通过内部讨论形成小组观点。 4. 每个小组选出一个代表陈述本组观点，其他小组可以对其进行提问，小组内其他成员也可以回答提出的问题；通过问题交流，将每一个需要研讨的问题都弄清楚，形成书面研讨结论。 5. 教师进行归纳分析，引导学生理解财务管理的内涵、熟悉企业财务活动和财务关系。 6. 根据各组在研讨过程中的表现，教师点评赋分。
问题	1. 什么是财务管理？财务管理能解决什么问题？ 2. 财务管理和会计有什么区别？

相关知识

一、财务管理的概念

财务管理是指<u>企业组织财务活动、处理财务关系</u>的一项综合性管理工作。财务管理经常涉及如下三个基本问题：一是企业如何筹集投资所需要的资金；二是企业应该采取什么样的长期投资战略和营运策略；三是企业通过投资产生的增值如何进行分配。

财务管理的对象是企业财务，即企业在生产过程中客观存在的财务活动及其所体现的财务关系。要了解什么是财务管理，首先必须分析企业的财务活动和财务关系。

（一）财务活动

微课1：资金运动和财务活动

企业的财务活动是伴随着资金运动产生的，财务活动是指资金的筹集、投放、使用、收回及分配等一系列行为。随着企业再生产过程的不断进行，企业资金处于不断的运动之中。具体表现为两种形式：

1. 实物商品资金运动

在企业的生产过程中，企业资金从货币资金形态开始，依次经过采购、生产和销售三个阶段，分别表现为商品资金、生产资金、产成品资金等各种不同形态，最后又回到货币资金形态。这种从货币资金形态开始，经过若干阶段，又回到货币资金形态的运动过程叫作资金的循环。企业资金周而复始、不断重复地循环，叫作资金的周转。资金的循环、周转体现着资金运动中资金形态的变化，资金在循环、周转过程中会产生增值，具体如图1-1所示。

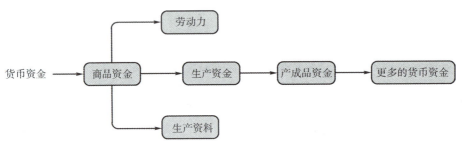

图1-1　实物商品资金运动过程

2. 金融商品资金运动

金融商品是指在金融市场上反复买卖，并有市场价格的各种有价证券（如股票、债券等）。

随着金融商品买卖的进行，货币资金依次转化为金融商品资金和更多的货币资金，具体如图1-2所示。

图1-2　金融商品资金运动过程

将实物商品资金运动和金融商品资金运动结合在一起，就形成了完整的资金运动过程，如图1-3所示。

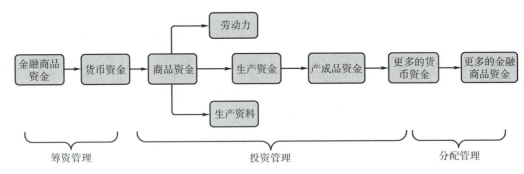

图1-3　完整的资金运动过程

其中：金融商品资金转化为企业货币资金的过程是资金运动的前提，称为筹资活动；货币资金经过采购、生产、销售产生增值的过程叫作投资活动；增值后的货币资金转化为金融商品资金的过程是资金运动的结果，叫作分配活动。财务活动就是指伴随着资金运动的资金的筹集、运用、耗费、收回及分配等一系列行为。

（二）财务关系

财务管理中的财务关系是指企业在组织财务活动的过程中与各相关利益主体发生的经济利益关系，一般包括以下几个方面：

微课2：财务关系和财务管理内容

1. 企业与投资者之间的财务关系

企业与投资者之间的财务关系是各种财务关系中最基本的财务关系，是指企业的投资者向企业投入资金，企业应向投资者支付投资报酬所形成的经济关系。企业与投资者之间的财务关系实质上是一种经营权与所有权的关系。

2. 企业与债权人之间的财务关系

企业与债权人之间的财务关系是指企业向债权人借入资金，并按借款合同的规定按时支付利息和归还本金所形成的经济关系。企业与债权人之间的财务关系实质上是债务与债权的关系。

3. 企业与政府之间的财务关系

政府作为社会管理者，行使政府行政职能，向社会提供公共服务。任何企业都必须按照国家税法规定缴纳各种税款。企业与政府之间的财务关系体现为依法纳税和依法征税的关系，这种关系体现了一种强制和无偿的分配关系。

4. 企业与受资者之间的财务关系

企业与受资者之间的财务关系是企业以购买股票或直接投资的形式向其他单位投资所形成的经济关系。企业向其他单位投资应按约定履行出资义务，并依据其出资份额参与受资者的经营管理和利润分配。

5. 企业与债务人之间的财务关系

企业与债务人之间的财务关系是指企业将其资金以购买债券、提供借款或商业信用等形式出借给其他单位所形成的经济关系。企业将资金出借后，有权要求其债务人按约定的条件归还本金、支付利息。

6. 企业内部各单位之间的财务关系

这主要是指企业内部各单位之间在生产经营各环节中相互提供产品或劳务所形成的经济关系。这体现了企业内部各单位之间的利益关系。处理这种财务关系应严格分清各单位的责、权、利，制定合理的内部核算制度和奖惩制度。

7. 企业与员工之间的财务关系

企业与员工之间的财务关系是指企业向员工支付劳动报酬，员工向企业提供体力或脑力劳动所形成的经济利益关系，体现为职工个人和集体在劳动成果上的分配关系。处理这种财务关系，应制定严格的岗位责任制和合理的工资、奖金分配制度，并形成一种有效的激励机制。

随着市场经济的发展，企业与各方面的联系日益广泛，企业的财务活动和财务关系也越来越复杂，如何处理好企业与各方面的关系，已成为企业生存与发展的重要问题。

想一想： 如果甲公司向乙公司赊销产品，并持有丙公司的债券和丁公司的股票，且向戊公司支付公司债务利息。假定不考虑其他条件，从甲公司的角度看，甲公司分别与乙公司、丙公司、戊公司属于什么性质的财务关系？

二、财务管理的内容

根据以上分析，财务管理是基于企业再生产过程中客观存在的财务活动和财务关系而产生的，是企业组织财务活动、处理与各方面财务关系的一项综合性管理工作。企业筹资、投资和利润分配构成了完整的企业财务活动，与此相对应，企业筹资管理、投资管理和利润分配管理便成为企业财务管理的基本内容。

（一）筹资管理

筹资管理的主要内容是：根据企业未来的发展规划、目前的财务状况、资本市场的变化等，合理预测企业未来资金需要量，确定筹资规模，并在此基础上进行资本结构的决策，如合理确定自有资金和借入资金的比例等，使企业在可以承受的风险范围内，尽可能降低筹资费用和资金的使用费用，增加企业收益。筹资管理是企业财务管理的首要环节，也是企业进行投资活动的基础。

（二）投资管理

投资管理的主要内容是：根据企业未来的发展规划，确定合理的投资规模，选择有发展前景的投资方向，对各种备选的投资项目进行财务评价，分析其收益性和风险性，并选择最优方案加以实施。投资是企业财务管理的重要环节，投资决策的成功与否，会对企业未来经营成败产生根本性的影响。

（三）收益分配管理

收益分配管理的主要内容是：根据国家法律的规定，及时足额交纳各种税费，提取公积金；根据企业未来的发展规划、财务政策、资本市场、股东利益等相关因素，合理确定利润分配和留用比例，正确处理企业长远发展与股东当前利益的关系，有效地增加企业价值，增加股东财富。分配管理是对投资成果的分配，是财务管理的最终目的。

三、财务管理的工作环节

每一项财务管理活动均包括下列五个工作环节，即财务预测、财务决策、财务预算、财务控制、财务分析。

（一）财务预测

财务预测是指根据财务活动的历史资料，考虑现实的要求和条件，对企业未来的财务活动和财务成果作出科学的预计和测算。财务预测是财务决策的基础，也是财务预算的前提。

微课3：财务管理的工作环节

（二）财务决策

财务决策是指财务人员按照财务目标的总体要求，利用专门方法对各种备选方案进行比较分析，并从中选出最优方案的过程。财务决策是财务管理的核心，其成功与否直接关系到企业的兴衰成败，正确的决策可使企业起死回生，错误的决策可导致企业毁于一旦。

> **谆谆教诲**
>
> 事前反复研究，慎之又慎；一旦作出决策，必须坚决执行，不容含糊。
>
> ——张瑞敏

（三）财务预算

财务预算是指企业运用科学的技术手段和数量方法，对未来财务活动的内容及指标进行综合平衡与协调的具体规划。财务预算是以财务决策确立的方案和财务预测提供的信息为基础编制的，是财务预测和财务决策的具体化，也是财务控制和财务分析的依据，贯穿企业财务活动的全过程。

微课4：财务经理岗位职责

（四）财务控制

财务控制是指在企业财务管理的过程中，利用有关信息和特定手段，对企业财务活动所施加的影响和进行的调节。实行财务控制是落实财务预算、保证财务预算实现的有效措施，也是责任绩效考评与奖惩的重要依据。

（五）财务分析

财务分析是指企业根据核算资料，运用特定方法，对企业财务活动过程及其结果进行分析和评价的一项工作。财务分析既是本期财务活动的总结，也是下期财务预测的前提，具有承上启下的作用。通过财务分析，可以掌握企业财务预算的完成情况，评价财务状况，研究和掌握企业财务活动的规律，改善财务预测、财务决策、财务预算和财务控制，提高企业财务管理水平。

财博士知识通

企业及其组织形式

企业是依法设立的，以营利为目的，运用各种生产要素（土地、劳动力、资本和技术等），向市场提供商品或服务，实行自主经营、自负盈亏、独立核算的法人或其他社会经济组织。企业组织形式分为个人独资企业、合伙企业、公司制企业。

1. 个人独资企业

独资企业，西方也称单人业主制企业。它是由某个人出资创办的企业，有很大的自由度，只要不违法，爱怎么经营就怎么经营，要雇多少人，贷多少款，全由业主自己决定。赚了钱，交了税，一切听从业主的分配；赔了本，欠了债，全由业主的资产来抵偿。我国的个体户和私营企业很多属于此类企业。

2. 合伙企业

合伙企业是指由几个人、几十个人，甚至几百个人联合起来共同出资创办的企业，它不同于所有权和管理权分离的公司企业，它通常是依合同或协议组织起来的，结构较不稳定。合伙人对整个合伙企业所欠的债务负有无限的责任。合伙企业没有独资企业自由，决策通常由合伙人集体作出，但它具有一定的企业规模优势。

以上两类企业属自然人企业，出资者对企业承担无限责任。

3. 公司制企业

公司制企业是指所有权和管理权分离，出资者按出资额对公司承担有限责任创办的企业。主要包括有限责任公司和股份有限公司。

任务实施

结论	1.1 什么是财务管理？财务管理能解决什么问题？
实施方式	研讨式
研讨结论	

教师评语：					
班级		小组		组长签字	
教师签字				日期	

任务2　明确财务管理目标

案例导入

京东的财务管理目标是什么？

京东，中国自营式电商企业，旗下设有京东商城、京东金融、拍拍网、京东智能、O2O及海外事业部等，2013年正式获得虚拟运营商牌照。2014年5月在美国纳斯达克证券交易所正式挂牌上市。多年以来，京东从一家电商企业朝着"以供应链为基础的技术与服务企业"发展，员工从38人增加到37万人，2020年收入超过7458亿元，服务5亿用户、数百万合作伙伴。

6月18日是京东店庆日，2021年京东618大促销数据表现亮眼。京东超市发布618战报，当日开场3分钟，京东超市整体成交额同比增长超10倍。开场5分钟，个人护肤品类强势爆发，成交额同比增长超20倍。此外，京东金融数据显示，2021年6月18日00：00—00：10，京东支付交易笔数同比增长超过100%。6月1—17日，京东金融App的基金日均申购金额同比增长147%，新增用户多来自三、四线城市，同比增长105%。

京东创始人刘强东发布致股东信：不会为了追求"大"而放弃商业信仰。刘强东表示，京东从创立的第一天起，就不会为了追求"大"而放弃商业信仰，京东成长的每一步都不追求独善其身的高利润，每一次创新和变革都是想着如何帮助合作伙伴有更好的增长，而不是替代他们。

刘强东还称，面向未来十年，京东将潜心打造新一代基础设施——京东数智化社会供应链，利用技术和供应链能力帮助合作伙伴降低流通成本、提升经营效率、降低先进技术的应用门槛，让缺乏技术能力的中小微企业也能拥有先进的资源和能力，同时又能发挥自身的灵活性，更好地服务用户。

任务发布

讨论	1.2　京东的财务管理目标是什么？
教师布置任务	
任务描述	1. 学生熟悉相关知识。 2. 教师结合案例问题组织学生进行研讨。 3. 将学生每5个人分成一个小组，分组研讨案例问题，通过内部讨论形成小组观点。 4. 每个小组选出一个代表陈述本组观点，其他小组可以对其进行提问，小组内其他成员也可以回答提出的问题；通过问题交流，将每一个需要研讨的问题都弄清楚，形成书面研讨结论。 5. 教师进行归纳分析，引导学生理解各财务管理目标的优缺点。 6. 根据各组在研讨过程中的表现，教师点评赋分。
问题	1. 常见的财务管理目标有哪些？ 2. 每种财务管理目标的优点、缺点各是什么？ 3. 你认为哪种目标是比较合理的？为什么？

相关知识

一、财务管理目标的含义

财务管理目标又称理财目标，是企业通过组织财务活动、处理财务关系所要达到的最终目标，它决定着企业财务管理的基本方向，是企业财务活动的出发点和归属点。财务管理的目标，取决于企业的总目标，并且受财务管理自身特点的制约。

二、财务管理目标的选择

一般而言，最具有代表性的财务管理目标包括以下几种观点：

（一）利润最大化

利润最大化是指假定企业财务管理以实现利润最大为目标。 这种观点认为，利润代表了企业创造的财富，利润越多，说明企业的财富增加得越多。

利润计算简便，但是利润最大化目标在实践中存在一些难以解决的问题：

（1）没有考虑资金时间价值；

（2）没有考虑风险因素，高额利润往往要承担过大的风险；

（3）没有反映创造的利润与投入的资本之间的关系，因而不利于不同资本规模的企业之间的比较；

（4）可能导致企业短期财务决策倾向，片面追求利润的增加，可能会影响企业的长远发展，如忽视科技开发、产品开发、人才开发、生产安全、技术装备水平、生活福利设施、履行社会责任等。

（二）股东财富最大化

股东财富最大化是指企业财务管理以实现股东财富最大为目标。 这种观点认为，股东作为公司的所有者，承担着公司的全部风险，因而也应享受因经营活动带来的全部税后收益，企业应该最大限度地谋求股东的利益，实现权益资本的保值、增值。人们往往以上市公司股票的市场价格来代表公司财富，所以，股东财富最大化在一定条件下也就演变成了股票市场价格最大化。

1. 与利润最大化相比，股东财富最大化的主要优点

（1）考虑了取得收益的时间因素和风险因素，因为股票的内在价值是按照风险调整折现率折现后的现值计算的；

（2）在一定程度上能够克服企业在追求利润上的短期行为，保证了企业的长期发展；

（3）股东财富最大化目标比较容易量化考核。

2. 股东财富最大化也存在一些缺点

（1）股东财富最大化只适用于上市公司，对非上市公司则很难适用；

（2）股票价格的高低不能完全反映股东财富或价值的大小，因为股票价格的变动是受诸多因素影响的综合结果，并非都是上市公司能够控制的，把不可控的因素引入理财目标是不合理的；

（3）股东财富最大化目标强调股东的利益，可能导致公司所有者与其他利益主体之间的矛盾与冲突。

（三）企业价值最大化

企业价值最大化是指企业财务管理行为以实现企业的价值最大为目标。 企业价值可以理解为企业全部资产的变现价值，或者是企业预计未来所能创造的现金流量的现值，它反映了企业潜在的或者预期获利能力。因此，企业预计所得的收益越多，收益的时间越近，企业价值就越大。

1. 以企业价值最大化作为财务管理目标具有的优点

（1）考虑了资金时间价值；

（2）考虑了风险和报酬的关系；

（3）有利于克服企业管理上的片面性和短期行为；

（4）这一目标有利于合理配置社会资源，社会资本通常流向企业价值最大化的企业或行业，从而实现社会效益最大化。

2. 以企业价值最大化作为财务管理目标也存在一些问题

（1）以企业价值最大化作为财务管理目标过于理论化，不易操作；

（2）对于非上市企业，这一目标值不能依靠股票市价作出评判，而需通过资产评估方式进行，而由于评估标准和评估方式的影响,这种估价不易做到客观和准确。

(四)相关者利益最大化

在市场经济中,企业的理财主体更加细化和多元化。股东作为企业的所有者,在企业中拥有最高的权力,并承担着最大的义务和风险。但是,债权人、企业经营者、员工、客户、供应商和政府也为企业承担着风险。

相关者利益最大化是指企业财务管理行为以实现企业的相关者利益最大为目标。企业的利益相关者不仅包括股东,还包括债权人、企业经营者、员工、客户、供应商和政府等。

以相关者利益最大化作为财务管理目标具有以下优点:

(1)有利于企业长期稳定发展;

(2)体现了合作共赢的价值理念,有利于实现企业经济效益和社会效益的统一;

(3)这一目标本身是一个多元化、多层次的目标体系,较好地兼顾了各利益主体的利益;

(4)体现了前瞻性和现实性的统一,因为不同的利益相关者有各自的评价指标,只要合理合法、互惠互利、相互协调,就可以实现所有相关者利益最大化。

> **谆谆教诲**
>
> 要达成伟大的成就,最重要的秘诀在于确定你的目标,然后开始干,采取行动,朝着目标前进。
>
> ——(美)博恩·崔西

三、财务管理目标的矛盾及其协调

财务管理需要协调相关利益群体的关系,化解他们之间的利益冲突。在财务关系中,最重要的关系是债权人、所有者和经营者之间的关系。企业必须处理好这三者之间的矛盾。

微课5:理财目标的矛盾与协调

(一)企业所有者与企业经营者的矛盾及其协调

企业所有者承担企业所有的风险,也享有所有的剩余收益。而现代公司制企业所有权和经营权分离,经营者不持有公司股票或者持有少量股票,他们经营企业只能得到有限的薪酬,公司经营业绩的好坏与经营者没有直接的利益关系。在这种情况下,企业经营者的积极性会降低,他们希望能够轻松地工作,甚至会侵吞公司的利益为自己谋福利,比如配高档轿车、装修豪华办公室、安排奢侈的旅行等。经营者还可能故意压低公司的股价,然后购买股票,从而使股东财富受损,自己从中渔利。为了解决这两者之间的矛盾,主要有以下几种方法:

1. 解聘

这是一种通过企业所有者约束企业经营者的办法。企业所有者对企业经营者予以监督,如果企业经营者未能给股东创造更多财富,就予以解聘,企业经营者害怕被解聘,就会被迫努力经营。

2. 接收

这是一种通过市场约束企业经营者的办法。如果企业经营者经营决策失误、经营不力,未能采取一些有效措施使企业价值提高,该公司就可能被其他公司强行接收或吞并,相应的,企业经营者也会被解聘。企业经营者为了避免这种接收,必须采取一切措施提高股票市价。

3. 激励

即将企业经营者的报酬与其绩效挂钩,以使企业经营者自觉采取能提高公司价值的措施。比如股票期权,允许企业经营者以固定的价格购买一定数量的公司股票,当股票的价格越高于固定价格时,企业经营者所得的报酬就越多。企业经营者为了获取更大的股票涨价收益,就必然主动采取能够提高股价的行动;或者公司运用每股利润、资产报酬率等指标来评价企业经营者的业绩,视其业绩大小给予企业经营者数量不等的股票作为报酬。

> **财博士知识通**

企业管理模式

企业管理模式是在较长的实践过程中,企业逐步形成并在一定时期内基本固定下来的一系列管理制度、规章、程序、结构和方法。为适应经济和社会及企业的发展,企业的管理模式也在不断调整和改变。

企业常见的管理模式如下:

1. 金字塔型管理模式

金字塔型组织是立体的三角锥体,等级森严,逐层分级管理,这是一种在传统生产企业中最常见的一种组织形式。而在信息技术发达的今天,金字塔型的组织结构由于缺乏组织弹性,过于依赖高层决策,显现出反应缓慢、刻板生硬、不懂得应变的机械弊端。

2. 学习型组织管理模式

这是通过培养弥漫于整个组织的学习气氛,充分发挥员工的创造性思维能力而建立起来的一种有机的、高度柔性的、扁平的、符合人性的、能持续发展的组织。学习型组织学习的本质对人的要求很高。

3. 智慧型组织管理模式

这种管理模式立足道、儒、法的中国传统文化,将西方现代企业管理学与中国国学及中医智慧融于一体,其理论结合人的身体机能,提出了"天人合一""道法自然"的经营理念和管理哲学。

(二)企业所有者与债权人的矛盾及其协调

企业的资金来自债权人和所有者,所有者的财务目标可能与债权人期望实现的目标发生矛盾,这种矛盾是通过经营者作为媒介表现出来的。主要表现为两点:首先,两者对于风险的追求不同。所有者可能要求经营者改变举债资金的原定用途,将其用于风险更高的项目,但这会增大偿债的风险,如果成功,所有者会得到高额收益,而债权人只得到固定的利息,一旦失败,债权人的本金和利息就有收不回的风险;其次,两者对于负债规模的要求不同。所有者可能未征得现有债权人的同意,而要求经营者发行新债券或举借新债,这增加了企业破产的风险,降低了企业的偿债能力,侵犯了债权人的利益。

为协调所有者与债权人的矛盾,通常可采用以下两种方式:

1. 限制性借债

即在借款合同中加入某些限制性条款,如规定借款的用途、借款的担保条款和借款的信用条件等。

2. 收回借款或停止借款

即当债权人发现公司有损害其利益的行为时,采取收回债权和不给予公司增加放款的措施,来保护自身的权益。

任务实施

结论	1.2 京东的财务管理目标是什么？
实施方式	研讨式

研讨结论

教师评语：

班级		小组		组长签字	
教师签字				日期	

任务3　熟悉财务管理环境

案例导入

企业的财务管理环境

2020年春节一开始，新冠肺炎犹如平地一声雷炸响了全国，这场突如其来的疫情对很多行业都造成了非常大的影响。首当其冲的便是餐饮行业，几乎遭到毁灭性的打击，西贝、海底捞一度暂停营业，星巴克上百家门店关闭；旅游行业也是如此，春节，本是出门旅游的绝佳时机，每年春节都是旅游行业的旺季，无论是国内游还是境外游，人数都是爆棚的。而由于疫情的影响，各种航班、车次纷纷取消，往年人头攒动的热闹景区闭门歇业，偌大的景区空空荡荡、冷冷清清，旅游是重灾区，已成定论。据东呈国际集团提供的数据，2020年全国门店春节期间平均订单取消率超过40%；仅春节期间，出租率比2019年下滑近50%，收入同比下滑80%；还有其他行业，如零售、交通运输、娱乐文化、线下教育等行业受疫情影响都比较大，尤其是一些中小企业，企业营业能力、现金流以及还款能力都有一定程度的减弱。

但是也有很多企业在这个困境中找到了正确的、属于自己的新的方向和道路，如制造业对人工的依赖逐渐减少，智能工厂、智能制造得到进一步发展；数字化转型及远程智能服务被积极运用；疫情也加大了民众对于保险的重视程度……总之，相信我们终将克服困难，迎来新的开始！

任务发布

社会调研	1.3　企业的财务管理环境
教师布置任务	
任务描述	1. 学生熟悉相关知识。 2. 将学生每5～6人分成一个小组，通过网络、实地走访等形式展开社会调研，分析某企业面临的理财环境。 3. 学生共同参与，形成书面调研报告。 4. 每个小组推荐1个代表汇报本组调研过程和结果，各小组互评打分。 5. 根据各组在调研报告的撰写和汇报过程中的表现，教师点评赋分。
要求	1. 每位学生都积极参与到调研中，调研报告后附成员任务单。 2. 调研报告全面翔实，鼓励用专业语言表达，用数据支撑。 3. 匿名进行小组互评，评价有理有据。

相关知识

财务管理环境，也称理财环境，是影响企业财务活动、财务关系和财务管理的内外因素保障，是财务管理之外的、对财务管理系统有影响作用的一切系统的总和。

按照财务管理环境的范围可将其分为内部财务管理环境和外部财务管理环境。

一、内部财务管理环境

内部财务管理环境主要包括**企业资金实力、生产技术条件、经营管理水平和决策者素质**四个方面。内部财务管理环境要求财务管理人员针对本企业的微观环境及变化进行有效的管理，使本企业立于不败之地，是企业可以加以控制或改变的因素。

二、外部财务管理环境

外部财务管理环境是对企业财务管理有着重要影响的宏观方面的各种因素，主要包括经济环境、金融环境和法律环境。宏观经济环境的变化，对各地区、各行业的财务管理均会产生影响，企业难以控制和改变，只能适应环境的变化并进行适时的调整，因此，下面主要对企业外部财务管理环境进行详细介绍。

（一）经济环境

财务管理的经济环境是指影响企业财务活动和财务管理的各种经济因素，主要包括经济周期、经济政策、通货膨胀和竞争等方面。

微课6：法律环境和经济环境

1. 经济周期

企业经营与一个国家或地区的社会经济发展有着密切的关系。任何国家的经济发展都不可能呈长期的快速增长之势，而总是表现为"波浪式前进、螺旋式上升"的态势。一般经历复苏、繁荣、衰退和萧条几个阶段的循环，这种循环叫作经济周期。在经济周期的不同阶段，企业应采用不同的财务管理策略，如表1-1所示。

表1-1　经济周期中各阶段的财务管理策略

阶段	复苏	繁荣	衰退	萧条
财务管理策略	增加厂房设备 建立存货 开发新产品 增加劳动力	扩充厂房设备 开展营销规划 增加存货 提高产品价格 增加劳动力	停止扩张 出售多余设备 削减库存 停产不利产品 停止扩招雇员 停止长期采购	建立投资标准 保持市场份额 削减存货 压缩管理费用 裁减雇员 放弃次要利益

2. 经济政策

政府行使经济管理职能，主要是运用各种政策，实现其对宏观经济的调控功能。政府的经济政策在宏观经济管理中占据着重要的地位，深刻地影响着企业的发展和财务活动的运行。政府的经济政策种类很多，其中对经济影响最大的有财政政策、货币政策、价格政策与外贸政策等。企业在进行财务决策时，要认真研究政府的经济政策，按照政策导向行事，这样才能趋利避害。

3. 通货膨胀

通货膨胀是指持续的物价上涨和货币购买力的下降。通货膨胀对企业财务管理影响显著，主要表现在以下四个方面：

（1）企业原材料的采购成本、人工成本、固定资产的购置成本等增加，对资金的需求量增加；

（2）利率提高，企业筹资成本提高，筹资数量受到限制；

（3）固定资产等长期资产按历史成本计价所带来的成本补偿不足，也会使资金短缺现象加剧；

（4）成本补偿不足造成利润虚增，税金多交，利润多分。

以上四个方面最终都会影响企业的资金状况和获利水平。

虽然企业对通货膨胀本身是无能为力的，但可以通过有效的财务管理手段，避免或降低通货膨胀给企业带来的不利影响。在通货膨胀初期，货币面临贬值的风险，这时企业可以适当进行投资，实现资本保值；与客户签订长期购货合同，以减少物价上涨带来的损失；取得长期负债，保持资本成本的稳定。在通货膨胀持续期，企业可以采用比较严格的信用条件，减少企业债权；调整财务政策，防止和减少企业资本流失等。

4. 竞争

市场经济中的企业总是处于激烈的竞争之中，竞争对于企业而言，既是威胁，又是机会。同业竞争使企业销售增长受到威胁，产品价格下降，营销费用提高，利润水平降低。但企业为了改善竞争地位，往往要加强管理，优化投资，增收节支，提高资产的使用效率，这会极大地提高企业的竞争能力，有利于企业的生存和发展。

（二）金融环境

企业总是需要资金从事投资和经营活动。资金的取得，除了自有资金外，主要通过金融机构和金融市场取得。所以，金融环境是企业最主要的环境因素。影响财务管理的主要金融环境因素有金融机构、金融市场和利率等。

1. 金融机构

社会资金从资金供应者手中转移到资金需求者手中，大多要通过金融机构。金融机构主要包括银行和非银行金融机构。

（1）中央银行，即中国人民银行，它代表政府管理全国的金融机构和金融活动，经理国库；

（2）商业银行，如中国工商银行、中国农业银行、中国银行和中国建设银行等国有银行，以及交通银行、中信实业银行、广东发展银行等股份制商业银行，它们是以营利为目的的金融企业，主要经营存款、放款、办理转账结算等业务；

（3）国家政策性银行，如中国进出口银行、中国农业发展银行、国家开发银行，这些银行以贯彻国家产业政策、区域发展政策为目的，不以营利为目的；

（4）非银行金融机构，主要包括金融资产管理公司、信托投资公司、财务公司和租赁公司等。

2. 金融市场

金融市场是指资金供应者和资金需求者双方通过信用工具进行交易而融通资金的市场，即实现货币借贷和资金融通、办理各种票据和进行有价证券交易活动的市场。金融市场可以是有形的，如银行、证券交易所等；也可以是无形的，如利用计算机、电话等设备进行资金交易活动，可以跨越城市、地区和国界。

金融市场包括外汇市场、资金市场和黄金市场，如图1-4所示。

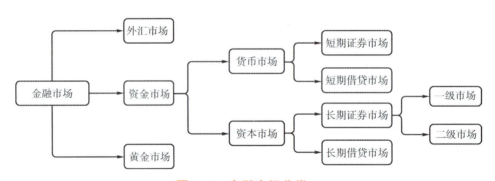

图1-4 金融市场分类

3. 利率

利率也称利息率，是利息占本金的百分比指标。从资金的借贷关系看，利率是一定时期内运用资金资源的交易价格，其计算公式为：

利率＝纯利率＋通货膨胀附加率＋风险附加率

纯利率又称真实利率，是没有风险和通货膨胀情况下的平均利率。纯利率的高低主要受社会平均资金利润率、资金供求和国家有关政策的影响。在实际工作中，把没有通货膨胀情况下的国库券的利率视为纯利率。

由于通货膨胀会降低货币的实际购买力，从而影响投资者的真实报酬率，因此为了弥补通货膨胀造成的购买力损失，在纯利率的基础上，应加上通货膨胀附加率。需要说明的是，这里所说的通货膨胀附加率，是指预期未来的通货膨胀率，而非过去已发生的实际通货膨胀率。

风险附加率是由于存在违约风险、流动性风险和期限风险而要求在纯利率和通货膨胀附加率之外附加的利率。其中，违约风险是指借款人无法按时还本付息而给投资人带来的风险。违约风险附加率是为了弥补违约风险，由债权人要求附加的利率。违约风险的大小与借款人信用等级的高低成反比。借款人的信用等级越高,违约风险越小,反之亦然。由政府发行的国库券可视为无违约风险证券,因此其利率较低。流动性是指某项资产迅速转化为现金的可能性。流动性风险附加率是指为了弥补因债务人资产变现力不好而带来的风险,由债权人要求附加的利率。期限风险是指因到期期间长短不同而形成的利率变化的风险。期限风险附加率是指为了弥补因偿债期长而带来的风险,由债权人要求附加的利率。例如,在流动性风险与违约风险相同的情况下,五年期国库券利率比三年期国库券利率要高,差别在于期限长短不同。任何机构发行的债券,期限越长,由于利率上升而使购买长期债券的投资者遭受损失的风险就越大。期限风险附加率就是对投资者负担利率变动风险的一种补偿。

微课8:利率的构成

> **谆谆教诲**
>
> 言不中法者,不听也;行不中法者,不高也;事不中法者,不为也。
>
> ——《商君书·君臣》

(三)法律环境

财务管理的法律环境是指企业和外部发生经济关系时所应遵守的各种法律法规和规章。企业的理财活动,无论是筹资、投资还是利润分配,都要和企业外部发生经济关系。在处理这些经济关系时,应当遵守有关的法律规范。

1. 企业组织法规

企业组织必须依法成立,组建不同的企业要依照不同的法规。这些法规主要有《中华人民共和国公司法》《中华人民共和国全民所有制工业企业法》《中华人民共和国外资企业法》《中华人民共和国中外合资经营企业法》《中华人民共和国中外合作经营企业法》《中华人民共和国私营企业暂行条例》《中华人民共和国合伙企业法》等。这些法规既是企业的组织法,又是企业的行为法。各种不同组织形式的企业都应按照相应的企业法进行理财活动。

例如,《中华人民共和国公司法》(以下简称《公司法》)对公司的设立条件、设立程序、组织机构、组织变更和终止的条件及程序都做了规定,包括股东人数、资本的筹资方式等。只有按规定的条件和程序建立的企业,才能称为公司。《公司法》还对公司生产经营的主要方面作出了规定,包括股票的发行和交易、债券的发行和转让、利润的分配等。公司一旦成立,其主要的活动,包括财务管理活动,都要按照《公司法》的规定来进行。

2. 税务法规

国家财政收入的主要来源是企业所缴纳的税金,而国家财政状况和财政政策,对于企业资金供应和税收负担都有着重要的影响;另外,国家各税种的设置、税率的调整,还具有调节生产经营的作用。企业的财务决策应当适应税收政策的导向,合理安排资金的投入,以追求最佳的经济效益。

国家税收制度特别是工商税收制度,是企业财务管理的重要外部条件。税负是企业的一种费用,会增加企业的现金流出,对企业理财有重要影响。企业都希望在不违反税法的前提下减少税务负担。税负的减少,只能靠投资、筹资和利润分配等财务决策时的精心安排和筹划,而不允许在纳税行为已经发生时去偷税、漏税。精通税法,对财务管理人员有重要意义。

3. 财务法规

财务法规是规范企业财务行为的法律规范,包括《中华人民共和国会计法》(简称《会计法》)、《企业财务通则》等。《会计法》作为我国会计工作的根本大法,是我国进行会计工作的基本依据。由于财务与会计工作的关联性,每个财务人员必须熟悉《会计法》并以此来指导自己的工作。《企业财务通则》是各类企业从事财务活动、实施财务管理和监督必须统一遵循的基本原则和规范。它对建立资本金制度、固定资产的折旧、成本的开支范围、利润的分配作出了规定。

除上述法规外,与企业财务管理有关的其他经济法规还有许多,包括各种证券法规、结算法规、合同法规等。财务人员必须熟悉这些法规,在守法的前提下完成财务管理的职能,实现企业的财务目标。

任务实施

社会调研	1.3　某公司的财务管理环境
实施方式	网络调研、实地访谈等

调研报告

教师评语：

班级		小组		组长签字	
教师签字				日期	

任务实施

【企业伦理与职业道德】

财务人员应该懂的法律常识

法律赋予了财务人员监督职责,但往往财务人员并不是最终决策者,因此财务人员总是在各种经济犯罪中被推向风口浪尖,财务人员如果缺乏法律意识,时常处于危险的境地。

那我们就要了解一下,作为财务人员,哪些法律常识必须要懂。我国会计法律法规体系按权威和法律效力区分,可分为四个层次:

第一层次是指由全国人民代表大会统一制定的会计法律,如《中华人民共和国会计法》;

第二层次是指由国务院制定的会计行政法规,如《总会计师条例》;

第三层次是指由财政部统一制定的会计规章制度,比如《企业会计准则》、《企业会计准则——应用指南》、企业会计制度,等等;

第四层次是指由国务院其他部门、中国共产党中央军事委员会后勤保障部(原解放军总后勤部)、各省、自治区、直辖市等地方制定的适用于本部门、本地实际情况的会计工作管理的规定、办法、规则、通知,等等。

这四个层次的法律法规内容都需要充分了解,懂法守法。

知识巩固与技能提高

一、单选题

1. 企业与债权人之间的财务关系体现为（　　）。
   A. 风险收益对等关系　　　　　　　　　B. 债权与债务关系
   C. 资金结算关系　　　　　　　　　　　D. 强制和无偿的分配关系
2. 财务关系是企业在组织财务活动过程中与有关各方面所发生的（　　）。
   A. 经济协作关系　　　　　　　　　　　B. 经济利益关系
   C. 经济往来关系　　　　　　　　　　　D. 经济责任关系
3. 股东财富由其所拥有的（　　）来决定。
   A. 股票价格　　　　B. 股票数量　　　　C. 股票的市场价值　　　　D. 股票市盈率
4. 财务管理环境涉及的范围很广，其中，最主要的是（　　）。
   A. 法律环境　　　　B. 经济环境　　　　C. 金融环境　　　　　　　D. 内部环境
5. 没有风险和通货膨胀情况下的均衡点利率是（　　）。
   A. 企业债券利率　　　　　　　　　　　B. 市场利率
   C. 无风险报酬率　　　　　　　　　　　D. 纯利率
6. 以利润最大化作为财务管理目标的特点是（　　）。
   A. 考虑了风险因素　　　　　　　　　　B. 可以避免企业的短期行为
   C. 没有考虑资金的时间价值　　　　　　D. 便于进行企业间效益的比较
7. 股东与经营者发生冲突的原因可归结为（　　）。
   A. 信息不对称　　　　　　　　　　　　B. 权益不同
   C. 地位不同　　　　　　　　　　　　　D. 行为目标不同
8. 在财务管理中，企业将筹集到的资金投入使用的过程称为（　　）。
   A. 筹资活动　　　　B. 投资活动　　　　C. 理财活动　　　　　　　D. 分配活动
9. 以股东财富最大化作为财务管理目标的缺点是（　　）。
   A. 没有考虑资金时间价值　　　　　　　B. 没有考虑风险因素
   C. 股东财富难以量化考核　　　　　　　D. 过分强调股东利益，忽视其他相关者利益
10. 企业的资金来自债权人和所有者，所有者的财务目标可能与债权人期望实现的目标发生矛盾，这种矛盾是通过（　　）作为媒介表现出来的。
    A. 企业的经营者　　　　　　　　　　　B. 政府相关部门
    C. 金融机构　　　　　　　　　　　　　D. 企业员工

二、多选题

1. 企业财务活动主要包括（　　）。
   A. 筹资活动　　　　B. 投资活动　　　　C. 人事管理活动　　　　　D. 分配活动
2. 财务管理环境主要包括（　　）。
   A. 经济环境　　　　B. 法律环境　　　　C. 金融市场环境　　　　　D. 政治环境
3. 股东通过经营者损害债权人利益的常用方式是（　　）。
   A. 不顾工人的健康和利益
   B. 不经债权人的同意，投资比债权人预期风险要高的新项目
   C. 不征得原有债权人同意而发行新债
   D. 未尽最大努力去实现企业财务管理目标

4. 企业财务管理工作主要包括（　　）。
   A. 财务预算　　　　　B. 财务预测、决策　　　C. 财务控制　　　　D. 财务分析
5. 以下关于利息率的表述正确的有（　　）。
   A. 利息率是利息占本金的百分比指标
   B. 利息率是一定时期运用资金资源的交易价格
   C. 利息率是中国人民银行对商业银行贷款的利率
   D. 利息率是没有风险和通货膨胀情况下的社会平均利润率
6. 财务管理十分重视股价的高低，其原因是（　　）。
   A. 股价代表了公众对企业价值的评价
   B. 股价反映了资本与获利之间的关系
   C. 股价反映了每股利润和风险的大小
   D. 股价反映了财务管理目标的实现程度
7. 在下列各项中，属于企业财务管理经济环境构成要素的有（　　）。
   A. 经济周期　　　　B. 经济发展水平　　　C. 宏观经济政策　　　D. 公司治理结构
8. 在下列各项中，属于企业财务管理金融环境构成要素的有（　　）。
   A. 金融机构　　　　B. 利息率　　　　　　C. 金融市场　　　　　D. 经济结构
9. 财务决策主要包括（　　）等步骤。
   A. 确定决策目标　　　　　　　　　　　B. 提出备选方案
   C. 方案选优　　　　　　　　　　　　　D. 制定计划
10. 财务管理是指（　　）的一项综合性管理工作。
    A. 组织财务活动　　　　　　　　　　　B. 处理财务关系
    C. 提高经济效益　　　　　　　　　　　D. 实施价值管理

三、判断题

1. 财务管理是企业管理的一个重要组成部分。（　　）
2. 投资是根据项目资金的需要筹集资金的行为。（　　）
3. 企业与政府之间的财务关系体现为投资和受资的关系。（　　）
4. 企业价值最大化是强调企业所有者的利益最大化，和经营者没有关系。（　　）
5. 财务管理环境指的是对企业财务活动和财务管理产生影响作用的企业各种外部条件的统称。（　　）
6. 利润最大化目标计算简便且考虑了企业的长期发展。（　　）
7. 金融市场的纯利率是指没有风险和通货膨胀情况下的平均利率。（　　）
8. 企业财务活动的内容也是企业财务管理的基本内容。（　　）
9. 企业在组织财务活动的过程中与有关各方所发生的经济利益关系称为财务关系，但不包括企业与职工之间的关系。（　　）
10. 公司的长期稳定发展会给债权人和投资者带来收益，因此这两者的利益总是统一的。（　　）

学习成果认定

专业能力	评价指标	自测结果	要求 （A 掌握；B 基本掌握；C 未掌握）
认识财务管理	1. 财务管理的含义 2. 企业财务活动 3. 企业财务关系 4. 财务管理工作岗位 5. 财务管理工作环节	A□ B□ C□ A□ B□ C□ A□ B□ C□ A□ B□ C□ A□ B□ C□	能够理解财务管理的含义，掌握财务活动和财务关系，明确财务管理工作岗位，了解财务管理工作环节和内容
明确财务管理目标	1. 财务管理目标 2. 理财目标的矛盾与协调	A□ B□ C□ A□ B□ C□	掌握利润最大化、股东财富最大化、企业价值最大化、相关者利益最大化目标的特点，理解经营者、投资者和债权人之间的矛盾及其协调方法
熟悉财务管理环境	1. 经济环境 2. 金融环境 3. 法律环境	A□ B□ C□ A□ B□ C□ A□ B□ C□	能够理解财务管理环境的内涵，了解各种财务管理环境对于企业理财的影响
职业道德、思想意识	1. 爱岗敬业、认真严谨 2. 遵纪守法、遵守职业道德 3. 顾全大局、团结合作	A□ B□ C□ A□ B□ C□ A□ B□ C□	专业素质、思想意识得以提升，德才兼备
小组评价			
团队合作	A□ B□ C□	沟通能力	A□ B□ C□
教师评价			
教师评语			
成绩		教师签字	

项目 2

树立财务管理基本观念

学习目标

【素质目标】
1. 认同财务管理观念对企业经营的重要性
2. 树立资金时间价值与风险观念
3. 形成风险思维和战略思维
4. 培养团队合作精神
5. 培养良好的职业道德和严谨的工作态度

【知识目标】
1. 理解资金时间价值的含义、风险与收益的关系
2. 了解本量利的基本概念、基本关系式和前提条件
3. 掌握风险衡量的方法
4. 掌握资金时间价值的计算、风险衡量指标、本量利的计算方法

【能力目标】
1. 能够收集资金时间价值、风险与收益计算分析所需的资料
2. 能够利用风险与收益的关系对简单投资项目作出评价分析
3. 能够利用资金时间价值和本量利的基本原理进行简单的财务决策分析

知识架构

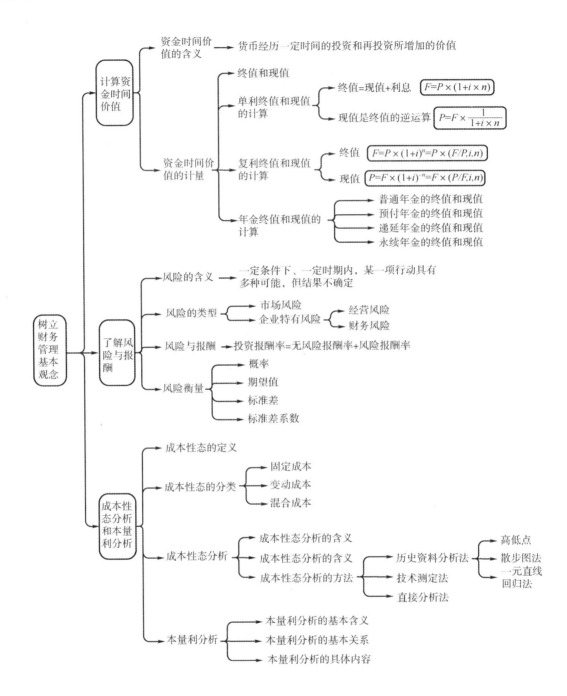

任务1　计算资金时间价值

案例导入

瑞士的惊异——1 250亿美元巨额账单

设想你突然收到一张你事先不知道的1 250亿美元的巨额账单！而这确实发生在瑞士田西纳镇（Ticino）的居民身上。纽约布鲁克林法庭判决田西纳镇应向一群美国投资者支付这笔钱，这些投资者向布鲁克林法庭提出就他们声称与内部交换银行（田西纳镇的一个小银行）破产有关的损失诉讼。田西纳镇的居民知道这诉讼，却以为是件小事，因而自然被这账单惊呆了。他们的律师声称，若高级法院支持这一判决，为偿还债务，所有的田西纳镇居民都不得不在其余生中靠吃麦当劳等廉价快餐度日。

田西纳镇的问题源自1966年的一笔存款，斯蒂林·格兰威尔·黑根不动产公司在内部交换银行存入6亿美元的维也纳石油与矿藏选择权，存款协议要求银行按每周1%的利率付款（银行第二年即破产）。1994年10月，纽约布鲁克林法庭作出判决，从存款日到田西纳镇对银行清算之间的7年中，田西纳镇以每周1%的复利计息，而在银行清算后的21年中，按8.54%的年利率计息。

任务发布

计算	2.1　瑞士的惊异——1 250亿美元巨额账单
	教师布置任务
任务描述	1. 学生熟悉相关知识。 2. 教师结合案例问题组织学生进行研讨。 3. 将学生每5个人分成一个小组，分组计算、研讨案例问题，通过内部讨论形成小组观点。 4. 每个小组选出一个代表陈述本组观点，其他小组可以对其进行提问，小组内其他成员也可以回答提出的问题；通过问题交流，将每一个需要计算研讨的问题都理解清楚，形成书面研讨报告。 5. 教师进行归纳分析，引导学生扎实理解资金时间价值的含义，能够利用资金时间价值对简单投资项目进行评价分析。 6. 根据各组在研讨过程中的表现，教师点评赋分。
问题	1. 请用所学的知识说明案例中的1 250亿美元（报道的近似数）是如何计算出来的？若精确到个位，其金额是多少？ 2. 出于重要财务观念考虑，该案例对你有哪些启示？

相关知识

微课1：资金时间价值的含义

一、资金时间价值的含义

资金时间价值非常重要，涉及几乎所有的理财活动，有人称资金时间价值为理财的"第一原则"。

（一）资金时间价值的含义

资金时间价值，又称货币时间价值，是指假设不存在风险与通货膨胀，货币经历一定时间的投资和再投资所增加的价值，或同一货币量在不同时点上的价值量的差额。

资金时间价值是作为资本使用的货币在其被运用的过程中随时间推移而带来的一部分增值价值。它反映的是由于时间因素的作用而使现在的一笔资金高于将来某个时期的同等数量的资金的差额或资金随时间推延所具有的增值能力。

在现实经济生活中，一定量的资金在不同时点上，其价值是不同的。今天的 100 元和一年后的 100 元是不等值的。今天将 100 元存入银行，在银行利率 5% 的情况下，一年后本息和为 105 元，多出的 5 元利息就是 100 元经过一年时间的投资所增加的价值，即资金的时间价值。显然，如不考虑通货膨胀的影响，今天的 100 元与一年后的 105 元相等。同样地，企业的资金投入生产经营中，经过生产过程的不断进行，资金的不断运动，随着时间的推移，会创造新的价值，使资金得以增值。因此，一定量的资金投入生产经营和存入银行，会取得一定利润或利息，从而产生资金时间价值。

（二）资金时间价值产生的条件

资金时间价值是资金在周转过程中随着时间的推移而发生的价值增值，但它不是由时间创造的，也不是由耐心创造的，它是在生产经营中产生的，来源于劳动者在生产过程中创造的剩余价值。资金时间价值产生的前提条件，是由于商品经济的高速发展和借贷关系的普遍存在，出现了资金使用权与所有权的分离，资金的所有者把资金使用权转让给使用者，使用者必须把资金增值的一部分支付给资金的所有者作为报酬。资金占用的金额越大，使用的时间越长，所有者所要求的报酬就越高。资金在周转过程中的价值增值是资金时间价值产生的根本源泉。

> **谆谆教诲**
>
> 时间是人的财富、全部财富，正如时间是国家的财富一样，因为任何财富都是时间与行动化合之后的成果。
>
> ——（法）巴尔扎克

（三）资金时间价值的表示方法

资金时间价值可以用绝对数（利息）和相对数（利率）两种形式表示，通常用相对数表示。资金时间价值的实际内容是在没有风险和通货膨胀条件下的社会平均资金利润率，是企业资金利润率的最低限度，也是使用资金的最低成本率。

综合上述内容可知，由于资金在不同时点上具有不同的价值，不同时点上的资金就不能直接比较，必须换算到相同的时点上才能比较。因此，掌握资金时间价值的计算方法就显得尤为重要。

二、资金时间价值的计量

（一）终值与现值

在经济生活中，货币有两种价值，分别称之为终值和现值。

终值（Future Value）是指现在一定量的现金在将来某一时点上的价值。俗称本利和，通常记作 F。

现值（Present Value）是指未来某一时点上的一定量现金折算到现在的价值。俗称本金，通常记作 P。

由于终值和现值的计算同利息的计算方法有关，而利息的计算又有单利和复利两种方法，因此，终值和现值的计算也有单利和复利之分。在财务管理中，一般用复利来计算。

（二）单利终值和现值的计算

所谓单利，就是指只对本金计算利息，利息不再计息。即各期利息相等。

按单利的计算法则，利息的计算公式为：

$$I = P \times i \times n$$

式中，I——利息；

P——现值；

i——利率（贴现率或者折现率）；

n——计算利息的期数，通常以年为单位。

每年的利息额实际上就是资金的增值额。应注意的是，在计算利息时，除非特别指明，通常给出的利率是指年利率。对于不足1年的利息，以1年等于360天来折算。

1. 单利终值的计算

单利终值，是指一定时期以后的本息和。计算公式为：

单利的终值=现值+利息

即：

$$F = P \times (1 + i \times n)$$

其中，F——单利终值。

【例2-1】现在的100元钱，年利率为10%，如果按照单利进行计算，则这100元钱在1年后、2年后、3年后分别为多少？

解：

现在的1元钱在1年后、2年后、3年后的终值计算如下：

$$1年后的终值 = 100 \times (1 + 10\% \times 1) = 110（元）$$
$$2年后的终值 = 100 \times (1 + 10\% \times 2) = 120（元）$$
$$3年后的终值 = 100 \times (1 + 10\% \times 3) = 130（元）$$

2. 单利现值的计算

单利现值，是指未来的一笔资金其现在的价值，即由终值倒求现值，一般称之为折现，并把所使用的利率称为折现率。

单利现值计算是单利终值计算的逆运算，由此可推算出单利现值的一般计算公式为：

$$P = F \times \frac{1}{1 + i \times n}$$

式中，各变量含义同上。

【例2-2】若年利率为10%，按单利计算，则1年后、2年后、3年后的100元钱的现值分别是多少？

解：

1年后、2年后、3年后的100元钱的现值分别是：

$$1年后的100元钱的现值 = \frac{100}{1 + 10\% \times 1} = 90.9（元）$$
$$2年后的100元钱的现值 = \frac{100}{1 + 10\% \times 2} = 83.3（元）$$
$$3年后的100元钱的现值 = \frac{100}{1 + 10\% \times 3} = 75.9（元）$$

微课2：神奇的复利

（三）复利终值和现值的计算

所谓复利，就是指不但本金要计息，而且前期利息也要纳入后期的本金再计息。即通常所说的"利滚利"，各期利息不相等。这里的计息期是指相邻两次计息的时间间隔，如年、月、日等。除非特别说明，计息期一般为1年。

1. 复利终值的计算

复利终值，是指一定量的本金按复利计算的若干年后的本利和。

复利终值的计算公式为：

$$F = P \times (1 + i)^n$$

式中，$(1+i)^n$ 称为复利终值系数或1元复利终值系数，用符号 $(F/P, i, n)$ 表示，其数值可查询1元复利终值系数表（附表一）。

因此，上边的公式也可以写作：

$$F=P\times(F/P, i, n)$$

【例2-3】现在的100元钱，年利率为10%，如果按照复利进行计算，则这100元钱在1年后、2年后、3年后分别为多少？

解：

现在的1元钱在1年后、2年后、3年后的终值计算如下：

$$1年后的终值=100\times(1+10\%)^1=100\times(F/P, 10\%, 1)=110（元）$$
$$2年后的终值=100\times(1+10\%)^2=100\times(F/P, 10\%, 2)=121（元）$$
$$3年后的终值=100\times(1+10\%)^3=100\times(F/P, 10\%, 3)=133.1（元）$$

式中，$(F/P, 10\%, 3)$表示利率为10%、期限为3年的复利终值系数。在复利终值系数表上，我们可以从横行中找到利率10%，纵列中找到期数3年，纵横相交处，可查到$(F/P, 10\%, 3)=1.331\ 0$。该系数表明，在年利率10%的条件下，现在的1元与3年后的1.331 0元相等。

2. 复利现值的计算

复利现值，是指在将来某一特定时间取得或支出一定数额的资金，按复利折算到现在的价值。

复利现值的计算公式为：

$$P=F\times\frac{1}{(1+i)^n}=F\times(1+i)^{-n}$$

微课3：一次性收付款项的复利终值和现值计算

式中，$\frac{1}{(1+i)^n}$为复利现值系数或者1元复利现值系数，用符号$(P/F, i, n)$表示。其数值可查询1元复利现值系数表（附表二）。

因此，该式也可以写作：

$$P=F\times(P/F, i, n)$$

【例2-4】若年利率为10%，按复利计算，则1年后、2年后、3年后的100元钱的现值分别是多少？

解：

$$1年后的100元钱的现值=\frac{100}{1+10\%}=100\times(P/F, 10\%, 1)=90.91（元）$$

$$2年后的100元钱的现值=\frac{100}{(1+10\%)^2}=100\times(P/F, 10\%, 2)=82.64（元）$$

$$3年后的100元钱的现值=\frac{100}{(1+10\%)^3}=100\times(P/F, 10\%, 3)=75.13（元）$$

式中，$(P/F, 10\%, 3)$表示利率为10%、期限为3年的复利现值系数。在复利现值系数表上，我们可以从横行中找到利率10%，纵列中找到期数3年，纵横相交处，可查到$(P/F, 10\%, 3)=0.751\ 3$。该系数表明，在年利率10%的条件下，3年后的1元与现在的0.751 3元相等。

3. 复利终值与现值的应用

【例2-5】某公司若在3年后得到133 100元收入，已知当前市场平均收益率为10%，则该公司现在需投资多少资金？

解：

该公司现在需投资的资金计算如下：

$$P（现在投资额）=\frac{133\ 100}{(1+10\%)^3}=133\ 100\times(P/F, 10\%, 3)\approx100\ 000（元）$$

【例2-6】某公司投资的一个项目预期每年年末取得的现金流如表2-1所示，当前市场平均收益率为10%，求该项目现金流的现值。

表 2-1 项目取得的现金流分布

万元

时期	0	1	2	3
现金流	1 000	1 000	2 000	5 000

解：

该项目现金流的现值计算如下：

$$P=1\,000+\frac{1\,000}{(1+10\%)}+\frac{2\,000}{(1+10\%)^2}+\frac{5\,000}{(1+10\%)^3}$$
$$=1\,000+1\,000\times(P/F,\ 10\%,\ 1)+2\,000\times(P/F,\ 10\%,\ 2)+5\,000\times(P/F,\ 10\%,\ 3)$$
$$=1\,000+909.10+1\,652.80+3\,765=7\,326.90（万元）$$

4. 名义利率和实际利率

在实际业务中，复利的计算期不一定是 1 年，可以是半年、一季、一月或一天复利一次。

当利息在一年内要复利几次时，给出的年利率称名义利率，用 r 表示，每年复利的次数用 m 表示，根据名义利率计算出的每年复利一次的年利率称实际利率，用 i 表示。

实际利率和名义利率之间的关系如下：

$$i=\left(1+\frac{r}{m}\right)^m-1$$

微课 4：名义利率和实际利率

从上式中可知，在计息期短于 1 年的情况下，名义利率小于实际利率，并且计息期越短，一年中按复利计息的次数就越多，实际利率就越高，利息额也越大。

【例 2-7】某人现存入银行 10 000 元，年利率 5%，每季度复利一次。要求：计算 2 年后能取得多少元本利和。

解法一：

先根据名义利率与实际利率的关系，将名义利率折算成实际利率。

$$i=(1+r\div m)^m-1$$
$$=(1+5\%\div 4)^4-1$$
$$=5.09\%$$

再按实际利率计算资金时间价值。

$$F=P\times(1+i)^n$$
$$=10\,000\times(1+5.09\%)^2$$
$$=11\,043.91（元）$$

解法二：

将已知的年利率 r 折算成期利率 $r\div m$，期数变为 $m\times n$。

$$F=P\times(1+r\div m)\times m\times n$$
$$=10\,000\times(1+5\%\div 4)\times 2\times 4$$
$$=10\,000\times(1+0.012\,5)\times 8$$
$$=11\,044.86（元）$$

（四）年金终值和现值的计算

在现实经济生活中，除了上面介绍的一次性收付款项外，还经常出现一定时期内多次收付的款项，即系列收付款项。如果一定时期内，每隔相同的时间，收入或支出相同金额的系列款项，这样的系列收付款项称为年金（Annuity），记作 A。年金收付方式在金融领域和经济领域中应用比较广泛，如债券利息、折旧、保险费、租金、养老金、等额分期收付款、零存整取等都是以年金方式来支付的。

微课 5：年金和年金种类

年金具有连续性和等额性的特点。连续性要求在一定时期内，每间隔相等时间就要发生一次收付业务，中间不得中断，必须形成系列。等额性要求每期收、付款项的金额必须相等。

年金按其每次收付款项发生时点的不同，可分为普通年金、预付年金、递延年金和永续年金。在财务管理中讲的年金，除非特别说明，一般是指普通年金。

1. 普通年金

普通年金也称后付年金，它是指在每期期末收付等额款项的年金。

普通年金现金流如图 2-1 所示。

图 2-1 普通年金现金流

微课 6：普通年金的终值和现值

在图 2-1 中，横线代表时间的延续，1，2，3，…，$n-2$，$n-1$，n 代表各期，竖线的位置代表现金流收付的时点，箭头上方的 A 代表的是当期收付的金额。

（1）普通年金终值的计算。

普通年金终值是指<u>每期期末收入或支出的相等款项，按复利计算，在最后一期所得的本利和</u>。普通年金终值用 F_A 表示，其计算公式为：

$$F_A = A \times (1+i)^{n-1} + A \times (1+i)^{n-2} + A \times (1+i)^{n-3} + \cdots + A \times (1+i) + A$$
$$= A \times \frac{(1+i)^n - 1}{i} = A \times (F/A, i, n)$$

式中，$\frac{(1+i)^n - 1}{i}$ 是普通年金为 1 元、利率为 i、经过 n 期的年金终值，称为年金终值系数，可记为 $(F/A, i, n)$。在 i、n 已知的情况下，可在 1 元年金终值系数表（附表三）中查阅其具体数值。

【例 2-8】某公司为了筹集后备资金，每年年末向银行存入 10 万元，年利率 6%，则 3 年后该公司共筹集多少资金？

解：

3 年后该公司共筹集资金为：

$$F_A = A \times (F/A, i, n) = 10 \times (F/A, 6\%, 3) = 10 \times 3.1836 = 31.836（万元）$$

（2）偿债基金的计算。

偿债基金是指为了在约定的未来一定时点清偿某笔债务或聚集一定数额的资金而必须分次等额提取的存款准备金。每次等额提取的存款准备金即为年金，而应偿债务即为年金终值，可见偿债基金的计算其实就是普通年金终值的逆运算，即<u>已知年金终值求年金</u>的问题。其计算公式为：

$$A = F_A \times \frac{i}{(1+i)^n - 1} = F_A \times (A/F, i, n)$$

式中，$\frac{i}{(1+i)^n - 1}$ 称为偿债基金系数，记作 $(A/F, i, n)$，等于年金终值系数的倒数。它可以把年金终值折算为每年需要支付的金额。偿债基金系数可查表获得，也可根据年金终值系数求倒数确定，即 $(A/F, i, n) = 1 \div (F/A, i, n)$。

【例 2-9】某公司设置偿债基金，以偿还 4 年后到期的 200 万元债务，假设银行存款利率为 8%，则每年年末应存入多少元钱？

解：

该公司每年年末应存入的金额如下：

$$A = F_A \times (A/F, 8\%, 4) = 200 \times \frac{1}{4.5061} \approx 44.38（万元）$$

（3）普通年金现值的计算。

普通年金现值是指<u>一定时期内每期期末等额收支款项的复利现值之和</u>。实际上就是指为了在每期期末取得或支出相等金额的款项，现在需要一次投入或借入多少金额。普通年金现值用 P_A 表示，其计算公式为：

$$P_A = A \times (1+i)^{-1} + A \times (1+i)^{-2} + A \times (1+i)^{-3} + \cdots + A \times (1+i)^{-(n-1)} + A \times (1+i)^{-n}$$
$$= A \times \frac{1 - (1+i)^{-n}}{i} = A \times (P/A, i, n)$$

式中，$\frac{1 - (1+i)^{-n}}{i}$ 是普通年金为 1 元、利率为 i、经过 n 期的年金现值，称为年金现值系数，可记为 $(P/A, i, n)$。在 i、

n 已知的情况下，可在 1 元年金现值系数表（附表四）中查阅其具体数值。

【例 2-10】某公司投资的项目于 2021 年动工并当年投产，从投产之日起每年可获得收益 100 万元，预期该项目能持续 10 年，按市场平均收益率为 7% 计算，该项目所产生的全部收益的现值是多少？

解：

该项目所产生的全部收益的现值是：

$$P_A = A \times (P/A, i, n) = 100 \times (P/A, 7\%, 10) = 100 \times 7.0236 = 702.36（万元）$$

（4）年资本回收额的计算。

年资本回收额是指在约定年限内等额回收初始投入资本或清偿所欠债务的金额。年资本回收额与年金现值互为逆运算，即<u>已知年金现值求年金</u>的问题。其计算公式如下：

$$A = P_A \times \frac{i}{1-(1+i)^{-n}} = P_A \times (A/P, i, n)$$

式中，$\frac{i}{1-(1+i)^{-n}}$ 称为资本回收系数，记作 $(A/P, i, n)$，等于年金现值系数的倒数。资本回收系数可查表获得，也可以根据年金终值系数求倒数确定，即 $(A/P, i, n) = 1 \div (P/A, i, n)$。

【例 2-11】某公司现借入 1 000 万元，约定在 5 年内按年利率 8% 均匀偿还，则该公司每年应还本付息的金额是多少？

解：

该公司每年应还本付息的金额是：

$$A = P_A \times (A/P, i, n) = 1\,000 \times (A/P, 8\%, 5)$$
$$= 1\,000 \times \frac{1}{3.9927} \approx 250.46（万元）$$

2. 预付年金

预付年金是指<u>每期期初收入或支出相等金额的款项</u>。这种等额收支是发生在每期的期初，而不是期末，也称先付年金或即付年金。

预付年金现金流如图 2-2 所示。

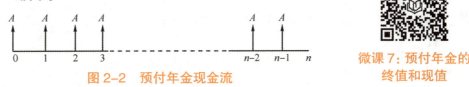

图 2-2　预付年金现金流

微课 7：预付年金的终值和现值

n 期预付年金与 n 期普通年金的现金流次数相同，只是收付款的时点不同，普通年金在每期的期末收付款项，预付年金在每期的期初收付款项。因此，预付年金终值与现值的计算与普通年金有所不同，预付年金的终值要比普通年金多计一年的利息；预付年金的现值也要比普通年金少折现一年。

（1）预付年金终值计算公式：

$$F_A = A \times \frac{(1+i)^n - 1}{i} \times (1+i)$$
$$= A \times (F/A, i, n) \times (1+i)$$
$$= A \times [(F/A, i, n+1) - 1]$$

（2）预付年金现值计算公式：

$$P_A = A \times \frac{1-(1+i)^{-n}}{i} \times (1+i)$$
$$= A \times (P/A, i, n) \times (1+i)$$
$$= A \times [(P/A, i, n-1) + 1]$$

【例 2-12】某人连续 5 年每年年初存入银行 10 000 元，利率为 10%。要求：计算第 5 年年末的本利和。

解：

$$F_A = A \times [(F/A, i, n+1) - 1] = 10\,000 \times [(F/A, 10\%, 6) - 1]$$
$$= 10\,000 \times (7.7156 - 1) = 67\,156（元）$$

每年年初存入 10 000 元，连续 5 年，到第 5 年年末可得 67 156 元。

【例 2-13】某公司购买一台机器设备，经销商提供了两种付款方案：第一种，立即支付 80 万元；第二种，分 5 年付款，每年年初支付 20 万元。在社会平均收益率为 10% 的情形下，该公司应选择哪一种方案？

解：

分期付款方案的现值为：

$$P_A = A \times [(P/A, i, n-1) + 1] = 20 \times [(P/A, 10\%, 4) + 1]$$
$$= 20 \times (3.1699 + 1) = 83.4（万元）$$

80 万元 < 83.4 万元，因此该公司应选择立即支付 80 万元的方案。

3. 递延年金

递延年金是指等额系列收付款项发生在第一期以后的年金，即最初若干期没有收付款项，没有收付款项的若干期称为递延期。递延年金的收付形式如图 2-3 所示。一般用 m 表示递延期数，用 n 表示连续收付期。

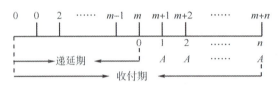
图 2-3 递延年金现金流

微课 8：递延年金的终值和现值

（1）递延年金终值的计算。

从图 2-3 中可以看出，递延年金终值的计算与递延期无关，递延年金终值的计算不考虑递延期。

如果计算递延期后的等额系列收付款发生在各期期末，则其终值计算与普通年金终值计算方法相同。即：

$$F_A = A \times (F/A, i, n)$$

如果计算递延期后的等额系列收付款发生在各期期初，则其终值计算与预付年金终值计算方法相同。即：

$$F_A = A \times [(F/A, i, n+1) - 1]$$

【例 2-14】某企业于年初投资一个项目，估计从第 5 年开始至第 10 年，每年年末可得收益 10 万元，假定年利率为 10%。要求：计算该投资项目年收益的终值。

解：

$$F_A = A \times (F/A, i, n)$$
$$= 10 \times (F/A, 10\%, 6)$$
$$= 10 \times 7.7156$$
$$= 77.156（万元）$$

该投资项目年收益的终值为 77.156 万元。

（2）递延年金现值的计算。

递延年金现值的计算有三种方法：

第一种方法，把递延年金视为 n 期普通年金，求出年金在递延期期末 m 点的现值，再将 m 点的现值调整到第一期期初。

其计算公式为：

$$P_A = A \times (P/A, i, n) \times (P/F, i, m)$$

第二种方法，假设递延期中也进行收支，先求出 $(m+n)$ 期的年金现值，然后，扣除实际并未收支的递延期 m 的年金现值，即可得出最终结果。

其计算公式为：

$$P_A = A \times [(P/A, i, m+n) - (P/A, i, m)]$$

第三种方法，先算出递延年金的终值，再将终值折算到第一期期初，即可求得递延年金的现值。

其计算公式为：

$$P_A = A \times (F/A, i, n) \times (P/F, i, m+n)$$

【例 2-15】某企业向银行借入一笔款项，银行贷款的年利息率为 8%，银行规定前 10 年不需还本付息，但从第11年至第20年,每年年末偿还本息1 000元,则这笔款项的现值是多少?

第一种计算方法:
$$P_A = 1\,000(P/A, 8\%, 10) \times (P/F, 8\%, 10)$$
$$= 1\,000 \times 6.710 \times 0.463 = 3\,106.73\,(元)$$

第二种计算方法:
$$P_A = 1\,000(P/A, 8\%, 20) - (P/A, 8\%, 10)$$
$$= 1\,000 \times (9.818\,1 - 6.710\,1) = 3\,108\,(元)$$

第三种计算方法:
$$P_A = 1\,000 \times (F/A, 8\%, 10) \times (P/F, 8\%, 20)$$
$$= 1\,000 \times 14.486\,6 \times 0.214\,5 = 3\,107.38\,(元)$$

此处数据略有差异,这是因为查表得到的系数均保留了四位小数,所以计算结果存在一定误差,这三种计算方法得出的结论应是一致的。

4. 永续年金

无限期收入或支出相等金额的年金,称为永续年金。现实中的存本取息,可视为永续年金的一个例子。永续年金没有终止的时间,也就没有终值。永续年金的现值可以通过普通年金现值的计算公式导出。

$$P = A \times \frac{1-(1+i)^{-n}}{i}$$

当$n \to \infty$时,$(1+i)^{-n}$的极限为零,故上式可写成:

$$P_A = A \times \frac{1}{i}$$

微课9:永续年金

【例2-16】某学校拟建立一项永久性的奖学金,每年计划颁发100 000元奖金。若利率为10%,现在应存入多少钱?

解:
$$P_A = 100\,000 \times \frac{1}{10\%} = 1\,000\,000\,(元)$$

财博士知识通

资金时间价值的应用

由于资金时间价值是客观存在的,因此,在企业的各项经营活动中,就应充分考虑到资金时间价值。在企业经营中,资金时间价值的应用主要表现在以下三个方面:

1. 在企业存货管理中的应用

一方面,企业由于销售增加会引起存货增加而多占用资金;另一方面,企业也会由于存货周转慢而使存货滞销、积压严重,影响资金的周转,降低企业的经济效益。假如经营者要处理积压存货,权衡存货削价的得失,要从资金时间价值上考虑以下两个方面:

(1)在预计滞销积压存货时,不能按单利计算,而要按复利计算;

(2)保管费用的资金支出也应按复利计算其终值。

2. 在企业销货分期付款中的应用

如企业采用分期付款销售方式,这里也有资金时间价值问题。比如,企业可以根据商品的现行市场价值和付款期限,计算出每期的付款额,确定什么情况下企业销售才能达到预期的毛利水平;另外,企业在现销和赊销间进行抉择时,也可以利用资金时间价值计算商品的最长销售期限,如果销售期限过长,商品收入的现值就会降低,此时企业更愿意选择降价销售或者是分期付款的形式。

3. 在企业设备投资中的应用

企业在进行固定资产更新决策时,面临着继续使用旧设备与购置新设备的选择。一般来说,更换设备并不改变企业的生产能力,不增加企业的现金流入。因此,较好的分析方法是比较继续使用和更新的年成本,以较低的作为好方案,这时,就要考虑资金时间价值。

除了上述几个方面外,企业经营活动中的委托代销、应收应付、租赁寄售、股利分红、企业兼并收购、固定资产折旧及对外经济贸易等方面,都应充分考虑资金时间价值,以使资金在周转过程中发挥最大的经济效益。

任务实施

结论	2.1 瑞士的惊异——1 250 亿美元巨额账单
实施方式	计算式
计算结论	

教师评语：

班级		小组		组长签字	
教师签字				日期	

任务2　了解风险与报酬

案例导入

中航油事件

2003年下半年，中国航油公司新加坡（以下简称中航油）开始交易石油期权，最初涉及200万桶石油，中航油在交易中获利。

2004年第一季度，油价攀升，导致公司潜亏580万美元，公司决定延期交割合同，期望油价能回跌，交易量也随之增加。

2004年第二季度，随着油价持续升高，公司的账面亏损额增加到3 000万美元左右。公司因而决定再延后到2005年和2006年才交割，交易量再次增加。

2004年10月，油价再创新高，公司此时的交易盘口达5 200万桶石油，账面亏损再度大增。

10月10日，面对严重资金周转问题的中航油，首次向母公司呈报交易和账面亏损。为了补加交易商追加的保证金，公司已耗尽近2 600万美元的营运资本、1.2亿美元银团贷款和6 800万美元应收账款资金。账面亏损高达18亿美元，另外已支付8 000万美元的额外保证金。

10月20日，母公司提前配售15%的股票，将所得的1.08亿美元资金贷款给中航油。

10月26日和28日，公司因无法补加一些合同的保证金而遭逼仓，蒙受1.32亿美元实际亏损。

11月8日到25日，公司的衍生商品合同继续遭逼仓，截至25日，实际亏损达3.81亿美元。

12月1日，在亏损5.5亿美元后，中航油宣布向法庭申请破产保护令。

任务发布

讨论	2.2　中航油事件
教师布置任务	
任务描述	1. 学生熟悉相关知识。 2. 教师结合案例问题组织学生进行研讨。 3. 将学生每5个人分成一个小组，分组研讨案例问题，通过内部讨论形成小组观点。 4. 每个小组选出一个代表陈述本组观点，其他小组可以对其进行提问，小组内其他成员也可以回答提出的问题；通过问题交流，将每一个需要研讨的问题都弄清楚，形成书面研讨结论。 5. 教师进行归纳分析，引导学生扎实掌握风险和报酬的关系，树立风险意识，能够对企业风险进行测量和规避。 6. 根据各组在研讨过程中的表现，教师点评赋分。
问题	1. 中航油破产的原因有哪些？ 2. 企业面临的风险有哪些？如何正确衡量企业风险？ 3. 俗话说："高风险，高回报。"你认为这句话对吗？请说出理由。

相关知识

一、风险的含义

风险是指一定条件下、一定时期内，某一项行动具有多种可能，但结果不确定。风险是由缺乏信息和决策者不能控制未来事物的发展过程而引起的。风险具有多样性和不确定性，可以事先估计采取某种行动可能导致的各种结果以及每种结果出现的可能性大小，但无法确定最终结果是什么。例如，掷一枚硬币，我们可事先知道硬币落地时有正面朝上和反面朝上两种结果，并且每种结果出现的可能性各为50%，但无法事先知道某一次硬币落地时究竟是正面朝上还是反面朝上。

值得注意的是，风险和不确定性是不同的。不确定性是指对于某种行动，人们知道可能出现的各种结果，但不知道每种结果出现的概率，或者对可能出现的各种结果及每种结果出现的概率均不知道，只能作出粗略的估计。如购买股票，投资者无法在购买前确定所有可能达到的期望报酬率以及该报酬率出现的概率。而对风险问题，出现的各种结果的概率一般可事先估计和测算，只是不准确而已。如果对不确定性问题先估计一个大致的概率，则不确定性问题就转化为风险问题了。在财务管理实务中对两者不做严格区分。讲到风险，可能是指一般意义上的风险，也可能指不确定性问题。

> **谆谆教诲**
>
> 风险是来自你不知道你在做什么。海水退潮后才觉得自己是光着身子。
>
> ——（美）巴菲特

风险是客观的、普遍的，广泛地存在于企业的财务活动中，并影响着企业的财务目标。由于企业的财务活动经常是在有风险的情况下进行的，各种难以预料和无法控制的因素可能使企业遭受风险，蒙受损失。如果只有损失，没人会去冒风险，企业冒着风险投资的最终目的是为了得到额外收益。因此，风险不仅带来预期的损失，而且可带来预期的收益。所以，要仔细分析风险，以承担最小的风险来换取最大的收益就十分必要。

财博士知识通

风险定律

1. 哈维尔定律（Harvel's Law）

随着损益绝对值的增加，风险将增加。

2. 大数定律（Law of Large Numbers）

当实验次数足够多时，事件发生的频率无穷接近于该事件发生的概率。

3. 哈姆列维定律（Hamlevey's Law）

随着财富的增长，决策者风险回避倾向递减。

4. 克雷定律（Clay's Law）

保守型决策者的数量要多于冒险型决策者的数量。

5. 卡因曼定律（Kahneman's Law）

（1）风险决策后的输赢结果对人而言是不对等的，减少100元带给人的损失远远大于增加100元带给人的收益；

（2）人们最在意的是他们已经得到的东西。占有的时间越长，失去的痛苦越大。如煮熟的鸭子、钓到的鱼等。因此，奖励与惩罚是极不对称的，惩罚带来的痛苦大于奖励带来的快乐。

二、风险的类型

企业面临的风险主要有两种：市场风险和企业特有风险。

（一）市场风险

市场风险是指影响所有企业的风险。它由企业的外部因素引起，企业无法控制、无法分散，涉及所有的投资对象，又称为系统风险或不可分散风险，如战争、自然灾害、利率的变化、经济周期的变化等因素，将引起所有企业的收益波动。

(二)企业特有风险

企业特有风险是指由个别企业的特有事件造成的风险。它是随机发生的，只与个别企业和个别投资项目有关，不涉及所有企业和所有项目，可以分散，又称为非系统风险和可分散风险，如产品开发失败、销售份额减少、工人罢工等。非系统风险根据风险形成的原因不同，又可分为经营风险和财务风险。

1. 经营风险

经营风险是指由于企业生产经营条件的变化对企业收益带来的不确定性，又称为商业风险。产生这些生产经营条件变化的原因可能来自企业内部，也可能来自企业外部，如顾客购买力发生变化、竞争对手增加、政策变化、产品生产方向不对路、生产组织不合理等。这些内外因素使企业的生产经营产生不确定性，最终引起收益变化。

2. 财务风险

财务风险是指由于企业举债而给财务成果带来的不确定性，又称为筹资风险。企业借款虽可以解决企业资金短缺的困难，提高自有资金的盈利能力，但也改变了企业的资金结构和自有资金利润率，还需还本付息，并且借入资金所获得的利润是否大于支付的利息额具有不确定性，因此借款就有风险。在全部资金来源中，借入资金所占的比重大，企业的负担就重，风险程度也就增加；借入资金所占的比重小，企业的负担就轻，风险程度也就减轻。因此，必须确定合理的资金结构，这样既可提高资金盈利能力，又可防止财务风险增大。

三、风险与报酬

如上所述，企业的财务活动和经营管理活动总是在有风险的状态下进行的，只不过风险有大有小。投资者冒着风险投资是为了获得更多的报酬，冒的风险越大，要求的报酬就越高。风险和报酬之间存在密切的对应关系，高风险的项目必然有高报酬，低风险的项目必然有低报酬，因此风险报酬是投资报酬的组成部分。

微课10：风险与报酬

(一)风险报酬的含义

风险报酬是指投资者冒着风险进行投资而获得的超过资金时间价值的那部分额外收益，是对人们所遇到的风险的一种价值补偿，也称风险价值。它的表现形式可以是风险报酬额或风险报酬率，在财务管理实务中一般以风险报酬率来表示。

(二)投资报酬率的计算

如果不考虑通货膨胀，投资者冒着风险进行投资所希望得到的投资报酬率是无风险报酬率与风险报酬率之和，即：

$$投资报酬率 = 无风险报酬率 + 风险报酬率$$
$$R = R_F + R_P$$

其中，

R 为投资报酬率；

R_F 为无风险报酬率；

R_P 为风险报酬率。

无风险报酬率就是资金时间价值，是在没有风险状态下的投资报酬率，是投资者投资某一项目能够确定得到的报酬，具有预期报酬的确定性，并且与投资时间的长短有关，可用政府债券利率表示。风险报酬率是风险价值，是超过资金时间价值的额外报酬，具有预期报酬的不确定性，与风险程度（标准差系数）和风险报酬系数的大小有关，并成正比关系。

即：

$$风险报酬率 = 风险报酬系数 \times 风险程度（标准差系数）$$

【例2-17】资金时间价值为5%，某项投资的风险报酬率为10%。要求：在不考虑通货膨胀时，计算投资报酬率。

解：

$$投资报酬率=无风险报酬率+风险报酬率=5\%+10\%=15\%$$

> **谆谆教诲**
>
> 并非所有的人都能成功，勇于进取者往往要冒失败的风险。
>
> ——（英）托·斯摩莱特

（三）风险报酬系数的计算

风险报酬系数是指将标准离差率转化为风险报酬的一种系数。其计算方法主要有两种：

1. 根据以往的同类项目加以确定

风险报酬系数可以参照以往同类项目的历史资料，运用上述有关公式来确定。

【例2-18】有一公司准备投资某一项目，该项目的总投资报酬率为18%，风险程度为80%，无风险报酬率为6%，根据投资报酬率＝无风险报酬率＋风险报酬率（风险报酬系数×风险程度），可得：

$$风险报酬系数=(投资报酬率-无风险报酬率)/风险程度$$
$$=(18\%-6\%)/80\%$$
$$=15\%$$

微课11：风险报酬系数的计算方法

2. 根据风险程度（标准差系数）和投资报酬率之间的关系来确定

标准差系数是衡量风险大小的重要标准，因此，借助以往项目的标准差系数和投资报酬率之间的关系，可以用高低点法来估算风险报酬系数。计算公式为：

$$风险报酬系数=\frac{最高投资报酬率-最低投资报酬率}{最高标准差系数-最低标准差系数}$$

风险报酬率可根据历史资料用高低点法、直线回归法或由企业管理人员会同专家根据经验确定。

【例2-19】某公司以往投资项目的标准差系数和投资报酬率之间的关系如表2-2所示。

表2-2 投资项目的标准差系数和投资报酬率之间的关系

%

投资项目	投资报酬率	标准差系数
A	13	10
B	17	60
C	20	80

要求：计算风险报酬系数。

解：

$$风险报酬系数=\frac{最高投资报酬率-最低投资报酬率}{最高标准差系数-最低标准差系数}$$
$$=\frac{20\%-13\%}{80\%-10\%}=10\%$$

微课12：风险衡量

四、风险衡量

由于风险具有普遍性和广泛性，那么正确地衡量风险就十分重要。既然风险是可能值对期望值的偏离，那么利用概率分布、期望值和标准差来计算与衡量风险的大小就是一种最常用的方法。

(一) 概率

在经济活动中，某一事件在相同的条件下可能发生也可能不发生，这类事件称为随机事件。概率就是用来表示随机事件发生可能性大小的数值。通常，用 X 表示随机事件，X_i 表示随机事件的第 i 种结果，P_i 表示第 i 种结果出现的概率。肯定发生的事件概率为 1，肯定不发生的事件概率为 0。一般随机事件的概率在 0 与 1 之间，即 $0 \leq P_i \leq 1$，P_i 越大，表示该事件发生的可能性越大，反之，P_i 越小，表示该事件发生的可能性越小。所有可能的结果出现的概率之和一定为 1，即

$$\sum_{i=1}^{n} P_i = 1$$

【例 2-20】ABC 公司有两个投资机会：A 投资机会是一个高科技项目，该领域竞争很激烈，如果经济发展迅速并且该项目搞得好，取得较大市场占有率，利润会很高；否则，利润会很低甚至亏本；B 项目是一个老产品，并且是必需品，销售前景可以准确预测出来。假设未来的经济情况只有三种：繁荣、正常、衰退，有关的概率分布和预期报酬率如表 2-3 所示。

表 2-3　ABC 公司未来经济情况表　　　　　　　　　　　　%

经济情况	概率（P_i）	A 项目收益率	B 项目收益率
繁荣	0.3	90	20
正常	0.4	15	15
衰退	0.3	−60	10

解：

从表 2-3 中可见，所有的概率 P_i 均在 0 和 1 之间，且概率之和 $P_1+P_2+P_3=1$。

在这里，概率表示每一种经济情况出现的可能性，同时也就是各种不同预期报酬率出现的可能性。例如，未来经济情况出现繁荣的可能性为 0.3。假如这种情况真的出现，A 项目可获得高达 90% 的报酬率。这也就是说，采纳 A 项目获利 90% 的可能性是 0.3。

如果我们将 ABC 公司年收益的各种可能结果及各种结果相应的概率按一定规则排列出来，构成分布图，则称之为概率分布。概率分布一般用坐标图来表示，横坐标表示某一事件的结果，纵坐标表示每一结果相应的概率。概率分布有两种类型：一是离散型概率分布，其特点是各种可能结果只有有限个值，概率分布在各个特定点上，是不连续图像；二是连续型概率分布，其特点是各种可能结果有无数个值，概率分布在连续图像上的两点之间的区间上。【例 2-20】的概率分布就属于离散型分布，它有 3 个值，如图 2-4 所示。

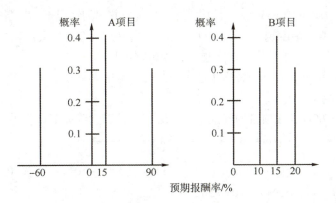

图 2-4　离散型分布

实际上，出现的经济情况远不止三种，有无数可能的经济情况会出现。如果对每种情况都赋予一个概率并分别测定其预期报酬率，则可用连续型分布描述，如图 2-5 所示。

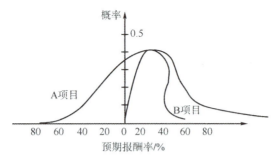

图 2-5 连续型分布

(二)期望值

期望值是指可能发生的结果与各自概率之积的加权平均值,反映了投资者的合理预期,用 E 表示。根据概率统计知识,一个随机变量的期望值为:

$$E=\sum_{i=1}^{n}X_iP_i$$

【例 2-21】利用【例 2-20】中的数据计算预期年收益的期望值。

解:

预期报酬率 $E(A)=0.3\times 90\%+0.4\times 15\%+0.3\times(-60\%)=15\%$

预期报酬率 $E(B)=0.3\times 20\%+0.4\times 15\%+0.3\times 10\%=15\%$

两者的预期报酬率相同,但其概率分布不同。A 项目的预期报酬率的分散程度大,变动范围在 -60%~90%;B 项目的预期报酬率的分散程度小,变动范围在 10%~20%。这说明两个项目的预期报酬率相同,但风险不同。为了定量地衡量风险大小,还要使用统计学中衡量概率分布离散程度的指标。

(三)离散程度

一般用标准差和标准差系数(标准离差率)来表示随机变量的离散程度。

1. 标准差

标准差是用来衡量概率分布中各种可能值对期望值的偏离程度,反映风险的大小,标准差用 σ 表示。标准差的计算公式为:

$$\sigma=\sqrt{\sum_{i=1}^{n}(X_i-E)^2\times P_i}$$

标准差用来反映决策方案的风险,是一个绝对数。在 n 个方案的情况下,若期望值相同,则标准差越大,表明各种可能值偏离期望值的幅度越大,结果的不确定性越大,风险也越大;反之,标准差越小,表明各种可能值偏离期望值的幅度越小,结果的不确定越小,则风险也越小。

【例 2-22】利用【例 2-20】中的数据计算标准差(收益率用 R 表示,下同)。

解:

A 项目的标准差是 58.09%,B 项目的标准差是 3.87%,计算过程如下。

A 项目预期报酬率的标准差:

$$\sigma=\sqrt{(90\%-15\%)^2\times 0.3+(15\%-15\%)^2\times 0.4+(-60\%-15\%)^2\times 0.3}$$
$$=\sqrt{0.5625\times 0.3+0+0.5625\times 0.3}=0.5809$$

B 项目预期报酬率的标准差:

$$\sigma=\sqrt{(20\%-15\%)^2\times 0.3+(15\%-15\%)^2\times 0.4+(10\%-15\%)^2\times 0.3}$$
$$=\sqrt{0.00075\times 0.3+0+0.00075\times 0.3}=0.0387$$

由于它们的预期报酬率相同,因此可以认为 A 项目的风险比 B 项目的风险大。

2. 标准差系数

标准差是以均值为中心计算出来的，是一个绝对指标，因而当不同项目的期望值不同时，不能用标准差衡量风险的高低，需要剔除均值大小的影响。为了解决这个问题，引入了离散系数的概念。

标准差系数是标准差与期望值的比，又称为离散系数，它是从相对角度观察两者的差异和离散程度，在比较相关事务的差异程度时较之直接比较标准差更好些。计算公式如下：

$$标准差系数 = 标准差 / 期望值$$

$$q = \frac{\sigma}{E}$$

标准差系数是一个相对数，在期望值不同时，离散系数越大，表明可能值与期望值偏离程度越大，结果的不确定性越大，风险也越大；反之，离散系数越小，表明可能值与期望值偏离程度越小，结果的不确定性越小，风险也越小。

【例2-23】A证券的预期报酬率为10%，标准差是12%；B证券的预期报酬率为18%，标准差是20%。问A证券和B证券中哪一个的风险大？

解：

$$标准差系数（A）= 12\% / 10\% = 1.20$$
$$标准差系数（B）= 20\% / 18\% = 1.11$$

直接从标准差看，B证券的标准差较大，能否说B证券的风险比A证券大呢？不能轻易下这个结论，因为B证券的期望报酬率较大。如果以各自的平均报酬率为基础观察，A证券的标准差是其均值的1.2倍，而B证券的标准差只是其均值的1.11倍，B证券的相对风险较小。这就是说，A证券的绝对风险较小，但相对风险较大，B证券与此正相反。

有了标准差和标准差系数，我们可利用这两个指标来确定方案风险的大小，选择决策方案。对单个方案，可将标准差（系数）与设定的可接受的此项指标最高限值做比较，若前者小于后者，应选择此方案。对于多个方案，决策的总原则是选择标准差低、期望值高的方案，但具体情况还要具体分析。

财博士知识通

风险报酬率和标准差系数的关系

标准差系数虽然能正确评价风险程度的大小，但这还不是风险报酬率。要计算风险报酬率，还必须借助风险报酬系数。风险报酬率、风险报酬系数和标准差系数之间的关系为：

$$风险报酬率 = 风险报酬系数 \times 标准差系数$$

【例2-24】假设【例2-23】中A证券和B证券的风险报酬系数分别为6%和10%，则两个证券的风险报酬率分别为：

$$风险报酬率（A）= 6\% \times 1.2 = 7.2\%$$
$$风险报酬率（B）= 10\% \times 1.11 = 11.1\%$$

由此可以看出，要正确计算风险报酬率，关键在于确定风险报酬系数。风险报酬系数一般可根据以往同类项目的有关数据或由有关专家根据经验和客观情况进行预期确定。

任务实施

结论	2.2 中航油事件
实施方式	研讨式

研讨结论

教师评语：

班级		小组		组长签字	
教师签字				日期	

任务 3　成本性态分析和本量利分析

案例导入

盛元公司的盈利到底是多少？

盛元公司是一家生产电磁炉的公司，销量已连续两年下降，库存积压严重，总经理召集有关部门负责人研究讨论解决方案，会议要点如下：

总经理：目前公司每月平均销量仅有 400 台，而库存却有 600 台，单位售价 250 元，这个价位在市场同类产品中并不高，为什么销量上不去？家电行业竞争激烈，如果不尽快扭转销售下滑的态势，公司将面临很高的破产风险。

销售经理：我认为问题的关键是产品的质量问题。目前市场同类产品的保质期大多为三年，而公司仅为一年。如果将保质期延至三年，公司将付出一笔不小的售后服务成本。我建议使用较高质量的部件生产，产品质量提升后，再将保质期延至三年。

生产经理：我同意。每台电磁炉的生产成本是 190 元，如果改用更高质量的部件生产，会使产品的材料成本增加 10 元，不过，产品质量一定会有很大的提升，预计每月将会减少售后服务成本 1 000 元。只要销量能上去，公司盈利增加，工人就会有生产积极性。

销售经理：产品质量上去后，再将产品价格下调 10 元，同时每月再追加 2 000 元的广告费支出，虽然单台毛利降为 40 元，但月销量预计有大幅提高，有望增至 800 台，公司月盈利将增加 7 000 元。

销售副经理：我认为问题的关键是公司的销售激励政策。目前，公司每月支付给销售人员 6 000 元的固定工资，销多销少都一样，销售人员的积极性不高。我建议每销售 1 台产品，付给销售人员 15 元的佣金，我有信心通过这一改革使每月的销量增加 50%，并使公司盈利增加 9 000 元。

财务经理：电磁炉单台的变动生产成本是 150 元，公司月固定制造费用总额是 40 000 元，销售及管理费用总额是 22 000 元，更换生产部件和下调产品销售价格后，单台毛利降为 80 元，如果公司要实现月盈利增加 7 000 元，月销量必须达到 900 台，预计的 800 台销量根本不可能实现 9 000 元的盈利。同样，销售佣金政策变更后，虽然月销量增加 50%，但仍不足以弥补亏损。

总经理：毛利是怎么回事？盈利到底是怎么计算出来的？

任务发布

讨论	2.3　盛元公司的盈利到底是多少？
	教师布置任务
任务描述	1. 学生熟悉相关知识。 2. 教师结合案例问题组织学生进行研讨。 3. 将学生每 5 个人分成一个小组，分组研讨案例问题，通过内部讨论形成小组观点。 4. 每个小组选出一个代表陈述本组观点，其他小组可以对其进行提问，小组内其他成员也可以回答提出的问题；通过问题交流，将每一个需要研讨的问题都弄清楚，形成书面研讨结论。 5. 教师进行归纳分析，引导学生扎实掌握成本性态分析和本量利分析的基本理论、方法，能够根据所学对企业经营决策作出科学判断。 6. 根据各组在研讨过程中的表现，教师点评赋分。
问题	1. 财务经理所说的毛利、盈利分析是如何计算出来的？销售经理、销售副经理和财务经理谁的观点更有说服力？ 2. 如果你是总经理，你同意谁的观点，请说出理由。 3. 请思考企业在进行经营决策分析时应考虑哪些因素？如何作出正确抉择？

相关知识

一、成本性态的定义

成本性态是指**成本总额与特定的业务量之间在数量方面的依存关系**，又称成本习性。其目的是要反映成本与生产量、销售量等业务量之间的内在联系，分析当业务量发生变动时，与之相应的成本是否相应变动，最终从数量上具体掌握产品成本与生产能力之间的规律性。

这里的业务量是指企业在一定的生产经营期内投入或完成的经营工作量的统称，有绝对量和相对量两大类。其中，绝对量用实物量和价值量表示，相对量用百分比或比率表示。在财务管理中，一般用绝对量表示。业务量可以是生产量、销售量，也可以是直接人工工时、机器工作小时，通常泛指生产量、销售量。

成本总额是指为取得营业收入而发生的全部生产成本和推销费用、管理费用等非生产成本。

二、成本性态的分类

成本按性态划分，可分为变动成本、固定成本和混合成本三大类。

微课13：成本性态的分类

（一）变动成本

1. 变动成本的含义

变动成本是指在一定时期和一定业务量范围内，总额随着业务量的变动而发生正比例变动的成本。

2. 变动成本的内容

变动成本一般包括企业生产过程中发生的直接材料、直接人工，制造费用中的产品包装费、燃料费、动力费等，按销售量多少支付的推销佣金、装运费等。

3. 变动成本的特点

变动成本具有单位变动成本的不变性和总额的正比例变动性，即单位变动成本不受业务量变动的影响而保持不变，变动成本总额随着业务量的变动而发生正比例变动。在平面直角坐标系上，单位变动成本是一条平行于横轴的直线，变动成本总额是一条通过原点向右上方倾斜的直线，如图2-6和图2-7所示。

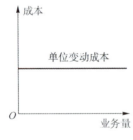
图2-6　单位变动成本

图2-7　变动成本总额

（二）固定成本

1. 固定成本的含义

固定成本是指在一定时期和一定业务量范围内，总额不受业务量变动的影响而保持不变的成本。

2. 固定成本的内容

固定成本一般包括固定性制造费用，如按直线法计提的固定资产折旧费、劳动保护费、办公费等；固定性销售费用，如销售人员工资、广告费等；固定性管理费用，如租赁费、管理人员的工资、财产保险费等。

3. 固定成本的特点

固定成本具有单位固定成本的反比例变动性和总额的不变性，即固定成本总额不受业务量变动的影响而保持不变，单位固定成本随着业务量的变动而发生反比例变动。在平面直角坐标系上，固定成本总额是一条平行于横轴的直线，单位固定成本是一条反比例曲线，如图2-8和图2-9所示。

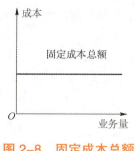
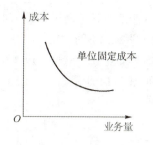

图 2-8　固定成本总额　　　图 2-9　单位固定成本

微课 14：固定成本和变动成本

4. 固定成本的分类

固定成本按其支出的数额是否受管理当局短期决策的影响，可进一步分为约束性固定成本和酌量性固定成本。

约束性固定成本是指数额支出不受管理当局的决策行动影响的固定成本。其特点是在短时间内不能轻易改变，具有较大程度的约束性，可在较长时间内存在和发挥作用。如固定资产折旧保险费、管理人员工资、财产税等。约束性固定成本是维持企业经营活动必须负担的最低成本。

酌量性固定成本是指支出数额通过管理当局的决策行动能够加以改变的固定成本。其特点是支出数额可以改变（一般随某一会计期间生产经营的实际需要与财务负担能力的变化而变化），只在某一会计期间内存在和发挥作用，如企业的开发研究费、广告费、职工培训费等。

（三）混合成本

1. 混合成本的含义

混合成本是指总额随着业务量的变动而变动，但不与其成正比例变动的成本，如企业的电话费、机器设备的维护保养费等。

2. 混合成本的分类

混合成本与业务量的关系比较复杂，按其变动趋势，可分为以下四类：

（1）半变动成本。它由固定成本和变动成本两部分组成。其中，固定成本不受业务量变动的影响；变动成本在固定成本的基础上随着业务量的变动而发生正比例的变动，如机器设备的维护保养费等。其成本曲线如图 2-10 所示。

（2）延期变动成本。它是指在一定的业务量范围内成本总额保持不变，超过该业务量成本总额则会随着业务量的变动而发生正比例变动的成本，如销售人员的工资。其成本曲线如图 2-11 所示。

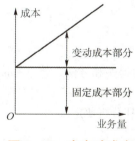
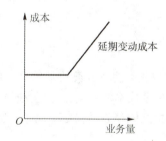

图 2-10　半变动成本　　　图 2-11　延期变动成本

（3）半固定成本。它是指成本总额随着业务量的变动呈阶梯式变化的成本，即在一定的业务量范围内成本总额不随着业务量的变动而变动，一旦业务量超过这一范围，成本总额会出现跳跃式上升，在新的业务量范围内又不变，直到业务量再次突破，成本再次跳跃，如此不断循环重复，这类成本如企业的检验员、化验员、货运员的工资。其成本曲线如图 2-12 所示。

（4）曲线式混合成本。它是指成本总额在初始量的基础上随着业务量的增加而呈现曲线增长，但成本与业务量之间不存在线性关系的成本，其特点是都有一个初始量，并在一定条件下不变，相当于固定成本。这类成本根据曲线斜率的不同变化趋势，又分为递减曲线混合成本和递增曲线混合成本。

①递减曲线混合成本，即业务量增长，成本也增长，但成本增长的速度比业务量增长的速度慢。其成本曲线是一条凸形曲线，如图2-13所示。

②递增曲线混合成本，即业务量增长，成本也增长，但成本增长的速度比业务量增长的速度快。其成本曲线是一条凹形曲线，如图2-14所示。

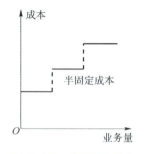
图 2-12　半固定成本

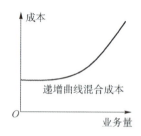
图 2-13　递减曲线混合成本　　图 2-14　递增曲线混合成本

成本按性态分类，无论哪一种形式，都可以用线形方程 $y=a+bx$ 来表示。其中，y 表示成本总额，a 表示固定成本总额，b 表示单位变动成本，bx 表示变动成本总额。

（四）成本按性态分类的相关范围和特点

固定成本总额和单位变动成本的不变性不是绝对的，而是在一定的业务范围和一定时间内保持其特点，这就涉及相关范围的概念。

1. 相关范围

相关范围是指不改变固定成本、变动成本性质的有关期间和业务量的特定范围。在相关范围内，固定成本总额不变，保持相对稳定，单位固定成本反比例变动；或变动成本总额正比例变动，单位变动成本不变，保持相对稳定。超过了相关范围，固定成本和变动成本的特性就不复存在了。因为从较长时期看，或从业务量无限变动看，没有绝对不变的成本。以后，我们在讲固定成本、变动成本时，都是指在它们的相关范围内。

2. 成本性态的特点

（1）相对性，即同一时期内同一成本项目在不同企业之间可能具有不同的性态。

（2）暂时性，即同一成本项目在不同时期内可能具有不同的性态。

（3）可转化性，即某项成本可以随着业务量的变化在固定成本和变动成本之间相互转化。

三、成本性态分析

（一）成本性态分析的含义

微课 15：成本性态分析

成本性态分析是指在成本性态分类的基础上，按一定的程序和方法，将全部成本最终区分为固定成本和变动成本两大类，并建立相应的成本函数模型。通过成本性态分析，可以掌握成本的各组成部分与业务量的相互依存关系和变动规律，也为本量利分析奠定基础。

（二）成本性态分析的程序

1. 多步骤分析程序

（1）将全部成本按性态分成固定成本、变动成本和混合成本；

（2）将混合成本用一定的方法区分为固定成本和变动成本；

（3）将混合成本中的固定成本和总成本中已分好的固定成本合并，混合成本中的变动成本和总成本中已分好的变动成本合并，使所有的成本只分成固定成本和变动成本两大类，再建立成本函数 $y=a+bx$。

2. 单步骤分析程序

用一定的方法先将全部成本一次性划分为固定成本和变动成本，再建立成本函数 $y=a+bx$。

（三）成本性态分析的方法

成本性态分析的方法通常有三种：

1. 历史资料分析法

历史资料分析法是根据过去若干期实际发生的业务量与成本的相关资料，运用一定的数学方法进行计算分析，确定固定成本和单位变动成本的数值，然后建立成本与业务量之间的函数方程，以完成成本性态分析的一种定量分析方法。

历史资料分析法要求企业资料齐全，成本与业务量的资料要相关，该方法适用于生产条件稳定、成本水平波动不大、历史资料齐全的企业。根据利用资料的具体形式不同，有高低点法、散布图法和一元直线回归法等具体形式。

（1）高低点法。

高低点法是指根据过去一定时期内的最高点和最低点业务量的相应成本关系，推算出固定成本总额 a 和单位变动成本 b 的一种性态分析方法。

高低点法的具体步骤如下：

①确定高低点。根据某项成本过去一定时期的业务量的最高值和最低值，确定业务量、成本的最高点和最低点。

②计算单位变动成本和固定成本。根据成本方程 $y=a+bx$ 和高低点资料，可列出二元一次方程组：

$$y_{\text{高}}=a+bx_{\text{高}}$$
$$y_{\text{低}}=a+bx_{\text{低}}$$

根据方程组计算出：

$$b=\frac{y_{\text{高}}-y_{\text{低}}}{x_{\text{高}}-x_{\text{低}}}$$

$$a=y_{\text{低}}-bx_{\text{低}}$$

或

$$a=y_{\text{高}}-bx_{\text{高}}$$

③建立成本性态方程。

$$y=a+bx$$

使用高低点时要注意：高低点坐标的选择必须以自变量——业务量的高低为依据，不是以成本高低为依据。高低点法简便易行，容易掌握，但以高低点为依据不具有代表性，计算误差大。

【例2-25】某企业的产品1—7月份的产量和总成本资料如表2-4所示。

表2-4 产品产量和总成本资料

月份	产量/件	总成本/元
1	400	5 500
2	450	6 000
3	500	7 000
4	450	6 500
5	300	5 000
6	350	5 500
7	400	5 000

要求：运用高低点法进行成本性态分析。

解：

①确定高低点坐标：高点（500，7 000）；低点（300，5 000）。

②计算 b 值。

$$b=\frac{y_{\text{高}}-y_{\text{低}}}{x_{\text{高}}-x_{\text{低}}}=\frac{7\,000-5\,000}{500-300}=10\,(\text{元})$$

③计算 a 值。

$$a=\text{最高点成本}-b\times\text{最高点业务量}$$
$$=y_{\text{高}}-bx_{\text{高}}$$
$$=7\,000-10\times500$$
$$=2\,000\,(\text{元})$$

或

$$a=\text{最低点成本}-b\times\text{最低点业务量}$$
$$=y_{\text{低}}-bx_{\text{低}}$$
$$=5\,000-10\times300$$
$$=2\,000\,(\text{元})$$

因此，成本模型为：

$$y=2\,000+10x$$

（2）**散布图法**。

散布图法是指将有关过去的若干期业务量和成本的数据在坐标图上一一标出，形成散布图，然后根据目测画一条尽可能接近所有坐标点的直线，以此来确定成本中的固定成本和单位变动成本的一种成本性态分析方法，又称布点图法或目测画线法。

【**例 2-26**】按【例 2-25】的资料，运用散布图法进行成本性态分析。

解：

①标出散布点。以业务量为横轴，成本为竖轴，建立坐标系，将由各期业务量和相应成本构成的所有坐标点一一标出，形成散布图。

②画直线。以最高点为一端，根据目测画一条能反映成本变动趋势的直线，使散布图上的点均匀地分布在直线的上、下方，如图 2-15 所示。

③确定固定成本 a。成本直线与竖轴相交的点为（0，1 900），则

$$a=1\,900\,(\text{元})$$

④确定单位变动成本 b。在直线上把最高点的坐标（500，7 000），代入下式：

$$b=\frac{y-a}{x}=\frac{7\,000-1\,900}{500}=10.2\,(\text{元})$$

⑤将 a、b 代入 $y=a+bx$，得到成本性态模型：

$$y=1\,900+10.2x$$

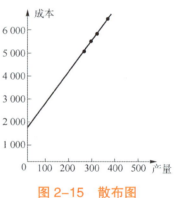

图 2-15 散布图

微课 17：一元直线回归法

（3）**一元直线回归法**。

一元直线回归法是指根据过去若干期业务量和成本的数据，运用最小二乘法原理建立反映业务量和成本之间关系的回归直线方程，并计算成本中的固定成本和单位变动成本的一种成本性态分析方法，又称最小二乘法或最小平方法。

一元直线回归法的具体步骤如下：

①根据历史资料列表，计算 n、$\sum x$、$\sum y$、$\sum xy$ 和 $\sum x^2$ 的值。

②计算单位变动成本和固定成本。

$$b=\frac{n\sum xy-\sum x\sum y}{n\sum x^2-(\sum x)^2}$$

$$a=\frac{\sum y-b\sum x}{n}$$

③建立成本性态方程：

$$y=a+bx$$

【例2-27】按【例2-25】的资料，运用一元直线回归法进行成本性态分析。

解：

①根据资料列表，计算 n、$\sum x$、$\sum y$、$\sum xy$、$\sum x^2$ 的值，如表2-5所示。

表2-5　计算 n、$\sum x$、$\sum y$、$\sum xy$、$\sum x^2$ 的值

月份	产量（x）	总成本（y）	xy	x^2
1	400	5 500	2 200 000	160 000
2	450	6 000	2 700 000	202 500
3	500	7 000	3 500 000	250 000
4	450	6 500	2 925 000	202 500
5	300	5 000	1 500 000	90 000
6	250	5 500	1 925 000	122 500
7	400	5 000	2 000 000	160 000
合计	2 850	40 500	16 750 000	1 187 500

②计算 a、b 值：

$$b=\frac{7\times 16\,750\,000-2\,850\times 40\,500}{7\times 1\,187\,500-2\,850^2}=9.61（元）$$

$$a=\frac{40\,500-9.61\times 2\,850}{7}=1\,873.07（元）$$

③建立成本性态模型：

$$y=a+bx=1\,873.07+9.61x$$

2. 技术测定法

技术测定法是指利用生产过程中投入和产出的关系，合理区分固定成本和变动成本的一种成本性态分析方法，又称工程技术测定法。

它按工程技术特点来确定固定成本和变动成本，把材料、人工的投入与产出量进行对比分析，把与产量有关的成本归集为变动成本，与产量无关的成本归集为固定成本。该方法比较准确，但比较复杂，工作量大。

3. 直接分析法

直接分析法是指对每项成本的具体形态进行分析，看其比较接近固定成本还是变动成本，接近哪一类成本，就划入哪一类成本的一种成本性态分析方法。

该方法属于定性分析法，需要掌握所有项目的成本形态，简便易行，具有较高的实用价值，但工作量大。

财博士知识通

成本性态分析和成本性态分类的关系

1. 成本性态分析和成本性态分类的联系

两者都以总成本为研究对象，并且成本性态分析以成本性态分类为前提。

2. 成本性态分析和成本性态分类的区别

（1）成本性态分析包括定性分析和定量分析两个方面，而成本性态分类属于定性分析；

（2）成本性态分析最终将全部成本划分为固定成本和变动成本两部分，并建立相应的成本函数模型，而成本性态分类将全部成本划分为固定成本、变动成本和混合成本三大类；

（3）成本性态分析能明确、直接地反映业务量与成本之间的内在联系，满足企业内部管理的需要，而成本性态分类不能明确、直接地反映业务量与成本之间的内在联系，无法满足企业内部管理的需要。

四、本量利分析

（一）本量利分析的基本含义

1. 本量利分析的含义

本量利分析是指在成本性态分析的基础上，运用数学模型与图形来分析成本、业务量、利润三者之间的依存关系，研究其变动规律，最终揭示变动成本、固定成本、销售量、销售单价、利润之间的内在规律。本量利分析的运用范围很广，可用于保本预测、销售预测、生产决策、全面预算、成本控制、不确定性分析、经营风险分析等方面。本量利分析法是财务管理的基本方法之一，是企业经营管理活动中一种实用的工具。

微课 18：本量利分析

2. 本量利分析的前提条件

在进行具体分析时，为了方便使用本量利分析的数学模型与图形，需以一些基本假设为前提条件。有了这些假设，能够比较容易地建立模型，清楚地反映各因素之间的关系，便于理解、掌握，但这些假设也给本量利分析带来了一定的局限性，在操作过程中，要结合实际情况加以修正。这些基本假设如下：

（1）成本性态分析的假设。所有的成本都已划分为固定成本和变动成本两类，并建立了相应的成本模型。

（2）相关范围及线性假设。假定一定时期内，固定成本总额和单位变动成本、单价保持不变，业务量总是在相关范围内变动，它的变动不会改变固定成本总额和单位变动成本的特点，并且成本函数为线性方程 $y=a+bx$。

（3）产销平衡假设。假设在单一品种情况下，生产出来的产品总是可以销售出去的。

（4）品种结构不变假设。假设在多品种情况下，产销平衡，销售额发生变化时，各种产品的销售额在全部产品总销售额中所占的比重不变。

（5）目标利润假设。本量利分析中所使用的利润是指营业利润，不考虑投资收益和营业外收支等。

（6）变动成本法假设。假设产品成本是按变动成本法计算的，产品成本中只包括变动成本，所有的固定成本（包括固定制造费用），均作为期间成本计入当期损益。

3. 本量利分析的基本内容

本量利分析包括单一品种下的保本分析、保利分析，多品种下的保本分析、保利分析。

保本分析主要确定使企业既不亏损又不盈利的保本点，是本量利分析最基本的内容，是企业获利的基础，也是企业经营安全的前提。

保利分析在保本分析的基础上进行，主要分析销售量变动对利润的影响，确定目标利润。

（二）本量利分析的基本关系

本量利分析的基本关系包括利润、边际贡献、变动成本率。

1. 利润

利润，即销售收入扣除成本后的差额。

利润 = 销售收入 − 总成本
　　 = 单价 × 销售量 −（单位变动成本 × 销售量 + 固定成本）
　　 = 销售量 ×（单价 − 单位变动成本）− 固定成本

可表示为：

$$P=x(p-b)-a$$

其中，P 表示利润，p 表示销售单价，x 表示销售量，b 表示单位变动成本，a 表示固定成本总额。该公式是本量利分析的基本公式，保本分析、保利分析都是在这个基本公式的基础上进行的。

2. 边际贡献

边际贡献是指销售收入总额和变动成本总额之间的差额，也称贡献毛益、边际利润，记作 Tcm。

$$边际贡献=销售收入-变动成本$$
$$=单价 \times 销售量-单位变动成本 \times 销售量$$
$$=销售量 \times (单价-单位变动成本)$$

可表示为：
$$Tcm=x(p-b)$$

3. 单位边际贡献

单位边际贡献是指边际贡献除以销售量，或者单价减去单位变动成本后的差额，表示每增加一个单位的产品销售可为企业带来的贡献，记作 cm。

$$单位边际贡献=\frac{边际贡献}{销售量}$$
$$=单价-单位变动成本$$

可表示为：
$$cm=Tcm/x=p-b$$

有了边际贡献的概念后，利润就可转化为下列形式：
$$利润=边际贡献-固定成本总额$$
$$=单位边际贡献 \times 销售量-固定成本$$

可表示为：
$$P=Tcm-a=x \times cm-a$$

从上面的利润公式可知，边际贡献大于固定成本，企业才有利润，两者差额越大，利润越多；边际贡献小于固定成本，企业就亏损；边际贡献等于固定成本，企业不亏不赢。当固定成本不变时，边际贡献增加多少，利润就增加多少；边际贡献减少多少，利润就减少多少。

4. 边际贡献率

边际贡献率是指边际贡献占产品销售收入总额的百分比，表示每增加一元销售可为企业带来的贡献，记作 cmR。

$$边际贡献率=\frac{边际贡献}{销售收入总额} \times 100\%=\frac{单位边际贡献}{单价} \times 100\%$$

可表示为：
$$cmR=\frac{Tcm}{px} \times 100\%=\frac{cm}{p} \times 100\%$$

5. 变动成本率

变动成本率是指变动成本总额占销售收入总额的百分比，或者单位变动成本占销售单价的百分比，表示每增加一元销售可增加的变动成本，记作 bR。

$$变动成本率=\frac{变动成本总额}{销售收入总额} \times 100\%=\frac{单位变动成本}{单价} \times 100\%$$

可表示为：
$$bR=\frac{bx}{px} \times 100\%=\frac{b}{p} \times 100\%$$

$$边际贡献率+变动成本率=\frac{单位边际贡献}{单价}+\frac{单位变动成本}{单价}$$
$$=\frac{单位边际贡献+单位变动成本}{单价}$$
$$=\frac{(单价-单位变动成本)+单位变动成本}{单价}$$
$$=1$$

$$边际贡献率（cmR）=1-变动成本率=1-bR$$
$$变动成本率（bR）=1-边际贡献率=1-cmR$$

变动成本率和边际贡献率具有互补关系，变动成本率高，边际贡献率就低，盈利能力就低；变动成本率低，边际贡献率就高，盈利能力就高。

【例2-28】某企业准备投产新产品,预计单位变动成本为30元/件,固定成本总额为17万元,变动成本率为60%,销售量为1万件。

要求:
(1)计算该产品的单位售价是多少?
(2)计算该产品的边际贡献、单位边际贡献是多少?
(3)计算该产品的边际贡献率、利润是多少?

解:
(1)
$$p = b \div bR = 30 \div 0.6 = 50 \text{(元/件)}$$

(2)
$$cm = p - b = 50 - 30 = 20 \text{(元/件)}$$
$$Tcm = px - bx = (50 - 30) \times 1 = 20 \text{(万元)}$$

或:
$$Tcm = cm \times x = 20 \times 1 = 20 \text{(万元)}$$

(3)
$$cmR = cm \div p = 20 \div 50 = 0.4 = 40\%$$

或:
$$cmR = 1 - bR = 1 - 0.6 = 0.4 = 40\%$$
$$P = Tcm - a = 20 - 17 = 3 \text{(万元)}$$

(三)本量利分析的具体内容

本量利分析包括单一品种和多品种的本量利分析,在此只介绍单一品种的本量利分析。

1. 保本分析

(1)保本的含义。

保本是指企业在一定时期内收支相等,边际贡献等于固定成本,利润为零。它主要分析企业不亏不盈时,成本与业务量之间的特殊关系。保本分析也可称作盈亏平衡分析。

(2)保本点的含义。

保本点是指企业达到边际贡献等于固定成本、利润为零、不亏不赢的这种保本状态时的业务量。在该业务量水平下,企业的收入正好等于全部成本,超过该业务量水平,企业就盈利,低于该业务量水平,企业就亏损。保本点也可称作盈亏平衡点、盈亏临界点。

保本点有保本量和保本额两种表示形式,保本量以实物量表示保本点,保本额以价值量表示保本点。

(3)保本点的计算。

$$保本量 = \frac{固定成本}{单价 - 单位变动成本} = \frac{固定成本}{单位边际贡献}$$

$$x_0 = \frac{a}{p-b} = \frac{a}{cm}$$

$$保本额 = 单价 \times 保本量 = \frac{固定成本}{边际贡献率} = \frac{固定成本}{1 - 变动成本率}$$

可表示为:

$$y_0 = p \times x_0 = \frac{a}{cmR} = \frac{a}{1-bR}$$

【例2-29】按【例2-28】的资料,计算保本点的保本量、保本额。

解:
$$x_0 = \frac{a}{p-b} = \frac{170\,000}{50-30} = 8\,500 \text{(件)}$$

或

$$x_0 = \frac{a}{cm} = \frac{170\,000}{20} = 8\,500 \text{（件）}$$

$$y_0 = \frac{a}{cmR} = \frac{a}{1-bR} = \frac{170\,000}{1-0.6} = 425\,000 \text{（元）}$$

或

$$y_0 = p \times x_0 = 50 \times 8\,500 = 425\,000 \text{（元）}$$

2. 保利分析

（1）保利分析的意义。

保本分析以企业利润为零，不亏不盈为前提，保本是企业生产经营最基本的条件，是企业安全经营的前提。保利是企业生产经营的真正目的，通过保利分析，可以确定为了实现目标利润而应该达到的目标销售量和目标销售额，从而以销定产，使企业明确短期经营方向。

（2）保利点的含义。

保利点是指在单价和成本水平确定的情况下，为了达到一定的目标利润而应达到的业务量。保利点也有保利量和保利额两种形式，保利量是实现目标利润应达到的销售量，记作 x_1，保利额是实现目标利润应达到的销售额，记作 y_1，目标利润记作 TP。

（3）保利点的计算。

$$\text{保利量} = \frac{\text{固定成本}+\text{目标利润}}{\text{销售单价}-\text{单位变动成本}} = \frac{\text{固定成本}+\text{目标利润}}{\text{单位边际贡献}}$$

可表示为：

$$x_1 = \frac{a+TP}{p-b} = \frac{a+TP}{cm}$$

$$\text{保利额} = \frac{\text{固定成本}+\text{目标利润}}{\text{销售单价}-\text{单位变动成本}} \times \text{单价} = \frac{\text{固定成本}+\text{目标利润}}{\text{边际贡献率}}$$

可表示为：

$$y_1 = px_1 = \frac{a+TP}{cmR} = \frac{a+TP}{1-bR}$$

【例2-30】按【例2-28】的资料，若计划年度的目标利润为3万元，计算保利销售量和保利销售额。

解：

$$x_1 = \frac{a+TP}{p-b} = \frac{17+3}{50-30} = 1 \text{（万件）}$$

$$y_1 = px_1 = 50 \times 1 = 50 \text{（万元）}$$

或

$$y_1 = \frac{a+TP}{cmR} = \frac{17+3}{0.4} = 50 \text{（万元）}$$

在考虑所得税的情况下，上述公式中的目标利润应该用税后利润/（1-所得税税率）来代替，即：

$$\text{保利量} = \frac{\text{固定成本}+\dfrac{\text{税后利润}}{1-\text{所得税税率}}}{\text{销售单价}-\text{单位变动成本}} = \frac{\text{固定成本}+\dfrac{\text{税后利润}}{1-\text{所得税税率}}}{\text{单位边际贡献}}$$

$$\text{保利额} = \frac{\text{固定成本}+\dfrac{\text{税后利润}}{1-\text{所得税税率}}}{\text{销售单价}-\text{单位变动成本}} \times \text{单价} = \frac{\text{固定成本}+\dfrac{\text{税后利润}}{1-\text{所得税税率}}}{\text{边际贡献率}}$$

3. 安全边际、安全边际率和保本作业率

安全边际、安全边际率和保本作业率是用来评价企业经营安全程度的指标。

（1）安全边际。

安全边际是指实际或预计的销售量与保本点销售量或实际或预计的销售额与保本点销售额之间的差额。它有安全边际量和安全边际额两种形式。安全边际量是以实物形态来表示，安全边际额是以价值形态来表示。

两种形式都是绝对量，只能用来评价同一企业不同时期的经营安全程度。

$$安全边际量=实际或预计的销售量-保本量$$

$$安全边际额=实际或预计的销售额-保本额$$
$$=单价 \times 实际或预计的销售量-单价 \times 保本量$$
$$=单价 \times 安全边际量$$

安全边际量或安全边际额越大，表示企业经营安全程度越高，亏损的可能性越小；反之，安全边际量或安全边际额越小，表示企业经营安全程度越低，亏损的可能性越大。安全边际是个正指标，只有超过保本点以上的销售或销售额（即在安全边际内的销售量或销售额）才能给企业带来利润，因为这时全部固定成本已被保本额所弥补，所以安全边际所提供的边际贡献就是企业的利润，对于同一个企业来说，安全边际越大，利润越大。

$$营业利润=安全边际量 \times 单位边际贡献$$
$$=安全边际额 \times 边际贡献率$$

（2）安全边际率。

安全边际率是指安全边际量与实际或预计的销售量的比例，也可以指安全边际额与实际或预计的销售额的比例，它是一个相对量，用来评价不同企业的经营安全程度。

$$安全边际率=\frac{安全边际量}{实际或预计的销售量} \times 100\% = \frac{安全边际额}{实际或预计的销售额} \times 100\%$$

安全边际率的数值越大，表示企业的经营越安全，所以它也是一个正指标。表2-6是评价企业经营安全程度的检验标准。

表2-6 评价企业经营安全程度的检验标准　　　　　　　　　　　　　　　　　%

安全边际率	10以下	10～20	20～30	30～40	40以上
安全程度	危险	要注意	较安全	安全	很安全

【例2-31】按【例2-28】的资料，计算安全边际和安全边际率，并评价该企业的经营安全性。

解：

$$安全边际量=10\,000-8\,500=1\,500（件）$$
$$安全边际额=8\,500 \times 50-425\,000=75\,000（元）$$

或

$$安全边际额=1\,500 \times 50=75\,000（元）$$
$$安全边际率=(1\,500 \div 10\,000) \times 100\%=15\%$$

或

$$安全边际率=(75\,000 \div 500\,000) \times 100\%=15\%$$

由于安全边际率为15%，在10%～20%的范围内，所以企业的经营不是很安全，要引起注意。

（3）保本点作业率

保本点作业率是指保本点业务量（额）占实际或预计的销售量（额）的百分比，也可称危险率。它是一个逆指标，数值越小，企业的经营越安全；反之，则不安全。保本点作业率还可以说明企业在保本状态下的生产经营能力的利用程度。计算公式如下：

$$保本点作业率=\frac{保本点销售量（额）}{实际或预计的销售量（额）} \times 100\%$$

保本点作业率与安全边际率之间是互补关系，可表示为：

$$保本点作业率+安全边际率=1$$

【例2-32】按【例2-28】的资料，计算保本点作业率。

解：
$$保本点作业率=(8\,500÷10\,000)×100\%=85\%$$
或
$$保本点作业率=(425\,000÷500\,000)×100\%=85\%$$
$$保本点作业率+安全边际率=0.85+0.15=1$$

财博士知识通

各因素的变动与保本点和保利点的关系

在其他因素不变的情况下：

（1）保本、保利点随价格变动呈反向变动关系。

（2）保本、保利点的变动与单位变动成本变动呈同向变动关系。

（3）保本、保利点的变动与固定成本变动呈同向变动关系。

（4）在各产品的售价和单位变动成本不变的情况下，增加边际贡献率较高的产品在全部产品销售中所占的比重，便可提高综合边际贡献率，从而使综合保本销售量和综合保本销售额降低；相反，若减少边际贡献率较高的产品占全部产品的销售比重，则会降低综合边际贡献率，从而使综合保本销售量和综合保本销售额提高。

（5）在售价、单位变动成本、固定成本和品种结构不变的情况下，目标利润的变动不会改变保本点，只会影响保利点，即保利点会随目标利润呈同向变动关系。

任务实施

结论	2.3 盛元公司的盈利到底是多少?
实施方式	研讨式

研讨结论

教师评语:

班级		小组		组长签字	
教师签字				日期	

【企业伦理与职业道德】

企业财务管理中的伦理学

　　企业财务管理作为管理学的一个分支，是对企业的经济行为从财务会计的角度进行反映和控制，这与其社会行为之间往往会产生某些冲突，这也是企业管理伦理学面对的最为棘手的问题。前者是根据收入、成本和利润以及支付给股东的股息来计算，而后者则表现为对职工、顾客、债权人、供货商、批发商和公众的责任，因而就比较难以计算。如果公司从经济行为方面获取了利润，而其社会行为却造成了对后者的伤害，则公司就对后者负有责任。问题在于如何决策，即在经济行为和社会行为之间产生伦理的两难问题时，如何使两者之间达到某种平衡。

　　企业的经济行为从某种意义上可以简单地概括为追求利润最大化，这也是工商业的主要目标和动力，企业应尽其所能谋求利润，由此维持其效率，并利用机会进行技术革新，加速发展。在与社会行为的关系方面，许多管理学家认为市场在一个合理或适当的水平，并在不知不觉中增进了社会福利，履行了其社会义务。但问题是最大的利润能否导致最大的社会利益，在企业追求最大利润的同时出现了诸如腐败、贿赂、环境污染、产品不安全、恶性竞争等，这些社会责任能否以利润来衡量，是否需要一个利润以外的东西作为另一个标准来衡量企业的行为呢？

　　因此，企业财务管理中常常会遇到企业伦理的问题，而只有将企业财务管理同企业伦理有机结合，才能科学地解决企业管理特别是财务管理中的问题。

　　企业财务管理中面临的企业伦理问题可分为两部分：一是对内的企业伦理，二是对外的企业伦理。企业在从事财务管理活动时要处理好这两方面的关系。

　　所谓对内的企业伦理，是指企业资方与受雇员工，即劳资双方的关系。劳资双方应建立彼此尊重与相互依存的一体关系，并进而了解互助合作的重要性，同时致力于企业的发展，共同担负起企业对社会的责任。当劳资双方面临一时不能解决的困难时，两方应遵循谈判磋商的原则，发挥相互依赖的精神，增加彼此的沟通，理性地寻求解决劳资问题的良策。企业的财务人员在制定企业内部的财务管理政策和制度时，要充分考虑这方面的因素。

　　所谓对外的企业伦理，是指企业经济利益与社会责任之间的关系。企业应建立在社会责任观念上，而不应建立在局部利益观念之上，这里可以分以下几个方面来说明：

　　（1）企业对政府的关系。企业应在政府法律法规允许的范围内从事经营活动。有些企业财务人员编造虚假经济信息乃至逃税、偷税，或是贿赂政府官员，这些都是非法行为，同时也是不道德的行为，因为他们直接或间接地破坏了社会秩序，危害了他人或团体的经济安全或利益。

　　（2）企业对环境的关系。企业，尤其是生产企业应考虑到环境卫生或环境生态的维持。如果企业只顾自己的利益，为追求成本最小化而对自然环境造成短期或长期的破坏，自然也就造成对社会及个人的危害。

　　（3）企业对消费者的关系。企业应建立确保消费者权益的伦理观，其目标在于促进社会的繁荣与发展。当然很多企业已有消费者保护的观念，但仍不够积极，不够普及，只有一般化的保护消费者的观念显然不够，所以特殊行业如医疗、法律等行业仍要求具有特殊的伦理观。

　　（4）企业与其他企业的关系。企业间应建立互信的伦理观，应遵守公平竞争的原则，以求发展自己，谋取利益。企业间的恶性竞争与互相破坏排挤，如不顾行业整体发展而削价倾销，或通过不法手段窃取工业商业机密，或不顾企业的社会信誉有意拖欠企业间往来货款等，皆是不道德的行为，不合乎企业伦理的原则。在这方面，政府的作用也是很重要的，要协助树立企业与企业之间、个人与企业之间的伦理观念，使企业的信誉、个人的信誉成为其非常重要的一种资产或生存的根本。

　　（5）企业自身的发展问题。企业一方面应该认清对社会的责任，另一方面应以卓越的产品为目标，改良产品质量，在研究发展中追求卓越的理想，促进社会的进步与繁荣，这是企业伦理有关自我实现的理想要求。

　　没有道德的交易是一种社会罪恶，众多企业的成功证明企业伦理是市场经济运行的一种有效调节方式，尤其目前在中国关于企业财务管理行业具体法律法规不够健全的情况下，加强伦理道德建设显得更加任重而道远。良好的企业财务管理是保证企业不断盈利的有效途径，是推动整个社会经济发展的强劲动力。促进企业财务管理道德水平的提高是一项长期而艰巨的任务，需要企业财务管理人员不断加强自身道德素质建设，需要社会不断改善企业财务环境、加强法律法规建设和内外部监控力度。

问题思考：

1. 企业财务管理中的道德失范对企业会产生什么样的后果？
2. 你认为作为一名财务人员，应如何防范企业财务管理中的不道德行为？

知识巩固与技能提高

一、单选题

1. 甲、乙两个投资项目的期望报酬率不同，但甲项目的标准离差率小于乙项目，则（　　）。
   A. 甲项目的风险小于乙项目　　　　　B. 甲项目的风险等于乙项目
   C. 甲项目的风险大于乙项目　　　　　D. 难以判断风险大小

2. A 方案在三年中每年年初付款 500 元，B 方案在三年中每年年末付款 500 元，若利率为 10%，则两个方案第三个年末时的终值相差（　　）元。
   A. 105　　　　　　　B. 165.5　　　　　　　C. 665.5　　　　　　　D. 505

3. 永续年金具有（　　）的特点。
   A. 每期期初支付　　　B. 每期不等额支付　　　C. 没有终值　　　D. 没有现值

4. 普通年金终值系数的倒数称为（　　）。
   A. 偿债基金　　　B. 偿债基金系数　　　C. 年回收额　　　D. 投资回收系数

5. 利润是边际贡献和（　　）的差额。
   A. 变动成本　　　B. 固定成本总额　　　C. 销售收入　　　D. 成本总额

6. 预付年金现值系数和普通年金现值系数相比（　　）。
   A. 期数加 1，系数减 1　　　　　　B. 期数加 1，系数加 1
   C. 期数减 1，系数加 1　　　　　　D. 期数减 1，系数减 1

7. 一项 100 万元借款，借款期限为 3 年，年利率为 10%，每半年复利一次，则实际利率为（　　）。
   A. 13%　　　　　　　B. 12%　　　　　　　C. 10.25%　　　　　　　D. 9.35%

8. 在利息率和现值相同的情况下，若计息期为一期，则复利终值和单利终值（　　）。
   A. 前者大于后者　　　B. 相等　　　C. 无法确定　　　D. 不相等

9. 安全边际越小，保本点就越大，利润就（　　）。
   A. 越大　　　　　　　B. 不变　　　　　　　C. 越小　　　　　　　D. 不一定

10. 某人将 10 000 元存入银行，银行的年利率为 10%。按复利计算，则 5 年后可从银行取出（　　）元。
    A. 17 716　　　　　　B. 15 386　　　　　　C. 16 105　　　　　　D. 14 641

11. 某人每年年初存入银行 1 000 元，年利率 7%，则第 4 年年末可以得到本利和（　　）元。
    A. 4 439.90　　　　　B. 3 750.70　　　　　C. 4 280.00　　　　　D. 4 750.70

12. 随单价的变动而同方向变动的是（　　）。
    A. 保本量　　　　　B. 保利量　　　　　C. 单位变动成本率　　　　D. 单位边际贡献

13. 资金时间价值通常被认为是没有风险和没有通货膨胀条件下的（　　）。
    A. 利息率　　　　　B. 额外收益　　　　　C. 社会平均资金利润率　　　D. 利润率

14. 在期望值相同的情况下，标准离差越大的方案，其风险（　　）。
    A. 越大　　　　　　B. 越小　　　　　　C. 两者无关　　　　　　D. 无法判断

15. 某人拟在 5 年后用 20 000 元支付孩子的学费，银行年复利率为 12%，此人现在应存入银行（　　）元。
    A. 12 000　　　　　　B. 13 432　　　　　　C. 15 000　　　　　　D. 11 349

16. 普通年金是指在一定时期内每期（　　）等额收付的系列款项。
    A. 期初　　　　　　B. 期末　　　　　　C. 期中　　　　　　D. 期内

17. 边际贡献率和变动成本率（　　）。
    A. 反方向变化　　　B. 同方向变化　　　C. 同比例变化　　　D. 反比例变化

18. 在各种情况下均能衡量风险大小的指标是（　　）。
    A. 标准差　　　　　B. 标准差系数　　　　　C. 期望值　　　　　D. 概率

19. 将成本划分为固定成本、变动成本和混合成本，是按（　　）分类。
   A. 成本的经济用途　　　B. 相关范围　　　　C. 成本性态　　　　D. 成本发生的原因
20. 高低点法坐标的选择必须以自变量与（　　）的高低为依据。
   A. 成本　　　　　　　　B. 业务量　　　　　C. 单价　　　　　　D. 因变量

二、多选题

1. 影响资金时间价值大小的因素主要包括（　　）。
   A. 单利　　　　　　　　B. 复利　　　　　　C. 资金额　　　　　D. 利率和期限
2. 在财务管理中，经常用来衡量风险大小的指标有（　　）。
   A. 边际成本　　　　　　B. 标准离差　　　　C. 风险报酬率　　　D. 标准离差率
3. 成本性态具有（　　）。
   A. 暂时性　　　　　　　B. 不变性　　　　　C. 相对性　　　　　D. 可转化性
4. 投资报酬率的构成要素包括（　　）。
   A. 通货膨胀率　　　　　B. 资金时间价值　　C. 投资成本率　　　D. 风险报酬率
5. 计算复利终值所必需的资料有（　　）。
   A. 利率　　　　　　　　B. 现值　　　　　　C. 期数　　　　　　D. 利息总额
6. 下列各项中，属于经营风险的有（　　）。
   A. 开发新产品不成功而带来的风险　　　　　B. 消费者偏好发生变化而带来的风险
   C. 自然气候恶化而带来的风险　　　　　　　D. 原材料价格变动而带来的风险
7. 一定量资金的复利现值是（　　）。
   A. 随期数的增加而增加　　　　　　　　　　B. 随利率的提高而降低
   C. 随期数的缩短而增加　　　　　　　　　　D. 随利率的降低而减少
8. 甲、乙方案的期望报酬率都是15%，甲方案的标准差为20%，乙方案的标准差为17%，则下列判断正确的是（　　）。
   A. 甲方案的风险小于乙方案的风险　　　　　B. 甲方案的风险大于乙方案的风险
   C. 甲、乙两方案的风险无法比较　　　　　　D. 甲方案投资报酬率的离散程度比乙大
9. 递延年金的特点有（　　）。
   A. 最初若干期没有收付款项　　　　　　　　B. 最后若干期没有收付款项
   C. 其终值计算与普通年金相同　　　　　　　D. 其现值计算与普通年金相同
10. 年金按其每次收付发生的时点不同，可分为（　　）。
    A. 普通年金　　　　　　B. 即付年金　　　　C. 递延年金　　　　D. 永续年金
11. 扩大边际贡献的方法有（　　）。
    A. 增加销售量　　　　　B. 降低单价　　　　C. 降低固定成本　　D. 降低单位变动成本
12. 导致保利点下降的因素有（　　）。
    A. 单价上升　　　　　　B. 边际贡献增加　　C. 单位变动成本上升　　D. 目标利润下降

三、判断题

1. 按复利计算的时间价值的结果是按单利计算结果的简单倍数。　　　　　　　　　　　　　　　（　　）
2. 只要是货币，就具有时间价值。　　　　　　　　　　　　　　　　　　　　　　　　　　　（　　）
3. 安全边际是指实际或预计的销售量（额）超过保本点销售量（额）的差额，其数值越大，说明企业经营越安全。　　　　　　　　　　　　　　　　　　　　　　　　　　　　　　　　　　　　　　　（　　）
4. 当一年复利几次时，实际利率高于名义利率。　　　　　　　　　　　　　　　　　　　　　（　　）
5. 固定成本的特点是业务量增加，固定成本总额不变，单位固定成本成正比例变动。　　　　　（　　）
6. 根据风险与收益对等的原理，高风险的投资项目必然会获得高收益。　　　　　　　　　　　（　　）
7. 在现值和计息期数一定的情况下，利率越高，则复利终值越大。　　　　　　　　　　　　　（　　）
8. 在利率和计息期相同的条件下，复利终值系数和复利现值系数互为倒数，年金终值系数和年金现值系数互为倒数。　　　　　　　　　　　　　　　　　　　　　　　　　　　　　　　　　　　　　（　　）

9. 对于多方案的优选，期望值不同时，标准离差率较大的方案风险大，但是在期望值相同的情况下，该结论就不成立了。（   ）

10. 企业需要一台设备，买价为 3 600 元，可用 10 年，如租用，则每年年初需付租金 500 元，除此之外，买与租的其他情况相同。假设利率为 10%，则租赁该设备较优。（   ）

四、实训题

【实训 1】

某企业 5 年后需偿还 40 000 元债务，如果每年年末存款一次，年复利率为 10%。要求：计算每年年末应存入现金多少元，可以到期一次还本付息？

【实训 2】

某人现在存入银行一笔现金，计划 5 年后每年年末从银行提取现金 4 000 元，连续提取 8 年，年利率为 6%。要求：计算此人现在应存入银行多少元？

【实训 3】

某企业 2018 年年初投资于某项目，该项目 2021 年年初完工投产，从 2021 年至 2024 年，每年年末获得收益 10 万元，假定利率为 10%，请用两种方法计算各年收益于 2021 年年初的现值。

【实训 4】

某生物学会准备存入银行一笔基金，预期以后无限期地于每年年末取出利息 16 000 元，用以支付年度生物学奖学金，若利息率为 8%，则该生物学会应于年初一次性存入的款项为多少？

【实训 5】

某企业集团准备对外投资，现有三家公司可供选择，分别为甲、乙、丙公司，这三家公司的年预期收益及其概率如表 2-7 所示。

表 2-7　甲、乙、丙三家公司的年预期收益及其概率

经济情况	概率	年预期收益 / 万元		
		甲公司	乙公司	丙公司
良好	0.3	40	50	80
一般	0.5	20	20	−20
较差	0.2	5	−5	−30

要求：假定你是该企业集团的稳健型决策者，请依据风险与收益原理作出选择。

【实训 6】

某公司有一项付款业务，有甲、乙两种付款方式可供选择。甲方案：现在支付 15 万元，一次性结清；乙方案：分 5 年付款，1～5 年各年年初的付款分别为 3 万元、3 万元、4 万元、4 万元、4 万元，年利率为 10%。

要求：按现值计算并选择最优方案。

【实训 7】

已知：某企业主要经营 A 产品，该产品连续 10 期的产量及总成本如表 2-8 所示。

表 2-8　产量及总成本

指标	1	2	3	4	5	6	7	8	9	10
产量 / 件	25	28	29	30	27	26	28	29	31	26
总成本 / 元	71 000	82 000	83 520	84 500	77 750	74 480	81 560	83 230	84 560	75 850

要求：用高低点法对 A 产品进行成本性态分析。

【实训 8】

假定新华公司计划年度生产并销售甲产品 2 000 件，产品的变动成本率为 50%，安全边际率为 25%，单位边际贡献为 10 元。

要求：

（1）预测该公司的保本额。

（2）预计可获得的税前利润。

（3）若该公司计划年度目标利润为 70 000 元，则该公司目标销售额为多少？

【实训 9】

李华在 65 岁退休了，他想在退休后能有一份稳定的收入，于是他考虑与人寿保险公司签订养老年金合同。此合同可以保证他在有生之年每年获得相同的养老金。为了得到这样一个现金流量，他在开始时必须交纳一笔相当可观的底金。根据精算表，他的寿命预期还有 15 年。但这只是此公司计算出的期限，并不是他的实际寿命。

要求：

（1）若此公司在计算时将利率定为 5%，为了得到每年 10 000 元的养老金，李华在开始时应支付多少现金？（假设在每年年底支付）

（2）若利率为 10%，购买价格应为多少？

（3）若李华能支付 30 000 元的底金，利率为 5%，他每年能得到多少养老金？

学习成果认定

专业能力	评价指标	自测结果	要求 （A 掌握；B 基本掌握；C 未掌握）
学生自评			
资金时间价值	1. 资金时间价值的含义 2. 复利终值和现值 3. 年金终值和现值	A□ B□ C□ A□ B□ C□ A□ B□ C□	熟悉资金时间价值的含义，掌握不同类型收付款项终值和现值的计算，能利用资金时间价值，进行简单的财务决策分析
风险与报酬	1. 风险的含义 2. 风险的类型 3. 风险和报酬 4. 风险衡量	A□ B□ C□ A□ B□ C□ A□ B□ C□ A□ B□ C□	了解风险的种类、风险和报酬的关系，掌握风险衡量的方法，能运用所学的知识，计算并提出规避各种风险的有效措施
成本性态分析和本量利分析	1. 成本性态的定义 2. 成本性态的分类 3. 成本性态的分析 4. 本量利分析	A□ B□ C□ A□ B□ C□ A□ B□ C□ A□ B□ C□	了解本量利的基本概念、基本关系式和前提条件，理解成本性态的分类，能够进行成本性态分析，能运用本量利基本原理，科学客观地进行财务决策分析
职业道德、思想意识	1. 爱岗敬业、培养理财观念 2. 遵纪守法、遵守职业道德 3. 树立风险意识、大局意识	A□ B□ C□ A□ B□ C□ A□ B□ C□	专业素质、思想意识得以提升，德才兼备，能胜任财务管理工作
小组评价			
团队合作	A□ B□ C□	沟通能力	A□ B□ C□
教师评价			
教师评语			
成绩		教师签字	

项目 3

编制财务预算

学习目标

【素质目标】
1. 认同全面预算对企业经营的重要性
2. 养成良好的职业道德和严谨的工作态度
3. 形成预算意识和全局意识
4. 培养团队合作精神

【知识目标】
1. 理解财务预算的相关概念
2. 了解财务预算的体系构成
3. 掌握财务预算编制的方法与流程

【能力目标】
1. 能准确查找、整理编制财务预算的各种信息
2. 能科学运用预算编制的方法编制业务预算与现金预算
3. 能编制预计利润表与预计资产负债表

知识架构

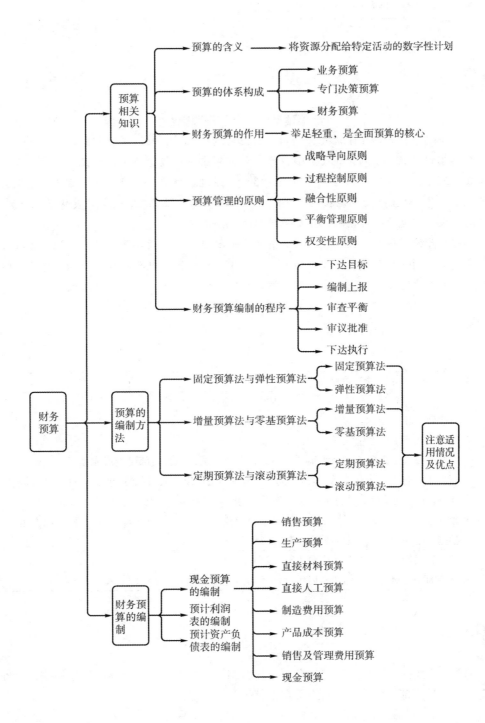

任务1　预算相关知识

案例导入

全面预算的"全"在哪里？

有一个农夫一早起来，告诉妻子说要去耕田，当他走到田地时，却发现耕耘机没有油了，原本打算立刻要去加油的，突然想到家里的几只猪还没有喂，于是转回家去，经过仓库时，望见旁边有几个马铃薯，他想起马铃薯可能正在发芽，于是又走到马铃薯田去，路途中经过木材堆，又记起家中需要一些柴火，正当他要去取柴的时候，看见了一只生病的鸡躺在地上……这样来来回回跑了几趟，这个农夫从早上一直到太阳落山，油也没加，猪也没喂，田也没耕。显然，最后他什么事也没有做好。

有的管理者整日奔忙劳碌却收效甚微，有的管理者轻松自如却成效卓著，产生差别的重要原因之一就是是否进行了财务预测与预算。全面预算管理体系，能实现企业预算控制与业务管理的一体化，提高经营管理的精细化水平，最大限度地发挥企业现有管理资源的效能，保持企业持续、快速发展。

任务发布

讨论	3.1　全面预算的"全"在哪里？
教师布置任务	
任务描述	1. 学生熟悉相关知识。 2. 教师结合案例问题组织学生进行研讨。 3. 将学生每5个人分成一个小组，分组研讨案例问题，通过内部讨论形成小组观点。 4. 每个小组选出一个代表陈述本组观点，其他小组可以对其进行提问，小组内其他成员也可以回答提出的问题；通过问题交流，将每一个需要研讨的问题都弄清楚，形成书面研讨结论。 5. 教师进行归纳分析，引导学生扎实理解全面预算的含义，知道全面预算的构成和作用。 6. 根据各组在研讨过程中的表现，教师点评赋分。
问题	1. 预算有何作用？企业为什么要进行预算管理？ 2. 预算的相关概念给了你什么启示？你将如何运用到学习、生活中去？

相关知识

现代企业的管理系统逐步形成了生产运营、市场营销、财务管理三位一体的管理模式，财务预算作为现代企业最为有效的科学管理方法之一，始终贯穿于其中。

一、预算的含义

预算是指将资源分配给特定活动的数字性计划，是一种详细的收支安排。一个预算就是一种定量计划，用来帮助协调和控制一定时期内资源的获得、配置和使用。而全面预算是企业经营思想、经营目标和经营决策的具体化和数量化，即通过对企业内外部环境的分析，在预测与决策基础上，调配相应的资源，对企业未来一定时期的经营和财务活动等作出一系列具体计划，主要是计划的数字化、表格化、明细化的表达，体现了预算的全员、全过程、全部门的特征。全面预算过程如图3-1所示。

微课1：全面预算管理

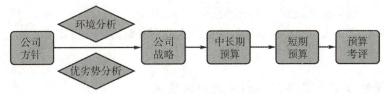

图 3-1　全面预算过程

预算管理，是指企业以战略目标为导向，通过对未来一定期间内的经营活动和相应的财务结果进行全面预测和筹划，科学、合理配置企业各项财务和非财务资源，并对执行过程进行监督和分析，对执行结果进行评价和反馈，指导经营活动的改善和调整，进而推动实现企业战略目标的管理活动。

> **谆谆教诲**
>
> 至诚可以前知，预测未来才能做好计划。
>
> ——曾仕强

二、预算的体系构成

全面预算由业务预算、专门决策预算和财务预算三部分组成。企业全面预算的各项具体预算前后衔接，互相勾稽，形成了一个完整的预算体系，如图 3-2 所示。

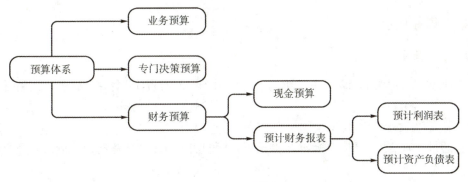

图 3-2　预算体系

业务预算（也称经营预算），是指与企业日常业务直接相关的一系列预算，通常与企业利润表的计算有关，是全面预算的基础，包括销售预算、生产预算、采购预算、费用预算、人力资源预算等。这些预算以实物量指标和价值量指标分别反映企业收入与费用的构成情况。

专门决策预算，是指企业重大的或不经常发生的、需要根据特定决策编制的预算，主要涉及长期投资，包括投融资决策预算和企业固定资产的购置预算等。专门决策预算的编制必须以投资项目的可行性研究为基础。

财务预算，是指与企业资金收支、财务状况或经营成果等有关的预算，包括现金预算、预计资产负债表、预计利润表等。财务预算是全面预算体系的最后环节，它是从价值方面总括地反映企业业务预算与专门决策预算的结果。

通常将预算期在 1 年以内（含 1 年）的预算称为短期预算，预算期在 1 年以上的预算称为长期预算。预算的编制时间可以视预算的内容和实际需要而定，可以是 1 周、1 月、1 季、1 年或若干年等。在预算编制过程中，往往应结合各项预算的特点，将长期预算和短期预算结合使用。一般情况下，企业的业务预算和财务预算多为 1 年期的短期预算，年内再按季或月细分，而且预算期间往往与会计期间保持一致。资本支出预算属于专门决策预算，一般情况下为长期预算。

三、财务预算的作用

财务预算在全面预算体系中具有举足轻重的地位，是企业全面预算的核心组成部分。财务预算作为全面预算体系中的最后环节，可以从价值方面总括地反映企业专门决策预算和日常业务预算的结果，因此，财务预算也称为总预算，其他预算则相应地称为辅助预算。"凡事预则立，不预则废。"这是我国古代对预算总结的精辟佳句，财务预算的编制是企业财务管理的一项重要工作，其作用如下：

微课2：财务预算概述

（一）财务预算使决策目标具体化、系统化和定量化

在现代企业财务管理中，财务预算能全面、综合地协调、规划企业内部各部门、各层次的经济关系与职能，使之统一服从于未来经营总体目标的要求；同时，财务预算又能使决策目标具体化、系统化和定量化，能够明确规定企业有关生产经营人员各自的职责及相应的奋斗目标，做到人人事先心中有数。

（二）财务预算有助于财务目标的顺利实现

通过财务预算，可以建立评价企业财务状况的标准。将实际数与预算数对比，可及时发现问题和调整偏差，使企业的经济活动按预定的目标进行，从而实现企业的财务目标。

（三）财务预算可以考核评价各部门的工作业绩

财务预算是企业财务活动的准绳，使各项业务活动按规定开展。企业可以根据各部门财务预算的执行情况，对其进行考核。在评定各部门工作业绩时，分析预算的完成情况和偏离程度，并就其偏离原因进行深层次挖掘和分析，明确责任，奖优罚劣，从而促进各部门为完成预算目标而更好地工作。

四、预算管理原则

（一）战略导向原则

预算管理应围绕企业的战略目标和业务计划有序开展，引导各预算责任主体聚焦战略，专注执行，达成绩效。

（二）过程控制原则

预算管理应通过及时监控、分析等措施把握预算目标的实现进度并实施有效评价，对企业经营决策提供有效支撑。

（三）融合性原则

预算管理应以业务为先导，以财务为协同，将预算管理嵌入企业经营管理活动的各个领域、层次、环节。

（四）平衡管理原则

预算管理应平衡长期目标与短期目标、整体利益与局部利益、收入与支出、结果与动因等关系，促进企业可持续发展。

（五）权变性原则

预算管理应刚性与柔性相结合，强调预算对经营管理的刚性约束，又可根据内外环境的重大变化调整预算，并针对例外事项进行特殊处理。

五、财务预算编制的程序

企业编制财务预算，应按照"上下结合、分级编制、逐级汇总"的程序进行。

（一）下达目标

企业决策层根据企业发展战略和对预算期经济形势的预测情况，在决策基础上，提出下一年度企业财务预算目标，包括营业目标、成本费用目标、利润目标和现金流量目标，同时确定编制财务预算的政策，由企

业预算管理层下达给各预算部门。

（二）编制上报

各预算执行单位按照预算管理层下达的财务预算目标和财务预算编制政策，结合自身的实际情况以及预测的执行条件，提出本单位的详细预算方案，上报企业财务管理部门。

（三）审查平衡

企业财务管理部门对各预算执行单位上报的预算方案进行审查、汇总，提出综合平衡的建议。在审查平衡的过程中，预算委员会应进行充分协调，对审查平衡过程中所发现的问题提出初步调整意见，并反馈给相关预算执行单位予以修正。

（四）审议批准

企业财务管理部门在有关预算执行单位修正调整的基础上，编制出企业财务预算方案，报预算委员会讨论。对于不符合企业发展战略或者财务预算目标的事项，预算委员会应当责成有关预算执行单位进一步修订调整。在此基础上，企业财务管理部门正式编制年度预算草案，提交董事会或企业办公会审议批准。

（五）下达执行

由企业财务管理部门把董事会或企业办公会审议批准的年度总预算分解成一系列的指标体系，由预算委员会逐级下达至各预算执行单位执行。

财博士知识通

中国历史上预算制度的发展历程

中国是一个文明古国，财政产生较早。唐朝韩愈云："凡事预则立，不预则废。"孙子兵法《始计篇》曰："多算胜，少算不胜，况无算乎？"这些文句均是预算思维的雏形。古人的众多名言警句指出，预算是关乎企业"立废存亡"的大事。从历史上看，我国的预算制度经历了从无到有、由简单到复杂、由不完善到完善的发展过程。

周代——式法制财，收支对口；
汉代——公私划分，加强考察；
唐代——复式预算，简化手续；
元代——制国用司，重视监督；
明代——财政监督制度完备；
清代——正式称编制预算；
民国时期——预算实行划分收支，超然主计。

1949年中华人民共和国成立后，从1953年第一个五年计划开始，我国到现在已经开始实施"十四五"规划。从20世纪50年代开始，我国企业推行班组核算管理，业绩考评的责任中心以班组为单位。班组核算制是20世纪50年代重要的会计改革与创新。20世纪80年代，我国企业推行责任会计制度、目标管理、内部银行、市场预测等多种企业管理方法。

改革开放后，越来越多的西方先进的企业管理理念进入中国。20世纪80年代初，我国企业广泛采用西方的管理会计，作为管理会计的分支，预算管理以全面预算（总预算）的形式，在我国部分企业出现。20世纪80年代末90年代初，我国企业开始积极探索预算管理模式。随着改革开放的深入，我国市场经济体制逐步建立，企业预算管理在企业经营管理中发挥了显著作用，越发受到重视。多个行政规章、制度的颁布和执行，标志着企业全面预算管理在我国得到广泛认同，并已进入实施和规范阶段。企业全面预算管理的社会认可度迅速提升，从而促进我国企业预算管理的快速发展，并逐步步入成熟阶段；最终将提高我国企业的管理水平，增强企业的竞争力。

任务实施

结论	3.1 全面预算的"全"在哪里？
实施方式	研讨式

研讨结论

教师评语：

班级		小组		组长签字	
教师签字				日期	

任务实施

任务 2　预算的编制方法

案例导入

上汽集团的全面预算管理方法和技巧

上海汽车集团股份有限公司（简称上汽集团）是一家大型汽车制造业集团，是国内 A 股市场最大的汽车上市公司。目前，上汽集团的主要业务涵盖整车（包括乘用车、商用车）、零部件（包括发动机、动力传动、底盘、内外饰和电子电器等）的研发、生产、销售、物流、车载信息、二手车等汽车服务贸易业务以及汽车金融业务。

通过多年的研究与探讨，上汽集团形成了相对完善的预算管理制度体系，其中包括预算政策、预算审核权限、预算编制、预算审批、执行跟踪和监督评价几个环节。近几年来，随着上汽集团的不断发展，其公司规模不断扩大，下属单位越来越多，而如何管理、掌控这些企业，已成为摆在上汽集团面前的问题。

上汽集团通过全面预算管理，采取科学合理的预算编制方法，将预算编制、执行、评价等环节环环相扣，并将每个环节做到完善，且具有上汽的特色，从而确保了全面预算管理系统的有效运行，最终保障了公司的进步与发展。

任务发布

讨论	3.2　上汽集团的全面预算管理方法和技巧
教师布置任务	
任务描述	1. 学生熟悉相关知识。 2. 教师结合案例问题组织学生进行研讨。 3. 将学生每 5 个人分成一个小组，分组研讨案例问题，通过内部讨论形成小组观点。 4. 每个小组选出一个代表陈述本组观点，其他小组可以对其进行提问，小组内其他成员也可以回答提出的问题；通过问题交流，将每一个需要研讨的问题都弄清楚，形成书面研讨结论。 5. 教师进行归纳分析，引导学生扎实掌握预算编制方法和技巧，提升学生预算编制的规范性。 6. 根据各组在研讨过程中的表现，教师点评赋分。
问题	1. 上汽集团采用的预算编制方法有哪些？ 2. 你还知道哪些预算编制方法？哪种方法更适合企业财务预算编制？ 3. 你认为，预算编制的好坏能说明预算执行的好坏吗？

相关知识

预算编制方法是指用于预算编制的专项技术，是其方法、步骤和技巧等规则的集合。从若干种预算编制的方法中，科学地选择正确的预算编制方法，不仅可以有效提高预算编制的效率，更可以提高预算的准确性和适当性。因此，选择正确的预算编制方法是保证预算科学性、可行性和准确性的前提和基础。常用的预算编制方法有固定预算法和弹性预算法、零基预算法和增量预算法、定期预算法和滚动预算法、作业预算法和概率预算法等。每种方法都有其自身的优缺点，适用于不同的业务特点和管理要求。在实际工作中，企业没有必要强调方法的一致性，而应根据不同的业务特点和管理要求，因地制宜地选用合适的预算编制方法。同一个预算项目可根据业务内容的特点,选取不同的方法,从而保证预算方案的最优化。

一、固定预算法与弹性预算法

编制预算的方法按其业务量基础的数量特征不同,可分为固定预算法和弹性预算法。

(一)固定预算法

固定预算法(即固定预算)又称静态预算法,是全面预算编制方法中最基本、最传统的一种方法。它是指以预算期内正常的、最可能实现的某一业务量(如生产量、销售量)水平为固定基础,不考虑可能发生的变动的预算编制方法。

该方法简便易操作,便于理解。一般用来编制相对稳定的预算,通常适用于业务量水平较为稳定的企业或非营利性机构。

【例3-1】某公司采用完全成本法核算,预计在2022年正常生产销售A产品5 000件,单位售价300元,单位变动成本构成如下:

(1)直接材料100元;
(2)直接人工30元;
(3)变动制造费用5元。

微课3:财务预算编制方法

预计年固定制造费用为80 000元。如果该公司实际生产销售A产品6 000件,实际总成本为900 000元,其中直接材料597 000元,直接人工168 000元,变动制造费用28 800元,固定制造费用106 200元,则A产品制造成本的实际数与固定预算比较如表3-1所示。

表3-1 A产品实际成本和预算成本比较

单位:元

成本项目	实际成本(6 000件)	预算成本(5 000件)	差异额
直接材料	597 000	500 000	+97 000
直接人工	168 000	150 000	+18 000
变动制造费用	28 800	25 000	+3 800
固定制造费用	106 200	80 000	+26 200
合 计	900 000	755 000	+145 000

(二)弹性预算法

1.弹性预算法的含义及适用范围

弹性预算法(即弹性预算)又称动态预算法,是和固定预算法相对的一种编制方法,它是指企业在分析业务量与预算项目之间数量依存关系的基础上,分别确定不同业务量及其相应预算项目所消耗资源的预算编制方法。编制弹性预算所依据的业务量是指企业销售量、产量、作业量等与预算项目相关的弹性变量。

弹性预算法适用于企业各项预算的编制,特别是市场、产能等存在较大不确定性,且其预算项目与业务量之间存在明显的数量依存关系的预算项目。实务中主要用于与预算执行单位业务量有关的成本(费用)、利润等预算项目,尤其是成本费用的预算。

2.弹性预算法的应用环境

企业应用弹性预算法,除应遵循《管理会计应用指引第200号——预算管理》中对应用环境的一般要求外,还应遵循以下要求:企业编制弹性预算,应合理识别与预算项目相关的业务量,长期跟踪,完整记录预算项目与业务量的变化情况,并对二者的相关性进行深入分析;企业编制弹性预算,应成立由财务、战略和有关业务部门组成的跨部门团队;企业应借助信息系统或其他编制工具,合理预测预算期间的可能业务量,科学匹配和及时修订弹性定额,完成弹性预算的编制。

3. 弹性预算法的应用程序

企业编制弹性预算，一般按照确定适用项目、识别业务量、确定业务量弹性幅度、确定弹性定额、构建弹性预算编制模型并形成预算方案、评价并修正预算方案、确定预算控制标准等程序进行。

（1）企业应结合业务性质和管理要求，遵循重要性原则和成本效益原则选择弹性预算适用项目。一般情况下，企业选择的弹性预算适用项目应与业务量有明显的数量依存关系，且企业能有效分析该数量依存关系，并积累了一定的分析数据。企业在选择成本费用类弹性预算适用项目时，还要考虑该预算项目是否具备较好的成本性态分析基础。

（2）企业应分析、确定与预算项目变动直接相关的业务量指标，作为弹性预算编制的切入点。企业在选定业务量指标后，应确定其计量标准和方法。

（3）企业应深入分析市场需求、价格走势、企业产能等内外因素的变化，预测预算期可能的不同业务量水平，编制销售计划、生产计划等各项业务计划。一般而言，可定在正常业务量水平的70%～110%，或者以历史上最高业务量和最低业务量为其范围的上下限。

（4）企业应逐项分析，认定预算项目和业务量之间的数量依存关系、依存关系的相关范围及变化趋势，最终确定弹性定额。企业在确定弹性定额后，应不断强化弹性差异分析，修正和完善上述数量依存关系；根据企业管理需要，增补新的弹性预算定额，形成企业弹性定额库。

（5）企业通常采用公式法或列表法构建弹性预算编制模型，形成基于不同业务量的多套预算方案。

（6）企业预算管理责任部门应审核、评价和修正各预算方案，根据预算期最可能实现的业务量水平确定预算控制标准，并上报企业预算管理委员会等专门机构审议后报董事会等机构审批。

> **谆谆教诲**
>
> 管理就是预测、计划、组织、指挥、协调以及控制。
>
> ——（法）亨利·法约尔

4. 弹性预算法的应用方法

编制弹性预算，关键是进行成本性态分析，将全部成本最终区分为变动成本和固定成本两大类。变动成本主要根据单位业务量来控制，固定成本则按总额控制。弹性预算法主要有公式法或列表法两种应用方法。

（1）公式法。

公式法是运用收入、成本、利润和生产经营活动水平之间的数量关系模型，测算预算期的收入、成本费用和利润数额，并编制弹性预算的方法。公式法下弹性预算的基本公式为：

$$\text{预算总额} = \text{固定基数} + \sum(\text{与业务量相关的弹性定额} \times \text{预计业务量})$$

应用公式法编制预算时，相关弹性定额可能仅适用于一定业务范围内。当业务量变动超出该适用范围时，应及时修正，更新弹性定额，或改为列表法。

公式法的优点是在一定范围内不受业务量波动的影响，编制预算的工作量较小；缺点是在进行预算控制和考核时，不能直接查出特定业务量下的总成本预算额，而且按细目分解成本比较麻烦，同时又有一定误差。

【例3-2】沿用【例3-1】资料，某公司生产销售A产品4 000件、5 000件、6 000件、7 000件和8 000件，按公式法编制该公司A产品生产成本的弹性预算，如表3-2所示。

表3-2 A产品生产成本的弹性预算（公式法）

元

成本项目	a	b
直接材料		100
直接人工		30
变动制造费用		5
固定制造费用	80 000	
合　计	80 000	135

根据表 3-2，可利用 $y=80\,000+135x$，计算出 A 产品的业务量在 4 000～8 000 件的范围内任一业务量基础上的生产成本预算总额。

编制技巧：

根据成本性态，成本与业务量之间的数量关系可以用公式表示为：$y=a+bx$。其中，y 表示某项预算成本总额，a 表示该项成本中的预算固定成本额，b 表示该项成本中的预算单位变动成本额，x 表示预计业务量。

（2）列表法。

列表法是指企业通过列表的方式，在业务量范围内依据已划分出的若干个不同等级，分别计算并列示该预算项目与业务量相关的不同可能预算方案的方法，此法可以在一定程度上弥补公式法的不足。

列表法的主要优点是可以直接从表中查得各种业务量下的成本预算，便于预算的控制和考核，但这种方法工作量较大，且不能包括所有业务量条件下的费用预算，故适用面较窄。

【例 3-3】沿用【例 3-1】资料，某公司生产销售 A 产品 4 000 件、5 000 件、6 000 件、7 000 件和 8 000 件，按列表法编制该公司 A 产品生产成本的弹性预算，如表 3-3 所示。

表 3-3　A 产品生产成本的弹性预算（列表法）

元

成本项目	分配率	4 000 件	5 000 件	6 000 件	7 000 件	8 000 件
直接材料	100	400 000	500 000	600 000	700 000	800 000
直接人工	30	120 000	150 000	180 000	210 000	240 000
变动制造费用	5	20 000	25 000	30 000	35 000	40 000
固定制造费用		80 000	80 000	80 000	80 000	80 000
合　计		620 000	755 000	890 000	1 025 000	1 160 000

5. 弹性预算法的应用评价

（1）弹性预算法的主要优点。

考虑了预算期可能的不同业务量水平，更贴近企业经营管理实际情况，从而扩展了预算管理的适用范围，有利于企业进行经营管理。

（2）弹性预算法的主要缺点。

编制工作量大；市场及其变动趋势预测的准确性、预算项目与业务量之间依存关系的判断水平等会对弹性预算的合理性造成较大影响。

二、增量预算法与零基预算法

编制预算的方法按其出发点的特征不同，可分为增量预算法和零基预算法两种。

（一）增量预算法

增量预算法（即增量预算），又称调整预算方法，是指以历史期实际经济活动及其预算为基础，结合预算期经济活动及相关影响因素的变动情况，通过调整历史期经济活动项目及金额形成预算的预算编制方法。传统的预算编制方法基本上采用的是增量预算法，即以基期的实际预算为基础，对预算值进行增减调整。

增量预算法的优点是简单易行，工作量小，且易于理解。因为用该方法编制预算的基础是过去的经验，其实是承认过去所发生情形的合理性，不主张在预算内容上做较大改进，而是因循沿袭之前的预算项目。增量预算法的缺点主要表现在以下三个方面：

1. 成本难控，没有降本增益的动力

由于按增量预算法编制预算，往往直接保留或接受原有的成本项目，可能导致原有不合理的费用开支继续存在，把不必要的开支合理化，在预算上造成浪费，甚至会导致保护落后的情况发生，成本难以降低。

2. 容易使预算出现平均主义和简单化

采用此法编制预算，会鼓励预算编制人凭主观臆断按成本项目平均削减预算或只增不减，降低各部门节约费用的积极性。

3. 不利于企业长远发展

对于企业未来实际需要开支的项目，按照增量预算法编制的费用预算，可能因没有考虑未来情况的变化而导致预算不够准确，不利于企业长远发展。

【例3-4】某公司2022年预计产品销售收入550万元，比2021年预计增长20%，请采用增量预算法编制2022年销售费用预算，如表3-4所示。

表3-4　2022年销售费用预算

项　目	2021年实际/万元	增减比例/%	增减额/万元	2022年预算/万元
职工薪酬（管理人员）	30	5	1.5	31.5
职工薪酬（销售人员）	180	20	36	216
广告费	100	20	20	120
差旅费	20	20	4	24
会议费	10	20	2	12

编制技巧：

销售费用中的折旧费、业务管理人员工资等项目一般为固定费用，不会因为产品营业收入的增减而增减，因此，只对变动费用项目按增量预算法相应地增加预算数额。

（二）零基预算法

1. 零基预算法的含义及适用范围

零基预算法（即零基预算），又称零底预算法，是相对于增量预算法的一种预算编制方法，它是指企业不以历史期经济活动及其预算为基础，以零为起点，从实际需要出发分析预算期经济活动的合理性，经综合平衡，形成预算的预算编制方法。

零基预算法适用于企业各项预算的编制，特别是不经常发生的预算项目或预算编制基础变化较大的预算项目。

2. 零基预算法的应用环境

企业应用零基预算法，除应遵循《管理会计应用指引第200号——预算管理》中对应用环境的一般要求外，还应遵循以下要求：企业应结合预算项目实际情况、预算管理要求和应用成本选择使用零基预算法；企业应用零基预算法，应明确预算管理责任部门和预算编制责任部门。预算管理责任部门负责组织各部门确定和维护各预算项目的编制标准，组织各具体预算项目的编制；预算编制责任部门具体负责本部门业务计划和预算的编制。另外，企业应充分利用信息系统或其他工具，分析历史期经济活动的有效性和预算编制标准的合理性，完成零基预算的编制。

3. 零基预算法的应用步骤

（1）确定企业预算目标及编制规则。在正式编制预算之前，企业预算管理部门要根据企业的战略规划和经营目标，综合考虑各种资源条件，提出预算构想和预算目标，并预测收支水平。

（2）编制业务计划，测算预算需求。相关业务计划责任部门应依据企业战略和年度经营目标安排预算期经济活动，制定详细、具体的业务计划并对业务计划的合理性进行分析。

（3）审查业务活动，进行成本效益分析。企业预算管理部门对各部门上报的预算项目首先进行审查，分析成本效益，说明每项费用开支后会给企业带来什么影响，主要审查要点如下：

①各项业务活动的目标是什么？与企业目标是否一致？

②各项业务活动为什么是必要的？能从此项业务活动中获得什么效益？

③各项业务活动有哪些可选择方案？哪个方案是最好的？

④各项业务活动的重要度、次序如何？

（4）确定业务活动的轻重缓急排序。确定各项业务活动的轻重缓急，将各个收支项目分成若干个层次，排出重要性程度，明确哪些业务活动是必须充分保障的。

（5）分配资源，落实预算。根据预算项目的排列顺序，对预算期内可动用的资源进行合理安排，首先满足确保项目，根据重要性程度和成本效益原则分配剩余资源，做到保证重点，兼顾一般。

（6）编制并执行预算。资源分配方案确定以后，企业要对预算草案进行审核、汇总，然后编制正式预算，经批准后下达执行。

【例3-5】某公司在编制下年度销售及管理费用预算时，拟采用零基预算法。该公司预算年度计划可用于销售和管理费用方面的资金总额为30 000元。由销售和管理部门的负责人和全体职工，根据预算年度的总体战略目标和本部门的具体工作任务，经过反复讨论研究，一致认为本部门预算期间需发生的费用项目及其预计的开支金额如表3-5所示。

表3-5 预计费用项目及开支金额

元

项目	金额
广告费	18 000
销售人员培训费	11 000
外地销售机构租金	7 000
差旅费	6 000
办公费	3 000

经过对以上费用项目进行分析研究，得出以下结论：上述费用中，外地销售机构租金、差旅费和办公费均属于预算期间不可缺少的费用开支，必须全额保证它们的需要。其余两项费用，根据历史资料进行成本效益分析，得到以下数据，如表3-6所示。

表3-6 成本效益分析

元

明细项目	每期平均费用发生额	每期平均收益额	成本收益率
广告费	15 000	150 000	10
销售人员培训费	8 000	120 000	15

然后，权衡上述各项费用开支的具体性质和轻重缓急，排出层次和顺序。

第一层次，外地销售机构租金、差旅费和办公费。属于不可避免的约束性固定成本，在预算期间必不可少，需要全额得到保证，故列为第一层次。

第二层次，销售人员培训费。属于酌量性固定成本，可根据预算期间企业财力情况酌情增减，由于其成本效益率高于广告费的成本效益率，应列为第二层次。

第三层次，广告费。属于酌量性固定成本，可根据预算期间企业财力情况酌情增减，由于其成本效益率低于销售人员培训费的成本效益率，应列为第三层次。

根据以上排列的层次和顺序分配资源，最终落实的预算金额如下：

第一层次的费用项目所需资金需要全额得到保证：

7 000+6 000+3 000=16 000（元）

确定可分配的资金数额=30 000-16 000=14 000（元）

按成本效益比重将可分配的资金数额在销售人员培训费和广告费之间进行分配。

销售人员培训费可分配金额=14 000×15/（10+15）=8 400（元）

广告费可分配金额=14 000×10/（10+15）=5 600（元）

4.零基预算法的应用评价

（1）零基预算法的主要优点。

①以零为起点编制预算，不受历史期经济活动中不合理因素的影响，能够灵活应对内外环境的变化，预算编制更贴近预算期企业经济活动的需要。②有助于增加预算编制透明度，有利于进行预算控制。

（2）零基预算法的主要缺点。

①预算编制工作量较大，成本较高。由于零基预算法要求一切均以零为起点，要进行历史资料、现有情况和未来业务活动的效益分析，需要花费大量的人力、物力和时间来编制预算，预算编制工作量相当繁重，编制预算的时间也较长，预算管理成本较高。

②预算编制的准确性受企业管理水平和相关数据标准准确性影响较大。在判断项目轻重缓急时，主要依据经济效益，虽然管理层可以依据企业目标而定，但不是每项业务活动与企业目标都存在很强的关联性，许多对轻重缓急的判断不是管理层的职业判断。因此，用零基预算法在进行分层、排序和资源分配时，易受主观判断的影响，且可能因管理层的偏好而强调短期项目和当前利益，忽视长期项目和长远利益。

为了克服零基预算法的缺点，减少预算编制的工作量，在实务中，企业并不需要每年都按零基预算法来编制预算，而是每隔几年才按此方法编制一次预算。

三、定期预算法与滚动预算法

编制预算的方法按其预算期的时间特征不同，可分为定期预算法和滚动预算法。

（一）定期预算法

定期预算法，是指在编制预算时以不变的会计期间（如日历年度）作为预算期的一种预算编制方法。预算编制方法往往以年度作为固定的预算期间。

1.定期预算法的优点

（1）能够使预算期间与会计年度相配合，便于考核和评价预算的执行结果。

（2）相比滚动预算法，预算编制过程比较简单，工作量小，易于被大众接受并推广。

2.定期预算法的缺点

（1）盲目性，由于定期预算往往是在年初甚至提前两三个月编制的，因此对于整个预算年度的生产经营活动很难作出准确的预算，尤其是对后期的预算只能进行笼统的估算，数据笼统含糊，缺乏远期指导性，给预算的执行带来很多困难，不利于对生产经营活动进行考核与评价。

（2）滞后性，由于定期预算不能随情况的变化及时调整，当预算中所规划的各种经营活动在预算期内发生重大变化时（如预算期临时中途转产），就会造成预算滞后过时，使之成为虚假预算。

（3）间断性，由于受预算期间的限制，致使经营管理者的决策视野局限于本期规划的经营活动，通常不考虑下期。例如，一些企业提前完成本期预算后，以为可以松一口气，其他事等来年再说，形成人为的预算间断。因此，按定期预算法编制的预算不能适应连续不断的经营过程，从而不利于企业的长远发展。

在管理实务中，为了弥补定期预算法所带来的不足，企业可采用滚动预算法来编制财务预算。

（二）滚动预算法

1.滚动预算法的含义

滚动预算法，又称永续预算法或连续预算法，是指企业根据上一期预算执行情况和新的预测结果，按既定的预算编制周期和滚动频率，对原有的预算方案进行调整和补充，逐期滚动，持续推进的预算编制方法。

其中，预算编制周期，是指每次预算编制所涵盖的时间跨度。滚动频率，是指调整和补充预算的时间间隔，一般以月度、季度、年度等为滚动频率。

在编制预算时，将预算期间与会计年度脱离，随着预算的执行不断延伸补充预算，逐期向后滚动，使预算期间永远保持为一个固定的期间。

2. 滚动预算法的类型

（1）中期滚动预算法。

中期滚动预算法的预算编制周期通常为 3 年或 5 年，以年度作为预算滚动频率。

（2）短期滚动预算法。

短期滚动预算法通常以 1 年为预算编制周期，以月度、季度作为预算滚动频率。

①逐月滚动。以月度作为预算滚动频率即逐月滚动，是指在预算编制过程中，以月份为预算的编制和滚动单位，每个月调整一次预算的方法。如在 2020 年 1 月至 12 月的预算执行过程中，需要在 1 月末根据当月预算的执行情况，修订 2 月至 12 月的预算，同时补充 2021 年 1 月份的预算；到 2 月末可根据当月预算的执行情况，修订 3 月至 2021 年 1 月的预算，同时补充 2021 年 2 月的预算……以此类推，如图 3-3 所示。

采取逐月滚动方式编制的预算具有比较精确的优点，缺点是预算编制工作量较大，每个月都需滚动编制一次，而且预算后期的月度预算的准确率也是大打折扣的。

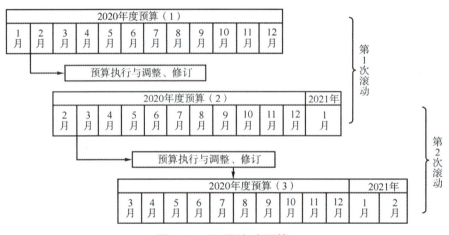

图 3-3 逐月滚动预算

②逐季滚动。以季度作为滚动预算频率即逐季滚动，是指在预算编制过程中，以季度为预算的编制和滚动单位，每个季度调整一次预算的方法。如在 2020 年第 1 季度至第 4 季度的预算执行过程中，需要在第 1 季度末根据当季预算的执行情况，修订第 2 季度至第 4 季度的预算，同时补充 2021 年第 1 季度的预算；第 2 季度末根据当季预算的执行情况，修订第 3 季度至 2021 年第 1 季度的预算，同时补充 2021 年第 2 季度的预算……以此类推，如图 3-4 所示。

采用逐季滚动方式编制预算的优点是工作量较小，每个季度滚动编制一次，但也存在精确度较差的缺点，特别是近期预算不够细致，对近期业务活动的指导意义不大。

③混合滚动。在预算编制过程中，同时以月份和季度作为预算编制的滚动频率，按每个季度细化调整一次预算的方法。按照"近细远粗"的原则，将逐月滚动和逐季滚动的预算方法进行改进。在编制年度预算时，先将第 1 个季度按月份划分，编制各月份的明细指标，以方便预算控制。剩余 3 个季度的预算则可按季度粗略编制，等接近第 1 季度期末时，再将第 2 季度的预算按月细分，第 3、第 4 度以及新增列的下一季度，则只需列出各季度的预算总数。以此类推，使预算不断地滚动下去。例如，2020 年 1 月至 12 月的预算执行过程中，需要在第 1 季度末根据第 1 季度预算的执行情况，分月份细化修订第 2 季度预算，修订第 3 季度至第 4 季度的预算，同时补充 2021 年第 1 季度的预算；到第 2 季度末，要根据第 2 季度预算的执行情况，分月份细化第 3 季度预算，修订第 4 季度至 2021 年第 1 季度的预算，同时补充 2021 年第 2 季度预算，以此类推，如图 3-5 所示。

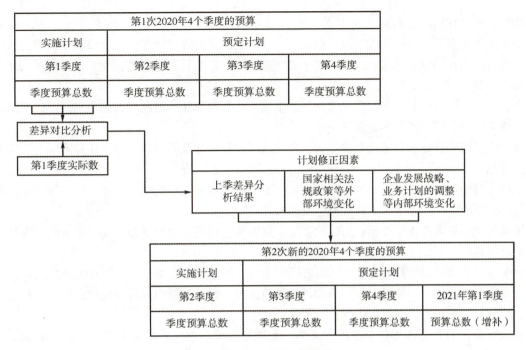

图 3-4 逐季滚动预算

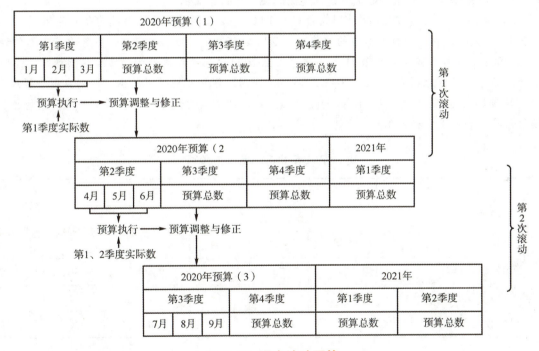

图 3-5 混合滚动预算

3. 滚动预算法的应用环境

企业应用滚动预算法，除应遵循《管理会计应用指引第 200 号——预算管理》中对应用环境的一般要求外，还应遵循以下要求：企业应用滚动预算法，应具备丰富的预算管理经验和能力；企业应建立先进、科学的信息系统，及时获取充足、可靠的外部市场数据和企业内部数据，以满足编制滚动预算的需要；企业应重视预算编制基础数据，统一财务和非财务信息标准，确保预算编制以可靠、翔实、完整的基础数据为依据。

4. 滚动预算法的应用程序

企业除应遵循《管理会计应用指引第 200 号——预算管理》中的应用程序实施滚动预算管理外，还应遵循以下程序：

（1）企业应研究外部环境变化，分析行业特点、战略目标和业务性质，结合企业管理基础和信息化水平，确定预算编制的周期和滚动的频率；

（2）企业应遵循重要性原则和成本效益原则，结合业务性质和管理要求，确定滚动预算的编制内容；

企业通常可以选择编制业务滚动预算，对于管理基础好、信息化程度高的企业，还可选择编制资本滚动预算和财务滚动预算；

（3）企业应以战略目标和业务计划为依据，并根据上一期预算执行情况和新的预测信息，经综合平衡和结构优化，作为下一期滚动预算的编制基础；

（4）企业应以战略目标和业务计划为基础，研究滚动预算所涉及的外部环境变化和内部重要事项，测算并提出预算方案；

（5）企业实行中期滚动预算的，应在中期预算方案的框架内滚动编制年度预算。第一年的预算约束对应年度的预算，后续期间的预算指引后续对应年度的预算；

（6）短期滚动预算服务于年度预算目标的实施。企业实行短期滚动预算的，应以年度预算为基础，分解编制短期滚动预算；

（7）企业应分析影响预算目标的各种动因之间的关系，建立预算模型，生成预算编制方案；

（8）企业应对比分析上一期的预算信息和预算执行情况，结合新的内外部环境预测信息，对下一期预算进行调整和修正，持续进行滚动预算编制；

（9）企业可借助数据仓库等信息技术的支撑，实现预算编制方案的快速生成，减少滚动预算编制的工作量；

（10）企业应根据滚动预算编制的结果，调整资源配置和管理要求。

【例3-6】经预测，甲公司2021年计划销售产品1 000吨，4个季度的销售数量分别是200吨、240吨、300吨和260吨，其中，第1季度各月份的销售数量分别是60吨、70吨和70吨，销售单价（不含税金）为1万元/吨。2021年3月末，在编制2021年第2季度至2022年第1季度产品销售滚动预算时，计划第2季度各月份产品的销售数量分别为70吨、90吨、80吨。同时，根据市场供求关系，计划自第3季度开始，A产品的销售单价提高到1.2万元/吨。根据上述资料，采用混合滚动预算法编制第1期产品销售预算和第2期产品销售预算，如表3-7和表3-8所示。

表3-7 第1期产品销售预算

项目	2021年					
	第1季度			第2季度	第3季度	第4季度
	1月	2月	3月			
销售数量/吨	60	70	70	240	300	260
销售单价/（万元·吨⁻¹）	1	1	1	1	1	1
销售收入/万元	60	70	70	240	300	260

表3-8 第2期产品销售预算

项目	2021年			2022年		
	第2季度			第3季度	第4季度	第1季度
	4月	5月	6月			
销售数量/吨	70	90	80	300	260	240
销售单价/（万元·吨⁻¹）	1	1	1	1.2	1.2	1.2
销售收入/万元	70	90	80	360	312	288

5. 滚动预算法的应用评价

（1）滚动预算法的主要优点。

通过持续滚动预算编制，逐期滚动管理，实现动态反映市场，建立跨期综合平衡，从而有效指导企业营运，强化预算的决策与控制职能。

（2）滚动预算法的主要缺点。

一是预算滚动的频率越高，对预算沟通的要求越高，预算编制的工作量越大；二是过高的滚动频率容易增加管理层的不稳定感，导致预算执行者无所适从。

财博士知识通

作业预算法

作业预算法首先根据计划的产品组合确定产品成本。基于计划的产品／产量组合，作业预算法计算出作业成本。根据作业成本，作业预算法可以确定资源成本的预算数字。作业预算法首先预测每件产品的计划销量，然后使用来自作业成本核算系统的历史数据估算实现上述产量所需的作业活动，支持这些作业活动所需的资源，以及这些资源的成本。

（1）作业预算法的优点在于，它能使成本与作业活动之间的联系更明确，使规划过程更精确，使预算修正更有效；确立更切实际的预算，更准确地确认资源需求；将成本更好地与产出相联系，将成本更精确地分摊到每位员工。

（2）这种方法的缺点是成本高，建立过程很复杂。所以，只推出少量产品或服务的小公司可能没有必要这样大费周章。另外，这种方法需要整个组织加以采用并使之深深扎根，单个部门无法决定建立自身的作业成本核算和作业预算系统。但是，如果情况适宜，使用作业预算法对某个组织的经济动态进行了解会产生长期的收效。

概率预算法

概率预算法是指对在预算期内不确定的各预算构成变量，根据客观条件，作出近似的估计，估计它们可能变动的范围及出现在各个变动范围的概率，再通过加权平均计算有关变量在预期内的期望值的一种预算编制方法。概率预算法属于不确定预算，一般适用于难以准确预测变动趋势的预算项目，如开拓新业务等。

概率预算法的编制程序：

（1）在预测分析的基础上，估计各相关因素的可能值及其出现的概率，它可以根据历史资料或经验进行判断；

（2）计算联合概率，即各相关因素的概率之积；

（3）根据弹性预算提供的预算指标以及与之对应的联合概率计算出预算对象的期望值，即概率预算下的预算结果。

任务实施

结论	3.2 上汽集团的全面预算管理方法和技巧
实施方式	研讨式

研讨结论

教师评语：	

班级		小组		组长签字	
教师签字				日期	

任务实施

任务3 财务预算的编制

案例导入

编制财务预算

家电行业是中国少数几个拥有国际竞争力的行业之一,也是中国制造业的代表。随着人们生活水平的提高,人们对于小家电产品的需求在不断地增加,小家电市场的发展潜力巨大,智能化和个性化发展成了趋势。宏达公司是一家集研发、生产、互联网电商销售为一体的创意小家电新兴企业,由于处于企业成立初期,当年主要销售 A 产品。在预算管理岗位上的小王,刚从大学管理系毕业两个多月,他的主要职责是协助预算主管承担公司经营计划编制、财务预算编制、预算执行差异分析以及相关财务分析工作,提出合理化改善建议。

初出茅庐,刚刚开启职业生涯的小王对自己的工作很满意,他感到最满意的是领导对他的重视,对于他来说,谋得一份职业,只是职业生涯的开端,而对待第一份工作的态度,在很大程度上决定了是否能够顺利完成从一个校园人到社会人的转变,小王投入了百分百的专注与热情,现在他正在协助预算主管编制公司预计损益表、预计资产负债表、预计现金流量表。

预算需要其他部门的配合,因此先请公司各个部门的领导参加公司的预算布置会。开完会,各部门派专人准备各自的数据报给财务部,由小王收集汇总数据,参考本公司去年的各项财政指标与各部门费用支出情况、各部门预算后,小王初步汇总编制了预算报表并交给主管,下一步就是向主管说明自己各项计算的依据,然后这个预算报表由主管送到预算管理委员会审查。考虑到预算不仅影响到自己,也影响到主管,所以小王在预算上花了很多工夫。

任务发布

讨论	3.3 编制财务预算
教师布置任务	
任务描述	1. 学生熟悉相关知识。 2. 教师结合案例问题组织学生进行研讨。 3. 将学生每5个人分成一个小组,分组研讨案例问题,通过内部讨论形成小组观点。 4. 每个小组选出一个代表陈述本组观点,其他小组可以对其进行提问,小组内其他成员也可以回答提出的问题;通过问题交流,将每一个需要研讨的问题都弄清楚,形成书面研讨结论。 5. 教师进行归纳分析,引导学生扎实掌握编制财务预算的方法与流程,提升学生的团队合作精神。 6. 根据各组在研讨过程中的表现,教师点评赋分。
问题	1. 小王编制财务预算的流程是什么? 2. 部门的哪些数据是编制财务预算所必需的? 3. 小王编制的财务预算有没有什么错误?

相关知识

通过学习前面的内容我们已经知道,全面预算由业务预算、专门决策预算和财务预算三部分组成。

不积跬步，无以至千里；不积小流，无以成江海，只有完成销售预算、生产预算、直接材料预算、直接人工预算、制造费用预算、产品成本预算、销售及管理费用预算和现金预算的编制后，才能获取编制财务预算的必要数据。因此，企业编制预算是一件严谨的事，需要全面、认真、细致地调研，在编制预算的过程中需要各个部门的协调与合作，预算关系如图 3-6 所示。

微课 4：现金预算

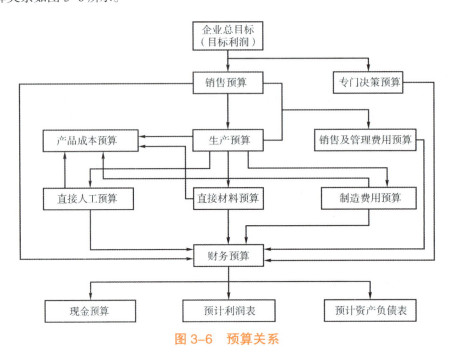

图 3-6　预算关系

一、现金预算的编制

现金管理始终是企业财务管理的重要内容，而现金预算是现金管理的重要工具之一。现金预算是企业财务预算的重要组成部分，是以业务预算和专门决策预算为依据编制的，编制现金预算的目的是合理地处理现金收支业务，调度资金，保证企业财务处于良好状态。因此，现金预算由可供使用现金、现金支出、现金余缺、现金筹集与运用四部分构成。

（1）可供使用现金包括计划期间的期初现金余额，加上本期预计可能发生的现金收入。一般来说，现金收入的主要来源是销售收入和应收账款的收回，可从销售预算中获得所需资料。

（2）现金支出除了涉及有关直接材料、直接人工、制造费用和销售及管理费用方面的经营性现金支出外，还包括用于交纳税金、股利分配等支出，另外还包括购买设备等资本性支出。

（3）现金余缺是现金收入与现金支出合计的差额。现金收入大于现金支出，差额为正，现金多余；现金收入小于现金支出，差额为负，现金不足。

（4）现金筹集与运用。

根据预算期现金收支的差额和有关资金管理的各项政策，确定数额。如果资金不足，就要向银行借款，或发行短期商业票据以筹集资金以及还本付息等。如果资金多余，可以用来偿还借款以及进行短期投资。

现金预算实际上是其他预算有关现金收支部分的汇总，以及收支差额平衡措施的具体计划。其他预算在编制时要为现金预算做好数据准备。

（一）销售预算

"以销定产"是企业处理产销关系的重要原则，企业按照市场的需要组织生产，销售预算作为全面预算编制的起点，是其他各种预算编制的基础。销售预算由销售部门负责编制，通常按年分季或月编制，主要内容包括预计销售量、预计销售单价、预计销售收入，同时，企业为了提供编制现金预算的资料，还包括预计现金收入的数据。销售收入是企业资金的重要来源，因此销售预算的准确度对整个预算编制的科学性起着至关重要的作用。

【例 3-7】宏达公司 2022 年生产销售一种产品——A 产品，该产品单位售价为 200 元，根据销货合同和市场预测，2022 年度销售量如表 3-9 所示。该公司销售采用赊销与现销两种方式，每季度现销 60%、赊销 40%，赊销款在下个季度收讫。上年第 4 季度应收账款为 6 200 元，将于预算年度第 1 季度全额收回现金，现编制 2022 年的销售预算，如表 3-10 和表 3-11 所示。

表 3-9　宏达公司 2022 年度预计销售量

件

产品	第1季度	第2季度	第3季度	第4季度	全年
A	100	150	200	180	630

表 3-10　宏达公司 2022 年度销售预算

季度	第1季度	第2季度	第3季度	第4季度	全年
预计销售量/件	100	150	200	180	630
销售单价/元	200	200	200	200	200
预计销售收入/元	20 000	30 000	40 000	36 000	126 000

表 3-11　宏达公司 2022 年度预计现金收入

元

项目	本期发生数	现金收入			
		第1季度	第2季度	第3季度	第4季度
期初应收账款	6 200	6 200			
第1季度	20 000	12 000	8 000		
第2季度	30 000		18 000	12 000	
第3季度	40 000			24 000	16 000
第4季度	36 000				21 600
期末数	−14 400				
现金收入合计	117 800	18 200	26 000	36 000	37 600

编制技巧：

预计销售收入＝预计销售量×预计销售单价

季度现金收入＝该季预计现金收入＋该季收回以前应收账款

（二）生产预算

生产部门根据库存安排，<u>在销售预算的基础上编制生产预算</u>，结合生产部门的实际情况安排预算期内各项生产数量和生产时间，为满足预算期的销售量以及期末存货所需的资源。预算期除必须有足够的产品以供销售之外，还必须考虑到预算期期初和期末库存的预计水平，以避免存货太多形成积压，或存货太少影响下期销售。因此，生产预算的主要内容包括预计销售量、预计期初存货量、预计期末存货量、预计生产量。即：

预计生产量＝预计销售量＋预计期末存货量－预计期初存货量

【例 3-8】沿用【例 3-7】资料，宏达公司 2022 年年初有 A 产品 10 件，本年各季度期末存货量占下一季度销售量的 10%，第 4 季度末留存 20 件，根据上述资料，可编制 2020 年度的生产预算，如表 3-12 所示。

表 3-12　宏达公司 2022 年度生产预算

单位：件

项目	第1季度	第2季度	第3季度	第4季度	全年合计
预计销售量	100	150	200	180	630
加：预计期末存货量	15	20	18	20	20
减：预计期初存货量	10	15	20	18	10
预计生产量	105	155	198	182	640

编制技巧：

预计销售量来源于表 3-9。

$$预计期末存货量 = 下季度预计销售量 \times 10\%$$

$$预计期初存货量 = 本季度期末存货量$$

（三）直接材料预算

直接材料预算是为直接材料采购活动编制的预算，以生产预算为基础。编制直接材料预算与编制生产预算一样，也要考虑预算期期初与期末的存货水平，应注意采购量、耗用量和库存量之间保持合理的比例，以避免材料的供应不足或超量积压。直接材料预算主要由物资供应部门负责，依据生产预算所确定的预计生产量，考虑到预计期初期末库存材料的因素来编制。

直接材料的采购和产品的销售有相似之处，即货款也不是马上用现金全部支付的，这样就可能存在一部分应付账款，在实际工作中，为便于现金预算的编制，往往还包括对前期应付购料款和本期购料款支付情况的测算，作为直接材料预算的附表。

【例 3-9】沿用【例 3-8】资料，宏达公司生产的 A 产品只耗用一种甲材料，单位产品消耗甲材料定额为 10 千克，甲材料计划年度年初结存材料量为 300 千克，年末结存材料量为 400 千克，各季度期末材料存量为下一季度生产需用量的 20%，材料采购货款当季付现 50%，余款下一季度付清。2021 年年末应付账款为 2 350 元。材料计划采购单价 5 元，根据上述资料，编制 2022 年度直接材料预算与预计现金支出，如表 3-13 和表 3-14 所示。

表 3-13　宏达公司 2022 年度直接材料预算

项目	第1季度	第2季度	第3季度	第4季度	全年
预计生产量 / 台	105	155	198	182	640
单位产品材料消耗量 /（千克·件$^{-1}$）	10	10	10	10	10
预计材料需要量 / 千克	1 050	1 550	1 980	1 820	6 400
加：预计期末材料库存量 / 千克	310	396	364	400	400
减：预计期初材料库存量 / 千克	300	310	396	364	300
预计材料采购量 / 千克	1 060	1 636	1 948	1 856	6 500
预计采购单价 /（元·千克$^{-1}$）	5	5	5	5	5
预计材料采购成本 / 元	5 300	8 180	9 740	9 280	32 500

表 3-14　宏达公司 2022 年度预计现金支出

元

项目	本期发生数	现金支出				
		第 1 季度	第 2 季度	第 3 季度	第 4 季度	全年合计
期初应付账款	2 350	2 350				2 350
第 1 季度采购现金支出	5 300	2 650	2 650			5 300
第 2 季度采购现金支出	8 180		4 090	4 090		8 180
第 3 季度采购现金支出	9 740			4 870	4 870	9 740
第 4 季度采购现金支出	9 280				4 640	4 640
期末数	-4 640					
现金支出合计	30 210	5 000	6 740	8 960	9 510	30 210

编制技巧：

预计生产量来源于表 3-12。

预计材料需用量 = 预计生产量 × 单耗定额

预计期初材料存量 = 上季预计期末材料库存量

预计期末材料存量 = 下季材料需要量 × 20%

预计材料采购量 = 预计材料需用量 + 预计期末材料库存量 − 预计期初材料库存量

预计采购金额 = 预计材料采购量 × 预计采购单价

季度采购现金支出 = 该季采购现金支出 + 该季支付上季应付账款

（四）直接人工预算

直接人工预算是以生产预算为基础，对直接生产产品的人工耗费的计划，用来规划预算期内各产品、各工种的人工消耗水平和人工成本。其主要内容有预计生产量、单位产品工时、人工总工时、每工时人工成本和人工总成本。由于人工工资都需要使用现金支付，所以不需另外编制预计现金支出，可直接参加现金预算的汇总。直接人工预算主要由生产部门或劳动人事部门编制，编制时可按不同工种分别计算直接人工成本，然后予以汇总。

【例 3-10】沿用【例 3-9】资料，宏达公司生产的 A 产品单件工时为 10 小时，每小时人工成本是 2 元。根据上述资料编制 2022 年度直接人工预算，如表 3-15 所示。

表 3-15　宏达公司 2022 年度直接人工预算

项目	第 1 季度	第 2 季度	第 3 季度	第 4 季度	全年合计
预计生产量 / 台	105	155	198	182	640
工时定额 /（小时·件$^{-1}$）	10	10	10	10	10
人工总工时 / 小时	1 050	1 550	1 980	1 820	6 400
小时工资 / 元	2	2	2	2	2
预计直接人工成本 / 元	2 100	3 100	3 960	3 640	12 800

编制技巧：

预计生产量来源于表 3-12。

预计人工总工时 = 预计生产量 × 工时定额

预计人工总成本 = 人工总工时 × 小时工资

谆谆教诲

君子敬始而慎终，始终如一，是君子之道，礼仪之父也。

——荀子

(五) 制造费用预算

制造费用预算是指除了直接材料和直接人工以外的一切生产成本的预算，制造费用按其成本性态可分为变动制造费用和固定制造费用。变动制造费用，以生产预算为基础来编制，即根据预计的生产量或预计的直接人工工时总数和预计的变动制造费用分配率来计算。固定制造费用，一般用每项预计固定费用相加即可，与产量无关。

为了给现金预算提供资料，在制造费用预算中应包括费用方面预计的现金支出，需要注意的是，由于固定资产折旧费是非付现项目，在计算时应予剔除。

【例 3-11】沿用【例 3-10】资料，宏达公司编制 2022 年度制造费用预算时，分别就变动制造费用和固定制造费用两部分内容编制。变动制造费用预算按预计直接人工工时和预计变动费用分配率计算。变动制造费用标准分配率为间接材料 0.1 元/小时、间接人工 0.1 元/小时、维护费用 0.2 元/小时、水电费 0.1 元/小时。固定制造费用与产量无关，每季度包含折旧费 1 000 元、管理人员工资 200 元、财产税 100 元，在预算期内保持固定不变，保险费各季度分别是 75 元、85 元、110 元、190 元，维护费用各季度分别是 1 000 元、1 140 元、900 元、900 元，根据上述资料，编制制造费用预算，如表 3-16 所示。

表 3-16　宏达公司 2022 年度制造费用预算

元

项目		分配率	现金支出				
			第 1 季度	第 2 季度	第 3 季度	第 4 季度	全年合计
人工总工时 / 小时			1 050	1 550	1 980	1 820	6 400
变动制造费用 / 元	间接材料	0.1	105	155	198	182	640
	间接人工	0.1	105	155	198	182	640
	维护费用	0.2	210	310	396	364	1 280
	水电费用	0.1	105	105	198	182	640
	合计	0.5	525	775	990	910	3 200
固定制费用 / 元	折旧		1 000	1 000	1 000	1 000	4 000
	管理人员工资		200	200	200	200	800
	维护费用		1 000	1 140	900	900	3 940
	保险费用		75	85	110	190	460
	财产税		100	100	100	100	400
	合计		2 375	2 525	2 310	2 390	9 600
制造费用合计 / 元			2 900	3 300	3 300	3 300	12 800
减：折旧费 / 元			1 000	1 000	1 000	1 000	4 000
预计现金支出 / 元			1 900	2 300	2 300	2 300	8 800

编制技巧：

人工总工时来源于表 3-15。

各季度各项变动制造费用预算额 = 各季度人工总工时 × 该项变动制造费用率

预计现金支出 = 制造费用合计 - 折旧费

(六) 产品成本预算

产品成本预算是在生产预算、直接材料预算、直接人工预算和制造费用预算的基础上，对预算期内的单位产品成本和生产总成本进行规划与测算而编制的预算。其主要内容是产品的单位成本和总成本。生产量、期末存货量来自生产预算；销售量来自销售预算；生产成本、存货成本和销货成本等数据，根据单位成本和有关数据计算得出。实际工作中，为便于编制预计利润表和预计资产负债表，在正表下面附有期末存货预算，以反映期末存货数量和存货金额。

【例3-12】沿用【例3-11】资料，宏达公司采用完全成本法计算成本，即单位产品成本包括变动成本与固定成本两个部分，根据上述有关预算编制的资料，编制A产品成本预算，如表3-17所示。

表3-17 宏达公司2022年度A产品成本预算

成本项目	定额	单价	单位变动成本
直接材料	10千克/件	5元/千克	50元/件
直接人工	10小时/件	2元/小时	20元/件
变动制造费用	10小时/件	0.5元/小时	5元/件
单位变动成本			75元/件
单位固定成本	9 600/640		15元/件
单位生产成本			90元/件
项目	数量	单位成本	总成本
生产成本	640件	90元/件	57 600元
期末库存产品成本	20件	90元/件	1 800元
本年销售成本	630件	90元/件	56 700元

编制技巧：

定额和单价来源于表3-13、表3-15、表3-16。

$$单位变动成本 = 定额 \times 单价$$

$$直接材料成本 = 预计材料需用量 \times 预计采购单价$$

$$直接人工成本 = 人工总工时 \times 小时工资$$

变动制造费用来源于表3-8。

$$本期销售成本 = 本期销售量 \times 单位成本$$

财博士知识通

完全成本法与变动成本法

完全成本法也称全部成本法、归纳成本法或吸收成本法，是在计算产品成本和存货成本时，把一定期间内在生产过程中所消耗的直接材料、直接人工、变动制造费用和固定制造费用的全部成本都归纳到产品成本和存货成本中去。由于完全成本法是将所有的制造成本，不论是固定的还是变动的，都吸收到单位产品上，所以这种方法也称为归纳（或吸收）成本法。在完全成本法下，单位产品成本受产量的直接影响，产量越大，单位产品成本越低，能刺激企业提高产品生产的积极性。但该法不利于成本管理和企业的短期决策。

变动成本法也称直接成本法、边际成本法，是变动成本计算的简称，是指在组织常规的成本计算过程中，以成本性态分析为前提条件，只将变动生产成本作为产品成本的构成内容，而将固定生产成本和非生产成本作为期间成本，并按贡献式损益确定程序计算损益的一种成本计算模式。变动成本法是管理会计为改革财务会计的传统成本计算模式而设计的新模式。变动成本法是将一定时期所发生的成本按照其成本性态将生产成本分为变动成本和固定成本两大类，即分为变动生产成本（即直接材料、直接人工和变动制造费用）和固定生产成本（固定制造费用），然后将固定生产成本和非生产成本（期间费用）全部作为期间成本。

两种成本计算方法在产品成本构成内容方面也有所不同，在完全成本法下，产品成本中包含直接材料、直接人工和为生产产品而耗费的全部制造费用（包括变动制造费用和固定制造费用），成本随着产品的流转而结转；而变动成本法则将制造费用中的固定部分视作当期的期间费用，随同销售和管理费用一起全额扣除，而与期末是否结余存货无关，产品成本中只包含直接人工、直接材料和变动制造费用。

（七）销售及管理费用预算

销售管理费用预算是指为了实现产品销售和维持一般管理业务所发生的各项费用，它是以销售预算为基础编制的。其编制方法与制造费用预算的编制方法非常接近，编制时首先需要按成本性态把制造费用分为变动销售及管理费用、固定销售及管理费用两部分，分别进行编制。预计固定销售及管理费用，可采用与预计固定制造费用一样的方法进行计算。为了编制现金预算，在销售及管理费用预算中还包括相应的现金支出预算，销售及管理费用预算一般由销售部门和企业行政管理部门负责编制。

【例3-13】沿用【例3-12】资料，宏达公司预计年度固定销售及管理费用为16 200元，单位变动销售费用为10元/件，除折旧费用每季度625元，其他的销售费用均以现金并于当季支付，根据资料编制销售及管理费用预算，如表3-18所示。

表3-18　宏达公司2022年度销售及管理费用预算

项目	全年合计
预计销售量/台	630
变动销售及管理费用/元	6 300
固定销售及管理费用/元	16 200
销售及管理费用合计/元	22 500
减：折旧费用/元	2 500
销售及管理费用现金支出总额/元	20 000

编制技巧：

预计销售量来源于表3-9。

预计变动销售费用=预计销售量×单位变动销售费用

预计现金支出=预计销售及管理费用合计−折旧费（非付现费用）

（八）现金预算

现金预算实际上是其他预算现金收支部分的汇总以及收支差额平衡措施的具体计划，它的编制要以业务预算、投资预算、筹资预算为基础，现金预算一般由财务部门负责编制。预计现金流量表实际上就是现金预算。

【例3-14】小王根据前述编制的现金收入与支出的资料编制现金预算。宏达公司年初现金余额为8 000元，上年末的长期借款余额为120 000元，长期借款年利率为12%。该公司规定，企业每季末应保持现金余额最低3 000元，若资金不足或多余，可以千元为单位向银行借入或偿还短期借款，借款年利率为10%，借款利息按季支付（假定所有的借款都发生在每季度初，而所有的还款发生在每季度末）。公司决定2022年年初投资新设备，共计130 000元，第1季度支付50 000元，第4季度支付80 000元。年末分配现金股利8 000元。宏达公司根据计划期的现金收支情况，预计第1季度取得长期借款30 000元，第4季度取得长期借款60 000元。根据上述资料编制现金预算，如表3-19所示。

表3-19　宏达公司2022年度现金预算

元

项目	第1季度	第2季度	第3季度	第4季度	全年合计
期初现金余额	8 000	3 200	3 060	3 840	8 000
加：销售现金收入	18 200	26 000	36 000	37 600	117 800
可供使用现金	26 200	29 200	39 060	41 440	125 800

续表

项目	第1季度	第2季度	第3季度	第4季度	全年合计
减：现金支出					
直接材料	5 000	6 740	8 960	9 510	30 210
直接人工	2 100	3 100	3 960	3 640	12 800
制造费用	1 900	2 300	2 300	2 300	8 800
销售及管理费用	5 000	5 000	5 000	5 000	20 000
预交所得税	4 000	4 000	4 000	4 000	16 000
现金股利				8 000	8 000
购入设备	50 000			80 000	130 000
现金支出合计	68 000	21 140	24 220	112 450	225 810
现金余缺	−41 800	8 060	14 840	−71 010	−100 010
现金筹集与运用：					
短期借款	20 000			22 000	42 000
偿还短期借款			6 000		6 000
长期借款	30 000			60 000	90 000
支付短期借款利息	500	500	500	900	2 400
支付长期借款利息	4 500	4 500	4 500	6 300	19 800
期末现金余额	3 200	3 060	3 840	3 790	3 790

编制技巧：

销售现金收入来源于表 3-11。

$$可供使用现金 = 期初现金余额 + 销售现金收入$$

直接材料来源于表 3-14。

直接人工来源于表 3-15。

制造费用来源于表 3-16。

销售及管理费用来源于表 3-18。

$$现金余缺 = 可供使用现金 − 现金支出合计$$

$$期末现金余额 = 现金余缺 + 短期借款 + 长期借款 − 偿还短期借款 − 借款利息$$

二、预计利润表的编制

预计利润表用来综合反映企业在计划期的预计经营成果，是企业最主要的财务预算表之一。通过编制预计利润表，可以了解企业预期的盈利水平。如果预算利润与最初编制方针中的目标利润有较大的不一致，就需要调整部门预算，设法达到目标，或者经企业领导同意后修改目标利润。编制预计利润表的依据是各业务预算、专门决策预算和现金预算。

【例 3-15】小王根据前述各种预算编制宏达公司 2022 年度预计利润表，如表 3-20 所示。

表 3-20　宏达公司 2022 年度预计利润表

元

项目	金额
销售收入	126 000
减：销售成本	56 700
销售毛利	69 300
减：销售及管理费用	22 500
利息费用	22 200
营业利润	24 600
减：所得税	16 000
净利润	8 600

编制技巧：

销售收入来源于表 3-10。

销售成本来源于表 3-17。

销售及管理费用来源于表 3-18。

利息费用来源于表 3-19。

$$净利润 = 营业利润 - 所得税$$

想一想： 在变动成本法下与完全成本法下的利润表有什么差别？

三、预计资产负债表的编制

预计资产负债表用来反映企业在计划期末预计的财务状况。编制预计资产负债表的目的，在于判断预算反映的财务状况的稳定性和流动性。如果通过预计资产负债表的分析，发现某些财务比率不佳，必要时可修改有关预算，以改善财务状况。

编制预计资产负债表需以计划期开始日的资产负债表为基础，结合计划期各项业务预算、专门决策预算、现金预算和预计利润表进行，它是编制全面预算的终点。因此，预计资产负债表能否平衡，也是验证其他预算准确程度的重要依据。预计资产负债表涉及面比较广，既包括资金预算和投资预算，也包括应收账款、存货、应付账款等。

【例 3-16】小王根据宏达公司的期初资产负债表及前述资料，编制 2022 年度预计资产负债表，如表 3-21 所示。

表 3-21　宏达公司 2022 年度预计资产负债表

元

资产	年初数	期末数	负债和所有者权益	年初数	期末数
流动资产：			流动负债：		
库存现金	8 000	3 790	短期借款		36 000
应收账款	6 200	14 400	应付账款	0	40 640
存货	2 400	3 800	流动负债合计	2 350	39 840
流动资产合计：	16 600	21 990	长期负债	2 350	
非流动资产：			长期借款	120 000	210 000
固定资产	43 750	37 250	非流动负债合计	120 000	210 000
在建工程	100 000	230 000	负债合计	122 350	250 640
非流动资产合计	143 750	267 250	股东权益：		
			股本	20 000	20 000
			资本公积	5 000	5 000
			盈余公积	10 000	10 000
			留存收益	3 000	3 600
			所有者权益合计	38 000	38 600
资产总计	160 350	289 240	负债和所有者权益	160 350	289 240

编制技巧：

库存现金、在建工程、短期借款来源于表 3-19。

应收账款依据表 3-11 销售预算预计现金收入和收款政策计算。

应付账款依据表 3-14 直接材料预算预计现金支出和付款政策计算。

原材料依据表 3-13 直接材料预算计算。

存货依据表 3-17 产品成本预算计算。

固定资产依据年初固定资产金额减前述预算表中折旧费计算。

$$留存收益 = 年初留存收益 + 预计利润表中的年度净利润 - 支付的现金股利$$

任务实施

结论	3.3 编制财务预算
实施方式	研讨式
研讨结论	

教师评语：

班级		小组		组长签字	
教师签字				日期	

【企业伦理与职业道德】

预算中的职业道德

全面预算管理是一种集系统化、战略化、人本化理念为一体的现代企业管理模式，它通过业务、资金、信息的整合，明确、适度的分权授权以及战略驱动的业绩评价等，来实现资源合理配置、作业高度协同、战略有效贯彻、经营持续改善、价值稳步增加的目标。实施全面预算管理是公司的一项管理创新和工作重点，通过全面预算管理，可以达到业务流、资金流、信息流、人力资源流的高效合一，最终实现股东财富最大化、相关者利益最大化。在编制和实施预算的前期工作中，公司的各个责任部门和员工要付出辛勤的劳动，但要有效地实现目标，还要考虑一些与预算有关的道德和行为问题。

道德问题遍及预算的各个方面，编制预算所需的大多数信息是由那些业绩受到考核的人员提供的。在推行全面预算管理时，大部分企业会把预算作为业绩评价标准，而预算需要经过"自下而上"和"自上而下"的几个反复过程才能制定，董事会、总经理以及部门之间会博弈出一个预算目标，这个预算目标与绩效考核挂钩，涉及各方面的利益。如果这些受到考核的人员为了得到较低的业绩评价标准而提供虚假的预算数据，他们就违反了道德标准。同时，预算也是协商的结果。人们都恪守这句格言："少许诺多行动优于多许诺少行动。"这可能导致的现象是，协商12%的收益增长目标实际达到14%，而不去答应16%的增长目标实际达到15%。对公司而言，15%的业绩实际上比14%好。但当面临选择时，是选择把12%还是16%作为增长目标，受考核的管理者通常会选择12%，因为这会给其带来职业的低风险。

预算宽余和虚报都会使预算列支的费用高于管理者所知的实际需要。管理者常以预算来防止未来事项的不确定性。毕竟，没有人能清楚地知道未来会怎样。但是，虚报支出、浪费资源都会妨碍员工尽心尽力地完成或超额完成预算。在任何情况下，虚报预算数据都是一种不诚实的行为。

用尽预算也是一种严重的道德问题。基层管理者或许会认为如果他们不将预算定额用完，未来预算就会被削减。为了避免预算被削减，基层管理者会在预算期末用很浪费的方式花完预算的余额。结果，资源被浪费了，企业没有得到任何好处；或者是用尽剩余资金以购置不需要的资产。同时，尽力用尽预算资金的活动本身还浪费了时间。

应对预算松弛要从最基本的体制入手，要从预算编制模式、预算审批制度、资源分配、绩效管理、职业道德等方面综合考虑。从职业道德方面讲，首先，管理者应该以身作则。预算博弈问题某种意义上还是一个职业道德问题，尤其是管理层在编制预算的时候，不要带头虚报预算，而应该以身作则，实行部门目标与企业目标整体利益的最大化。其次，预算编制人员要严格要求自己。全面预算中，全体员工都要参与预算管理，参与预算的编制，其自身素质对全面预算的编制有很大影响。因此，要求企业员工具有以下一些良好的职业道德：

（1）热爱预算员本职工作，爱岗敬业、工作认真、一丝不苟、团结合作。
（2）遵纪守法，模范地遵守职业道德规范。
（3）维护国家的荣誉和利益。
（4）执行有关预算管理的法律、法规、标准、规程和制度。
（5）努力学习专业技术知识，不断提高业务能力和水平。
（6）认真负责地履行自己的义务和职责。

问题思考：
1. 预算松弛对企业会产生什么样的后果？
2. 你认为企业员工需要具备哪些品质和职业操守？请举例说明。

知识巩固与技能提高

一、单选题

1.（　　）是全面预算的核心组成部分。
  A. 业务预算
  B. 专门决策预算
  C. 财务预算
  D. 产品成本预算

2. 在预计的业务量范围内将业务量分为若干个水平，然后按不同的业务量水平编制预算的弹性预算编制方法称为（　　）。
  A. 公式法
  B. 列表法
  C. 固定法
  D. 滚动法

3. 预算编制的方法不包括（　　）。
  A. 减量预算法
  B. 固定预算法
  C. 零基预算法
  D. 弹性预算法

4. 以下关于业务预算编制的表述中，错误的是（　　）。
  A. 预算期末应收账款余额＝预算期初应收账款余额＋该期销售收入－本期经营现金收入
  B. 预计生产量＝预计销售量＋预计期末产成品存货－预计期初产成品存货
  C. 预计采购量＝生产需用量＋期末材料库存量－期初材料库存量
  D. 由于人工工资都需要使用现金支付，所以需另外预计现金支出

5. 以零为基础的编制计划和预算的方法称为（　　）。
  A. 增量预算法
  B. 零基预算法
  C. 固定预算法
  D. 弹性预算法

6. 销售预算要求根据（　　）的原则确定生产预算并考虑所需要的销售费用。
  A. 以产定销
  B. 以销定产
  C. 以存定销
  D. 以销定存

7. 直接材料预算的编制基础是（　　）。
  A. 业务预算
  B. 销售预算
  C. 财务预算
  D. 生产预算

8.（　　）用来综合反映企业在计划期的预计经营成果。
  A. 现金预算
  B. 财务预算
  C. 预计利润表
  D. 预计资产负债表

9. 编制全面预算的终点是（　　）。
  A. 现金预算
  B. 财务预算
  C. 预计利润表
  D. 预计资产负债表

10. 预算编制方法中，与弹性预算法相对应的是（　　）。
  A. 固定预算法
  B. 增量预算法
  C. 滚动预算法
  D. 零基预算法

11. 某产品销售款的回收情况是销售当月收款60%，次月收款40%，2022年1—3月的销售额估计为7 000元、9 000元、6 000元。由此可预测2022年2月的现金收入为（　　）元。
  A. 7 200
  B. 7 800
  C. 8 200
  D. 9 000

12. 预计期初存货 50 件，期末存货 40 件，本期销售 250 件，则本期生产量为（   ）件。
A. 250 B. 240 C. 260 D. 230
13. 某企业 2022 年度月产量最高为 20 000 件，其总成本为 74 000 元；月产量最低为 12 000 件，其总成本为 50 000 元。假设计划期产量为 18 000 件，预计其总成本为（   ）元。
A. 50 000 B. 60 000 C. 74 000 D. 68 000
14. 在编制制造费用预算时，计算现金支出应予剔除的项目是（   ）。
A. 间接材料 B. 间接人工 C. 管理人员工资 D. 折旧费

二、多选题

1. 与零基预算法相比，增量预算法的主要缺点包括（   ）。
A. 可能不加分析地保留原有成本支出
B. 可能按主观臆断平均减少原有成本支出
C. 容易使不必要的开支合理化
D. 不考虑实际产销量与预算产销量的差异
2. 下列关于现金余缺的表述中，正确的有（   ）。
A. 若现金多余，可用于偿还以前借款或做短期投资
B. 若现金不足，可向银行取得新的借款，或者出售已购买的短期有价证券
C. 现金余缺为正数，一定表明现金多余
D. 现金余缺为负数，一定表明现金不足
3. 财务预算的内容包括（   ）。
A. 现金预算 B. 专门决策预算
C. 生产预算 D. 预计财务报表
4. 销售费用预算分析（   ）的关系，力求实现销售费用的最有效使用。
A. 销售收入 B. 销售利润
C. 管理费用 D. 销售费用
5. 采用滚动预算法编制预算，按照滚动的时间单位不同可分为（   ）。
A. 逐月滚动 B. 逐季滚动 C. 逐年滚动 D. 混合滚动
6. 直接人工预算的主要内容包括（   ）。
A. 预计产量 B. 单位产品工时
C. 人工总工时 D. 每小时人工成本
7. 制造费用预算按成本性态可以分为（   ）。
A. 变动制造费用预算 B. 弹性预算
C. 固定制造费用预算 D. 固定预算
8. 现金预算由（   ）构成。
A. 可供使用现金 B. 现金支出
C. 现金余缺 D. 现金筹措与运用
9. 根据生产预算可以确定（   ）。
A. 直接材料预算 B. 直接人工预算
C. 制造费用预算 D. 销售预算
10. 定期预算法的不足之处表现在（   ）。
A. 盲目性 B. 滞后性 C. 间断性 D. 历史性

三、判断题

1. 财务预算是指反映企业预算期现金支出的预算。（   ）
2. 生产预算是编制全面预算的关键和起点。（   ）
3. 为了便于编制现金预算，还应在编制销售预算的同时，编制与销售收入有关的经营现金收入预算表。（   ）

4. 生产预算是以销售预算为依据编制的。（　　）
5. 生产预算是使用实物量和价值量为计量单位而编制的预算。（　　）
6. 在编制生产预算时，应考虑预计期初存货和预计期末存货。（　　）
7. 预计资产负债表与预计利润表构成了整个财务预算。（　　）
8. 一般来说，固定预算法只适用于业务量水平较为稳定的企业或非营利组织编制预算时采用。（　　）
9. 弹性预算法只适用于编制预计利润表。（　　）
10. 编制全面预算必须以销售预算为起点。（　　）

四、实训题

【实训1】

A 公司 2021 年度前 6 个月的预计销售量如表 3-22 所示。

表 3-22　A 公司 2021 年度前 6 个月的预计销售量

千克

月份	1	2	3	4	5	6
预计销售量	3 000	3 600	3 800	5 000	3 800	4 000

该公司只生产这一种产品，单位产品材料用量为 4 千克。此外，该公司采取下列政策：期末存货水平为随后两个月预计销售量的 50%，月末原材料存货量保持在次月预计生产需用量的 150%。2020 年 12 月 31 日的所有存货也反映了这种政策。

要求：

（1）编制 2021 年 1—4 月的生产预算。

（2）编制 2021 年 1—3 月的直接材料预算。

【实训2】

已知：甲企业 2021 年度制造费用的明细项目如下：

间接人工：基本工资为 3 000 元，另外每工时补助津贴为 0.1 元；物料费：每工时负担 0.15 元；折旧费：5 000 元；维护费：固定的维护费为 2 000 元，另外每工时负担 0.08 元；水电费：固定部分为 1 000 元，另外每工时负担 0.2 元。

要求：根据上述资料为该企业在业务量为 3 000～6 000 工时的相关范围内，采用列表法编制一套能适应多种业务量的制造费用弹性预算（间隔为 1 000 工时），如表 3-23 所示。

表 3-23　2021 年制造费用弹性预算

元

成本项目明细	每工时分配率	业务量			
		3 000 工时	4 000 工时	5 000 工时	6 000 工时
变动费用：					
间接人工					
物料费					
维护费					
水电费					
小计					
固定费用：					
间接人工					
折旧费					
维护费					
水电费					
小计					
制造费用合计					

【实训 3】

某企业生产和销售一种产品，有关资料如下：

（1）2021 年度第 1 至第 4 季度预计销售量分别为 1 000 件、1 500 件、2 000 件和 1 500 件，销售单价为 75 元；在各季度销售收入中，其中 40% 可于当季收到现金，其余 60% 于下一季度收到现金；

（2）季末预计的产成品存货占次季度销售量的 10%，年末预计产成品存货为 110 件；

（3）单位产品材料用量为 2 千克，每千克单价 5 元，季末预计材料存货占次季度生产用量的 20%，年末预计材料存货为 460 千克；各季度采购的材料中，50% 于当季支付现金，其余 50% 于下季度支付现金；

（4）假定生产单位产品需用直接人工工时 5 小时，每小时的工资为 4 元；

（5）在制造费用中，变动制造费用分别为间接工资 12 000 元、间接材料 18 000 元、维修费 8 000 元、水电费 15 000 元、润滑材料 7 100 元；固定制造费用分别为维修费 14 000 元、折旧 15 000 元、管理人员工资 25 000 元、保险费 4 000 元、财产税 2 000 元；

（6）销售与管理费用分别为：

变动费用：销售人员工资 22 000 元、广告费 5 500 元、文具纸张费 2 500 元；

固定费用：行政人员工资 30 000 元、保险费 8 000 元、财产税 4 000 元；

（7）其他现金支出为：第 2 季度购买设备支出 16 000 元；

（8）企业最低现金余额为 10 000 元，另外，企业向银行借款的数额必须为 1 000 的倍数，如需借入，于每季度初借入，如拟偿还，于每季度末偿还，借款年利率为 10%，利息于借款偿还时支付。

（9）该企业 2020 年年末的资产负债表如表 3-24 所示。

表 3-24 资产负债表
2020 年 12 月 31 日

元

资产	金额	负债及所有者权益	金额
流动资产：		流动负债：	
现金	12 000	应付账款（材料）	6 000
应收账款	24 000	股东权益：	
材料（420 千克）	2 100	普通股股本	40 000
产成品（100 件）	4 000	留存收益	56 100
流动资产合计	42 100		
固定资产：			
土地	40 000		
房屋与设备	60 000		
累计折旧	（40 000）		
资产合计	102 100	负债及所有者权益合计	102 100

要求：根据以上资料编制 2021 年度全年预算，包括以下内容：

（1）业务预算：销售预算、生产预算、直接材料预算、直接人工预算、制造费用预算、期末产成品存货预算（变动成本法）、销售及管理费用预算；

（2）财务预算：现金预算、预计损益表（假定当年预计应交所得税 16 000 元、支付利润 8 000 元，分季度平均支付）、预计资产负债表。

【实训 4】

某公司计划年度 2021 年第 1 季度的现金收支情况如下：

（1）基期期末的现金余额为 9 200 元；

（2）基期期末的应收账款余额为 40 000 元，计划第 1 季度实现销售收入 280 000 元，该公司的收款条件是当季收现 80%，余款下季度收讫；

（3）基期期末的应付账款余额为 40 000 元，计划第 1 季度采购材料价款 90 000 元，该公司的付款条件是当季付现 80%，余款下季度付讫；

（4）预计制造费用 57 000 元，其中折旧 36 000 元；

（5）预计期间费用 13 000 元，其中折旧 4 500 元；

（6）预计支付直接人工工资 25 000 元；

（7）预计支付所得税 6 800 元；

（8）计划购置汽车一辆，预计 92 000 元；

（9）公司要求现金最低存量为 9 000 元，不足时可向银行借款，借款额一般要求为千元的倍数，年利息率为 10%。

要求：根据上述资料，为该公司编制第 1 季度的现金预算。

学习成果认定

		学生自评	
专业能力	评价指标	自测结果	要求 （A 掌握；B 基本掌握；C 未掌握）
预算相关 知识	1. 预算的含义 2. 预算的体系构成 3. 财务预算的作用 4. 预算管理的原则 5. 财务预算编制的程序	A□　B□　C□ A□　B□　C□ A□　B□　C□ A□　B□　C□ A□　B□　C□	熟悉财务预算的相关概念，掌握财务预算的体系构成、财务预算的作用和编制流程
预算编制 的方法	1. 固定预算法与弹性预算法 2. 增量预算法与零基预算法 3. 定期预算法与滚动预算法	A□　B□　C□ A□　B□　C□ A□　B□　C□	掌握预算编制的方法，能选择正确的预算编制方法，并且能理解其优缺点
财务预算 的编制	1. 现金预算的编制 2. 预计利润表的编制 3. 预计资产负债表的编制	A□　B□　C□ A□　B□　C□ A□　B□　C□	准确查找、整理编制财务预算的各种信息，能编制业务预算、现金预算、预计利润表和预计资产负债表
职业道德、 思想意识	1. 爱岗敬业、认真严谨 2. 遵纪守法、遵守职业道德 3. 顾全大局、团结合作	A□　B□　C□ A□　B□　C□ A□　B□　C□	专业素质、思想意识得以提升，德才兼备，能胜任财务预算工作
		小组评价	
团队合作	A□　B□　C□	沟通能力	A□　B□　C□
		教师评价	
教师评语			
成绩		教师签字	

项目 4

财务控制

学习目标

【素质目标】

1. 认同财务控制对企业经营的重要性
2. 培养综合分析能力、严密的逻辑思维能力、多渠道搜集资料的能力
3. 形成一定的沟通协调能力,能与企业内外相关部门处理好关系
4. 培养较强的团队合作能力

【知识目标】

1. 掌握财务控制的概念、特征、种类、原则
2. 理解责任中心和内部转移价格的含义
3. 掌握责任报告基本内容与责任中心考核指标

【能力目标】

1. 能够划分各种责任中心
2. 能编制责任报告
3. 能计算成本中心、利润中心和投资中心的考核指标
4. 能运用成本中心、利润中心和投资中心实施财务控制
5. 能够根据责任中心的特点制定内部转移价格

知识架构

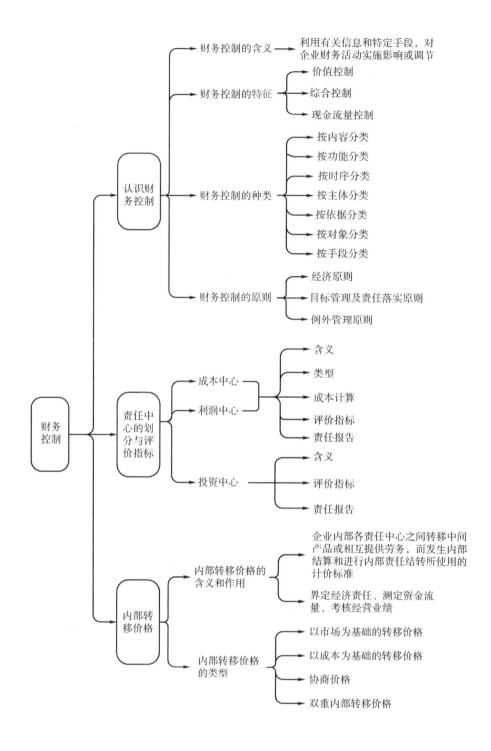

任务1　认识财务控制

案例导入

由"破窗理论"看瑞幸咖啡造假事件

美国斯坦福大学心理学家菲利普·詹巴斗进行了一项试验。他找了两辆一模一样的汽车，把其中一辆摆在一个中产阶级社区，而把另一辆摆在一个相对杂乱的社区。他把后一辆车的车牌摘掉，并把顶打开。结果不到一天，这辆车就被人偷走了，而前一辆车摆了一个星期也安然无恙。后来詹巴斗用锤子把那辆车的玻璃砸了个大洞，结果仅仅几个小时后，车就不见了。因此，政治学家威尔逊和犯罪学家凯琳共同提出了"破窗理论"：如果有人打破了一个建筑物的窗户玻璃，而这扇窗户又得不到及时维修，别人就可能受到某些暗示性的纵容去打烂更多的窗户玻璃。久而久之，这些破窗户就给人造成一种无序的感觉，结果在这种公众麻木不仁的氛围中，犯罪就会滋生、增长。

"破窗理论"告诉我们这样一个道理，任何一种不良现象的存在，都在传递着一种信息，这种信息会导致不良现象的无限扩展，同时必须高度警觉那些看起来是偶然的、个别的、轻微的过错，如果对这种行为不闻不问、熟视无睹、反应迟钝或纠正不力，就会纵容更多的人"去打烂更多的窗户玻璃"，就极有可能演变成"千里之堤，溃于蚁穴"的恶果。

瑞幸咖啡（以下简称瑞幸）成立于2017年10月，是中国最大的连锁咖啡品牌，创立之后，瑞幸实现了快速扩张。截至2019年年底，瑞幸咖啡在成立不到两年的时间里，做到了直营门店数4 507家，交易用户数突破4 000万，规模直追行业老大星巴克，瑞幸这个新兴咖啡品牌高速崛起，非常的火爆，推出的新品一次次成为网红爆款。2019年5月17日，瑞幸咖啡登录纳斯达克，融资6.95亿美元。所筹资金主要用于店面扩张、吸纳顾客、研发以及营销等方面，公司市值约42亿美元。瑞幸咖啡从成立到首次公开募股（IPO）只用了不到两年时间，刷新了全球最快IPO纪录。

2020年4月2日，瑞幸咖啡发布公告，承认虚假交易22亿元人民币，股价暴跌80%，盘中数次暂停交易。针对瑞幸咖啡财务造假事件，中国证监会发表声明，中国证监会将按照国际证券监管合作的有关安排，依法对相关情况进行核查，坚决打击证券欺诈行为，切实保护投资者权益。6月29日，瑞幸咖啡正式停牌，并进行退市备案。7月14日凌晨，瑞幸咖啡宣布了董事会重组结果：除7月5日股东大会通过的决议以外，郭谨一接替陆正耀成为新一任董事长。9月，国家市场监管总局对瑞幸咖啡不正当竞争行为作出行政处罚。

冰冻三尺，非一日之寒。陷入虚增收入旋涡中的瑞幸咖啡，实际上在上市前就曾披露过财务内部控制存在两大重大缺陷。根据2019年的上市资料披露，缺陷一是公司缺乏足够的会计和财务报告人员，缺陷二是公司缺乏跟美国公认的会计原则与SEC（美国证券交易委员会）报告要求相符合的财务报告政策和程序。

财务造假追根溯源还是公司治理出了问题。瑞幸对外披露的财务报告信息存在重大错报，从中可以看出在信息沟通层面，瑞幸没有迅速、有效地采集并传达与内部控制有关的重要信息。瑞幸咖啡在2020年4月5日发表了《道歉声明》，该声明称公司会对这一行为深刻反省，并加强内部控制的规范性、合理性。同时，该声明将此次事件的责任归咎于相关高层及几位职工。在严重失衡的内控体系下，瑞幸的高管有了违规操作的机会和空间。从瑞幸2019年第3季度财报可以看出，前三季度的销售收入为29亿元，而瑞幸在公告中承认的涉及2019年4—12月期间虚假的销售收入就高达22亿元，一对比不难发现其财务造假的广度和深度。迫于外部压力，耗时9个月，数额22亿元的伪造业务才被揭露出来，对营运总监等高管人员缺乏适当的控制措施，间接显露出企业风险评估意识不足。

任务发布

讨论	4.1 由"破窗理论"看瑞幸咖啡造假事件
教师布置任务	
任务描述	1. 学生熟悉相关知识。 2. 教师结合案例问题组织学生进行研讨。 3. 将学生每5个人分成一个小组，分组研讨案例问题，通过内部讨论形成小组观点。 4. 每个小组选出一个代表陈述本组观点，其他小组可以对其进行提问，小组内其他成员也可以回答提出的问题；通过问题交流，将每一个需要研讨的问题都弄清楚，形成书面研讨结论。 5. 教师进行归纳分析，引导学生扎实理解财务控制的概念、特征、种类、原则，认同财务控制对企业经营的重要性。 6. 根据各组在研讨过程中的表现，教师点评赋分。
问题	1. 财务控制有何作用？企业为什么要进行财务控制？ 2. 通过分析瑞幸咖啡造假事件及"破窗理论"，给了你什么启示？ 3. 收集查阅更多资料，分析瑞幸咖啡造假事件并给出合理建议。

相关知识

做任何事都需要有限度，需懂得掌控事物的弹性，财务也不例外，跟钱打交道，更需要细心、准确、不做假，控制好弹性，实现利益最大化，那么，财务控制是什么？它有什么特征呢？

微课1：财务控制概述

一、财务控制的含义

财务控制是指利用有关信息和特定手段，对企业财务活动实施影响或调节，以保证其预算实现的全过程。财务控制是对企业的资金投入及收益过程和结果进行衡量与校正，目的是确保企业目标以及为达到此目标所制定的财务计划得以实现。

二、财务控制的特征

财务控制是财务管理循环的关键环节，对实现财务管理目标具有决定作用。财务控制在企业经营控制系统中处于一种特殊地位，具有保证、促进、监督和协调等重要功能。财务控制的总体目标是在确保法律法规和规章制度贯彻执行的基础上，优化企业整体资源的综合配置效益，厘定资本保值和增值的委托责任目标与其他各项绩效考核标准。财务控制服务于企业的理财目标。财务控制作为企业财务管理工作的重要环节，具有以下特征：

（一）价值控制

财务控制的对象是以实现财务预算为目标的财务活动，它是企业财务管理的重要内容。财务管理以资金运动为主线，以价值管理为特征，决定了财务控制必须实行价值控制。

（二）综合控制

财务控制以价值为手段，可以将不同部门、不同层次和不同岗位的各种业务活动综合起来，实行目标控制。

（三）现金流量控制

由于日常的财务活动过程表现为组织现金流量的过程，因此，控制现金流量成为日常财务控制的主要内容。

> **谆谆教诲**
>
> 千丈之堤，以蝼蚁之穴溃；百尺之室，以突隙之烟焚。
>
> ——《韩非子·喻老》

三、财务控制的种类

（一）按财务控制的内容分类

按财务控制的内容分类，分为一般控制、应用控制。

一般控制，是指按企业财务活动赖以进行的内部环境所实施的总体控制。包括组织控制、人员控制、财务预算、业绩评价、财务记录等内容。

应用控制，是指直接作用于企业财务活动的具体控制。包括业务处理程序中的批准与授权、审查及复核，以及为保证资产安全而采取的限制措施等项控制。

（二）按财务控制的功能分类

按财务控制的功能分类，分为预防性控制、侦查性控制、纠正性控制、指导性控制、补偿性控制。

预防性控制，是指为防范风险、错弊和非法行为的发生，或减少其发生机会所进行的控制。

侦查性控制，是指为了及时识别已存在的风险、已发生的错弊和非法行为或增强识别风险能力所进行的控制。

纠正性控制，是指对那些由侦查性控制查出来的问题所进行的调整和纠正。

指导性控制，是指为了实现有利结果而进行的控制。

补偿性控制，是指针对某些环节的不足或缺陷而采取的控制措施。

（三）按财务控制的时序分类

按财务控制的时序分类，分为事前控制、事中控制、事后控制。

事前控制，是指为了防止财务资源在质和量上发生偏差，在行为发生前所实施的控制。

事中控制，是指在财务收支发生过程中所进行的控制。

事后控制，是指对财务收支活动的结果进行分析、评价和考核的控制。

（四）按财务控制的主体分类

按财务控制的主体分类，分为出资者财务控制、经营者财务控制、财务部门财务控制。

出资者财务控制，是指出资者为了实现其资本保全和资本增值目标而对经营者的财务收支活动进行的控制。

经营者财务控制，是指企业经营者为实现企业财务预算目标，对企业及责任中心的财务收支活动进行的控制。企业通过制定财务决策目标，采取措施促使这些目标实现。如企业的筹资、投资、资产运用、成本支出决策等。

财务部门财务控制，是指财务部门通过编制现金预算，对企业的日常财务收支活动进行的控制。如复查、审核企业货币资金的使用等。

（五）按财务控制的依据分类

按财务控制的依据分类，分为预算控制、制度控制。

预算控制，是指以财务预算为依据，对预算执行主体的财务收支活动进行监督、调整的一种控制。

制度控制，是指通过制定企业内部规章制度，并以此为依据约束企业和各责任中心财务收支活动的一种控制。

（六）按财务控制的对象分类

按财务控制的对象分类，分为收支控制、现金控制。
收支控制，是指对企业和各责任中心的财务收入活动和财务支出活动所进行的控制。
现金控制，是指对企业和各责任中心的现金流入和现金支出所进行的控制。

（七）按财务控制的手段分类

按财务控制的手段分类，分为定率控制、定额控制。
定额控制，是指对企业和各责任中心采用绝对额指标进行控制。
定率控制，是指对企业和各责任中心采用相对比率指标进行控制。

财博士知识通

财务控制应具备的条件

1. 建立组织机构

通常情况下，企业为了确定财务预算，应建立决策和预算编制机构；为了组织和实施日常财务活动，应建立日常监督、协调、仲裁机构；为了考评预算的执行情况，应建立相应的考核评价机构。在实际工作中，可根据需要将这些机构的职能进行归并或合并到企业的常设机构中。为将企业的财务预算分解落实到各部门、各层次和各岗位，还要建立执行预算的各种责任中心。按照财务控制的要求建立相应组织机构，是实施企业财务控制的组织保证。

2. 建立责任会计核算体系

企业的财务预算通过责任中心形成责任预算，而责任预算和总预算的执行情况都必须由会计核算来提供。通过责任会计核算，及时提供相关信息，以正确地考核与评价责任中心的工作业绩。通过责任会计汇总核算，进而了解企业财务预算的执行情况，分析存在的问题及原因，为提高企业的财务控制水平和作出正确的财务决策提供依据。

3. 制定奖罚制度

一般而言，人的工作努力程度往往受到业绩评价和奖励办法的极大影响。通过制定奖罚制度，明确业绩与奖惩之间的关系，可有效地引导人们约束自己的行为，争取尽可能好的业绩。恰当的奖惩制度，是保证企业财务控制长期有效运行的重要因素。奖惩制度的制定，要体现财务预算目标的要求，要体现公平、合理和有效的原则，要体现过程考核与结果考核的结合，真正发挥奖惩制度在企业财务控制中应有的作用。

四、财务控制的原则

（一）经济原则

实施财务控制总是有成本发生的，企业应根据财务管理的目标要求，有效地组织企业的日常财务控制，只有当财务控制所取得的收益大于其代价时，这种财务控制措施才是必要的、可行的。

（二）目标管理及责任落实原则

企业的目标管理要求已纳入财务预算，将财务预算层层分解，明确规定有关方面或个人应担的责任控制义务，并赋予其相应的权力，使财务控制目标和相应的管理措施落到实处，成为考核的依据。

（三）例外管理原则

企业日常的财务控制涉及企业经营的各个方面，财务控制人员要将注意力集中在那些重要的、不正常、不符合常规的预算执行差异上。通过例外管理，一方面可以分析实际脱离预算的原因，来达到日常控制的目的；另一方面可以检验预算的制定是否科学与先进。

任务实施

结论	4.1 由"破窗理论"看瑞幸咖啡造假事件
实施方式	研讨式

研讨结论

教师评语：

班级		小组		组长签字	
教师签字				日期	

任务2　责任中心的划分与评价指标

案例导入

华为为何采用责任中心制

华为技术有限公司（以下简称华为），成立于1987年，总部位于广东省深圳市龙岗区。华为是全球领先的信息与通信技术（ICT）解决方案供应商，专注于ICT领域，坚持稳健经营、持续创新、开放合作，在电信运营商、企业、终端和云计算等领域构筑了端到端的解决方案优势，为运营商客户、企业客户和消费者提供有竞争力的ICT解决方案、产品和服务，并致力于实现未来的信息社会、构建更美好的全连接世界。截至2019年年底，其全球员工总数达到19.4万人，业务遍及全球170多个国家和地区，服务全世界三分之一以上的人口。2020年8月10日，《财富》公布世界500强榜（企业名单），华为排在第49位。

华为是19万人的庞大组织，如何支撑这样一个庞大的组织，灵活地抓住市场机会，快速决策，机动作战，这就需要一个协同性极强的组织架构支持高效管理。公司规模扩大后，必然需要分权。但是分权需要在集权的基础上分权，集权是为了保证力出一孔，更好地聚焦主航道，把企业有限的资源聚集一点，撕开口子，扩大战果。任总的高明之处就在于放权之前就加强了监控，在LTC（营销体系）流程变革之前就先做了IFS（集成财务服务、财经体系）变革，其中重要的核心就是责任中心的建设和计划预算预测，通过这两个部分构建了约束监控机制。责任中心管理的本质是，把整个公司的经营责任，根据组织在公司的经营职责定位，合理地分解到各个组织中去，通过经营指标的牵引，形成组织间目标协同、力出一孔的运作机制。这是华为销售、研发、生产等作战部门及财务管理、人力资源等支撑部门协同一致，保持超强战斗力的机制保障。

华为一直坚持把责任中心作为企业管理的基础。责任中心在华为整个体系中扮演着非常重要的角色，不仅仅在华为的财经体系中，而且在华为的考核、激励体系里，包括对华为的整个团队、文化都起着非常重要的作用。华为按照不同部门的职责和应承担的经营责任，把公司销售、研发、供应链、财经、人力资源，划分成为投资中心、利润中心、成本中心、费用中心。通过责任中心的目标互锁，来解决作战部门之前的协同问题，以及作战部门与支撑部门之间的协同问题。只有将经营权下放到作战部队，让听得见炮声的人决定怎么打仗，让听见炮声的人决定怎么去发出炮火，才能支撑华为如此庞大的一个组织。

华为责任中心是支持华为高速发展的组织基石，没有这个基石，华为不可能有这样的高速发展。华为的责任经营制做到了授权、监督为一体，让一线部门"从心所欲而不逾矩"，让一线发出炮火成为可能，从始至终让整个公司充满活力，用员工自己去管束自己，驱使员工自己将华为公司带到成功彼岸。这样的华为如何不成功。

任务发布

讨论	4.2　华为为何采用责任中心制
教师布置任务	
任务描述	1. 学生熟悉相关知识。 2. 教师结合案例问题组织学生进行研讨。 3. 将学生每5个人分成一个小组，分组研讨案例问题，通过内部讨论形成小组观点。 4. 每个小组选出一个代表陈述本组观点，其他小组可以对其进行提问，小组内其他成员也可以回答提出的问题；通过问题交流，将每一个需要研讨的问题都弄清楚，形成书面研讨结论。 5. 教师进行归纳分析，引导学生理解责任中心的含义和作用。 6. 根据各组在研讨过程中的表现，教师点评赋分。
问题	1. 华为为何采用责任中心制？ 2. 责任中心是如何划分的？ 3. 如何评价和考核责任中心？

相关知识

微课2：成本中心

企业为了实行有效的内部控制，通常都按照统一领导、分级管理的原则，在其内部合理划分责任单位，明确各责任单位应承担的经济责任、应有的权利和利益，促使各责任单位尽其责任协同配合。

责任中心是责任会计的核算单位。即承担一定的经济责任，并享有一定权利的企业内部责任单位，是实施责任会计的始点和基础，责任中心有明确的决策权限，并据此考核业绩，各单位或部门无论大小都可以成为责任中心。责任中心按其权限范围及业务活动的特点不同，可分为成本中心、利润中心和投资中心。

一、成本中心

（一）成本中心的含义

成本中心是指对费用进行归集、分配，对成本加以控制、考核的责任单位，也就是对成本或费用承担责任的单位。成本中心对其所从事的活动享有成本决策权，因不负责产品或劳务的销售，它的业绩与销售收入或利润无关。成本中心的目标或以最低的耗费完成既定的产量，或在预算既定的前提下增加产出。成本中心的范围最广，只要有成本费用发生的地方，都可以建立成本中心，上至企业，下至车间、工段、班组，甚至个人都可以划分成为成本中心，从而在企业形成逐级控制、层层负责的成本中心体系。一般包括产品生产部门、劳务提供部门或以一定费用为指标的企业管理部门。

（二）成本中心的类型

广义的成本中心有技术性成本中心和酌量性成本中心。技术性成本是指发生的数额通过技术分析可以相对可靠地估算出来的成本，如产品生产过程中发生的直接材料、直接人工、间接制造费用等。技术性成本在投入量与产出量之间有着密切联系，可以通过弹性预算予以控制。

酌量性成本是否发生以及发生数额的多少是由管理人员的决策所决定的，主要包括各种管理费用和某些间接成本项目，如研究开发费用、广告宣传费用、职工培训费等。酌量性成本在投入量与产出量之间没有直接关系，其控制应着重在预算总额的审批上。

狭义的成本中心是指将技术性成本中心分为基本成本中心和复合成本中心，前者没有下属成本中心，属于较低层次的成本中心，如一个工段是一个成本中心；后者有若干个下属成本中心，属于较高层次的成本中心。基本成本中心对其可控成本向上一级责任中心负责。

（三）成本中心的成本计算

成本中心的成本计算主要包括责任成本与可控成本的计算。

责任成本是根据成本中心归集的可控成本。它是将成本与经济责任结合起来，把能够用成本反映的经济责任落实到各部门、车间、班组以至个人，借以调动降低成本积极性的成本指标。责任成本是按照谁负责谁承担的原则，以责任单位为计算对象来归集的，所反映的是责任单位与各种成本费用的关系。由于各成本中心只对该中心能直接发生影响和控制的成本负责，要确定各中心的责任成本，就需要按成本的可控性将成本分为可控成本与不可控成本。

可控成本是指在特定时期内、特定责任中心能够直接控制其发生的成本。可控成本通常应符合以下条件：

有关的责任中心有办法了解所发生耗费的性质；

有关的责任中心有办法对所发生耗费加以计量；

有关的责任中心有办法对所发生耗费加以控制和调节；

有关的责任中心可以将这些成本的责任分解落实。

凡是不能同时满足上述条件的成本就是不可控成本。对于特定成本中心来说，它不应当承担不可控成本的相应责任。

正确判断成本的可控与否是成本中心承担责任成本的前提。从整个企业的空间范围和较长时间来看，所有的成本都是人的某种决策或行为的结果，都是可控的。但是，对于特定的人或时间段来说，则有些是可控的，有些是不可控的。所以，对成本的可控性理解应注意以下几个方面。

1. 成本的可控性总是与特定责任中心相关

成本的可控性总是与特定责任中心相关，与责任中心所处管理层次的高低、管理权限及控制范围的大小有直接关系。

同一成本项目，受到责任中心层次高低的影响，其可控性不同。就整个企业而言，所有的成本都是可控成本，而对于企业内部的各部门、车间、工段、班组和个人来讲，则既有其各自的可控成本，又有其各自的不可控成本。有些成本对于较高层次的责任中心来说属于可控成本，而对于其下属的较低层次的责任中心来讲，可能就是不可控成本。比如，车间主任的工资，尽管要计入产品成本，但不是车间的可控成本，而它的上级则可以控制。反之，属于较低层次责任中心的可控成本，则一定是其所属较高层次责任中心的可控成本。至于下级责任中心的某项不可控成本，对于上一级的责任中心来说，就有两种可能，要么仍然属于不可控成本，要么是可控成本。

成本的可控性要受到管理权限和控制范围的约束。同一成本项目，对于某一责任中心来讲是可控成本，而对于处在同一层次的另一责任中心来讲却是不可控成本。比如广告费，对于销售部门来说是可控的，但对于生产部门却是不可控的；又如直接材料的价格差异，对于采购部门来说是可控的，但对于生产耗用部门却是不可控的。

2. 成本的可控性要联系时间范围来考虑

一般说来，在消耗或支付的当期成本是可控的，一旦消耗或支付后就不再可控了。如折旧费、租赁费等成本是过去决策的结果，这在添置设备和签订租约时是可控的，而使用设备或执行契约时就无法控制了。成本的可控性是一个动态概念，随着时间推移，成本的可控性还会随企业管理条件的变化而变化。如某成本中心管理人员工资过去是不可控成本，但随着用工制度的改革，该责任中心既能决定工资水平，又能决定用工人数，则管理人员工资成本就转化为可控成本了。

3. 成本的可控性与成本性态和成本可辨认性的关系

一般来讲，一个成本中心的变动成本大多是可控成本，固定成本大多是不可控成本。直接成本大多是可控成本，间接成本大多是不可控成本。但实际上也并不完全如此，需要结合有关情况具体分析，如广告费、科研开发费、教育培训费等酌量性固定成本是可控的，某个成本中心所使用的固定资产的折旧费是直接成本，但不是可控成本。

（四）成本中心的评价指标

由于成本中心只对成本负责，对其评价和考核的主要内容是责任成本，即通过对各责任成本中心的实际责任成本与预算责任成本进行比较，以评价各成本中心责任预算的执行情况。成本中心考核指标包括责任成本变动额和责任成本变动率两个指标，计算公式如下：

$$责任成本变动额 = 实际责任成本 - 预算责任成本$$

$$责任成本变动率 = 责任成本变动额 \div 预算责任成本 \times 100\%$$

进行成本中心指标考核时，如果预算产量与实际产量不一致，应按弹性预算的方法先行调整预算指标，然后再按上述指标进行计算。

【例4-1】某企业内部甲车间为成本中心，生产A产品，预算产量5 000件，单位成本100元；实际产量5 500件，单位成本95元。计算该成本中心的责任成本变动额和责任成本变动率。

$$责任成本变动额 = 95 \times 5\,500 - 100 \times 5\,500 = -27\,500（元）$$

$$责任成本变动率 = -27\,500 \div (100 \times 5\,500) \times 100\% = -5\%$$

计算结果表明，该成本中心的责任成本变动额（成本降低额）为27 500元，责任成本变动率（降低率）为5%。

（五）成本中心责任报告

成本中心责任报告是以实际产量为基础，反映责任成本预算实际执行情况，揭示实际责任成本与预算责任成本差异的内部报告。成本中心通过编制责任报告，来反映、考核和评价责任中心责任成本预算的执行情况。

财博士知识通

责任报告

责任中心的业绩评价应通过编制责任报告来完成，责任报告又称业绩报告、绩效报告、责任成本业绩报告，是反映责任预算执行情况的内部会计报告。责任报告主要有报表、数据分析和文字等几种形式。将责任预算、实际执行结果及其差异用报表予以列示是责任报告的基本形式。责任报告由于主要是为企业内部提供信息，与财务报告相比，无论是在报告对象、报告形式还是报告时间方面都有其特点。

1. 报告对象

各责任中心对责任成本目标的完成情况极为关注，企业最高层次的管理者也需要了解每一责任中心的业绩完成情况，因此，需要按责任中心的不同，分别编制责任报告，同时为企业编制一份总括的责任报告。由于各责任中心的性质不同，包含的责任成本内容、范围不一样，责任报告的责任成本目标、实际执行情况和产生差异的具体内容也不尽一致。尽管如此，责任报告应与责任范围一致，应当完整、清晰。

2. 报告形式

报告形式主要有报表、数据分析和文字说明等。将责任成本目标、实际履行情况及其产生的差异用报表方式予以列示是责任报告的基本形式。但由于责任报告是对各责任中心的成本履行情况作出的专门、概括的总结，因此，在揭示差异的同时，应采用定量分析的方法确定差异产生的程度，采用定性分析的方法分析差异产生的原因，并对各责任中心如何控制差异，如何根据客观环境的变化，适时地调整衡量标准提出建设性的意见。

3. 报告时间

财务报告的编制间隔期一般较长，以月或年作为报告时间；而责任报告考虑到最基层的责任中心需要随时掌握和控制其责任成本目标的完成情况，希望适当缩短报告的时间，以周或旬予以报告。责任报告一般按责任中心可控成本的各明细项目列示其预算数、实际数和差异数。三栏报告中反映的项目不仅限于金额指标，还包括实物、时间等对评价责任中心业绩有帮助的其他指标。

【例4-2】某企业A分厂为成本中心，其可控成本及厂部的可控费用如表4-1所示。

表4-1　A分厂可控成本及厂部的可控费用

元

成本项目	A分厂		厂部	
	预算	实际	预算	实际
直接材料	550 000	520 000		
直接人工	60 000	65 000		
制造费用	40 000	46 000		
厂部可控费用：				
管理人员薪金			9 000	17 000
折旧费用			6 000	6 000
其他费用			7 000	9 000

根据表4-1的资料编制A分厂的责任报告，如表4-2所示。

表 4-2　A 分厂的责任报告

元

项目	预算	实际	差异
A 分厂可控成本：			
直接材料	550 000	520 000	30 000（F）
直接人工	60 000	65 000	5 000（U）
制造费用	40 000	46 000	6 000（U）
A 分厂可控成本合计	650 000	631 000	19 000（F）
厂部可控费用：			
管理人员薪金	9 000	17 000	8 000（U）
折旧费用	6 000	6 000	
其他费用	7 000	9 000	2 000（U）
厂部可控费用合计	22 000	32 000	10 000（U）
A 分厂责任成本合计	672 000	663 000	9 000（F）

注：F 是有利差异，即节约；U 是不利差异，即浪费。（余表同）

从表 4-2 可知，该成本中心实际责任成本较之预算责任成本减少 9 000 元，表明责任成本控制有初步成效。

二、利润中心

（一）利润中心的含义

微课 3：利润中心

利润中心是指对利润负责的责任中心。这类责任中心一般是指有产品或劳务生产经营决策权的企业内部部门。利润中心对成本的控制是联系着收入进行的，它强调相对成本的节约。这类责任中心往往处在企业中较高的层次，一般指有产品或劳务生产经营决策权的部门，能通过生产经营决策，对本单位的盈利施加影响，为企业增加经济效益，如分厂、分公司或具有独立经营权的各部门等。利润中心的权利和责任都大于成本中心。

（二）利润中心的类型

按照收入来源性质不同，利润中心分为自然利润中心和人为利润中心两种。

1. 自然利润中心

自然利润中心是指可以直接对外销售产品并取得收入的利润中心。最典型的形式就是公司的事业部，每个事业部均有销售、生产、采购的机能，有很大的独立性，能独立地控制成本、取得收入。

2. 人为利润中心

人为利润中心是指只对责任单位提供产品或劳务而取得内部销售收入的利润中心。这种利润中心一般不直接对外销售产品。成立人为利润中心应具备两个条件：

（1）该中心可以向其他责任中心提供产品（含劳务）；

（2）能为该中心的产品确定合理的内部转移价格，以实现公平交易、等价交换。

（三）利润中心的成本计算

对利润中心的成本计算，通常有两种方式供选择：

1. 利润中心只计算可控成本，不分担不可控成本，即不分摊共同成本

这种方式主要适合于共同成本难以合理分摊或无须进行共同成本分摊的场合，人为利润中心适合采取这种计算方式。

2. 利润中心不仅计算可控成本，也计算不可控成本

这种方式适合于共同成本易于合理分摊或不存在共同成本分摊的场合，自然利润中心适合采取这种计算方式。

（四）利润中心的评价指标

利润中心的评价指标为利润，通过比较一定期间实际实现利润与责任预算所确定的利润，可以评价其责任中心的业绩。但由于成本计算方式不同，各利润中心利润指标的表现形式也不相同。

微课4：区分成本中心的几种成本

（1）当利润中心**不计算共同成本或不可控成本时**，其评价指标是**利润中心边际贡献总额**，计算公式如下：

利润中心边际贡献总额=利润中心销售收入总额－可控成本总额（或变动成本总额）

值得说明的是，如果可控成本中包含可控固定成本，就不完全等于变动成本总额。但一般而言，利润中心的可控成本是变动成本。

（2）当利润中心**计算共同成本或不可控成本**，并采取变动成本法计算成本时，其评价指标包括**利润中心边际贡献总额、利润中心负责人可控利润总额、利润中心可控利润总额**，计算公式如下：

利润中心边际贡献总额=利润中心销售收入总额－利润中心变动成本总额
利润中心负责人可控利润总额=利润中心边际贡献总额－利润中心负责人可控固定成本
利润中心可控利润总额=利润中心责任人可控利润总额－责任人不可控固定成本总额
公司利润总额=各利润中心可控利润总额之和－公司不可分摊的各种管理费用、财务费用等

【例4-3】某企业的第2车间是一个人为利润中心。本期实现内部销售收入500 000元，变动成本为300 000元，该中心负责人可控固定成本为40 000元，中心负责人不可控，但应由该中心负担的固定成本为60 000元。要求：计算该利润中心的实际评价指标，并评价该利润中心的利润完成情况。

利润中心边际贡献总额=500 000－300 000=200 000（元）
利润中心负责人可控利润总额=500 000－300 000－40 000=160 000（元）
利润中心可控利润总额=500 000－300 000－40 000－60 000=100 000（元）

谆谆教诲

让听得见炮声的人做决策。

——任正非

（五）利润中心责任报告

利润中心通过编制责任报告，可以集中反映利润预算的完成情况，并对产生的差异进行具体分析。

【例4-4】表4-3中为某企业利润中心责任报告。

表4-3 某企业利润中心责任报告

万元

项目	实际	预算	差异
销售收入	250	240	10（F）
变动成本			
变动生产成本	154	148	6（U）
变动销售成本	34	35	1（F）
变动成本合计	188	183	5（U）
边际贡献	62	57	5（U）
固定成本			
直接发生的固定成本	16.4	16	0.4（U）
上级分配的固定成本	13	13.5	0.5（F）
固定成本合计	29.4	29.5	0.1（F）
营业利润	32.6	27.5	5.1（F）

由表 4-3 中的计算可知，该利润中心的实际利润超额完成预算 5.1 万元，如果剔除上级分配的固定成本这一因素，利润超额完成 4.6 万元。

三、投资中心

（一）投资中心的含义

投资中心是指既对成本、收入和利润负责，又对投资效果负责的责任中心。

投资中心与利润中心的主要区别在于利润中心没有投资决策权，需要在企业确定投资方向后组织具体的经营；而投资中心则不仅在产品生产和销售上享有较大的自主权，而且具有投资决策权，能够相对独立地运用其所掌握的资金，有权购置或处理固定资产，扩大或削减现有的生产能力。

投资中心是企业最高层次的责任中心，它在企业内部具有最大的决策权，也承担最大的责任。投资中心的管理特征是较高程度的分权管理。在组织形式上，成本中心一般不是独立法人，利润中心可以是也可以不是独立法人，而投资中心一般是独立法人。

（二）投资中心的评价指标

为了准确地计算各投资中心的经济效益，应对各投资中心共同使用的资产划定界限；对共同发生的成本按适当的标准进行分配；各投资中心之间相互调剂使用的现金、存货、固定资产等，均应计息清偿，实行有偿使用。在此基础上，除评价利润指标外，更需要计算、分析利润与投资额之间关系的指标，即投资报酬率和剩余收益。

1. 投资报酬率

投资报酬率又称投资回报率或投资收益率，是指投资中心所获得的利润与投资额之间的比率。计算公式如下：

$$投资报酬率 = \frac{净利润（或营业利润）}{投资额（或经营资产）} \times 100\%$$

$$= 投资（或经营资产）周转率 \times 销售报酬率$$

上述公式中，投资额（或经营资产）应按平均投资额（或平均经营资产）计算。投资报酬率是个相对数正指标，数值越大越好。

投资报酬率是广泛采用的评价投资中心业绩的指标，其优点如下：

（1）投资报酬率能反映投资中心的综合盈利能力。
（2）投资报酬率具有横向可比性。
（3）投资报酬率可以作为选择投资机会的依据，有利于调整资产的存量，优化配置资源。
（4）以投资报酬率作为评价投资中心经营业绩的尺度，可以正确引导投资中心的经营管理行为，使其行为长期化。

微课 6：投资报酬率

这个评价指标的不足是缺乏整体概念，当一个投资项目的投资报酬率低于某个投资中心的投资报酬率，而高于整个企业的投资报酬率时，企业虽然想接受这个投资项目，但投资中心可能会拒绝。当一个投资项目的投资报酬率高于投资中心的投资报酬率，而低于整个企业的投资报酬率时，投资中心可能只考虑自身利益而接受这个投资项目，而不顾企业整体利益是否受损。

【例 4-5】某个部门现有资产 200 万元，年净利润 44 万元，投资报酬率为 22%。部门经理目前有一个投资报酬率为 17% 的投资项目，投资额为 50 万元，每年净利润 8.5 万元。企业投资报酬率为 15%。尽管对整个企业来说，由于该项目投资报酬率高于企业投资报酬率，应当利用这个投资机会，但是它却使这个部门的投资报酬率由过去的 22% 下降到 21%。

$$投资报酬率 = (44+8.5) \div (200+50) \times 100\% = 21\%$$

同样的道理，当情况与此相反，假设该部门现有一项资产价值 50 万元，每年获利 8.5 万元，投资报酬率为 17%，该部门经理却愿意放弃该项资产，以提高部门的投资报酬率。

$$投资报酬率 = (44-8.5) \div (200-50) \times 100\% = 23.67\%$$

投资报酬率作为业绩评价标准时，部门经理可以通过加大公式的分子或减少公式的分母来提高这个比率。这样做，会失去不是最有利但可以扩大企业总净利润的项目。从引导部门经理采取与企业总体利益一致的决策来看，投资报酬率并不是一个很好的指标。

因此，为了使投资中心的局部目标与企业的总体目标保持一致，弥补投资报酬率这一指标的不足，还可以采用剩余收益指标来评价、考核投资中心的业绩。

2. 剩余收益

剩余收益是一个绝对数指标，是指投资中心获得的利润扣减其投资额或净资产占用额按预期最低投资报酬率（收益率）计算的最低投资收益后的余额。计算公式如下：

$$剩余收益 = 利润 - 投资额 \times 预期最低投资报酬率$$
$$= 投资额 \times (投资利润率 - 预期最低投资报酬率)$$

以剩余收益作为投资中心经营业绩评价指标，各投资中心只要注意投资利润率大于预期最低投资报酬率，即剩余收益大于零，该项投资项目就是可行的。剩余收益是个绝对数正指标，这个指标越大，说明投资效果越好。

【例4-6】某企业有若干个投资中心，平均投资报酬率为15%，其中甲投资中心的投资报酬率为20%，该中心的经营资产平均余额为150万元。预算期甲投资中心有一个追加投资的项目，投资额为100万元，预计利润为16万元。投资报酬率为16%。

微课7：剩余收益

要求：

（1）假定预算期甲投资中心接受了上述投资项目，分别用投资报酬率和剩余收益指标来评价、考核甲投资中心追加投资后的工作业绩。

（2）分别从整个企业和甲投资中心的角度，说明是否应当接受这个追加投资的项目。

解：

（1）甲投资中心接受这个投资项目后的评价指标分别为：

$$投资报酬率 = (150 \times 20\% + 16) / (150 + 100) = 18.40\%$$

$$剩余收益 = 16 - 100 \times 15\% = 1（万元）$$

从投资报酬率指标看，甲投资中心接受该投资项目后的投资报酬率为18.40%，低于该中心原有的投资报酬率20%，追加投资项目使甲投资中心的投资报酬率指标降低了。从剩余收益指标看，甲投资中心接受该投资项目后可增加剩余收益1万元，大于零，表明追加投资可使甲投资中心受益，所以该投资项目可行。

（2）如果从整个企业的角度看，追加该投资项目的投资报酬率为16%，高于企业的投资报酬率15%；剩余收益为1万元，大于零。结论是无论从哪个指标看，企业都应当接受该投资项目。

如果从甲投资中心看，追加该投资项目的投资报酬率为16%，低于该中心的投资报酬率20%，若仅用这个指标来评价甲投资中心的业绩，则甲投资中心不会接受这项投资（因为这将导致甲投资中心的投资报酬率指标由20%降低为18.40%）；但若以剩余收益指标来评价甲投资中心的业绩，则甲投资中心会因为剩余收益增加了1万元而愿意接受该投资项目。

（三）投资中心责任报告

投资中心责任报告的结构与成本中心责任报告和利润中心责任报告类似。通过编制投资中心责任报告，可以反映投资中心投资业绩的具体情况。某投资中心责任报告如表4-4所示。

表4-4 某投资中心责任报告

万元

项目	实际	预算	差异
营业利润	600	450	150（F）
平均经营资产	3 000	2 500	500（F）
投资报酬率	20%	18%	2%（F）
按最低投资报酬率15%计算的投资报酬	450	375	75（F）
剩余收益	150	75	75（F）

由表4-4中的计算可知，该投资中心的投资报酬率和剩余收益指标都超额完成了预算，表明该投资中心的投资业绩比较好。

财博士知识通

经济增加值

EVA（Economic Value Added）是经济增加值的英文缩写，指从税后净营业利润中扣除包括股权和债务的全部投入资本成本后的所得。其核心是资本投入是有成本的，企业的盈利只有高于其资本成本（包括股权成本和债务成本）时才会为股东创造价值。

公司每年创造的经济增加值等于税后净营业利润与全部资本成本之间的差额。其中资本成本包括债务资本的成本，也包括股权资本的成本。

从算术角度说，EVA等于税后经营利润减去债务成本和股权成本。EVA是对真正"经济"利润的评价，或者说，是表示净营运利润与投资者用同样资本投资其他风险相近的有价证券的最低回报相比，超出或低于后者的量值。

EVA是一种评价企业经营者有效使用资本和为股东创造价值的能力，体现企业最终经营目标的经营业绩考核工具。

$$EVA = 税后营业净利润 - 资本总成本$$
$$= 税后营业净利润 - 资本 \times 资本成本率$$

经济增加值提供更好的业绩评估标准。经济增加值使管理者作出更明智的决策，因为经济增加值要求考虑包括股本和债务在内所有资本的成本。这一资本费用的概念令管理者更为勤勉，明智地利用资本以迎接挑战，创造竞争力。从本质上看，EVA扩展了传统的剩余收益评价方法，其核心理念是资本效率，即资本回报与资本成本的差额，将权益资本成本（机会成本）也计入资本成本，强调以股东价值为核心的理念，减少了传统会计指标对经济效益的扭曲。

对比剩余收益，两者非常相似，但也有很多不同。调整后税后利润是对会计利润进行调整的结果。这些调整，有的是为了避免把经营决策和融资决策混同起来，有的是为了避免把存量和流量混同起来，有的是将权责发生制转为收付实现制。常见的调整项目包括重组费用、研发支出、商誉、存货估值、坏账识别等。加权平均资本成本是由权益资本成本和债务资本成本加权平均的数值。

任务实施

结论	4.2 华为为何采用责任中心制				
实施方式	研讨式				
研讨结论					
教师评语：					
班级		小组		组长签字	
教师签字				日期	

任务3 内部转移价格

案例导入

转移定价挑战董事会的智慧

一家制造机床的企业决定实施价值管理。由于价值管理涉及对全部资本成本的计量与控制，涉及对收入、成本费用、资产和投资的全面管理，根据董事会的决议，为加强各核心业务部门的价值创造能力及其核算，故以原设的几大配件、整机等事业部为基础，分别改建为一个个内部独立核算的价值创造单元，并建立了各价值单元的内部（虚拟）财务报表体系，即业务单元的独立利润表和资产负债表。

这样一个企业内部管理体制的建立，看上去颇具创新意义，但好景不长，仅一年左右，即遭到来自各方的质疑，特别是相关业务单元的强烈反弹，甚至对企业整体的业绩造成负面影响。问题的焦点是一个经典难题：业务部门间的转移定价与成本分摊的合理性、公平性及对企业利益最大化的问题。

制造部门生产的中间产品——某类大型机械中的配件及部件——轴承或电机，该类产品可直接在市场上出售或转移至组装部门合成最终产成品机床。当制造部门产能过剩时，其提供给装配部门的中间产品就以原材料、人工等可变成本作为转移成本或转移价格，而不能将全部成本转嫁到装配部门。而如果制造部门已经满负荷运转，那么将中间产品转移到装配部门，就会使其损失在市场出售的收益。在这种情况下，中间产品应以市场价格或者总成本作为转移成本，但很难被装配部门接受。显然，在配件制造部门与机床总装部门之间，同一种中间产品面临着两种截然不同的定价基础——可变成本还是全部成本（或是市场价格），而影响定价基础的又是市场对机床配件的需求程度。一种定价机制竟然关系到企业价值管理的模式及其配套组织架构推行的有效性，这是董事会始料不及的。为此，董事会成员之间形成了相互冲突的意见。在内部或执行董事之间，因其各自行政管理职责的不同，在表达的意见中难免掺杂着本位或个人的倾向、动因，因而，外部独立董事的意见就显得较为中肯、客观并具有举足轻重的作用。外部独立董事在这一场关系到企业战略可执行性的问题中，充分利用自身在财务与战略分析方面的背景和优势，提出了一套保持既定战略安排或业务单元布局情况下的多因素转移定价综合方法。

（1）以配件制造的全部成本（可变成本＋固定成本）核算为基础。

（2）由企业核算出制造与装配部门间公共资源（传输工具、信息网络等）的使用价格（根据成本会计确定，以使用小时为成本动因）。

（3）在以上（1）和（2）的基础上，由制造部门核算出转移产品（配件、零件等）、相关技术服务及其他要素的基准转移成本（以内部核算的盈亏平点为计量基础），同时分配该基准转移成本的权重。

（4）以制造部门指定设备的平均开工率作为该基准转移成本的调节系数。当平均开工率较低时，调节系数的数值较低，从而使调节系数乘以基准转移成本的经调节的转移成本（权重仍为基准转移成本的权重）就较低。因此，制造部门在因种种原因（或者配件产品不符合市场需求，或者装配部门的机床整机销售不畅）而开工率不足的情况下，以较低的转移价格向装配部门提供中间产品等资源时，对于下游装配部门是公平的，对于企业整体是有利的。

（5）以配件独立销售的市场成交价格（一定期间的平均数）超出基准转移成本的部分为附加成本（也可采用基准转移成本与市场价格双轨制的概率加权方法）。这一附加成本的权重分配应小于基准转移成本的权重。

（6）在制造与装配部门间无法达成共识的情形下，采用协议定价方法，这种定价所占权重的分配最低。在这种情况下，企业参与两个部门的争议并协商作出裁决，在某些特殊情况下，出于对整体利益的考虑，企业可以作出牺牲某一部门利益的决定，但同时在考评标准与激励方面给予其相应的补偿。

（7）以上各种方法下的转移成本，经加权平均后可作为一定期间内相对稳定的部门间交换产品、服务等要素的转移定价。但须随内（成本）外（市场）环境及战略重要性对比的变化而进行及时的调整。

上述提出的企业内部转移定价方法，因基本上未触动企业既定战略，也未改变现行的业务单元业绩评价标准，因而是影响最小的一种解决方案。这一方案较为顺利地获得了企业内各有关部门、企业高级管理人员及董事会的多数通过。

任务发布

讨论	4.3　转移定价挑战董事会的智慧
\multicolumn{2}{c}{教师布置任务}	
任务描述	1. 学生熟悉相关知识。 2. 教师结合案例问题组织学生进行研讨。 3. 将学生每5个人分成一个小组，分组研讨案例问题，通过内部讨论形成小组观点。 4. 每个小组选出一个代表陈述本组观点，其他小组可以对其进行提问，小组内其他成员也可以回答提出的问题；通过问题交流，将每一个需要研讨的问题都弄清楚，形成书面研讨结论。 5. 教师进行归纳分析，引导学生扎实掌握内部转移价格的含义及制定类型，提升学生的团队合作精神。 6. 根据各组在研讨过程中的表现，教师点评赋分。
问题	1. 董事会为什么会参与经营管理环节的内部转移价格制定的讨论？ 2. 案例的解决方案中涉及制定几种类型的内部转移价格？

相关知识

企业内部各责任单位，既相互联系又相互独立开展各自的活动，它们经常相互提供产品和劳务，为了正确评价企业内部各责任中心的经营业绩，明确区分各自的经济责任，使各责任中心的业绩考核建立在客观而可比的基础上，企业必须根据各责任中心业务活动的具体特点，正确制定企业内部的转移价格。

一、内部转移价格的含义和作用

1. 内部转移价格的含义

内部转移价格又称调拨价格，是指企业内部各责任中心之间转移中间产品或相互提供劳务，而发生内部结算和进行内部责任结转所使用的计价标准。例如，上道工序加工完成的产品转移到下道工序继续加工，辅助生产部门为基本生产车间提供劳务等，都是一个责任中心向另一个责任中心"出售"产品或提供劳务，都必须采用内部转移价格进行结算。又如，某工厂生产车间与材料采购部门是两个成本中心，若生产车间所耗用的原材料由于质量不符合原定标准，发生超过消耗定额的不利差异，也应由生产车间以内部转移价格结转给采购部门。

2. 内部转移价格的特征

在任何企业中，各责任中心之间的相互结算，以及责任成本的转账业务都是经常发生的，它们都需要依赖一个公正、合理的内部转移价格作为计价标准。由于内部转移价格对于提供产品或劳务的生产部门来说意味着收入，对于使用这些产品或劳务的购买部门来说则意味着成本，所以，这种内部转移价格有两个明显的特征。

（1）在内部转移价格一定的情况下，卖方（产品或劳务的提供方）必须不断改善经营管理，降低成本和费用，以其收入抵偿支出，取得更多利润。买方（产品或劳务的接受方）则必须在一定的购置成本下，千方百计地降低再生产成本，提高产品或劳务的质量，争取较高的经济效益。

（2）内部转移价格所影响的买卖双方都存在于同一企业中，在其他条件不变的情况下，内部转移价格的变化会使买卖双方的收入或内部利润向相反方向变化，但就企业整体来看，内部转移价格无论怎样变化，企业总利润是不变的，变动的只是内部利润在各责任中心之间的分配份额。

3. 内部转移价格的作用

（1）**能够合理界定各责任中心的经济责任**。内部转移价格作为一种计量手段，可以确定转移产品或劳务的价值量。这些价值量既标志着提供产品或劳务的责任中心经济责任的完成，同时也标志着接受产品或劳务的责任中心应负经济责任的开始。

（2）**能有效测定各责任中心的资金流量**。各责任中心在生产经营过程中需要占用一定数量的资金。企业集团可以根据内部转移价格确定一定时期内各责任中心的资金流入量和资金流出量，并可在此基础上根据企业集团资金周转的需求，合理制定各责任中心的资金占用量。

（3）**有助于科学考核各责任中心的经营业绩**。提供产品或劳务的责任中心可以根据提供产品或劳务的数量及内部转移价格计算本身的收入，并可根据各生产耗费的数量及内部转移价格计算本身的支出。

二、内部转移价格的类型

内部转移价格直接关系到不同责任中心的获利水平，其制定可以有效地防止成本转移引起的责任中心之间的责任转嫁，使每个责任中心都能够作为单独的组织单位进行业绩评价，并且可以作为一种价格信号引导下级采取正确决策，保证局部利益和整体利益的一致。内部转移价格的制定，可以参照以下几种类型：

（一）以市场为基础的转移价格

市场价格（以下简称市价）是根据产品或劳务的市场供应价格作为计价基础。以市场价格作为内部转移价格的责任中心，应该是独立核算的利润中心。通常是假定企业内部各责任中心都处于独立自主的状态，即有权决定生产的数量、出售或购买的对象及其相应的价格。在西方国家，通常认为市场价格是制定内部转移价格的最好依据。因为市场价格客观公正，对买卖双方无所偏袒，而且还能激励卖方努力改善经营管理，不断降低成本，在企业内部创造一种竞争的市场环境，让每个利润中心都成为名副其实的独立生产经营单位，以利于相互竞争，最终通过利润指标来考核和评价其工作成果。

在采用市价作为计价基础时，为了保证各责任中心的竞争建立在与企业的总目标相一致的基础上，企业内部的买卖双方一般应遵守以下基本原则：

（1）如果卖方愿意对内销售，且售价不高于市价时，买方有购买的义务，不得拒绝；

（2）如果卖方售价高于市价，买方有改为向外界市场购入的自由；

（3）若卖方宁愿对外界销售，则应有不对内销售的权利。

然而，以市场价格作为内部转移价格的计价基础，也有其自身的局限性。这是因为企业内部转让的产品或提供的劳务，往往是本企业专门生产的，具有特定的规格，或是需经过进一步加工才能出售的中间产品，因而往往没有相应的市价作为依据。

（二）以成本为基础的转移价格

以产品或劳务的成本作为内部转移价格，是制定转移价格的最简单方法。由于成本的概念不同，以成本作为内部转移价格也有多种不同形式，这对转移价格的制定、业绩评价会产生不同的影响。

1. 标准成本法

标准成本法是指以各中间产品的标准成本作为内部转移价格。这种方法适用于成本中心产品（半成品）或劳务的转移，其最大的优点是能将管理和核算工作结合起来。由于标准成本在制定时已排除无效率的耗费，因此，以标准成本作为转移价格能促进企业内买卖双方改善生产经营、降低成本。其缺点是不一定使企业利益最大化，如中间产品标准成本为40元，单位变动成本34元，卖方有闲置生产能力，当买方只能接受36元以下的内部转移价格时，此法不能促成内部交易，从而使企业整体丧失一部分利益。

2. 标准成本加成法

标准成本加成法是指根据产品（半成品）或劳务的标准成本加上一定的合理利润作为计价基础。当转移的产品（半成品）或劳务涉及利润中心或投资中心时，可以以标准成本加利润作为转移价格，以分清双方的责任。但不足之处是，利润的确定难免带有主观随意性。

3. 标准变动成本

标准变动成本是指以产品（半成品）或劳务的标准变动成本作为内部转移价格。这种方式符合成本习性，能够明确揭示成本与产量的关系，便于考核各责任中心的业绩，也利于经营决策。不足之处是产品（半成品）或劳务中不包含固定成本，不能鼓励企业内卖方进行技术革新，也不利于长期投资项目的决策。

（三）协商价格

协商价格是指买卖双方以正常的市场价格为基础，定期共同协商，确定出一个双方都愿意接受的价格作为计价标准，简称议价。成功的协商价格依赖于两个条件：

（1）要有一个某种形式的外部市场，两个部门的经理可以自由地选择接受或是拒绝某一价格。如果根本没有可能从外部取得或销售中间产品，就会使一方处于垄断状态，这样的价格不是协商价格，而是垄断价格；

（2）当价格协商的双方发生矛盾不能自行解决，或双方谈判可能导致企业非最优决策时，企业的高一级管理阶层要进行必要的干预，当然这种干预应是有限的、得体的，不能使整个谈判变成上级领导裁决一切问题。

协商价格的上限是市价，下限是单位变动成本，具体价格应由买卖双方在其上下限范围内商议决定，这是由于：①外部售价一般包括销售费、广告费及运输费等，这是内部转移价格中所不包含的，因而内部转移价格会低于外部售价；②内部转移的中间产品一般数量较大，单位成本较低；③售出中间产品的单位大多拥有剩余生产能力，因而议价只需略高于单位变动成本就行。

这种方法运用恰当，将会发挥很大的作用。但在实际操作中，由于存在质量、数量、商标、品牌甚至市场经济水平的差别使得与市场价格直接对比很困难。采用协商价格的缺陷是，在双方协商的过程中，不可避免地要花费很多人力、物力和时间，在买卖双方的负责人协商相持不下时，往往需要企业高层领导进行裁定。这样就丧失了分权的初衷，也很难发挥激励责任单位的作用。

> **谆谆教诲**
>
> 能用众力，则无敌于天下矣；能用众智，则无畏于圣人矣。
>
> ——孙权

（四）双重内部转移价格

双重价格是由买卖双方分别采用不同的内部转移价格作为计价基础，如对于产品（半成品）的"出售"部门，可按协商的市场价格计价，而对于"购买"部门，则按"出售"部门的变动成本计价，其差额由会计部门进行调整。西方国家采用的双重价格通常有两种形式：

1. 双重市场价格

即当某种产品或劳务在市场上出现几种不同价格时，买方采用最低价，卖方则采用最高价。

2. 双重转移价格

即卖方按市价或协议价作为计价基础，而买方则按卖方的单位变动成本作为计价基础。

采用双重价格的好处是，既可较好地满足买卖双方不同的需要，又便于激励双方在生产经营上充分发挥其主动性和积极性。

任务实施

结论	4.3 转移定价挑战董事会的智慧
实施方式	研讨式

研讨结论

教师评语：

班级		小组		组长签字	
教师签字				日期	

【企业伦理与职业道德】

加强企业财务控制

财务控制作为现代企业管理水平的重要标志,它是运用特定的方法、措施和程序,通过规范化的控制手段,对企业的财务活动进行控制和监督。财务控制必须以确保单位经营的效率性和效果性、资产的安全性、经济信息和财务报告的可靠性为目的。有效的财务控制有助于实现公司的经营方针和目标,它既是工作中的实时监控手段,也是评价标准;保护单位各项资产的安全性和完整性,防止资产流失;保证业务经营信息和财务会计资料的真实性和完整性。

由于财务管理存在于企业经济活动的方方面面,因此其对企业生产经营的影响非常大。财务控制有一套完整的体系,它由财务控制环境、会计系统和控制程序三部分组成。

财务控制环境指建立或实施财务控制的各种因素。主要因素为管理单位和相关人员对财务控制的态度、认识和行为。具体包括单位组织结构、管理者的经营思想和经营作风、管理者的职能和对这些职能的制约、确定职权和责任的方法、管理者监控和检查工作时所采用的控制措施、人事工作方针及其实施、影响单位业务的各种外部关系等。会计系统指单位建立的会计核算和会计监督的方法和程序。有效的会计系统应当做到确认并记录所有真实的经济业务,及时并充分详细地描述经济业务,在财务会计报告中对经济业务作出适当的分类;计量经济业务的价值,在财务会计报告中记录其适当的货币价值;确定经济业务发生的时间,将经济业务记录在适当的会计期间;在财务会计报告中反映经济业务、披露会计信息。控制程序指管理者所制定的财务控制方法和程序。

企业由于受自身体制和外部环境影响等因素,在财务控制方面存在一些薄弱环节,如财务控制制度不健全、现金管理不当、实物资产控制薄弱、粗放的成本管理、会计人员素质不高等,针对这些问题,必须结合企业的特点,从多方面入手搞好财务控制。具体包括以下几个方面:

1. 建立严密的财务控制制度

(1)建立不相容职务相分离制度。要求企业按照不相容职务相分离的原则,合理设置财务会计及相关工作岗位,明确职责权限,形成相互制衡机制。

(2)建立授权批准的财务控制制度。中小企业明确规定涉及财务会计及相关工作授权批准的范围、权限、程序、责任等内容,单位内部的各级管理层必须在授权范围内行使职权和承担责任,经办人员也必须在授权范围内办理业务。

(3)建立会计系统控制制度。制定适合本单位的会计制度,明确会计工作流程,建立岗位责任制,充分发挥会计的监督职能。

2. 建立责任人追究制度

提高企业外部监督,必须加强对企业在财务管理上存在问题的会计行为责任人的追究。企业存在会计行为责任人严重违反财经法规、违反会计法规、偷税漏税、隐瞒财务会计资料等情况的重要原因,在于他们这样做得到了不该得到的利益,却没有付出相应的成本。执法部门必须加大对企业不法会计行为责任人的追究力度,让责任人为自己的不法行为付出高昂成本,才能制止不法行为的泛滥。

财务控制的目标是企业财务价值最大化,是成本与财务收益的均衡,是企业现实的低成本和未来高收益的统一。财务控制是通过调节沟通和合作,使个别或分散的财务行为整合统一起来,追求企业短期或长期的财务目标,严谨的财务控制制度不仅要对企业财务管理的各个方面实行全方位的有效控制,而且要对企业财务管理的重要方面、重要环节实行重点控制,只有实现控面与控点的有机结合,财务控制才能发挥良好的效益。

问题思考:

1. 财务控制薄弱对企业会产生什么样的后果?
2. 财务管理人员对财务控制的态度、认识和行为对企业财务控制有什么影响?

知识巩固与技能提高

一、单选题

1. 按照（　　）可以将财务控制分为一般控制和应用控制。
   A. 财务控制的内容　　　　　　　　　　B. 财务控制的功能
   C. 财务控制的主体　　　　　　　　　　D. 财务控制的依据

2. （　　）既要防止因现金短缺而可能出现的支付危机，也要防止因现金沉淀可能出现的机会成本增加。
   A. 收支控制　　　　　　　　　　　　　B. 现金控制
   C. 定额控制　　　　　　　　　　　　　D. 定率控制

3. 通常企业为了确定财务预算，应建立（　　）机构。
   A. 日常监督、协调机构　　　　　　　　B. 考核评价机构
   C. 决策和预算编制机构　　　　　　　　D. 仲裁机构

4. （　　）是指利用有关信息和特定手段，对企业的财务活动实施影响或调节，以保证其实现财务预算的全过程。
   A. 财务控制　　　　　　　　　　　　　B. 财务分析
   C. 财务决策　　　　　　　　　　　　　D. 财务预测

5. 某公司某部门的有关数据为销售收入50 000元，已销产品的变动成本和变动销售费用30 000元，可控固定成本2 500元，不可控固定成本3 000元，分配的公司管理费用为1 500元。那么，该部门的利润中心负责人可控利润为（　　）元。
   A. 20 000　　　　　　　　　　　　　　B. 17 500
   C. 14 500　　　　　　　　　　　　　　D. 10 750

6. 对于任何一个成本中心来说，其责任成本应等于该中心的（　　）。
   A. 产品成本　　　　　　　　　　　　　B. 固定成本之和
   C. 可控成本之和　　　　　　　　　　　D. 不可控成本之和

7. 在责任会计中，企业办理内部交易结算和内部责任结转所采用的价格是（　　）。
   A. 变动成本　　　　　　　　　　　　　B. 单位责任成本
   C. 内部转移价格　　　　　　　　　　　D. 重置价格

8. 从引进市场机制、营造竞争气氛、促进客观和公正竞争的角度看，制定内部转移价格的最好依据是（　　）。
   A. 协商价格　　　　　　　　　　　　　B. 市场价格
   C. 双重价格　　　　　　　　　　　　　D. 成本价格

9. 在投资中心的主要评价指标中，（　　）指标能使个别投资中心的局部利益与企业整体利益相一致。
   A. 投资利润率　　　　　　　　　　　　B. 利润总额
   C. 剩余收益　　　　　　　　　　　　　D. 责任成本

10. 对成本中心而言，下列各项中，不属于该类中心特点的是（　　）。
    A. 只考核成本中心的责任成本　　　　　B. 只对直接成本进行控制
    C. 只对成本中心的可控成本负责　　　　D. 只对责任成本进行控制

11. 各责任中心相互提供产品采用协商定价的方式确定内部转移价格时，其协商定价的最大范围应该是（　　）。
    A. 在单位成本和市价之间
    B. 在单位成本加上合理利润以上、市价以下

C. 在单位变动成本加上合理利润以上、市价以下

D. 在单位变动成本和市价之间

12. 产品在企业内部各责任中心之间销售，只能按内部转移价格取得收入的利润中心是（　　）。

　　A. 自然利润中心　　　　　　　　　　　　B. 人为利润中心

　　C. 利润中心　　　　　　　　　　　　　　D. 投资中心

13. 责任会计核算的主体是（　　）。

　　A. 责任中心　　　　B. 产品成本　　　　C. 生产部门　　　　D. 管理部门

14. 具有最大的决策权，承担最大的责任，处于最高层次的责任中心是（　　）。

　　A. 自然利润中心　　　　　　　　　　　　B. 人为利润中心

　　C. 利润中心　　　　　　　　　　　　　　D. 投资中心

15. 通常具有法人资格的责任中心是（　　）。

　　A. 投资中心　　　　B. 利润中心　　　　C. 成本中心　　　　D. 费用中心

二、多选题

1. 财务控制的原则有（　　）。

　　A. 经济原则　　　　　　　　　　　　　　B. 目标管理及责任落实原则

　　C. 例外管理原则　　　　　　　　　　　　D. 责任会计核算原则

2. 按照财务控制的对象，财务控制可以分为（　　）。

　　A. 预算控制　　　　B. 制度控制　　　　C. 现金控制　　　　D. 收支控制

3. 甲利润中心常年向乙利润中心提供劳务，在其他条件不变的情况下，如提高劳务的内部转移价格，可能出现的结果是（　　）。

　　A. 甲利润中心内部利润增加　　　　　　　B. 乙利润中心内部利润减少

　　C. 企业利润总额增加　　　　　　　　　　D. 企业利润总额不变

4. 评价投资中心投资效果的主要指标有（　　）。

　　A. 责任成本　　　　　　　　　　　　　　B. 营业收入

　　C. 剩余收益　　　　　　　　　　　　　　D. 投资报酬率

5. 不适宜作为评价利润中心负责人业绩的指标是（　　）。

　　A. 利润中心边际贡献　　　　　　　　　　B. 公司利润总额

　　C. 利润中心可控利润　　　　　　　　　　D. 利润中心负责人可控利润

6. 影响剩余收益的因素有（　　）。

　　A. 利润　　　　　　　　　　　　　　　　B. 投资额

　　C. 规定或预期的最低投资报酬率　　　　　D. 利润留存比率

7. 下列各项中，能够揭示自然利润中心特征的表述包括（　　）。

　　A. 直接面向市场　　　　　　　　　　　　B. 具有部分经营权

　　C. 对投资效果负责　　　　　　　　　　　D. 对外销售产品而取得收入

8. 下列项目中，属于责任中心评价指标的有（　　）。

　　A. 剩余收益　　　　　　　　　　　　　　B. 可控成本

　　C. 利润　　　　　　　　　　　　　　　　D. 投资报酬率

9. 投资报酬率可分解为（　　）。

　　A. 边际贡献率　　　　　　　　　　　　　B. 投资周转率

　　C. 销售利润率　　　　　　　　　　　　　D. 销售成本率

10. 内部转移价格的主要类型有（　　）。

　　A. 市场价格　　　　　　　　　　　　　　B. 协商价格

　　C. 双重价格　　　　　　　　　　　　　　D. 成本转移价格

三、判断题

1. 恰当的奖惩制度，是保证企业财务控制长期有效运行的重要因素。　　　　　　　　　　（　　）

2. 财务控制的对象是以实现财务预算为目标的财务活动。（　　）
3. 在其他因素不变的情况下，一个投资中心的剩余收益的大小与企业最低投资报酬率呈反向变动关系。（　　）
4. 各责任中心之间无论是进行内部结算还是进行责任转账，都可以采用内部转移价格作为计价标准。（　　）
5. 某项会导致个别投资中心的投资报酬率提高的投资，不一定会使整个企业的投资报酬率提高；某项会导致个别投资中心的剩余收益指标提高的投资，则一定会使整个企业的剩余收益提高。（　　）
6. 企业内部个人不能构成责任实体，企业内部个人不能作为责任中心。（　　）
7. 只要制定出合理的内部转移价格，就可以将企业大多数生产产品（半成品）或者提供劳务的成本中心改造为自然利润中心。（　　）
8. 内部转移价格只能用于企业内部各责任中心之间由于进行产品（半产品）或劳务的流转而进行的内部结算。（　　）
9. 为了体现公平性原则，内部转移价格双方必须一致，否则将有失公正。（　　）
10. 只有组织内部结算，才需要内部申裁。（　　）

四、实训题

【实训 1】

ABC 公司有三个业务类似的投资中心（A 部门、B 部门、C 部门），使用相同的预算进行控制，其 2020 年的有关资料如表 4-5 所示。

表 4-5　ABC 公司 2020 年的有关资料

万元

项目	预算数	实际数		
		A 部门	B 部门	C 部门
销售收入	200	180	210	200
息税前利润	18	19	20	18
经营资产	100	20	100	100

在年终进行业绩评价时，董事会对三个部门的评价发生分歧，有人认为 C 部门全面完成预算，业绩最佳；有人认为 B 部门销售收入和息税前利润均超过预算，并且利润最大，应是最好的；还有人认为 A 部门利润超过预算并节省了资金，是最好的。假设该公司要求的最低投资报酬率是 16%。

要求：根据上述资料，不考虑其他因素，分别计算出三个部门的投资报酬率和剩余收益，对三个部门的业绩进行分析评价并排出优先次序。

【实训 2】

某企业下设 A 投资中心和 B 投资中心。两个投资中心均有一个投资方案可供选择，预计产生的影响如表 4-6 所示。

表 4-6　预计产生的影响

万元

项目	A 投资中心		B 投资中心	
	追加投资前	追加投资后	追加投资前	追加投资后
投资额	50	100	100	150
息税前利润	4	8.6	15	20.5
息税前利润率	18%		15%	
剩余收益	−1		5	

要求：
（1）计算并填列表 4-6 中的空白；
（2）运用剩余收益指标分别对两个投资中心是否应追加投资进行决策。

【实训 3】

某成本中心生产甲产品，预算产量为 1 000 件，单位成本为 50 元，实际产量为 1 200 件，实际单位成本（费用）为 45 元。

要求：计算该成本中心的成本变动额与成本变动率。

【实训 4】

某企业的甲车间是一个人为利润中心，本期实现内部销售收入 80 万元，销售变动成本为 55 万元，该利润中心负责人可控固定成本为 5 万元，该利润中心负责人不可控的且应由该利润中心负担的固定成本为 7 万元。

要求：计算该利润中心实际评价指标。

【实训 5】

某公司下设 A、B 两个投资中心，该公司加权平均最低投资报酬率为 9%。A 投资中心的投资额为 500 万元，利润为 25 万元；B 投资中心的投资额为 800 万元，利润为 120 万元。

现在两个投资中心追加投资，如果 A 投资中心追加投资 200 万元，年利润增加 17 万元；B 投资中心追加投资 400 万元，年利润增加 57 万元。

要求：计算两个投资方案的投资报酬率和剩余收益。

学习成果认定

学生自评			
专业能力	评价指标	自测结果	要求 （A 掌握；B 基本掌握；C 未掌握）
认识 财务控制	1. 财务控制的含义及特征 2. 财务控制的特征 3. 财务控制的种类 4. 财务控制的原则	A□ B□ C□ A□ B□ C□ A□ B□ C□ A□ B□ C□	熟悉财务控制的相关概念，掌握财务控制的特征、种类、原则，认同财务控制对企业经营的重要性
责任中心 的划分与 评价指标	1. 成本中心 2. 利润中心 3. 投资中心	A□ B□ C□ A□ B□ C□ A□ B□ C□	理解责任中心的含义，掌握各责任中心的划分，能计算成本中心、利润中心、投资中心的评价指标，编制责任报告
内部转移 价格	1. 内部转移价格的含义和作用 2. 内部转移价格的类型	A□ B□ C□ A□ B□ C□	熟悉内部转移价格的含义和作用，能够对内部转移价格运用进行正确分析
职业道德、 思想意识	1. 爱岗敬业、认真严谨 2. 遵纪守法、遵守职业道德 3. 沟通协调、团结合作	A□ B□ C□ A□ B□ C□ A□ B□ C□	培养综合分析能力、严密的逻辑思维能力、多渠道搜集资料的能力，形成一定的沟通协调能力，能与企业内外部相关部门处理好关系，培养较强的团队合作能力
小组评价			
团队合作	A□ B□ C□	沟通能力	A□ B□ C□
教师评价			
教师评语			
成绩		教师签字	

项目 5

财务报表分析

学习目标

【素质目标】

1. 认识财务报表分析对企业经营决策的重要性
2. 培养良好的职业道德和严谨的工作态度
3. 具备发现问题、分析问题、解决问题的能力
4. 培养团队合作精神

【知识目标】

1. 理解财务分析的相关概念
2. 掌握财务分析方法
3. 掌握偿债能力、营运能力、盈利能力及发展能力指标的计算方法并进行分析
4. 掌握杜邦分析法、综合绩效评价法

【能力目标】

1. 能准确查找、整理编制财务分析的各种信息
2. 能熟练运用财务指标对企业财务状况进行分析
3. 能熟练运用杜邦分析法和综合绩效评价法对企业进行综合分析

知识架构

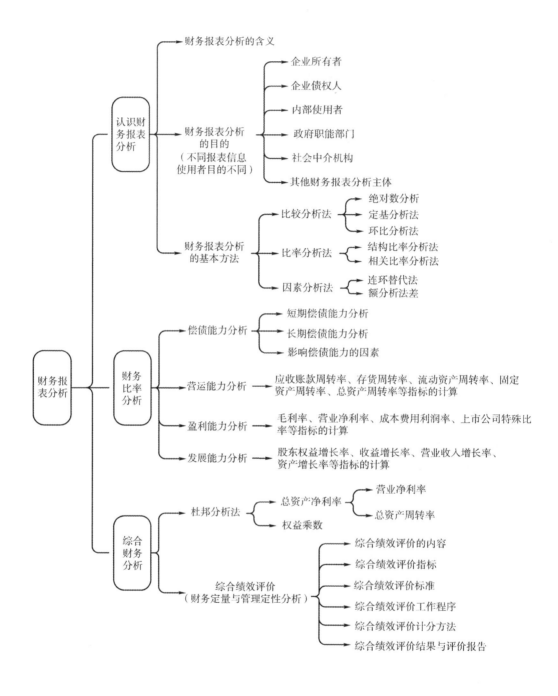

任务1　认识财务报表分析

案例导入

不同的财务报表使用人的关注点是什么?

有个农夫,他是家庭中兄弟姐妹里的老大,他和他的弟弟妹妹都各自成家,互相住得有点远。某天,老母亲说:"你是老大,你帮我在家组织大家吃个饭,这个钱我出,也不知道会花多少钱,我先给你150元,剩下的你自己想办法,最后花了多少钱我们再算,厨房用具都有,你直接用就好。"然后,她说了饭菜规格:几个凉菜、几个热菜,扔下150元就回自己屋了。

这顿饭后,农夫要给老母亲一个交代,花了多少钱,除了老母亲给的150元钱外,其余的钱是怎么筹备的,做了哪几个菜,大家吃饱了没有,老母亲是否满意等都要交代。农夫事前要筹备资金,除了老母亲给的150元,家里只有70元,他还向弟弟借了50元,大米、部分蔬菜是自家产的,以上这些就是财务状况,用资产负债表反映。

他买了鸡鸭鱼肉等,请了村子里会做饭的师傅掌厨。由于吃饭的人太多,家里的厨具和餐具不够,于是又用15元租了赵四家的锅碗瓢盆。大家吃饭时,对这顿饭的评价很高,觉得这顿饭够300元的档次,农夫的老母亲听了很高兴,认为老大两口子辛苦了,便给了他们300元,多的当他们的工钱。农夫推辞不掉,便收下了,事后他一算账,刨除本钱、工钱外,还赚了20元。农夫所列的这个账单就是利润表。

再仔细清点一下,餐后还剩下些鱼和肉,是卖了回收现金,还是留着自己吃呢? 农夫想反正也要买,还不如留下来自己消耗。农夫关于资金的这些统计,就是现金流量表。

除了这些,可能还有一些与组织这顿饭相关的事情,比如农夫自己那70元本来计划要干什么,邻居家的吴老太太也想要农夫帮忙筹备一顿饭,她付工钱等,再同老母亲商量,这些就是财务报表附注中所反映的内容。

人们从财务报表的定义和组成中不难看出,财务报表包含的内容非常丰富,但是,不同的财务报表使用人,其关注点可能不一样。

任务发布

讨论	5.1　不同的账务报表使用人的关注点是什么?
教师布置任务	
任务描述	1.学生熟悉相关知识。 2.教师结合案例问题组织学生进行研讨。 3.将学生每5个人分成一个小组,分组研讨案例问题,通过内部讨论形成小组观点。 4.每个小组选出一个代表陈述本组观点,其他小组可以对其进行提问,小组内其他成员也可以回答提出的问题;通过问题交流,将每一个需要研讨的问题都弄清楚,形成书面研讨结论。 5.教师进行归纳分析,引导学生充分理解财务分析的含义,知道财务分析的目的、方法和作用。 6.根据各组在研讨过程中的表现,教师点评赋分。
问题	1.财务分析有何作用? 不同的财务报表使用人对财务分析的关注点是什么? 2.财务分析的相关概念给了你什么启示? 你将如何运用到学习、生活中去?

相关知识

财务状况是企业价值的综合体现,通过财务分析的结果,可以透视企业的管理质量与治理效率。

微课 1:秒懂财务报表

一、财务报表分析的含义

财务报表分析,又称财务分析,是通过收集、整理企业财务会计报表中的有关数据,并结合财务报表以外其他有关补充信息,运用专门的分析方法与手段,对企业的财务状况、经营成果和现金流量情况进行综合比较和评价,为财务报表使用者提供管理决策和控制依据的一项管理工作。财务分析包括对企业的偿债能力、盈利能力、营运能力和发展能力加以分析判断,从而在整体上反映出企业的财务状况和经营成果。

二、财务报表分析的目的

财务分析的目的是为不同的报表使用者提供有用的决策信息。财务报表使用者是与企业存在利益关系,出于某些目的对企业的财务报表展开分析的组织或个人。不同的财务报表使用者的利益倾向存在明显差异,与企业的利益关系也各不相同,这就决定了他们在对企业财务报表进行分析时必然存在不同的分析目的和侧重点。

微课 2:财务分析的目的和评价标准

(一)企业所有者

企业所有者指公司股东、权益投资人,既是企业收益获得者,又是相关风险的最终承担者。因此,所有者既关心企业的盈利能力、营运能力等方面的信息,也高度关注企业的风险水平、财务杠杆、经营杠杆等方面的信息。一般而言,控股股东主导企业的各项经营决策与财务决策,通过企业不断成长壮大来获取大规模的投资收益,他们往往更注重企业的长远发展。部分股市中的中小投资者主要是通过股价短期上涨、当期现金分红等方式来获取投资收益,因此他们更关注企业的短期盈利水平、现金流量状况与股利分配政策等方面的信息。

(二)企业债权人

企业债权人是指出让资金使用权的自然人或法人,如商业银行、供应商、企业债券持有人等,对于企业的债权人来说,最重要的是确保其债权的安全,即能否按期收回本金和利息,因此他们非常关注企业偿债能力方面的信息。依据债务的偿还期限,债权人分为短期债权人和长期债权人。短期债权人通常需要在一年之内收回本金和利息,因此更关注企业资产的流动性和企业的现金流量状况,强调企业应具有一定的短期支付能力。而长期债权人在较长时间之后才需要收回本金和利息,因而往往更关注企业的财务状况质量,如资产质量、利润质量以及资本结构质量等,强调企业的风险因素和未来发展前景。

(三)内部使用者

财务报表的内部使用者包括经营管理者及员工。经营管理者接受企业所有者的委托,对企业所从事的各项经济活动及其经营成果和财务状况进行有效的管理与控制,以实现企业的经营目标。相对于所有者和债权人等外部信息使用者,经营管理者拥有更多了解企业信息的渠道和监控企业的方法,但财务报表仍然是十分重要且有效的信息来源。由于经营管理者要参与企业实际管理工作的全过程,会涉及方方面面的问题。因而其财务报表分析的目的呈现出多样化的特点。为满足不同利益主体的需要,协调各方面的利益关系,经营管理者必须对涉及企业财务状况的各个方面予以详尽了解和掌握,以便及时发现问题、采取对策,进行科学的投融资决策,规划和修定市场定位目标,制定和调整资源配置战略、资本引入战略等各方面战略,进一步挖掘潜力,为经济效益的持续稳定增长奠定基础。同时,经营管理者还需要借助财务报表分析对企业的各个部门和员工进行业绩评价,为日后的生产经营编制科学的预算,实现高效的控制与监督。

企业的员工通常与企业存在长久、持续的关系,他们关心工作岗位的稳定性、工作环境的安全性以及获取报酬的前景。因而，他们对企业的盈利能力和偿债能力特别感兴趣。

（四）政府职能机构

政府职能机构是指工商、税务、财政等对企业有监管职能的各政府职能部门。工商行政部门主要是审核企业经营的合法性，进行产品质量监督与安全检查；税务与财政部门则主要关注企业的盈利水平与资产的增减变动情况，监督企业是否遵守相关政策法规，检查企业税收缴纳情况。总之，政府职能机构不仅需要了解企业资金的使用效率，预测企业财务收入的增长情况，有效地组织和调整社会资金资源的配置，而且要借助财务报表分析，检查企业是否存在违法违纪、浪费国家财产等问题，最后通过综合分析，对企业的发展后劲以及对社会的贡献程度进行考察。

（五）社会中介机构

社会中介机构通常包括会计师事务所、律师事务所、资产评估事务所以及各类咨询机构等，它们以独立的第三方身份为企业提供服务，包括对企业相关事项作出客观公正的评价，提出中肯的意见和建议等。通过财务报表分析，了解企业的财务状况，发现生产经营过程中存在的问题，会为社会中介机构提供非常有价值的判断依据。在这些社会中介机构中，会计师事务所与财务报表分析的关系最为密切，注册会计师在对企业的财务报表进行审计时，需要就财务报表编制状况发表审计意见，而财务报表分析可以帮助其发现问题和线索，为审计结论提供依据。

（六）其他财务报表分析的主体

除上述财务报表分析主体之外，企业的客户、竞争对手以及社会公众等都可能需要通过财务报表分析来了解企业的财务状况，以便作出各种决策。在许多情况下，企业可能成为某个客户重要的商品或劳务供应商。因此，客户关心企业连续提供商品或劳务的能力，关心企业的长期发展前景以及有助于对此作出估计的盈利能力指标与财务杠杆指标等。

竞争对手希望获取关于企业财务状况的会计信息及其他信息，借以判断企业间的相对效率与竞争优势，为未来可能出现的企业兼并提供信息。因此，竞争对手可能将企业作为接管目标，对企业财务状况的各个方面均感兴趣。

社会公众对特定企业的关心也是多方面的，一般而言，他们关心企业的就业政策、环境政策、产品政策以及社会责任履行情况等，对这些方面的分析可以借助盈利能力分析等手段。

我们可以从上述分析中得出以下结论：不同的财务报表分析主体有着不同的分析目的，财务报表分析要依据分析目的的不同而选用不同的分析视角和分析侧重点；不同的财务报表分析主体需要获得的信息的深度和广度并不相同，财务报表分析应选择具有个性化的分析方法。

> **谆谆教诲**
>
> 财务报表是反映商业活动的透镜，财务报表分析便是通过透镜的校准使商业活动信息汇聚到一个焦点。
>
> ——（美）斯蒂芬·H·佩因曼

三、财务报表分析的基本方法

财务报表分析决策依赖于评价，而评价建立在对比的基础上。究其本质，企业财务报表分析就是通过对比来发现问题，进而分析问题和解决问题。一般来说，根据对比的对象不同，财务报表分析可以使用多种分析方法。企业的财务报表数据，可以将各项目该年数据与历史年度数据进行对比，以寻找变化规律、预测发展趋势；更可以将各项目数值与同行业先进水平、平均水平甚至竞争对手的相关数据进行对比，以判断该企业在行业内的竞争优势和相对地位，这便构成了比较分析法的基本内容。还可以在同类项目之间进行对比，用以考察某特定项目在该类项目中所占比重；也可以在相互联系的不同类别项

微课3：财务分析的基本方法概述

目之间进行对比，以揭示相互之间的依存关系和基本状况，这就是最常用的比率分析法。

（一）比较分析法

比较分析法是通过比较不同的数据，从而发现数据发展规律，并找出与被比较对象的差别的一种分析方法。用于比较的可以是绝对数，也可以是相对数，其主要作用在于揭示指标间客观存在的差距，并为进一步分析指明方向。

比较分析法是用以说明企业财务状况和经营成果的变动趋势的一种方法。比较分析的目的在于以下两点：①确定引起财务状况与经营成果变动的主要项目；②确定变动趋势的性质，预测将来的发展趋势。在比较分析法中常用的方法有以下三种：

1. 绝对数分析法

绝对数分析法就是将有关项目连续几期的绝对数量逐一列示出来并进行对比。采用这种分析方法，易于看出相关项目的变动方向及其趋势（上升、下降、波动还是稳定）。

2. 定基分析法

定基分析法就是选择一个固定的期间作为基期，计算相关项目在各分析期的水平相对于基期水平的变动比率。采用这种分析方法不仅可以看出不同期间的变动方向和幅度，还可以看出较长期间内的总体变化趋势，便于进行较长时间的趋势分析。定基分析法的分析指标是定基变动比率，定基变动比率的计算公式为：

$$定基变动比率 = \frac{分析期数据}{基期数据} \times 100\%$$

基期数据通常是指前期实际发生的、已经成为历史的数据。它反映企业分析指标的历史水平，可以是上期指标、以前年度同期指标或者过去任意时期的指标。将企业分析指标与基期标准进行比较，可以对指标的改进情况、发展方向和变动趋势进行评价。选择基期时，不要选择项目数值为零或者负数的期间，否则无法计算出有意义的定基变动比率。最好选择企业财务状况比较正常的年份作为基期，否则得出的定基变动比率不具有典型意义。

3. 环比分析法

环比分析法就是计算有关项目相邻两期的变化率，即分析期某项目的数值相对于前一期项目数值的变动比率，采用这种分析方法，不仅可以看出相关项目变动的方向，还可以看出其变动的精度。环比变动比率的计算公式为：

$$环比变动比率 = \frac{分析期数据}{前一期数据} \times 100\%$$

需要注意的是，如果前期某项目的数值为零或者负数，则无法计算出有意义的环比变动比率。

比较形式可以是某项目本期实际数据与以前该项目各期数据的比较，可以是某项目本期实际数据与该项目预期或定额指标数据的比较，也可以是企业相关项目和指标与国内外同行业相关项目和指标平均水平或者先进水平的比较。比较时要特别注意企业分析指标与比较标准之间的可比性，即与选择的比较标准在内容、期间、计算口径、计价基础、总体性质等各方面均应具有一致性。

基期数据已经在前面讲述过，预期数据是指企业预计的数据，通常可以根据企业制定的计划、预算及各部门相应责任加以确定。将企业分析指标与预期标准进行比较，可以对企业完成预期目标、计划、任务完成情况进行评价，作为衡量企业目标是否达成的重要依据。行业数据是指企业所在行业的同类指标数据，反映分析指标的行业水平可以是本行业的平均水平，也可以是本行业的先进水平。将企业分析数据与行业数据进行比较，可以对企业在本行业中的地位和相对竞争优势或劣势进行评价，找出本企业与行业先进水平企业之间的差距，为企业今后的发展指明方向。

（二）比率分析法

比率分析法是指利用财务报表中两项相关数据的比率来反映和揭示企业财务状况和经营成果的一种分析方法，比率分析法包括结构比率分析法和相关比率分析法。

微课4：比率分析法

1. 结构比率分析法

结构比率分析法主要是以财务报表中的某个总体指标作为百分比，计算出各组成项目占该总体指标的百分比，从而比较各个项目百分比的增减变动，揭示各个项目的相对地位和总体结构关系，以便分析比较财产报表内各项目变动的适当性，判断有关财务活动的变化趋势。因此，结构比率分析法既可用于静态的结构分析，也可用于动态的趋势分析。

结构比率分析法通常用于资产负债表和利润表的结构分析。比如，企业中资产的结构比率分析，是对资产中流动资产、固定资产和无形资产等资产项目占资产总额的百分比分析，以判断资产结构中各个资产项目的适当性，判断资产流动性等项目的合理性；分析在企业负债中流动负债和长期负债占总负债的百分比，以判断负债结构中各个负债项目的适当性，判断资本结构的合理性；再如把利润表各项目分别与营业收入进行比较，用以分析企业盈利结构，判断各费用项目支出的合理性。

2. 相关比率分析法

相关比率分析法是指把某些彼此存在关联的项目加以对比，计算出比率及变动程度的分析方法。其作用如下：

（1）由于进行对比的两个项目通常分属于不同的报表，比率是相对数，运用这种方法能够把不可比指标变为可比指标，将复杂的财务信息简化，以利于分析；

（2）它揭示了报告期内各有关项目（有时还包括表外项目，如附注中的项目）之间的相关性，产生了许多在决策中有用的信息，如果直接利用这些信息，不能说明任何问题，只有将其在不同的年度之间以及不同的企业之间（最好处于同行业）进行比较，才能显示出一定的利用价值，传统的比率分析指标主要用于分析企业的偿债能力、营运能力、盈利能力、发展能力等。

（三）因素分析法

因素分析法是指依据分析指标与其影响因素的关系，从数量上确定各因素对分析指标影响方向和影响程度的一种方法。因素分析法包括连环替代法和差额分析法。

因素分析法的实质是将某项指标与计划数或前期数等相比之下的差异按因素分解成几部分，每部分是由不同的因素变化引起的。在实际分析中，分解法和比较法是结合使用的。比较之后需要分解，以深入了解差异的原因；分解之后还需要比较，以进一步认识其特征。不断地比较和分解，构成了因素分析的主要过程。

1. 连环替代法

连环替代法是指用来分析引起某个财务指标变动的各个因素影响程度的一种方法。在几个相互联系的因素共同影响着某一财务指标的情况下，可应用这一方法来计算各个因素对财务指标发生变动影响的程度。

【例 5-1】宏达公司生产销售一种 A 产品，该产品原材料费用耗用明细如表 5-1 所示。通过表 5-1 可知，宏达公司 A 产品原材料费用实际比计划超支了 178 000 元，是什么原因导致这种情况发生的？

表 5-1 宏达公司 2020 年度 A 产品原材料费用耗用明细

项目	产品产量/千克	单位产品消耗量/千克	原材料单价/元	原材料耗用总额/元
计划费用	2 000	20	50	2 000 000
实际费用	2 200	18	55	2 178 000
差异	200	2	5	178 000

我们采用连环替代法分析，如表 5-2 所示。

表 5-2　宏达公司 2020 年度 A 产品原材料费用差异分析

替代次数	因素			各因素乘积		每次替代的差异		影响差异产生的因素
	产品产量/千克	单位产品消耗量/千克	原材料单价/元	金额/元	编号	算式	金额/元	
基数	2 000	20	50	2 000 000	①	②-①	+200 000	产品产量
第一次	2 200	20	50	2 200 000	②	③-②	-220 000	单位产品消耗量
第二次	2 200	18	50	1 980 000	③	④-③	+198 000	原材料单价
第三次	2 200	18	55	2 178 000	④			
各因素影响程度							+178 000	综合影响

分析技巧：

替代顺序：产量→单位消耗→单价。

通过上述分析可以看到，原材料费用的变动受三个因素的影响，其中产品产量增加使原材料费用增加 200 000 元，单位产品消耗量下降使费用下降 220 000 元，原材料单价上升使费用上升 198 000 元。产品产量增加使费用增加，属正常情况，原材料单价上升是使 A 产品原材料费用超支的不利因素。因此，企业应进一步加以分析，找出影响原材料单价上升的原因，以便更好地控制原材料费用的增加。

2. 差额分析法

差额分析法是连环替代法的一种简化形式，是指利用各个因素的实际数与基数之间的差额，直接计算各个因素对综合指标差异影响值的一种技术方法。

【例 5-2】 宏达公司生产的 B 产品产量、单位成本和总成本等相关资料如表 5-3 所示。实际数比计划数多 18 000 元，产品产量和单位成本对总成本的影响分别有多大？

表 5-3　宏达公司 2020 年度 B 产品相关资料

项目	计划数	实际数	差异数
产品产量/件	1 000	1 100	+100
单位成本/元	400	380	-20
总成本/元	400 000	418 000	+18 000

运用差额分析法计算产品产量、单位成本对总成本的影响如下：

（1）确定数学表达式如下：

$$总成本 = 产品产量 \times 单位成本$$

（2）确定各因素的差额如下：

$$产品产量对总成本的影响 = (1\,100 - 1\,000) \times 400 = +40\,000（元）$$
$$单位成本对总成本的影响 = 1\,100 \times (380 - 400) = -22\,000（元）$$

（3）确定两因素的综合作用结果如下：

$$两因素的综合作用对总成本的影响 = (+40\,000) + (-22\,000) = +18\,000（元）$$

由此可以看出，2020 年因 B 产品产量增加了 100 件，导致总成本增加了 40 000 元，由于单位成本的减少使总成本减少了 22 000 元。

（四）报表附注分析方法

财务理论的相对稳定性、经济业务的迅速发展和报表使用者日益扩大的信息需求使报表附注越来越重要。因此，现代财务报告的一个显著特点就是表外信息越来越多。

按照会计报表附注分析的深度不同，会计报表附注分析方法如下：

可按会计报表附注的项目，一项一项地单独分析；可对会计报表附注分类，进行分类分析；也可在找出财务报表附注各项目之间的联系之后，将财务报表附注视为整体，对相关信息进行综合分析。

总之，在分析财务报表时要做到把比率分析法、比较分析法、因素分析法相结合，将总量变动与比率变动相结合，把分析的量比指标与所分析问题的性质结合起来。实质就是要求分析的主体不能仅仅关注企业过去和目前的经营结果，而且要善于通过有关数据的变化来预测企业未来的发展趋势。

财博士知识通

财务分析的起源

关于财务报表分析的起源，比较公认的说法是始于19世纪末至20世纪初期的美国，财务报表分析是美国工业发展的产物。在美国工业大发展之前，企业规模较小，银行根据个人信用发放贷款。然而随着经济的发展，企业的业务日益扩大，组织日趋庞大与复杂，所需资金日益增加，企业向银行贷款的数额也相对增加，仅仅依据个人信用发放贷款已经不能满足美国银行业的需求。例如在1883年和1884年发生的两次经济危机中，企业用假账向银行贷款，造成贷款收不回来，企业破产倒闭，同时也连累贷款银行。于是，银行家就更加关心企业的财务状况，特别是关心企业是否具有偿债能力。

1898年2月，美国纽约州银行协会的经理委员会提出议案："要求所有的借款人必须提交由借款人签字的资产负债表，以衡量企业的信用和偿债能力。"1900年，美国纽约州银行协会发布了申请贷款应提交的标准表格，包括部分资产负债表。此后，银行开始根据企业资产和负债的数量对比来判断企业对借款的偿还能力和还款保障程度，并且提出了诸如流动比率、速动比率等一系列的比率分析指标作为判断的依据。如美国学者亚历山大·沃尔（Alexander Wole）建议使用财务比率法来评价企业的信用，借以防范贷款的违约风险。1923年，美国白利斯（James Bliss）在《管理中的财务和经营比率》一书中首次提出并建立了各行业平均的标准比率，自此人们开始普遍使用标准比率进行横向财务比较。现在，标准比率和比率分析存在严重的缺陷是众所周知的，当时吉尔曼（Gilman）就看到了这一点。1924年，吉尔曼出版了名著《财务报表分析》一书，认为由于财务比率和资产负债表之间的关系难以明确，因此比率分析的作用是有限的，同时他还主张运用趋势分析法的必要性。

鉴于此，许多学者都同意财务报表分析起源于19世纪末至20世纪初期的美国，在这种背景之下产生了通过分析、比较财务报表中的数据以了解企业信用的财务报表分析。

任务实施

结论	5.1 不同的财务报表使用人的关注点是什么?
实施方式	研讨式
研讨结论	

教师评语：

班级		小组		组长签字	
教师签字				日期	

任务2　财务比率分析

案例导入

特变电工财务比率分析

特变电工股份有限公司（以下简称特变电工）是中国重大装备制造业的核心骨干企业、国家级重点高新技术企业。目前已成为中国最大的变压器、电线电缆研发、制造和出口企业，最大的高压电子铝箔新材料生产基地和最大的太阳能核心控制部件组装基地，是中国重大装备制造业首家获得"中国驰名商标"和"中国名牌产品"的企业集团。特变电工经过多年的创业发展，经营范围涉及输变电、新能源、新材料等领域。公司已在新疆、四川、湖南、天津、山东、辽宁、南京等地建成了七个现代化的工业园区，形成了"西北—西南—华南—华北—华东—东北"遥相呼应的制造格局及三大产业互为依托、互为支撑的产业链群和上市公司集群。

目前，公司总资产近200亿元，产销170亿元，累计实现进出口总额5.4亿美元，员工总数1.3万人，建立了辐射美国、日本、欧盟、俄罗斯、东盟、上合组织、非洲等60多个国家和地区的销售服务网络。公司在全国同行业中率先通过了ISO9001、ISO14001、OHSAS18000、英国皇家UKAS、美国FMRC，国际IEC质量、环境、卫生、安全等国际管理体系认证，已建立了与国际全面接轨的管理体系。6个系列产品荣获"中国名牌产品"称号，占据了中国高压输变电制造企业的半壁江山。拥有自主知识产权核心专利技术及国内外专有技术500余件，其中发明专利近百项。

特变电工始终专注于输变电、新能源、新材料三大领域的开拓与协同发展，通过努力，坚持不懈地为全球的能源事业和人类的进步作出贡献。始终遵循"让客户称心，让员工安心，让股东放心"的经营宗旨，全面落实科学发展观，提升自主创新能力，为创新型国家和节约型社会建设以及实现国民经济又好又快发展提供基础装备保障，打造全球信赖的电气服务商。

在公司经营决策、对外投资、未来发展方向上，以财务比率分析为核心的财务评价起着至关重要的作用。通过财务比率分析，公司的所有者、债权人、经营者及其他报表信息使用者可以以数据量化结果，能够更加清晰直观地了解公司状况，作出正确决策。

任务发布

讨论	5.2　特变电工财务比率分析
	教师布置任务
任务描述	1. 学生熟悉相关知识。 2. 教师结合案例问题组织学生进行研讨。 3. 将学生每5个人分成一个小组，分组研讨案例问题，通过内部讨论形成小组观点。 4. 每个小组选出一个代表陈述本组观点，其他小组可以对其进行提问，小组内其他成员也可以回答提出的问题；通过问题交流，将每一个需要研讨的问题都弄清楚，形成书面研讨结论。 5. 教师进行归纳分析，引导学生扎实掌握财务指标分析的计算方法，提升学生财务分析的能力，让学生养成坚持原则、不做假账的职业操守。 6. 根据各组在研讨过程中的表现，教师点评赋分。
问题	1. 特变电工三大领域发展谁更胜一筹？特变电工未来的发展如何？ 2. 投资人关心哪些财务分析指标？债权人关心哪些财务分析指标？经营者关心哪些财务分析指标？

相关知识

财务比率分析旨在通过财务报表数据的相对关系来揭示企业经营管理的各方面问题。财务比率分析内容包括偿债能力分析、营运能力分析、盈利能力分析和发展能力分析四个方面。

微课6：偿债能力分析

一、偿债能力分析

偿债能力是指企业清偿到期债务的能力。企业偿债能力分析的内容受企业负债的内容和偿债所需资产内容的制约，不同的负债其偿还所需要的资产不同，或者说不同的资产可用于偿还的债务也有所区别。一般来说，由于负债可分为流动负债和非流动负债，资产可分为流动资产和非流动资产，因此偿债能力分析通常可分为短期偿债能力分析和长期偿债能力分析。

（一）短期偿债能力分析

流动负债主要指企业在短期（一年或一个营业周期）需要偿还的负债，因此短期偿债能力衡量的是对流动负债的清偿能力。企业的短期偿债能力取决于短期内企业产生现金的能力，即在短期内能够转化为现金的流动资产的多少。所以，短期偿债能力比率也称为变现能力比率或流动性比率，主要考察的是流动资产对流动负债的清偿能力。企业短期偿债能力的衡量指标主要有营运资本、流动比率、速动比率、现金比率和现金流量负债比率。

1. 营运资本

企业能否偿还短期债务，要看有多少债务，以及有多少可变现偿债的流动资产。流动资产越多，短期债务越少，则偿债能力越强。如果用流动资产偿还全部流动负债，企业剩余的就是营运资本。其计算公式如下：

$$营运资本 = 流动资产 - 流动负债$$

营运资本实际上反映的是流动资产可用于偿还和抵补流动负债后的余额，营运资本越多，则偿债越有保障，企业的短期偿债能力就越强，债权人收回债权的安全性就越高。

2. 流动比率

流动比率是指流动资产与流动负债的比率，计算公式为：

$$流动比率 = \frac{流动资产}{流动负债} \times 100\%$$

流动比率反映企业运用其流动资产偿还流动负债的能力。因为流动负债具有偿还期较短的特点，流动资产具有较容易变现的特点，正好可以满足流动负债的偿还需要，所以流动比率是分析短期偿债能力最主要的指标。由于所处行业不同、受到季节性因素的影响，或者企业处在不同的发展阶段，中国资本市场的上市公司各行业之间流动比率差异较大。从数值上看，中国上市公司流动比率相对国际惯用的流动比率2∶1的标准较低，但仍能表现出企业活力，说明企业偿债能力只分析流动比率是不够的。具体地说，在利用流动比率进行分析时，还应关注各流动资产项目的流动性、变现能力、是否贬值等情况。

3. 速动比率

为了更精确地评价企业的短期偿债能力，需要剔除流动资产中可用性差的项目，速动资产是指可以及时、不贬值地转换为可以直接偿债的货币资金的流动资产。速动资产包括货币资金、交易性金融资产、应收账款、应收票据，在实践中一般是简单地将存货从流动资产中剔除而得到速动资产。速动资产与流动负债的比率为速动比率，其计算公式为：

$$速动比率 = \frac{速动资产}{流动负债} \times 100\%$$

国际上通常认为，一个企业的速动比率为1∶1是恰当的，速动比率小于1，说明企业面临较大的偿债风险，速冻比率大于1，说明债务偿还的安全性高。这种情况下，即便所有的流动负债要求同时偿还，也有足够的资产维持企业正常的生产经营。

这个比率是用来衡量企业的短期偿债能力的，一般而言，该比率越大，流动负债的偿还能力越强。但这个比率也不是越高越好，因为通常情况下，速动比率越大，资产的流动性越高，其收益性就有可能越差，或者几乎没有收益，比如现金难以产生收益。

速动比率和流动比率两个比率在反映企业的短期偿债能力之外，也在某种程度上反映了企业的经营管理能力、企业的经营风格和竞争力。将这两个比率当年与往年的水平进行比较或者与行业的正常水平进行比较，看是否有较大的变动，并分析这一变动的原因，有利于了解企业的战略和经营风格。

4. 现金比率

现金比率是指按现金及现金等价物与流动负债的比率。在企业的流动资产或者速动资产中，现金及现金等价物的流动性最强，可直接用于偿还企业的流动负债，来衡量企业偿还一年内到期的债务的能力。其计算公式为：

$$现金比率 = \frac{现金及现金等价物}{流动负债} \times 100\%$$

5. 现金流量负债比率

现金流量负债比率是指企业在一定时期内的经营现金净流量同流动负债的比率，可以从现金流动的角度来反映企业当期偿付短期负债的能力。其计算公式为，

$$现金流量负债比率 = \frac{经营现金净流量}{流动负债} \times 100\%$$

现金流量负债比率越大，表明企业经营活动产生的现金净流量越多，越能保障企业按期偿还到期债务。但是，该指标也不是越大越好，指标过大，表明企业流动资金利用不充分，获利能力不强。该指标反映本期经营活动所产生的现金净流量足以抵付流动负债的倍数。

由于净利润与经营活动产生的现金净流量有可能存在时间差，有利润的年份不一定有足够的现金（含现金等价物）来偿还债务。所以利用以收付实现制为基础计量的现金流量负债比率指标，能充分体现企业经营活动所产生的现金净流量可以在多大程度上保证当期流动负债的偿还，直观地反映出企业偿还流动负债的真实能力。

（二）长期偿债能力分析

1. 资产负债率

资产负债率是指企业负债总额与资产总额的比率，表示企业全部资金来源中有多少来自举借债务。这个指标是对企业负债状况的总体反映，也是衡量企业财务风险的主要指标。其计算公式为：

$$资产负债率 = \frac{负债总额}{资产总额} \times 100\%$$

一般情况下，资产负债率越小，说明企业长期偿债能力越强。但因分析主体不同，其看法也不相同。债权人认为资产负债率越低越好，该比率越低，其债权的安全性越高，债权人越有保障；从股东的角度看，如果企业全部资本利润率大于借款利息率，则希望该指标越大越好；从经营者角度看，负债过高，财务风险较大，企业再筹资的难度加大，但是，负债率过低，则说明企业经营缺乏活力，不能充分发挥财务杠杆作用。对经营者来讲，该比率的高低，在一定程度上取决于经营者对企业发展前景的信心和对风险的态度。企业应审时度势，权衡利弊，把资产负债率控制在适当水平。

2. 产权比率

产权比率反映的是企业的负债与所有者权益之间的对比关系。产权比率也叫债务股权比率，产权比率是负债总额与所有者权益总额的比率。反映了由债权人提供的资金与由股东提供的资本的比例关系，也表明了由债权人提供的资金受股东权益的保护程度，反映了企业的基本财务结构是否稳健。其计算公式为：

$$产权比率 = \frac{负债总额}{所有者权益总额} \times 100\%$$

产权比率不仅反映了由债务人提供的资本与所有者提供的资本的相对关系，而且反映了企业以自有资金偿还全部债务的能力，因此它也是衡量企业负债经营是否安全有利的重要指标。一般来说，产权比率越低，表明企业长期偿债能力越强，债权人权益保障程度越高，承担的风险越小，一般认为这一比率为1∶1，当

产权比率小于1时，表明所有者权益大于负债总额，具有偿债能力，但仍需结合企业情况具体问题具体分析。当企业的资产收益率大于负债成本率时，负债经营有利于提高资金收益率，获得额外的利润，这时的产权比率可适当高些。产权比率高，是高风险、高报酬的财务结构；产权比率低，是低风险、低报酬的财务结构。

3. 权益乘数

权益乘数是资产总额与所有者（股东）权益的比值。其计算公式为：

$$权益乘数 = \frac{资产总额}{所有者权益} = \frac{1}{1-资产负债率} = 1+产权比率$$

权益乘数表明股东每投入1元钱可实际拥有和控制的金额。产权比率和权益乘数是资产负债率的另外两种表现形式，是常用的反映财务杠杆水平的指标。

在企业存在负债的情况下，权益乘数大于1。企业负债比例越高，权益乘数越大。权益乘数多大为宜，通常没有定论，权益乘数的大小高低除了受企业所在行业、所处经营周期等因素的影响外，还与企业的举债程度有直接关系，反映管理层的经营理念和风险偏好。不过，人们通常认为，具有较高的权益乘数的企业，财务风险相对较大。但并不意味着该指标越小越好，因为企业的财务目的是使股东财富最大化，利用财务杠杆可以获得经营机会，借用债务人的资金为投资者赚取更多的利润。所以，企业应根据自身的实际情况采取不同的融资策略。这个指标在不同行业的不同企业之间会存在很大的差异。

4. 利息保障倍数

利息保障倍数是指企业息税前利润与利息费用之比，又称已获利息保障倍数，用以衡量企业偿付借款利息的能力，它是衡量企业支付负债利息能力的指标。其计算公式为：

$$利息保障倍数 = \frac{息税前利润}{利息费用}$$

$$息税前利润 = 净收益 + 利息 + 所得税$$

$$= 税前利润 + 债务利息$$

公式中的分子息税前利润是指利润表中未扣除利息费用和所得税前的利润。公式中的分母利息费用是指本期发生的全部应付利息，不仅包括财务费用中的利息费用，还包括计入固定资产成本的资本化利息。资本化利息虽然不在利润表中扣除，但仍然是要偿还的。利息保障倍数的重点是衡量企业支付利息的能力，没有足够大的息税前利润，利息的支付就会发生困难。

利息保障倍数不仅反映了企业获利能力的大小，而且反映了获利能力对偿还到期债务的保证程度，它既是企业举债经营的前提依据，也是衡量企业长期偿债能力大小的重要标志。要维持正常的偿债能力，利息保障倍数至少应大于1，且比值越高，企业的长期偿债能力越强。如果利息保障倍数过低，企业将面临亏损、偿债的安全性与稳定性有所下降的风险。

（三）影响偿债能力的因素

1. 可动用的银行贷款指标或授信额度

当企业存在可动用的银行贷款指标或者授信额度时，这些数据不在财务报表内反映，但由于可以随时增加企业的支付能力，因此可以提高企业的偿债能力。

2. 资产质量

在财务报表内反映的资产金额为资产的账面价值，但由于财务会计的局限性，资产的账面价值与实际价值可能存在差异，如资产可能被高估或者低估，一些资产无法进入财务报表等。此外，资产的变现能力也会影响偿债能力，如果企业存在很快能够变现的长期资产，会增加企业的短期偿债能力。

3. 或有事项和承诺事项

如果企业存在债务担保或未决诉讼等或有事项，会增加企业的潜在偿债压力。同样，各种承诺支付事项也会加大企业偿债义务。

4. 经营租赁

当企业存在经营租赁时，意味着企业要在租赁期内分期支付租赁费用，即有固定的、经常性的支付义务。但是经营租赁的负债未反映在资产负债表中，因此经营租赁作为一种表外融资方式，会影响企业的偿债能力，特别是经营租赁期限较长、金额较大的情况。因此，如果企业存在经营租赁，应考虑租赁费用对偿债能力的影响。

二、营运能力分析

微课7：营运能力分析

营运能力是指企业营运资产的效率和效益，体现其对实现财务目标所产生作用的大小。营运能力的强弱取决于资产的周转速度、资产运行状况、资产管理水平等多种因素。通过营运能力分析，可发现企业在资产营运中存在的问题，为企业提高经济效益指明向，是评价管理者经营业绩的重要依据，也是盈利能力分析和偿债能力分析的基础与补充。

（一）应收账款周转率

应收账款周转率是指企业一定时期（通常为一年）的营业收入与应收账款平均余额之比，是反映企业应收账款周转速度的指标，其计算公式为：

$$应收账款周转率 = \frac{营业收入}{应收账款平均余额}$$

$$应收账款平均余额 = \frac{期初应收账款 + 期末应收账款}{2}$$

通常企业通过赊销和现销两种方式进行销售，应收账款是在赊销过程中产生的，所以计算应收账款周转率时应该采用赊销净额。但是通常赊销净额只有内部人员才能够得到，外部报表使用者很难得到这个数据，所以实践中常用营业收入代替赊销净额来计算这个比率。在用营业收入代替赊销净额时，将现销视为回收期为零的应收账款。如果企业销售中赊销比例较小，计算得到的应收账款周转率就会相对较大。

实践中常用的数据是应收账款周转天数，也叫作平均收账期，它是应收账款周转率的另一种表达方式，比应收账款周转率更容易理解。

$$应收账款周转天数 = \frac{360}{应收账款周转率}$$

（二）存货周转率

存货周转率是指企业一定时期营业成本与存货平均余额的比率，是衡量企业生产经营各环节中存货运营效率的指标，计算公式为：

$$存货周转率 = \frac{营业成本}{存货平均余额}$$

$$存货平均余额 = \frac{期初存货余额 + 期末存货余额}{2}$$

存货周转率是衡量和评价企业采购、生产、销售等环节管理状况的综合性指标。一般来说，存货周转率越大，说明企业存货占用水平越低，资产的流动性越强，企业营运能力越强。反之，存货周转率越小，则表示企业存货占用资金较多，可能是经营能力差，出现了库存积压或存货呆滞，从而造成营运效率不佳。但是，过快的存货周转率，可能说明企业库存有问题，如存货过低甚至经常缺货，或者采购次数过于频繁、批量大等。所以，存货既不能过少，造成生产中断、停工待料或销售紧张、市场供应不足，又不能过多，形成呆滞、积压，增加存货成本，影响经营效率。同时需注意的是，使用这个指标时有如下假设：存货在一年当中是匀速使用的，不会发生波动。这种假设在部分存在季节性特征的企业是不适用的。比如商业企业，在年末是旺季，此时的存货比其他季节的存货要多，这样计算得到的存货周转率就会比实际的存货周转率要小，从而扭曲了该指标。

实践中常用的另一个数据是存货周转天数。它实际上是存货周转率的另一种表达方式，比存货周转率更直观、更容易理解。

$$存货周转天数 = \frac{360}{存货周转率}$$

在企业的营运资金管理实践中，往往会面临这样的两难选择：为加强应收账款管理，加快应收账款周转率，企业通常会出台各种有关商业信用的政策，限制赊销对象的范围，提升赊销对象的信用档次，以减少坏账发生的频率和规模，但这又会在一定程度上影响到市场对产品的消费需求，进而降低存货周转率；而出于单纯追求增加存货周转率的考虑，企业有可能通过放宽信用政策的方式来刺激市场需求，但是在增加了销售规模、加速了存货周转的同时，也增加了坏账发生的可能性，进而降低了应收账款周转率。因此，在营运资金管理过程中，应该充分考虑到应收账款周转率和存货周转率之间存在的这种此消彼长的关系，在两者之间加以权衡，强调企业资金整体运用效率的提升，追求企业营业周期的缩短。营业周期的计算公式为：

$$营业周期 = 应收账款周转天数 + 存货周转天数$$

（三）流动资产周转率

流动资产周转率是指企业一定时期营业收入与流动资产平均余额的比率，是反映企业流动资产周转速度的指标。其计算公式为：

$$流动资产周转率 = \frac{营业收入}{流动资产平均余额}$$

式中，流动资产平均余额是流动资产期初余额和期末余额之和除以 2 得到的。在一定时期内，流动资产周转次数越多，表明流动资产的营运效果越好。

（四）固定资产周转率

对于传统制造业企业而言，固定资产通常体现了企业的生产经营规模和技术装备水平，是企业在生产经营过程中生产产品和带来营业收入的主要手段，因此，可以通过考察固定资产周转率来从另一个角度揭示企业资金的利用效率。固定资产周转率的计算公式为：

$$固定资产周转率 = \frac{营业收入}{固定资产平均余额}$$

式中，固定资产平均余额是期初固定资产原值和期末固定资产原值之和除以 2 得到的，这个指标可以粗略地计量企业固定资产创造收入的能力，反映企业管理层管理企业固定资产运营的能力。

需要说明的是，有些教材直接用资产负债表中的固定资产账面价值来计算此指标。我们认为，体现企业固定资产规模的不是账面价值也不是净值，而是原值。因此，用原值计算出来的固定资产周转率可以恰当地反映企业对固定资产的运用状况。否则就会出现这样的情况，企业相邻两年的营业收入完全一样，但由于第 2 年企业计提了折旧而导致净值减少，如果用净值计算，计算出来的固定资产周转率第 2 年的就会高于第 1 年的，而如果用原值计算，就会得出两年的固定资产周转率一样的结果。

（五）总资产周转率

尽管企业的营业收入与投资性资产毫无关系，并不能反映企业全部资金运用所产生的全部效果，但在常规的比率分析中，人们还是习惯通过计算总资产周转率来揭示企业资金整体的利用效率。当然，在杜邦财务分析体系中，该指标还是有一定的利用价值、能说明一定的问题的，但要注意这是基于"企业属于经营主导型"这一假设前提。总资产周转率的计算公式为：

$$总资产周转率 = \frac{营业收入}{总资产平均余额}$$

式中，总资产平均余额是期初总资产和期末总资产之和除以 2 得到的，这个指标可以粗略地计量企业资产创造收入的能力，反映企业管理层管理企业资产运营的能力。但是资产的组成很复杂，这个指标只是一种粗略的描述，还要考虑企业资产的具体构成情况，才能作出合理细致的评价。

如前所述，在企业对外投资规模较大时，总资产平均余额应该剔除并不引起营业收入增加的各项投资性资产，或直接采用经营性资产周转率取代总资产周转率更为适宜。

资产的周转速度通常用周转率和周转期来表示。周转率是企业在一定时期内资产的周转额与平均余额的比率，反映企业资产在一定时期的周转次数。周转次数越多，表明周转速度越快，资产营运能力越强。周转期是周转次数的倒数与计算期天数的乘积，反映资产周转一次所需要的天数。周转期越短，表明周转速度越快，资产营运能力越强，其计算公式为：

$$周转率（周转次数）= \frac{周转额}{资产平均余额}$$

周转期（周转天数）＝计算期天数÷周转次数＝资产平均余额×计算期天数÷周转额

生产资料营运能力可以从流动资产周转情况、固定资产周转情况、总资产周转情况等方面进行分析。

三、盈利能力分析

财务报表使用者最关心的通常是企业赚取利润的能力，如果有足够的利润，就可以偿还债务、支付股利和进行投资等。评价企业盈利能力的指标有很多，主要有三类：第一类是经营活动赚取利润的能力；第二类是企业的资产对企业利润的贡献；第三类是企业给股东带来的投资回报。

微课 8：盈利能力分析

（一）毛利率

毛利率的计算公式很简单，就是营业收入减去营业成本的差额（即毛利）与营业收入的比值。毛利是收入扣除成本之后的剩余，反映出企业的初始获利空间。毛利率的计算公式为：

$$毛利率 = \frac{毛利}{营业收入} \times 100\%$$

这个比率用来计量管理者根据产品成本进行产品定价的能力，也就是说，由于各个企业所处的行业和会计处理方式不同，产品还有多大的降价空间。但是要注意，在用这个指标比较两个企业时，不同产品成本的组成有很大的差别，需具体问题具体分析。

（二）营业净利率

营业净利率是指企业一定时期净利润与营业收入的比率，反映每元营业收入所能带来的税后利润。营业净利率的计算公式为：

$$营业净利率 = \frac{净利润}{营业收入} \times 100\%$$

这个比率比较低，表明企业经营管理者未能创造出足够多的营业收入或者没有成功地控制成本。该比率可以用来衡量企业总的经营管理水平，但要注意，只有在企业的净利润中自身经营活动带来的核心利润占比较大的条件下，计算此比率才有较大意义。如果在企业的净利润中，投资收益、公允价值变动收益等与企业自己的本期营业收入无关的项目占比较大，此比率将失去意义。

（三）成本费用利润率

成本费用利润率是指一定时期利润总额与成本费用总额的比率，反映每支付一元成本费用能获得的利润。其计算公式为：

$$成本费用利润率 = \frac{利润总额}{成本费用总额} \times 100\%$$

式中，成本费用总额＝营业成本＋税金及附加＋销售费用＋管理费用＋财务费用＋研发费用＋资产减值损失＋信用减值损失。除该成本费用利润率指标外，反映成本费用利润率的指标还有主营业务成本利润率、营业成本费用利润率、全部成本费用利润率等。在评价成本费用开支效果时，应注意成本费用与利润在计算层次和口径上的对应关系。

该指标越高，说明企业取得利润而付出的代价小，盈利能力越强，企业在控制成本费用工作方面的成效也越好。当然，具体评价成本费用利润率的高低还应该与企业所在行业的平均水平进行比较。

（四）上市公司特殊比率

在资本市场中，投资者还经常采用如下指标来评价上市公司的业绩以及投资价值。

1. 每股收益

每股收益，也称每股盈余或每股盈利，反映企业一定时期平均对外发行的股份所享有的净利润。用公式表示为：

$$每股收益 = \frac{可供普通股股东分配的净利润}{发行在外的普通股加权平均数}$$

一般来说，在利润较好的情况下，每股收益越高，表明股东的投资效益越好，股东获取较高股利的可能性也就越大。这个指标是普通股股东最关心的指标之一，而且其数值直接影响企业支付普通股股利的多少，如果没有足够的收益，就不能支付股利，当然，股利的实际支付还要受企业现金状况的影响。

2. 股票收益率

股票收益率即股利与市价的比率，是指企业普通股每股股利与普通股每股市价的比率。用公式表示为：

$$股票收益率 = \frac{普通股每股股利}{普通股每股市价}$$

由上式分子、分母可以看出，股票价格的波动和股利水平的任何变化均会导致股票收益率的变化。股票收益率粗略地计量了在当年投资当年回收的情况下收益的比率。

3. 市盈率

市盈率也就是市价与每股收益的比率，是普通股每股市价与普通股每股收益的比率。用公式表示为：

$$市盈率 = \frac{普通股每股市价}{普通股每股收益}$$

市盈率是反映市场对企业期望的指标。市盈率越高，市场对企业的未来越看好。但是，这个比率不能用于不同行业企业的比较，因为市盈率与企业的增长率，在不同的行业，其增长率不同，所以不同行业的企业之间比较这个数据是没有重义的。

市盈率的问题之一是会计利润会受各种公认会计政策的影响，也会受到不同行业发展前景预期的影响，这使得企业间的比较非常困难。

4. 股利支付率

股利支付率是每股股利与每股收益的比率。用公式表示为：

$$股利支付率 = \frac{每股股利}{每股收益}$$

股利支付率反映普通股股东在全部获利中实际可获取的股利份额。单纯从股东利益的角度看，此比率越高，股东所获取的回报越多。可以通过该指标分析企业的股利政策，因为股票价格会受股利的影响，企业为了稳定股票价格可能采取不同的股利政策。在资本市场上，有时会出现这样的情况：支付现金股利的企业其股票价格不会迅速上涨，配股或者送股的企业其股票价格反而上涨很多。这与国家的税收政策、资本市场当时的行情、股民的心态等各方面因素都有关系。

5. 每股净资产

每股净资产是企业的净资产与普通股股数之比。用公式表示为：

$$每股净资产 = \frac{净资产}{普通股股数}$$

每股净资产在理论上提供了企业普通股每股的最低价格。

6. 股利保障倍数

股利保障倍数是利润金额与股利成本之比，即税后净利润与支付股利金额之比。这是对安全性的一种计量，显示股利和盈利的关系，并反映盈利超过股利的情况。据此，财务报表使用者可以分析在什么条件下企业的盈利仍能保障目前股利的分配。用公式表示为：

$$股利保障倍数 = \frac{税后净利润}{支付股利金额}$$

股利保障倍数反映了企业的净利润与股利支付数之比。此比率越大，表明企业留存的利润越多。在资产质量较好、企业有较好的投资项目的情况下，如果将利润留作投资资金，更有利于企业将来的发展和企业股东的长远利益，企业未来的发展潜力越大。

微课 9：发展能力分析

四、发展能力分析

企业的发展能力是企业经营者和投资者都非常关注的问题。发展能力通常指企业未来生产经营的发展趋势和发展水平,包括企业的资产、销售收入、利润等方面的增长趋势和增长速度。企业发展能力的评价总是面向未来,因此,企业财务报表分析者关注企业过去的表现,更要关注企业未来的可能表现,即企业未来的发展能力。对于股东而言,可以通过发展能力分析衡量企业创造股东价值的程度;对于潜在的投资者而言,可以通过发展能力分析发现影响企业未来发展的关键因素,以采取正确的经营策略和财务策略;对于债权人而言,发展能力分析同样至关重要,因为企业偿还债务尤其是长期债务主要依靠未来的盈利能力。

发展能力分析可以从不同角度出发,存在多种形式。与发展能力的内涵相关对应,实际中存在两种代表性的发展能力分析框架:其一是从发展能力形式角度分析增长率,即分析前后两期的股东权益、资产、销售收入、收益的对比情况;增长分析就是对股东权益增长率、收益增长率、销售增长率、资产增长率等指标进行分析。其二是从发展能力结果角度分析剩余收益的增长,即分析企业股东价值增长情况。剩余收益分析主要是通过比较不同时期的剩余收益增减变化,分析企业股东价值的增长情况及其原因,从而判别企业的成长性。企业价值要获得增长,依赖于资产、销售收入、收益、股东权益的不断增长。

发展是企业的生存之本,也是企业的获利之源。通过发展能力分析,可以评价企业的销售发展能力;通过发展能力分析,可以评价企业的资产发展能力;通过发展能力分析,可以评价企业的资本扩张能力;销售增长是企业的内因,资产增长是企业发展的外在表现,资本积累是企业的发展基石。

(一)股东权益增长率

股东权益增长率是**本期股东权益增长额与股东权益期初余额之比**,也叫作资本积累率,其计算公式为:

$$股东权益增长率=\frac{本期股东权益增长额}{股东权益期初余额}\times100\%$$

股东权益增长率越高,表明企业本期股东权益增加得越高;反之,股东权益增长率越低,表明企业本期股东权益增加得越少。

在实际中,还存在三年股东权益平均增长率这一比率。三年股东权益平均增长率的计算公式如下:

$$三年股东权益平均增长率=\left(\sqrt[3]{\frac{年末股东权益}{三年前年末股东权益}}-1\right)\times100\%$$

该指标计算结果的高低只与两个因素有关,即与本年度期末股东权益总额和三年前年度期末股东权益总额相关,而中间两年的期末股东权益总额则不影响该指标的高低。

(二)收益增长率

由于一个企业的价值主要取决于其盈利发展能力,所以企业的收益增长是反映企业发展能力的重要方面。由于收益可表现为营业利润、净利润、利润总额等多种指标,在实际中,通常使用的是净利润增长率、营业利润增长率(其中主要是主营业务利润增长率)这两种比率。

净利润是企业经营业绩的结果,因此,净利润的增长是企业成长性的基本表现。

净利润增长率是**本期净利润增长额与基期净利润之比**,其计算公式如下:

$$净利润增长率=\frac{净利润增长额}{基期净利润}\times100\%$$

一般情况下,净利润增长率越大,说明企业收益增长得越多;相反,如果企业的净利润增长率越小,则说明企业收益增长得越少。

利用主营业务利润增长率这一比率可以较好地考察企业的成长性。主营业务利润增长率是**本期主营业务利润增长额与基期主营业务利润之比**,其计算公式如下:

$$主营业务利润增长率=\frac{主营业务利润增长额}{基期主营业务利润}\times100\%$$

主营业务利润是企业的主营业务收入扣除主营业务成本、税金及附加之后的金额。

主营业务利润增长率越大，说明企业主营业务利润增长得越快，表明企业主营业务突出，业务扩张能力越强；主营业务利润增长率越小，说明企业主营业务利润增长得越慢，反映企业主营业务发展停滞，业务扩张能力越弱。

要全面认识企业净利润的发展能力，还需要结合企业的主营业务利润增长情况来共同分析。如果企业的净利润主要来源于主营业务利润，则表明企业产品获利能力较强，具有良好的发展能力；如果企业的净利润不是主要来源于主营业务，而是来源于投资收益、重组收益、补贴收入、所得税等非正常项目，则说明企业的持续发展能力并不强。

收益的增长主要表现为净利润的增长，而对于一个持续增长的企业而言，净利润的增长应该主要来源于主营业务，而主营业务利润的增长在销售净利润率保持不变的情况下，又应该主要取决于销售收入的增加。为了更正确地反映企业净利润和主营业务利润的增长趋势，应将企业连续多期的净利润增长率和主营业务利润增长率指标进行对比分析，这样可以排除个别时期偶然性或特殊性因素的影响，从而全面、真实地揭示出净利润和主营业务利润的增长情况。

（三）营业收入增长率

市场是企业生存和发展的空间，营业收入增长是企业增长的源泉，一个企业的销售情况越好，说明其市场所占份额越多，企业生存和发展的市场空间也越大。

营业收入增长率就是本期营业收入增长额与基期营业收入净额之比，其计算公式如下：

$$\text{营业收入增长率} = \frac{\text{营业收入增长额}}{\text{基期营业收入净额}} \times 100\%$$

营业收入增长率越高，说明企业产品销售在本年度增长得越快，销售情况越好；营业收入增长率越低，说明企业产品销售在本年度增长得越慢，销售情况越差。

在利用营业收入增长率来分析企业在销售方面的发展能力时，应该注意以下几个方面：

（1）要判断企业在销售方面是否具有良好的成长性，必须分析销售增长是否具有效益性。营业收入增长率低于资产增长率，说明这种销售增长不具有效益性，同时也反映企业在销售方面可持续发展能力不强；一个企业的营业收入增长率应高于其资产增长率，说明企业销售方面具有较好的成长性。

（2）要全面、正确地分析和判断一个企业营业收入的增长趋势和增长水平，必须将一个企业不同时期的营业收入增长率加以比较和分析，某个年度的营业收入增长率可能会受到一些偶然和非正常因素的影响，而无法反映出企业实际的销售发展能力。

（3）可以利用某种产品收入增长率来观察企业产品的结构情况，进而也可以分析企业的成长性。

某种产品收入增长率的计算公式为：

$$\text{某种产品收入增长率} = \frac{\text{某种产品收入增长额}}{\text{某种产品基期收入净额}} \times 100\%$$

根据产品寿命周期理论，每种产品的寿命周期一般可以划分为四个阶段，每种产品在不同的阶段反映出的销售情况也不同：

在投放期，某种产品销售增长率较小；

在成长期，某种产品销售增长率较大；

在成熟期，由于市场已经基本饱和，销售较为稳定；

在衰退期，由于该产品的市场开始萎缩，销售增长率较小。

据此也可以判断企业的发展前景，对于一个具有良好发展前景的企业来说，较为理想的产品结构是"成熟一代，生产一代，储备一代，开发一代"，对一个所有产品都处于成熟期或者衰退期的企业而言，其发展前景就会被广大投资者怀疑。

营业收入增长是企业收入的主要来源，也是企业价值增长的源泉。企业只有不断开拓市场，保持稳定的市场份额，才能不断扩大收入，增加股东权益，同时为企业进一步扩大市场、开发新产品和进行技术改造提供资金来源，最终促进企业的进一步发展。

（四）资产增长率

企业要增加销售收入，就需要通过增加资产投入来实现销售收入的增加。可以利用资产增长率指标来反映企业在资产投入方面的增长情况。资产增长率就是本期资产增长额与资产期初余额之比，其计算公式如下：

$$资产增长率 = \frac{本期资产增长额}{资产期初余额} \times 100\%$$

资产增长率是用来考察企业资产投入增长幅度的财务比率。

资产增长率为正数，则说明企业本年度的资产获得增加，资产增长率越大，则说明资产规模增加幅度越大；资产增长率为负数，则说明企业本年度的资产规模遭到减损。

企业资产是取得销售收入的保障，要实现销售收入的增长，在资产利用效率一定的条件下就需要扩大规模。要扩大资产规模，一方面，可以通过负债融资实现；另一方面，可以依赖股东权益的增长，即净利润和净投资的增长。当然，从长远的角度来看，企业资产的增加应该主要取决于企业股东权益的增加，而不是负债的增加。在对资产增长率进行具体分析时，应该注意以下几点：

1. 企业资产增长率高并不意味着企业的资产规模增长就一定适当

只有在一个企业的销售增长、利润增长超过资产规模增长的情况下，这种资产规模增长才属于效益型增长，才是适当的、正常的。

2. 需要正确分析企业资产增长的来源

企业资产的增加应该主要取决于企业股东权益的增加，而不是负债的增加。进行资产增长率分析，应正确分析企业资产增长的来源，分析的方法有两种：

（1）可以计算股东权益的增加占资产增长额的比重并进行比较。

（2）可以利用股东权益增长率分析。股东权益增长率越高，表明企业本年度股东权益增加得越多，反映企业资产增长状况良好；反之，则反映企业资产的增长状况不好。

3. 为全面认识企业资产规模的增长趋势和增长水平，应将企业不同时期的资产增长率加以比较

因为企业的资产一般来自负债和股东权益，在其他条件不变的情形下，无论是增加负债规模还是增加股东权益，都会提高资产增长率。负债规模的增加，说明企业进行了负债筹资；而股东权益规模的增加，则可能是吸收了新的股东权益投资或者实现盈利。

如果股东权益增长额所占比重较大，就说明企业资产的增加主要来源于股东权益的增加，反映企业资产的增长状况良好；反之，则反映企业资产的增长状况不好。

股东权益增长率越高，表明企业本年度股东权益增加得越多，反映企业资产增长状况良好；反之，则反映企业资产的增长状况不好。

为全面认识企业资产规模的增长趋势和增长水平，应将企业不同时期的资产增长率加以比较，因为一个健康的处于成长期的企业，其资产规模一定是不断增长的，如果时增时减，则反映出企业的经营业务并不稳定，同时也说明企业并不具备良好的发展能力。所以，只有将一个企业不同时期的资产增长率加以比较，才能正确评价企业资产规模的发展能力。

上述股东权益增长率、收益增长率、销售增长率、资产增长率等指标，从股东权益、收益、销售规模、资产规模等不同的侧面考察了企业的发展能力。在实际运用时，应把四种指标相互联系起来，才能正确评价企业的发展能力。这四种类型的增长率之间相互作用、相互影响，因此，只有企业的这四种类型的增长率保持同步增长，且不低于行业平均水平，才可以判断出这个企业具有良好的发展能力。

谆谆教诲

要衡量一个企业经营管理的好坏，最直接而单纯的衡量方法与尺度就是看其赚钱能力的大小与有无。

——（美）彼得·德鲁克

财博士知识通

总资产报酬率

总资产报酬率是财务报表分析中最为传统也最为经典的财务指标之一,即人们在分析企业业绩时经常会提到的ROA,它反映企业利用全部资源所创造的全部经济效益。总资产报酬率的计算公式为:

$$总资产报酬率 = \frac{息税前利润}{平均资产总额} \times 100\%$$

式中,平均资产总额是用资产期初余额和期末余额之和除以2得到的。在排除利息费用和纳税因素影响的情况下,这个比率反映管理层对所有资产实施管理所产生的效益,即管理层利用企业现有资源创造价值的能力。这个比率是对企业整体盈利能力的衡量,将该比率和借款利率等反映企业资本成本的指标进行比较,有助于企业管理层作出更加科学的融资决策,这也是人们判断企业资本结构质量所考虑的一个重要方面。

权益净利率(权益报酬率)

权益净利率又称为净资产收益率,是财务报表分析中另一个最为传统也最为经典的财务指标,即投资者评价企业业绩时通常提及的ROE。对于股份制公司来说,它反映企业给普通股股东创造投资回报的能力。权益净利率的计算公式为:

$$权益净利率 = \frac{净利润}{平均股东权益} \times 100\%$$

权益净利率是杜邦财务分析的主要指标。

任务实施

结论	5.2 特变电工财务比率分析
实施方式	研讨式

研讨结论

教师评语：

班级		小组		组长签字	
教师签字				日期	

任务 3　综合财务分析

案例导入

协助小李进行综合财务分析

新型建筑材料是在传统建筑材料的基础上产生的新一代建筑材料。新型建筑材料主要包括新型建筑结构材料、新型墙体材料、保温隔热材料、防水密封材料和装饰装修材料。我国新型建筑材料工业是伴随着改革开放的不断深入而发展起来的，从1979年到2011年是我国新型建筑材料发展的重要历史时期。经过多年的发展，我国新型建筑材料工业基本完成了从无到有、从小到大的发展过程，在全国范围内形成了一个新兴的行业，成为建筑材料工业中重要产品门类和新的经济增长点。经济建设的迅速发展和人民生活水平的不断提高，给新型建筑材料的发展提供了良好的机遇和广阔的市场。目前，全国新型建筑材料企业星罗棋布，在市场需求的带动下，已经形成了全国范围的新型建筑材料流通网。

宏达公司是一家集研发、生产、互联网电商销售为一体的新型建筑材料企业，由于企业正处于蒸蒸日上的阶段，公司领导非常关心公司各方面的财务数据，以确保公司可以持续、快速发展，处于不败之地。小李在财务分析岗位上，毕业两年多的他非常熟悉公司的相关业务及各方面数据，他的主要职责是协助财务经理承担公司经营计划编制、财务预算编制、预算执行差异分析以及相关财务分析工作，提出合理化改善建议。

过去两年在各财务岗位的锻炼，对他现在要进行的财务分析帮助非常大，他感到领导对他的重视及全方位的培养。对于他来说，各个岗位的锻炼是他职业生涯的开端，而这次财务分析工作在很大程度上决定了他是否能够顺利晋升主管，小李投入了百分百的专注与热情，现在他正以细心的观察力及扎实的财务分析基础，完成2020年度宏达公司的财务分析报告。

财务分析需要其他部门的配合，因此他先请公司各个部门的领导参加公司的财务分析布置会。开完会，各部门派专人准备各自的数据报给财务部，由小李收集汇总数据。参考了公司去年的各项财务指标与各部门费用支出情况、各部门预算后，小李初步完成了2020年度各财务指标的计算，下一步就是分析各年之间财务指标变化的趋势，并确定各项计算的依据，最后，这个财务分析报告由财务经理送到公司董事会审查。考虑到财务分析报告不仅影响到自己，也影响到财务经理，所以小李在财务分析报告上花了很多工夫。

任务发布

讨论	5.3　协助小李进行综合财务分析
教师布置任务	
任务描述	1. 学生熟悉相关知识。 2. 教师结合案例问题组织学生进行研讨。 3. 将学生每5个人分成一个小组，分组研讨案例问题，通过内部讨论形成小组观点。 4. 每个小组选出一个代表陈述本组观点，其他小组可以对其进行提问，小组内其他成员也可以回答提出的问题；通过问题交流，将每一个需要研讨的问题都弄清楚，形成书面研讨结论。 5. 教师进行归纳分析，引导学生扎实掌握综合财务分析的方法与流程，提升学生团队合作的精神。 6. 根据各组在研讨过程中的表现，教师点评赋分。
问题	1. 小李进行综合财务分析的流程是什么？ 2. 小李进行综合财务分析时需要哪些财务数据？需要哪些部门提供数据？ 3. 小李进行综合财务分析的操作是否存在不完善的地方？

相关知识

财务分析的最终目的在于全面、准确、客观地揭示与披露企业的财务状况和经营情况，并借以对企业经济效益优劣作出合理的评价。显然，要达到这样一个分析目的，仅仅测算几个简单、孤立的财务比率，或者将一些孤立的财务分析指标堆砌在一起，彼此毫无联系地考察，不可能得出合理、正确的综合性结论，有时甚至会得出错误的结论。因此，只有将企业偿债能力、营运能力、盈利能力以及发展能力等各项分析指标有机地联系起来，作为一套完整的体系，相互配合使用，作出系统的综合评价，才能从总体意义上把握企业的财务状况和经营情况。

综合财务分析的意义在于能够全面、正确地评价企业的财务状况和经营成果，因为局部不能替代整体，某项指标的好坏不能说明整个企业经济效益的高低。除此之外，综合财务分析的结果在进行企业不同时期比较分析和不同企业之间比较分析时消除了时间上和空间上的差异，使之更具有可比性，有利于总结经验、吸取教训、发现差距、赶超先进，进而从整体上、本质上反映和把握企业的财务状况和经营成果。

一、杜邦分析法

（一）杜邦分析法的含义

最初，美国杜邦公司的财务经理提出了一套分析方法，后被业内称为杜邦分析法，将权益净利率（净资产收益率）指标分解为营业净利率、资产周转率和权益乘数这三个指标的乘积，以进一步诠释影响企业盈利能力的因素。为简化起见，假设企业未曾发行优先股，则该指标的具体分解过程如下：（说明：下式中的总资产和股东权益均是采用期初数加上期末数除以2后得到的平均余额）

$$权益净利率 = \frac{净利润}{平均股东权益} \times 100\%$$

$$= \frac{净利润}{营业收入} \times \frac{营业收入}{平均总资产} \times \frac{平均总资产}{平均股东权益} \times 100\%$$

$$= 营业净利率 \times 资产周转率 \times 权益乘数$$

杜邦分析法的首要作用是从权益净利率（净资产收益率）出发，分析产生这个结果的各方面原因，可以推广到企业各方面情况的分析；另一个重要的作用是帮助制定预算，也就是制定盈利目标，然后确定各方面的指标。比如，原来的权益净利率是20%，分解为营业净利率×资产周转率×权益乘数，即5%×2×2。由于经济形势稳定，产业发展状况良好，企业有较强的财务实力，因此要求下一年的权益净利率上升2个百分点，变为22%。由分解公式可知，从三个方面提高权益净利率，即提高营业净利率、加快资产周转和提高企业的财务杠杆，还可以进一步对这三个方面进行分析，确定需要提高哪些指标，因此杜邦分析法的主要用途有两个：一是分析造成过去财务结果的原因，二是提高将来财务成果的方法。

（二）运用杜邦分析法需要注意的问题

1. 权益净利率是一个综合性最强的财务分析指标，是杜邦分析体系的起点

财务管理的目标之一是使股东财富最大化，权益净利率反映了企业所有者投入资本的盈利能力，说明了企业筹资、投资、资产营运等各项财务及其管理活动的效率，而不断提高权益净利率是使所有者权益最大化的基本保证。所以，这一财务分析指标是企业所有者、经营者都十分关心的。而决定权益净利率高低的因素主要有三个，即营业净利率、总资产周转率和权益乘数。这样，在进行分解之后，就可以将权益净利率这一综合性指标发生升降变化的原因具体化，因此比只用一项综合性指标更能说明问题。杜邦分析体系图如图5-1所示。

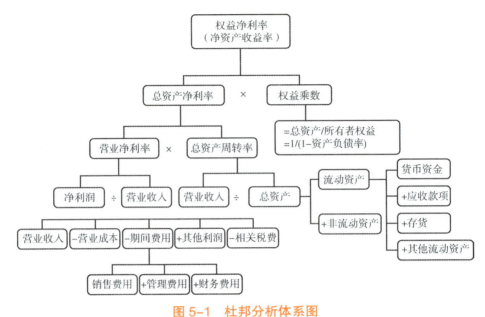

图 5-1 杜邦分析体系图

注：图 5-1 中关于资产、负债和所有者权益的数据均采用平均值进行计算

2. 营业净利率反映了企业净利润与营业收入的关系，它的高低取决于营业收入与成本总额的高低

要想提高营业净利率，一是要扩大营业收入，二是要降低成本费用。扩大营业收入，既有利于提高营业净利率，又有利于提高总资产周转率。降低成本费用是提高营业净利率的一个重要因素，从杜邦分析体系图可以看出成本费用的基本结构是否合理，从而找出降低成本费用的途径和加强成本费用控制的办法。如果企业财务费用支出过高，就要进一步分析其负债比率是否过高；如果企业管理费用过高，就要进一步分析其资产周转情况等。从图 5-1 中还可以看出，提高营业净利率的另一条途径是提高其他利润。为了详细地了解企业成本费用的发生情况，在具体列示成本总额时，还可根据重要性原则，将那些影响较大的费用单独列示，以便为寻求降低成本的途径提供依据。

3. 影响总资产周转率的一个重要因素是资产总额

资产总额由流动资产与非流动资产组成，它们的结构合理与否将直接影响资产的周转速度。一般来说，流动资产直接体现企业的偿债能力和变现能力，而长期资产则体现了企业的经营规模、发展潜力。两者之间应该有一个合理的比例关系。如果发现某项资产比重过大，影响资金周转，就应深入分析其原因，例如企业持有的货币资金超过业务需要，就会影响企业的盈利能力；如果企业占有过多的存货和应收账款，则既会影响盈利能力，又会影响偿债能力。因此，还应进一步分析各项资产的占用数额和周转速度。

4. 权益乘数主要受资产负债率指标的影响

资产负债率越高，权益乘数就越高，说明企业的负债程度比较高，给企业带来了较多的杠杆利益，同时，也带来了较大的风险。

【例 5-3】宏达公司的权益净利率变化有关财务数据如表 5-4 和表 5-5 所示。

表 5-4 基本财务数据

万元

年度	净利润	营业收入	平均资产总额	平均负债总额	全部成本
2019	1 028	41 122	30 622	20 567	40 396
2020	1 265	75 761	33 058	21 565	73 675

表 5-5 财务比率

项目	2019 年度	2020 年度
权益净利率 /%	10.23	11.01
权益乘数	3.05	2.88
资产负债率 /%	67.2	65.2
总资产净利率 /%	3.36	3.83
营业净利率 /%	2.5	1.67
总资产周转率 / 次	1.34	2.29

公司的投资者在很大程度上依据这个指标来判断是否投资或是否转让股份，考察经营者业绩来决定股利分配政策。

（1）对权益净利率的分析。宏达公司的权益净利率从 2019 年的 10.23% 增加至 2020 年的 11.01%，出现了一定程度的好转。权益净利率等于权益乘数乘以总资产净利率，其变动是资本结构（权益乘数）变动和资产利用效果（总资产净利率）变动两方面共同作用的结果。2020 年度宏达公司的资本结构发生变化，由 2019 年的 3.05 下降到 2.88，同时资产效果变好，总资产净利率有所上升。

（2）对总资产净利率的分析。宏达公司的总资产净利率 2020 年较 2019 年有所提高，说明资产的利用得到了比较好的控制，显示出比上一年有较好的效果，表明该企业利用其总资产产生营业收入的效率在增加。总资产净利率等于营业净利率乘以总资产周转率，总资产周转率由 2019 年的 1.34 上升到 2020 年 2.29，提升得较快，说明资产使用效率得到了极大的提高。同时营业净利率却从 2019 年的 2.5 下降到 1.67，由于营业净利率的下降，阻碍了总资产净利率的增加。

（3）对营业净利率的分析。营业净利率等于净利润除以营业收入。2020 年营业收入大幅度提高了，但是净利润的提高幅度却很小，分析其原因，是因为成本费用增多，从表 5-4 可知，全部成本从 2019 年的 40 396 万元增加到 2020 年的 73 675 万元，与营业收入的增加幅度大致相当。导致宏达公司权益净利率小的原因主要是全部成本过大。也正是因为全部成本的大幅度提高，导致了净利润提高幅度不大，而营业收入大幅度增加，就引起了营业净利率的降低，显示出该企业销售盈利能力的降低。总资产净利率的提高应当归功于总资产周转率的提高，营业净利率的减少却起到了阻碍的作用。

（4）对权益乘数的分析。权益乘数等于资产总额除以权益总额，宏达公司的权益乘数 2020 年相对于 2019 有所下降。权益乘数越小，企业负债程度越低，偿还债务能力越强，财务风险有所降低。这个指标同时也反映了财务杠杆对利润水平的影响。管理者应该准确把握企业所处的环境，准确预测利润，合理控制负债带来的风险。

（5）结论。宏达公司未来应更加注重努力降低各项成本，在控制成本上下功夫，同时要保持较高的总资产周转率。这样，可以使营业净利率得到提高，进而使总资产净利率有大的提高。

二、综合绩效评价

综合绩效评价是综合财务分析的一种，一般是站在企业所有者（投资人）的角度进行的。综合绩效评价，是指运用数理统计和运筹学的方法，通过建立综合评价指标体系，对照相应的评价标准，把定量分析与定性分析相结合，对企业一定经营期间的盈利能力、资产质量、债务风险以及经营增长等经营业绩和努力程度等各方面进行的综合评判。

科学地评价企业绩效可以为出资人行使对经营者的选择权提供重要依据；可以有效地加强对企业经营者的监管和约束；可以为有效激励企业经营者提供可靠依据；还可以为政府有关部门、债权人、企业职工等利益相关方提供有效的信息支持。

（一）综合绩效评价的内容

企业综合绩效评价由财务绩效定量评价和管理绩效定性评价两部分组成。

1. 财务绩效定量评价

财务绩效定量评价是指对企业一定期间的盈利能力、资产质量、债务风险和经营增长四个方面进行定量对比分析和评判。

（1）企业盈利能力分析与评判主要通过资本及资产收益水平、成本费用控制水平和经营现金流量状况等方面的财务指标，综合反映企业的投入产出水平、盈利质量和现金保障状况。

（2）企业资产质量分析与评判主要通过资产周转速度、资产运行状态、资产结构以及资产有效性等方面的财务指标，综合反映企业所占用经济资源的利用效率、资产管理水平与资产的安全性。

（3）企业债务风险分析与评判主要通过债务负担水平、资产负债结构、或有负债情况、现金偿债能力等方面的财务指标，综合反映企业的债务水平、偿债能力以及面临的债务风险。

（4）企业经营增长分析与评判主要通过销售增长、资本积累、效益变化以及技术投入等方面的财务指标，综合反映企业的经营增长水平及发展后劲。

2. 管理绩效定性评价

管理绩效定性评价是指在企业财务绩效定量评价的基础上，通过采取专家评议的方式，对企业一定期间的经营管理水平进行定性分析与综合评判。

管理绩效定性评价指标包括企业战略管理、发展创新、经营决策、风险控制、基础管理、人力资源、行业影响、社会贡献等方面。

（二）综合绩效评价指标

企业综合绩效评价指标由22个财务绩效定量评价指标和8个管理绩效定性评价指标组成。

1. 财务绩效定量评价指标

财务绩效定量评价指标由反映企业盈利能力状况、资产质量状况、债务风险状况和经营增长状况四个方面的基本指标和修正指标构成。

其中，基本指标反映企业一定经营期间财务绩效的主要方面，并得出财务绩效定量评价的基本结果。修正指标是根据财务指标的差异性和互补性，对基本指标的评价结果做进一步的补充和矫正。

（1）企业盈利能力状况以权益净利率、总资产收益率两个基本指标和销售（营业）利润率、利润现金保障倍数、成本费用利润率、资本收益率四个修正指标进行评价，主要反映企业一定经营期间的投入产出水平和盈利质量。

（2）企业资产质量状况以总资产周转率、应收账款周转率两个基本指标和不良资产比率、流动资产周转率、资产现金回收率三个修正指标进行评价，主要反映企业所占用经济资源的利用效率、资产管理水平与资产的安全性。

（3）企业债务风险状况以资产负债率、已获利息保障倍数两个基本指标和速动比率、现金流量负债比率、带息负债比率、或有负债比率四个修正指标进行评价，主要反映企业的债务负担水平、偿债能力以及面临的债务风险。

（4）企业经营增长状况以销售增长率、资本保值增值率两个基本指标和销售利润增长率、总资产增长率、技术投入比率三个修正指标为依据进行评价，主要反映企业的经营增长水平、资本增值状况及发展后劲。

2. 管理绩效定性评价指标

企业管理绩效定性评价指标包括战略管理、发展创新、经营决策、风险控制、基础管理、人力资源、行业影响、社会贡献八个方面的指标，主要反映企业在一定经营期间所采取的各项管理措施及其管理成效。

（1）战略管理评价主要反映企业所制定战略规划的科学性、战略规划是否符合企业实际，员工对战略规划的认知程度，战略规划的保障措施及其执行力，以及战略规划的实施效果等方面的情况。

（2）发展创新评价主要反映企业在经营管理创新、工艺革新、技术改造、新产品开发、品牌培育、市场拓展、专利申请及核心技术研发等方面的措施及成效。

(3）经营决策评价主要反映企业在决策管理、决策程序、决策方法、决策执行、决策监督、责任追究等方面采取的措施及实施效果，重点反映企业是否存在重大经营决策失误。

（4）风险控制评价主要反映企业在财务风险、市场风险、技术风险、管理风险、信用风险和道德风险等方面的管理与控制措施及效果，包括风险控制标准、风险评估程序、风险防范与化解措施等。

（5）基础管理评价主要反映企业在制度建设、内部控制、重大事项管理、信息化建设、标准化管理等方面的情况，包括财务管理、对外投资、采购与销售、存货管理、质量管理、安全管理、法律事务等。

（6）人力资源评价主要反映企业在人才结构、人才培养、人才引进、人才储备、人事调配、员工绩效管理、分配与激励、企业文化建设、员工工作热情等方面的情况。

（7）行业影响评价主要反映企业主营业务的市场占有率、对国民经济及区域经济的影响与带动力、主要产品的市场认可程度、是否具有核心竞争能力以及产业引导能力等方面的情况。

（8）社会贡献评价主要反映企业在资源节约、环境保护、吸纳就业、工资福利、安全生产、上缴税收、商业诚信、和谐社会建设等方面的贡献程度和社会责任的履行情况。

各指标评价内容与权重如表5-6所示。

表5-6　企业综合绩效评价指标与权重

评价内容与权重		财务绩效（70%）				管理绩效（30%）	
		基本指标	权重	修正指标	权重	评议指标	权重
盈利能力状况	34	权益净利率 总资产收益率	20 14	销售（营业）利润率	10	战略管理 发展创新 经营决策 风险控制 基础管理 人力资源 行业影响 社会贡献	18 15 16 13 14 8 8 8
				利润现金保障倍数	9		
				成本费用利润率	8		
				资本收益率	7		
资产质量状况	22	总资产周转率 应收账款周转率	10 12	不良资产比率	9		
				流动资产周转率	7		
				资产现金回收率	6		
债务风险状况	22	资产负债率 已获利息保障倍数	12 10	速动比率	6		
				现金流量负债比率	6		
				带息负债比率	5		
				或有负债比率	5		
经营增长状况	22	销售增长率 资本保值增长率	12 10	销售利润增长率	10		
				总资产增长率	7		
				技术投入比率	5		

（三）综合绩效评价标准

综合绩效评价标准分为财务绩效定量评价标准和管理绩效定性评价标准。

1. 财务绩效定量评价标准

财务绩效定量评价标准包括国内行业标准和国际行业标准。国内行业标准根据国内企业年度和经营管理统计数据，运用数理统计方法，分年度、分行业、分企业规模统一测算。国际行业标准根据居于行业国际领先地位的大型企业相关财务指标实际值，或者根据同类型企业相关财务指标的先进值，在剔除会计核算差异后统一测算。其中，财务绩效定量评价标准的行业分类，按照国家统一颁布的国民经济行业分类标准结合企业实际情况进行划分。

财务绩效定量评价标准按照不同行业、不同规模及指标类别，划分为优秀（A）、良好（B）、平均（C）、较低（D）、较差（E）五个档次，对应五档评价的标准系数分别为1.0、0.8、0.6、0.4、0.2，较差（E）以下为0。

2. 管理绩效定性评价标准

管理绩效定性评价标准分为优（A）、良（B）、中（C）、低（D）、差（E）五个档次。对应五档评价的标准系数分别为1.0、0.8、0.6、0.4、0.2，差（E）以下为0。

管理绩效定性评价标准具有行业普遍性和一般性，在进行评价时，应当根据不同行业的经营特点，灵活把握个别指标的标准尺度。对于管理绩效定性评价标准没有列示，但对被评价企业经营绩效产生重要影响的因素，在评价时也应予以考虑。

（四）综合绩效评价工作程序

1. 财务绩效定量评价工作程序

财务绩效定量评价工作具体包括提取评价基础数据、基础数据调整、评价计分、形成评价结果等内容。

（1）提取评价基础数据。以经过社会中介机构或内部审计机构审计并经过评价组织机构核实确认的企业年度财务会计报表为基础提取评价基础数据。

（2）基础数据调整。为客观、公正地评价企业经营绩效，对评价基础数据进行调整。

（3）评价计分。根据调整后的评价基础数据，对照相关年度的行业评价标准值，利用绩效评价软件或手工评价计分。

（4）形成评价结果。对任期内财务绩效定量评价需要计算任期内平均财务绩效定量评价分数，并计算绩效改进度；对年度财务绩效定量评价除计算年度绩效改进度外，还需要对定量评价得分进行深入分析，诊断企业经营管理存在的薄弱环节，并在财务决算批复中提示有关问题，同时进行所监管企业的分类排序分析，在一定范围内发布财务绩效定量评价结果。

2. 管理绩效定性评价工作程序

管理绩效定性评价工作具体包括收集整理管理绩效定性评价资料、聘请咨询专家、召开专家评议会、形成定性评价结论等内容。

（1）收集整理管理绩效定性评价资料。为了深入了解被评价企业的管理绩效状况，应当通过问卷调查、访谈等方式，充分收集并认真整理管理绩效定性评价的有关资料。

（2）聘请咨询专家。根据所评价企业的行业情况，聘请不少于7名管理绩效定性评价咨询专家，组成专家咨询组，并将被评价企业的有关资料提前送达咨询专家。

（3）召开专家评议会。组织咨询专家对企业的管理绩效定性评价指标进行评议打分。

（4）形成定性评价结论。汇总管理绩效定性评价指标得分，形成管理绩效定性评价结论。

（五）综合绩效评价计分方法

1. 财务绩效定量评价计分

1）基本指标计分

财务绩效定量评价基本指标计分是按照功效系数法计分原理，将评价指标实际值对照行业评价标准值，按照规定的计分公式计算各项基本指标得分。

计算公式为：

$$基本指标总得分 = \sum 单项基本指标得分$$

$$单项基本指标得分 = 本档基础分 + 调整分$$

$$本档基础分 = 指标权数 \times 本档标准系数$$

$$调整分 = 功效系数 \times (上档基础分 - 本档基础分)$$

$$上档基础分 = 指标权数 \times 上档标准系数$$

$$功效系数 = \frac{实际值 - 本档标准值}{上档标准值 - 本档标准值}$$

本档标准值是指上下两档标准值居于较低等级一档。

2）修正指标的计分

财务绩效定量评价修正指标的计分是在基本指标计分结果的基础上，运用功效系数法原理，分别计算盈利能力、资产质量、债务风险和经营增长四个部分的综合修正系数，再据此计算出修正后的分数。计算公式为：

$$修正后总得分=\sum 各部分修正后得分$$

$$各部分修正后得分=各部分基本指标分数 \times 该部分综合修正系数$$

$$某部分综合修正系数=\sum 该部分各修正指标加权修正系数$$

$$某指标加权修正系数=\frac{修正指标权数}{该部分权数} \times 该指标单项修正系数$$

$$某指标单项修正系数=1.0+（本档标准系数+功效系数 \times 0.2-该部分基本指标分析系数）$$

（单项修正系数控制修正幅度为 0.7～1.3）

$$某部分基本指标分析系数=\frac{该部分基本指标得分}{该部分权数}$$

在计算修正指标单项修正系数的过程中，对于一些特殊情况应进行调整。

（1）如果修正指标实际值达到优秀值以上，其单项修正系数的计算公式如下：

$$单项修正系数=1.2+本档标准系数-该部分基本指标分析系数$$

（2）如果修正指标实际值处于较差值以下，其单项修正系数的计算公式如下：

$$单项修正系数=1.0-该部分基本指标分析系数$$

（3）如果资产负债率≥100%，指标得 0 分；其他情况按照规定的公式计分。

（4）如果盈余现金保障利润分子为正数，分母为负数，单项修正系数确定为 1.1；如果分子为负数，分母为正数，单项修正系数确定为 0.9；如果分子分母同为负数，单项修正系数确定为 0.8。

（5）如果不良资产比率≥100% 或分母为负数，单项修正系数确定为 0.8。

（6）对于销售利润增长率指标，如果上年营业利润为负数，本年为正数，单项修正系数为 1.1；如果上年营业利润为零，本年为正数，或者上年为负数，本年为零，单项修正系数确定为 1.0。

（7）如果个别指标难以确定行业标准，则该指标单项修正系数确定为 1.0。

2. 管理绩效定性评价计分

管理绩效定性评价指标的计分一般通过专家评议打分形式完成，聘请的专家应不少于 7 名；评议专家应当在充分了解企业管理绩效状况的基础上，对照评价参考标准，采取综合分析判断法，对企业管理绩效定性评价指标作出分析评议，评判各项指标所处的水平档次，并直接给出评价分数。计算公式为：

$$管理绩效定性评价指标分数=\sum 单项指标分数$$

$$单项指标分数=\frac{\sum 每位专家给定的单项指标分数}{专家人数}$$

3. 综合绩效评价计分

在得出财务绩效定量评价分数和管理绩效定性评价分数后，应当按照规定的权重，耦合形成综合绩效评价分数。计算公式为：

$$企业综合绩效评价分数=财务绩效定量评价分数 \times 70\%+管理绩效定性评价分数 \times 30\%$$

在得出评价分数以后，应当计算年度之间的绩效改进度，以反映企业年度之间经营绩效的变化状况。计算公式为：

$$绩效改进度=\frac{本期绩效评价分数}{基期绩效评价分数}$$

绩效改进度大于 1，说明经营绩效上升；绩效改进度小于 1，说明经营绩效下滑。

（六）综合绩效评价结果与评价报告

企业综合绩效评价结果以评价类型、评价级别和评价得分表示。评价类型是根据评价分数对企业综合绩效所划分的水平档次，用文字和字母表示，分为优（A）、良（B）、中（C）、低（D）、差（E）五种类型。评价级别是对每种类型再划分级次，以体现同一评价类型的不同差异，采用在字母后标注"+""-"号的方式表示。

企业综合绩效评价结果以 85 分、70 分、50 分、40 分作为类型判定的分数线。

（1）评价得分达到 85 分以上（含 85 分）的评价类型为优（A），在此基础上划分为三个级别，分别为：A++ ≥ 95 分；95 分 >A+ ≥ 90 分；90 分 >A ≥ 85 分。

（2）评价得分达到 70 分以上（含 70 分）不足 85 分的评价类型为良（B），在此基础上划分为三个级别，分别为：85 分 >B+ ≥ 80 分；80 分 >B ≥ 75 分；75 分 >B- ≥ 70 分。

（3）评价得分达到 50 分以上（含 50 分）不足 70 分的评价类型为中（C），在此基础上划分为两个级别，分别为：70 分 >C ≥ 60 分；60 分 >C- ≥ 50 分。

（4）评价得分在 40 分以上（含 40 分）不足 50 分的评价类型为低（D）。

（5）评价得分在 40 分以下的评价类型为差（E）。

财博士知识通

沃尔评分法

企业综合财务分析的先驱者之一是亚历山大·沃尔。他在 20 世纪初出版的《信用晴雨表研究》和《财务报表比率分析》中提出了信用能力指数的概念，他把若干个财务比率用线性关系结合起来，以此来评价企业的信用水平，被称为沃尔评分法。他选择了流动比率、净资产/负债、资产/固定资产、营业成本/存货、营业收入/应收账款、营业收入/固定资产、营业收入/净资产共七种财务比率，分别给定了其在总评价中所占的比重，总和为 100 分；然后，确定标准比率，并与实际比率相比较，评出每项指标的得分，求出总评分。

从理论上讲，沃尔评分法有一个弱点，就是未能证明为什么要选择这七个指标，而不是更多些或更少些，或者选择别的财务比率，以及未能证明每个指标所占比重的合理性。沃尔评分法从技术上讲有一个问题，就是由相对比率与比重相乘而引起的，当某一个指标严重异常时，会对综合指数产生不合逻辑的重大影响。现代社会与沃尔的时代相比，已有很大的变化。一般认为企业综合财务分析的内容首先是盈利能力，其次是偿债能力，最后是成长能力。沃尔评分法需结合现代社会的分析需求进行改进。

任务实施

结论	5.3 协助小李进行综合财务分析
实施方式	研讨式
研讨结论	

教师评语：

班级		小组		组长签字	
教师签字				日期	

【企业伦理与职业道德】

财务分析中的职业道德

会计职业道德是会计人员做好会计工作的基础和前提,是提高会计信息质量的重要途径,是整个会计行业生存发展的根本。但是,近年来会计信息失真现象屡见不鲜,有调查显示,目前会计犯罪呈现高学历、年轻化的趋势,这与在会计学历教育中缺乏职业道德教育有直接的关系,因此对会计专业的学生加强职业道德教育已成为当务之急。

从众多企业舞弊案例可以看出,部分公司为了私人利益,会计人员受不住诱惑或被胁迫违反职业道德,发生会计舞弊行为。会计舞弊行为会造成非常重要的影响。

第一,成为以权谋私的保护伞。有些公司通过做假账,使某些违法违规的行为得以蒙混过关,如人为调节收入,造成收入失真;虚列成本,造成成本失实;虚增、虚减利润,虚列投资收益、负债等调节利润指标。由此助长了行贿受贿、贪污腐败等丑恶现象的发生,给社会主义市场经济的发展造成严重的危害。

第二,影响国家税收,影响宏观决策。目前我国税收的主要来源是企业缴纳的流转税和所得税,很多企业账面盈亏不实,通过造假账、虚增支出、隐瞒利润等手段使账面亏损,逃避国家税收。

第三,造成账实不符。如人为调节固定资产的折旧方法,造成固定资产价值与实际不符;企业存货积压严重,变现能力较差,其账期价值低于市价,会计核算仍按历史成本计价,没有反映变现净值。开办费、递延资产、待处理财产损益等名不符实等,这些严重违反会计原则的行为,会造成会计信息失真,影响企业生产经营决策和资源的合理配置,危害企业的生存与发展,误导投资者与债权人,破坏投资环境。

会计舞弊被外部审计发现存在一定难度,要保证会计信息质量,还需要在内部提高会计人员职业道德。企业需要专职的财务分析人员,及时保证企业发现问题、分析问题,并为解决问题建言献策,以此来提高企业自身经营管理的能力,增强企业发展的竞争力。因此,企业要让财务分析人员具备以下一些良好的职业道德:

(1)热爱本职工作、爱岗敬业、工作认真、一丝不苟、团结合作。
(2)遵纪守法,模范地遵守会计职业道德规范。
(3)维护国家的荣誉和利益。
(4)执行有关法律、法规、标准、规程和制度。
(5)努力学习专业技术知识,不断提高业务能力和水平。
(6)诚信为本、操守为重、坚持原则、不做假账,认真负责地履行自己的义务和职责。

问题思考:
1. 财务分析对企业会产生什么样的推动作用?
2. 你认为哪些品质和职业操守是需要具备的?请举例说明。

知识巩固与技能提高

一、单选题

1. 关注收益稳定性及经营安全性的信息主体是（　　）。
   A. 股东及潜在投资者　　B. 债权人　　　　　　C. 内部管理者　　　　D. 政府

2. 资产负债表环比分析，属于资产负债表的（　　）。
   A. 质量分析　　　　　　B. 比率分析　　　　　C. 趋势分析　　　　　D. 因素分析

3. 企业利润的来源中，未来可持续性最强的是（　　）。
   A. 主营业务利润　　　　B. 投资收益　　　　　C. 营业外收支　　　　D. 资产价值变动损益

4. 对企业今后的生存发展至关重要的是（　　）。
   A. 营业收入的区域构成　　　　　　　　　　　　B. 营业收入的品种构成
   C. 关联方收入的比重　　　　　　　　　　　　　D. 行政手段增加的营业收入

5. 关于权益乘数指标的正确计算方法是（　　）。
   A. 资产总额/负债总额　B. 1+股权比率　　　　C.（1/股权比率）−1　D. 1+产权比率

6. 资产负债表质量分析是对（　　）。
   A. 财务状况质量分析　　　　　　　　　　　　　B. 财务成果质量分析
   C. 现金流量运转质量分析　　　　　　　　　　　D. 产品质量分析

7. 一般而言，平均收现期越短，应收账款周转率则（　　）。
   A. 不变　　　　　　　　B. 越低　　　　　　　C. 越高　　　　　　　D. 波动越大

8. 下列各项中，能作为短期偿债能力辅助指标的是（　　）。
   A. 应收账款周转率　　　B. 存货周转率　　　　C. 营运资本周转率　　D. 流动资产周转率

9. 计算股利支付率的公式为（　　）。
   A. 每股股利与每股收益的比率　　　　　　　　　B. 每股股利与每股市价的比率
   C. 市净率与股利收益率的乘积　　　　　　　　　D. 市盈率与股利收益率之比

10. 某企业 2020 年度营业收入为 72 000 万元，营业成本为 32 000 万元，流动资产平均余额为 4 000 万元，固定资产平均余额为 8 000 万元，则该企业 2020 年度的总资产周转率为（　　）。
    A. 4　　　　　　　　　B. 6　　　　　　　　　C. 8　　　　　　　　　D. 9

11. 某企业今年销售收入 250 000 元，资产期初、期末余额分别为 70 000 元和 90 000 元，净利润为 100 000 元，经营活动现金流量为 75 000 元，则下列各项中正确的是（　　）。
    A. 资产现金流量收益率>1，销售利润率>1，总资产周转率<1
    B. 总资产收益率<1，资产现金流量收益率>1
    C. 资产现金流量收益率<1，销售利润率<1，总资产周转率>1
    D. 总资产收益率>1，资产现金流量收益率>1

12. 下列选项中，不能提高权益净利率的途径是（　　）。
    A. 加强负债管理，降低负债比率　　　　　　　　B. 加强成本管理，降低成本费用
    C. 加强销售管理，提高销售利润率　　　　　　　D. 加强资产管理，提高资产周转率

13. 权益净利率等于总资产周转率乘以（　　）。
    A. 权益乘数　　　　　　　　　　　　　　　　　B. 销售利润率
    C. 产权比率　　　　　　　　　　　　　　　　　D. 资产负债率

14. 某企业利润总额为 734 万元，所得税费用为 234 万元，利息费用为 300 万，年初与年末净资产分别是 3 000 万元和 3 250 万元，则不考虑以息税前利润为基础的权益净利率为（　　）。

A. 16.67% B. 15.38% C. 33.09% D. 16.00%

15. 企业的应收账款周转天数为90天，存货周转天数为180天，则简化计算营业周期为（　　）天。

A. 90 B. 180 C. 270 D. 360

二、多选题

1. 资产按照流动性强弱分为（　　）。
   A. 流动资产 B. 有形资产 C. 无形资产 D. 非流动资产

2. 存货周转率这一指标说明（　　）。
   A. 存货周转率高，表明存货周转快
   B. 存货周转率低，表明存货周转快
   C. 存货周转天数多，表明存货周转快
   D. 存货周转天数少，表明存货周转快

3. 下列属于经营活动现金流量的有（　　）。
   A. 销售商品收到的现金
   B. 分配股利支付的现金
   C. 提供劳务收到的现金
   D. 缴纳税款支付的银行存款

4. 现金等价物具有（　　）特点。
   A. 期限短
   B. 流动性强
   C. 价值变动风险小
   D. 易转换成已知金额现金

5. 影响速动比率可信性的主要因素有（　　）。
   A. 预付账款的变现能力
   B. 存货的变现能力
   C. 其他流动资产的变现能力
   D. 短期证券的变现能力
   E. 应收账款的变现能力

6. 下列经济业务中，会影响企业应收账款周转率的有（　　）。
   A. 赊销产成品
   B. 现销产成品
   C. 期末收回应收账款
   D. 发生销售退回
   E. 发生现金折扣

7. 下列选项中，会影响资产净利率的有（　　）。
   A. 产品的价格
   B. 单位成本的高低
   C. 销售量
   D. 资产周转率
   E. 资产结构

8. 甲股份有限公司2020年实现净利润8 500万元。该公司2020年发生和发现的下列交易或事项中，会影响其年初未分配利润的有（　　）。
   A. 发现2019年少计管理费用450万元
   B. 发现2019年少提财务费用0.10万元
   C. 为2018年售出的设备提供售后服务发生支出550万元
   D. 因客户资信状况明显改善，将应收账款坏账准备计提比例由10%改为5%
   E. 发现2018年对外投资的长期股权投资误用成本法核算

9. 下列选项中，正确的有（　　）。
   A. 每股收益是反映股份公司盈利能力大小的一个非常重要的指标
   B. 每股收益可以和同行业直接进行比较
   C. 每股收益可以直接进行纵向比较
   D. 每股收益由于对发行在外流通股计算口径不同，可以分为基本每股收益和稀释每股收益
   E. 企业存在具有稀释性的潜在普通股的情况下，应该根据具有稀释性潜在普通股的影响，计算稀释的每股收益

10. 分析企业财务状况常用的综合评价方法有（　　）。
    A. 比较财务报表法
    B. EVA
    C. 比较财务比率法
    D. 沃尔评分法
    E. 杜邦分析法

三、判断题

1. 信用能力指数是杜邦分析的雏形。（   ）
2. 权益乘数是资产、负债和所有者权益三者关系的体现。（   ）
3. 会计估计变更的会计处理应该采用追溯调整法。（   ）
4. 在借款费用资本化期间内，建造资产的累计支出金额未超过专门借款金额的，发生的专门借款利息扣除该期间与专门借款相关的收益后的金额，应当计入所建造资产成本。（   ）
5. 现金流量净增加或净减少，不一定表明企业的财务状况与经营成果好与坏。（   ）
6. 定基动态比率可以观察指标的变动速度，环比动态比率可以观察指标总体的变动趋势。（   ）
7. 通过比较资产负债表连续若干期间的绝对数趋势分析，就可以对报表整体的结构有非常清楚的认识。（   ）
8. 产品生命周期中，销售额及利润额的变化表现为类似抛物线形的曲线。（   ）
9. 在分析企业财务状况时，可完全采信无保留意见的审计报告，因为它表明企业的会计处理与会计准则的要求完全符合。（   ）
10. 母公司占用上市公司巨额资金会导致上市公司的盈利能力、资产质量和偿债能力出现下降的趋势。（   ）

四、实训题

【实训1】

某企业2019年与2020年产品销售收入、销售量、销售单价资料如表5-7所示。

表5-7　产品销售收入、销售量、销售单价资料

项目	本年（实际指标）	上年（基准指标）	差异
销售量/台	300	240	+60
销售单价/万元	0.45	0.50	-0.05
产品销售收入/万元	135	120	+15

要求：采用因素分析法计算并简要评价销售量变动与销售单价变动对产品销售收入差异的影响。

【实训2】

某公司2016—2020年资产及销售额资料如表5-8所示。

表5-8　资产及销售额资料　　　　　　　　　　　　　　　　　　　　　元

项目	2016年	2017年	2018年	2019年	2020年
流动资产	15 690	16 400	22 300	25 100	26 750
固定资产	2 696	3 513	3 293	3 464	3 576
总资产	25 775	27 127	31 250	34 600	36 342
销售额	6 577	8 426	9 130	9 818	10 200

要求：根据上述资料，完成表5-9并进行简要分析。（计算结果保留整数）

表5-9　结算结果　　　　　　　　　　　　　　　　　　　　　　　　　　%

项目	2016年	2017年	2018年	2019年	2020年
流动资产比率					
固定资产比率					
销售增长速度（环比分析）					

【实训 3】

A、B 公司的部分财务资料如表 5-10 所示。

表 5-10　部分财务资料

元

A 公司		B 公司	
销售收入	1 000 000	销售收入	4 000 000
总资产平均额	1 000 000	总资产平均额	1 000 000
净利润	200 000	净利润	200 000

要求：根据上述资料，分别计算表 5-11 中 A、B 公司的下列指标并简要分析 A、B 公司指标存在差异的主要原因。

表 5-11　计算结果

%

财务指标	A 公司（包括算式）	B 公司（包括算式）
总资产收益率		
营业净利率		
总资产周转率		

【实训 4】

某公司 2020 年营业净利率为 4%，毛利率为 20%，所得税费用为 11 万元，主营业务成本为 473 万元，销售费用为 5 万元，管理费用为 35 万元，其余费用均为财务费用（假设为利息费用）。应收账款年初和年末余额分别是 95 万元和 125 万元；速动资产年平均余额为 144 万元。速动比率为 1.2；流动比率为 2.3。

要求：

（1）计算本期利息保障倍数；

（2）计算本期应收账款周转率；

（3）计算本期营运资金期末数。（计算结果保留两位小数）

五、综合分析题

一个盈利的企业会破产吗？一个企业发展能因现金流恶化而破产吗？回答是肯定的，甲公司就是一例。甲公司是一家经营玩具产品零售与批发的企业，其中 30% 对外出口。尽管公司总裁试图提高经营业绩，但在近期遇到了财务危机。2020 年 11 月，公司逾期未付银行借款达 3 900 万元。2020 年财务报告披露公司已经无力偿还该年度到期的 1 300 万元的抵押贷款。2021 年 3 月初，公司现金余额为零，在无法从主要供货商处获得进货信用后，向法院申请破产保护。根据《破产法》，甲公司在法庭监护下经营，制定还款计划。甲公司破产申请书披露：截至 2020 年年末，资产总额 2.78 亿元（其中应收账款与存货分别占总资产的 30% 和 40%），负债 1.93 亿元（其中流动负债占负债 40%）。

该公司破产前 5 年的部分财务信息汇总如表 5-12 所示。

表 5-12　部分财务信息汇总

亿元

项目	2020 年	2019 年	2018 年	2017 年	2016 年
营业收入	107.40	106.22	107.72	91.75	83.11
毛利	27.71	29.31	27.72	25.33	22.34
净利润（或净损失）	3.11	4.99	8.94	8.38	8.91
经营活动现金净流入（或流出）占净利润比例	（0.51）	（0.45）	（0.06）	1.61	1.76

其他资料显示:近两年公司在实施新战略发展过程中,将大量现金花费在建造新门店和门店的装修上。假设行业毛利率与营业净利率的平均水平分别为25%~27%和8%~12%。

要求:完成表5-13,通过计算相关指标,分析净利润(或净损失)与经营活动现金净流量之间存在差异的原因,并针对该案例对经营活动现金流量质量做具体的分析。

表5-13 计算结果　　　　　　　　　　　　　　　　　　　　　%

项目	2020年	2019年	2018年	2017年	2016年
毛利率					
营业净利率					
净利润(或净损失)与经营活动现金净流入(或流出)占净利润比例					

学习成果认定

		学生自评		
专业能力	评价指标	自测结果		要求 （A 掌握；B 基本掌握；C 未掌握）
财务分析相关知识	1. 财务分析的含义 2. 财务分析的目的 3. 财务分析的方法	A□ B□ C□ A□ B□ C□ A□ B□ C□		熟悉财务分析的相关概念，掌握财务分析的目的和方法
财务比率分析相关知识	1. 偿债能力分析 2. 营运能力分析 3. 盈利能力分析 4. 发展能力分析	A□ B□ C□ A□ B□ C□ A□ B□ C□ A□ B□ C□		掌握偿债能力分析、营运能力分析、盈利能力分析、发展能力分析，能选择正确的财务分析指标，并运用到具体分析中
综合财务分析相关知识	1. 杜邦分析法 2. 综合绩效评价法	A□ B□ C□ A□ B□ C□		掌握杜邦分析法、综合绩效评价法，能够根据杜邦分析法和综合绩效评价法进行分析
职业道德、思想意识	1. 爱岗敬业、认真严谨 2. 遵纪守法、遵守职业道德 3. 顾全大局、团结合作	A□ B□ C□ A□ B□ C□ A□ B□ C□		专业素质、思想意识得以提升，德才兼备，能胜任财务分析工作
		小组评价		
团队合作	A□ B□ C□		沟通能力	A□ B□ C□
		教师评价		
教师评语				
成绩			教师签字	

项目 6

筹资管理

学习目标

【素质目标】
1. 建立筹资管理的全局意识
2. 引导学生养成知敬畏、守底线的职业品质和德行
3. 形成诚信守法、节约成本的意识
4. 培养团队合作精神

【知识目标】
1. 理解筹资的动机、原则、方式
2. 掌握资金需要量测定的方法
3. 理解负债筹资和权益筹资的各种方式及其优缺点
4. 掌握融资租赁租金的计算方法

【能力目标】
1. 能够较好地结合公司实际情况,预测公司的资金需要量
2. 能够较好地结合融资租赁基本理论,准确计算融资租赁租金
3. 能够结合公司实际情况,为其选择适宜的筹资方式

知识架构

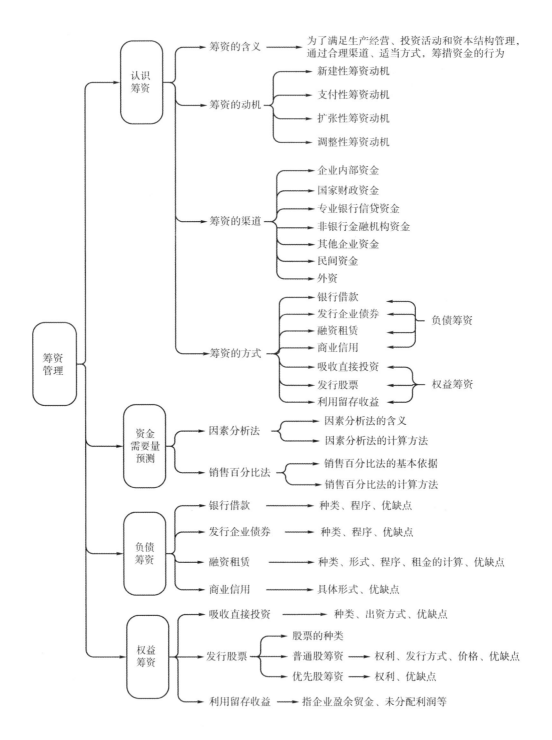

任务1　认识筹资

案例导入

金蝶筹资的坎坷之路

1997年，金蝶就萌生了上市的想法，起初目标是国内的A股市场，不过在仔细研究了上市的条件后，金蝶自动放弃，把目光转向海外的资本市场。比较了纳斯达克和香港创业板之后，金蝶选择了后者。徐少春说："香港是一个华人世界，与内地交流没有问题，我们只要有一点声音，马上就会反映给投资者，这有利于股票市场与公司业绩挂钩。同时香港作为自由港，也属于全球开放市场的一部分，未来金蝶成熟了，要从这里去更大的市场也不难。"

为此，金蝶在开曼群岛注册了一家公司，由它来控股国内的公司。不过有了裕兴绕道海外上市被证监会叫停的先例，2000年3月，金蝶规规矩矩向证监会递交了申请材料，2000年7月得到批准，到2001年在香港创业板挂牌，整整过去了一年。而此时的海外资本市场早已不如昔日的阳光明媚，对科技股也不再是满面春风，纳斯达克指数从最高5 130点跌到最低时1 660点，缩水70%。金蝶一上市，就跌破了发行价格。后来经过4年之久的努力，终于在2005年7月20日由香港创业板转向香港主板，接触到了更大的资本市场平台。此后金蝶高速成长的经营业绩和高科技软件公司概念吸引了众多的国际投资者，在资本市场获得了良好的表现，从而进入了崭新的高速发展阶段。

金蝶毕竟是已经处于业务发展和盈利阶段，颇具规模的创业企业，在筹资融资的路上都花费了很多年的时间来尝试。而对于更多处于起步阶段的创业企业来说，这漫长的等待过程中，很难想象会错过多少生存和发展的机遇，这并不是每一个IT企业都能消耗得起的。资本市场的发展为企业提供了更加广阔的筹资渠道，财务人员应熟悉各种筹资方式，并准确预测资金需求量，这才是企业合理筹资的重要前提。

任务发布

讨论	6.1　金蝶筹资的坎坷之路
教师布置任务	
任务描述	1. 学生熟悉相关知识。 2. 教师结合案例问题组织学生进行研讨。 3. 将学生每5个人分成一个小组，分组研讨案例问题，通过内部讨论形成小组观点。 4. 每个小组选出一个代表陈述本组观点，其他小组可以对其进行提问，小组内其他成员也可以回答提出的问题；通过问题交流，将每一个需要研讨的问题都弄清楚，形成书面研讨结论。 5. 教师进行归纳分析，引导学生扎实理解筹资的含义、动机、原则、分类，掌握筹资的渠道与方式。 6. 根据各组在研讨过程中的表现，教师点评赋分。
问题	1. 企业为什么要进行筹资？筹资时需要注意什么？ 2. 你能想到企业有哪些筹资的渠道与方式？

相关知识

一、筹资的含义

企业筹资，是指企业为了满足生产经营活动、投资活动、资本结构管理和其他需

微课1：筹资概述

要，通过合理的筹资渠道，采用适当的筹资方式，筹措和获取所需资金的一种行为。

资金是企业进行生产经营活动的必要条件，在企业初创期需要筹集初始资金开展经营活动，在企业日常经营中需要筹集资金支付各种业务交易活动，在企业成长期需要筹集资金来进行产业升级换代、扩大生产或项目投资，在企业稳定期为优化资本结构也会进行资金的筹集。筹集资金是企业资金运动的起点，是决定资金运动规模和生产经营发展程度的重要环节，它是财务管理的一项重要内容。

二、筹资的动机

企业筹资最基本的目的，是为了企业经营的维持和发展，为企业的经营活动提供资金保障，但每次具体的筹资行为，往往受特定动机的驱动。具体归纳起来，主要有四类筹资动机：新建性筹资动机、支付性筹资动机、扩张性筹资动机和调整性筹资动机。

（一）新建性筹资动机

新建性筹资动机，是指企业在新建时，为满足正常生产经营活动所需的资金而产生的筹资动机。企业新建时，除了根据《公司法》《合伙企业法》等相关法律等规定，准备全体股东认缴的出资额之外，还要按照经营方针所确定的生产经营规模核定固定资金需要量和流动资金需要量，比如构建厂房设备，安排铺底流动资金，形成企业的经营能力。这样，就需要筹措注册资本和资本公积等股权资金，股权资金不足部分，则需筹措其他形式的短期或长期资金。

（二）支付性筹资动机

支付性筹资动机，是指为了满足经营活动的正常波动所形成的支付需要而产生的筹资动机。企业在开展生产经营活动的过程中，经常会出现超出维持正常经营活动资金需求的季节性、临时性的交易支付需要，如原材料购买的大额支付、员工工资的集中发放、银行借款的提前偿还、股东股利的发放。在这种情况下，由于临时性的支付需要超出了正常经营活动的资金投入量，就需要企业通过其他渠道筹集资金来满足波动需求，以维持企业的支付能力。

（三）扩张性筹资动机

扩张性筹资动机，是指企业因扩大经营规模或追加对外投资需要而产生的筹资动机。企业维持常规性的生产经营活动所需要的资金是相对稳定的，通常不需要进行额外筹资。但当企业有扩大再生产或者追加对外投资等需要时，比如企业生产的产品供不应求，需要购置设备增加市场供应；引进新技术生产适销对路的新产品；扩大有利的对外投资规模，这些情况都会使企业对资金产生较大需求。一般具有良好发展前景、处于成长期的企业，往往会产生这种扩张性的筹资动机。扩张性筹资的直接结果，往往是企业资产总额及筹资总额增加，企业生产规模得以扩大。

（四）调整性筹资动机

调整性筹资动机，是指企业为了调整现有的资本结构而产生的筹资动机。资本结构指企业各类资金来源的构成与数量比例关系，或自有资金与借入资金的比例。随着环境的改变，企业资本结构可能发生变化，需要进行一定的调整使之趋于合理。比如现阶段企业股权资本比例较高，企业的资本成本负担较重；债务资本比例过高，存在较大的财务风险，此时企业通过筹资增加债务或股权资金，从而实现资本结构的优化。此外，企业有时也会进行债务结构的内部调整来偿还到期债务，比如流动负债比例过高，企业虽有能力足额偿还，但为了保持现有资本结构，而采取举借新债来偿还旧债的方式。这些都属于调整性筹资动机，其目的不是为了生产经营活动或投资活动而追加筹资，而是为了调整资本结构。

在实际操作中，企业在扩大经营规模、投资规模的同时，也可能伴随着资本结构的调整，这种同时满足扩大经营规模和调整资本结构而产生的筹资动机，可以归纳称为混合性筹资动机，一般兼具扩张性筹资动机和调整性筹资动机的特征。

> 谆谆教诲
>
> 蓄积者，天下之大命也。
>
> ——（汉）贾谊

三、筹资的渠道

筹资的渠道是指筹集资金来源的方向与通道，体现了资金的源泉和流量。筹资渠道可以分为企业内部筹资渠道和外部筹资渠道。企业内部筹资渠道是指从企业内部开辟资金来源。企业外部筹资渠道是指企业从外部开辟的资金来源，主要包括国家财政资金、专业银行信贷资金、非银行金融机构资金、其他企业资金、民间资金和外资。筹资的渠道具体表现为以下几个方面：

微课2：筹资的渠道和方式

（一）企业内部资金

企业内部资金是指从企业内部形成的资金，即企业的留存收益。一般在企业并购中，企业尽可能选择这一渠道，因为其保密性好，企业不需向外支付借款成本，因而风险较小，但资金来源数额与企业利润有关。

（二）国家财政资金

国家财政资金是指有权代表国家投资的政府部门或机构以国有资金形式投入企业的资金，是企业的主要资金来源，国家财政资金具有广阔的来源和稳固的基础。国家财政资金大部分是由国家财政以直接拨款方式形成的，产权归国家所有。

（三）专业银行信贷资金

专业银行信贷资金包括工商银行、农业银行、中国银行、建设银行等商业性银行以及国家开发银行、中国进出口银行、中国农业发展银行等政策性银行向企业提供各种短期贷款和长期贷款，是企业重要的资金来源。专业银行信贷资金来源稳定，财力雄厚，贷款方式灵活，能适应企业的各种需要。

（四）非银行金融机构资金

非银行金融机构主要有信托投资公司、证券公司、融资租赁公司、保险公司、企业集团的财务公司等。非银行金融机构的资金实力要弱于商业银行，目前对企业筹资尚只起辅助作用，但这些金融机构的资金供应比较灵活快捷，且可提供其他方面的服务，有广阔的发展前景。

（五）其他企业资金

其他企业和某些事业单位在生产经营过程中，往往有部分暂时闲置的资金，这部分资金可供有筹资需求的企业融通使用，调剂余缺。

（六）民间资金

民间资金主要包括企业职工和居民个人闲置资金。企业通过动员企业职工入股，向非本企业职工发行股票、债券的方式吸纳社会资金，是一种颇具潜力的资金来源。

（七）外资

外资指外国投资者以及我国港、澳、台投资者投入的资金，是我国外商投资企业资金的主要来源。

四、筹资的方式

筹资的方式是指企业筹集资金所采取的具体形式。认识筹资方式的种类及每种筹资方式的特点，有利于企业选择适宜的筹资方式，降低筹资成本，提高筹资效益。我国企业常见的筹资方式有以下七种：

（一）银行借款
（二）发行企业债券
（三）融资租赁
（四）商业信用
（五）吸收直接投资
（六）发行股票
（七）利用留存收益

其中，前四项筹资方式属于负债筹资，是由债权人提供的，到期需要还本付息；后三项筹资方式属于权益筹资，是由投资人提供的，一般不需要归还本金。（负债筹资和权益筹资在本项目任务3、4详细说明）

筹资渠道和筹资方式既有联系又有区别。筹资渠道解决资金从哪里来的问题，筹资方式解决资金以何种方式取得的问题。同一种筹资渠道的资金往往可以采取不同的筹资方式取得，同一种筹资方式往往又可以将不同渠道来源的资金筹措到一起。筹资渠道与筹资方式的对应关系如表6-1所示。

表 6-1 筹资渠道与筹资方式的对应关系

筹资渠道	吸收直接投资	发行股票	利用留存收益	银行借款	发行企业债券	融资租赁	商业信用
企业内部资金			√				
国家财政资金	√	√					
专业银行信贷资金				√			
非银行金融结构资金	√	√		√	√	√	
其他企业资金	√	√			√		√
民间资金	√	√			√		
外资	√	√			√		

财博士知识通

筹资的原则

企业筹资是一项重要而复杂的工作，为了有效地筹集企业所需资金，在严格遵守国家法律法规的基础之上，还应该遵守以下原则：

1. 规模适度原则

企业在不同时期对资金的需求量并不是一个常数，企业财务人员要根据生产经营及其发展需要，认真分析科研、生产、经营状况，采用一定的方法，预测资金的需要量，合理确定筹资规模。要使筹资规模与资金需要量相匹配，防止资金筹措不足影响生产经营或者资金筹措过度增加筹资成本，降低筹资效益。

微课3：筹资的原则

2. 筹措及时原则

企业财务人员在筹集资金时必须熟知资金时间价值的原理和计算方法，以便根据资金需求的具体情况，合理安排资金的筹集时间，适时获取所需资金。要使筹资与用资在时间上相衔接，避免过早筹得资金造成资金投放前的闲置，也要避免取得资金的时间滞后，错过资金投放的最佳时机。

3. 结构合理原则

企业的资本结构一般是由债务资本和权益资本构成的。企业如果负债资本所占比重过高，会导致财务风险过大，偿债能力不足；如果负债资本所占比重过小，又可能错失利用外部资金为企业创利的机会。因此，企业要合理安排资本结构，使得负债所占的比率与权益资本多少和偿债能力高低相适应。

4. 方式经济原则

企业在确定筹资数量、筹资时间的基础之上，还应认真研究各种筹资方式，选择经济、合理、可行的方式作为资金的来源。由于企业筹集资金必然要付出一定的代价，不同筹资方式和渠道所带来的资本成本和财务风险是各不相同的。因此，就需要企业对各种筹资方式进行比较分析，尽量选择经济、可行的筹资方式以确定合理的资金结构，以便降低成本，减少财务风险。

任务实施

结论	6.1　金蝶筹资的坎坷之路
实施方式	研讨式

研讨结论

教师评语：

班级		小组		组长签字	
教师签字				日期	

任务2 资金需要量预测

案例导入

靠运气赚来的钱，凭实力赔光了

L公司老板李总早年经营了一家服装加工厂，恰巧赶上当地政府政策扶持，便顺利地赚得了第一桶金。6年前，李总看到周边一些企业经营困难，资金链断裂，甚至面临破产的境地，而当时李总公司闲置资金较多，便陆陆续续买入了几幢厂房，刚开始打算持有这些土地等待升值，但买了厂房后，李总又觉得空着太可惜，就准备扩大主业，买入纺织设备用于生产布料，将业务向上游延展。后来又跟当地政府协商，准备搞房地产，于是又拍下近百亩地皮。由于公司前期缺乏有效规划，未做好资金需要量的预测，导致后来资金逐步紧张起来，于是李总决定把厂房土地全部抵押贷款。4年时间，由于贷款金额过大，且多为一年到期的短期贷款，利息支出压力巨大，同时新上的工厂项目一时未能盈利，企业发生了亏损，导致报表数据太难看，银行不再同意展期。巨大的资金压力迫使李总不得不低价转让了几个厂房，暂停了房地产项目，公司一度陷入破产的窘境。

可见，科学、合理、精准地预测好资金需要量，是企业制定融资计划的基础，同时有助于改善企业的投资决策。企业应避免出现筹资过多或过少的情况发生，以免影响生产经营活动的正常进行。

任务发布

讨论	6.2 靠运气赚来的钱，凭实力赔光了
教师布置任务	
任务描述	1. 学生熟悉相关知识。 2. 教师结合案例问题组织学生进行研讨。 3. 将学生每5个人分成一个小组，分组研讨案例问题，通过内部讨论形成小组观点。 4. 每个小组选出一个代表陈述本组观点，其他小组可以对其进行提问，小组内其他成员也可以回答提出的问题；通过问题交流，将每一个需要研讨的问题都弄清楚，形成书面研讨结论。 5. 教师进行归纳分析，引导学生扎实掌握预测资金需要量的方法和技巧，提高学生计算的准确性。 6. 根据各组在研讨过程中的表现，教师点评赋分。
问题	1. 李总的公司一步步走向破产的原因是什么？ 2. 如果你是L公司的财务经理，你会给李总什么建议？ 3. 你知道预测资金需要量的方法有哪些吗？

相关知识

资金需要量预测是指企业根据生产经营的需求，对未来所需资金的估计和推测。企业筹集资金，首先要对资金需要量进行预测，即对企业未来组织生产经营活动的资金需要量进行估计、分析和判断，它是企业制定筹资计划的基础。资金需要量预测的方法主要有定性预测法和定量预测法两种。定性预测法是根据调查研究所掌握的情况和数据资料，凭借预测人员的知识和经验，对资金需要量所作的判断。定量预测法是指以资金需要量与有关因素的关系为依据，在掌握大量历史资料的基础上选用一定的数学方法加以计算，并将计算结果作为预测的一种方法。定量预测法有很多，如因素分析法、销售百分比法、资金习性预测法等，下面主要介绍两种预测方法，即因素分析法和销售百分比法。

一、因素分析法

（一）因素分析法的含义

因素分析法又称分析调整法，是以有关资金项目基期年度资金平均需要量为基础，根据预测年度的生产经营任务和资金周转加速的要求，进行分析调整，来预测资金需要量的一种方法。这种方法计算简便，容易掌握，但预测结果准确性稍差。它通常用于品种繁多、规格复杂、用量较小、价格较低的项目。采用这种方法时，应在基期年度资金平均占用额的基础上，剔除其中不合理资金占用额，然后根据预测期的生产经营任务和资金周转加速的要求进行测算。

（二）因素分析法的计算方法

因素分析法的计算公式如下：

资金需要量=（基期年度资金平均占用额－不合理资金占用额）×
（1+预测年度销售增长率）
÷（1+预测年度资金周转速度增长率）

【例6-1】某本年度资金平均占用额为3 500万元，经分析，其中不合理部分为500万元。预计下年度销售增长5%，资金周转加速2%，则下年度资金需要量预计为多少？

预测下年度资金需要量=（3 500-500）×（1+5%）÷（1+2%）≈3 088（万元）

二、销售百分比法

（一）销售百分比法的基本依据

销售百分比法是一种在分析报告年度资产负债表有关项目与销售额关系的基础上，根据市场调查和销售预测取得的资料，确定资产、负债和所有者权益的有关项目占销售额的百分比，然后依据计划期销售额及假定不变的百分比关系预测计划期资金需要量的一种方法。比如，某企业每年销售1 000元货物，需有200元存货，存货与销售额的百分比是20%（200÷1 000）。若销售额增至2 000元，那么，该企业需有400（2 000×20%）元存货。因此，在某项目与销售额的比率既定的前提下，便可预测未来一定销售额下该项目的资本需要量。

微课4：销售百分法

（二）销售百分比法的计算方法

1. 分析确定随销售额变动而变动的资产负债表项目

在资产负债表中，有一些项目会因销售额的增长而相应地增加，通常将这些项目称为敏感项目，包括货币资金、应收账款、存货、应付账款、预收账款和其他应收款等。而其他如固定资产净值、长期股权投资、实收资本等项目，一般不会随销售额的增长而增加，因此将其称为非敏感项目。在敏感项目中，随着销售额增加，敏感性资产项目将占用更多资金，相应的敏感性负债也会增加，如存货增加会导致应付账款增加，此类债务称为自动性债务，可以为企业提供暂时性资金。这种敏感性资产与敏感性负债项目的差额通常与销售额保持稳定的比例关系。

2. 确定敏感项目与销售额的稳定比例关系

假定企业资金周转的营运效率保持不变，敏感性资产项目和敏感性负债项目与销售额成正比例关系。企业应当根据历史资料和同业情况，剔除不合理资金占用，寻找敏感项目与销售额的稳定百分比关系。

3. 计算需要增加的筹资数量

预计由于销售增长而需要的资金需求增长额，扣除利润留存后，即为所需要的外部筹资额。即：

$$外部筹资需要量 = \frac{A}{S_1} \times \Delta S - \frac{B}{S_1} \times \Delta S - P \times E \times S_2$$

式中，A 表示随销售而变化的敏感性资产；B 表示随销售而变化的敏感性负债；S_1 表示基期销售额；S_2 表示预测期销售额;ΔS 表示销售变动额;P 表示销售净利率;E 表示利润留存率;A/S_1 表示敏感性资产与销售额的百分比;B/S_1 表示敏感性负债与销售额的百分比。

需要说明的是,如果非敏感性资产增加,则外部筹资需要量也相应增加。

销售百分比法的优点是简便易于使用,能为决策者提供预计的短期财务报表,为筹资决策提供依据,适用于外部筹资需要。缺点是假定敏感性资产和敏感性负债占销售额的比率不变,但在具体运用中,如果这种假定被打破,就必须相应地调整原有的销售百分比。

【例 6-2】某企业 2020 年 12 月 31 日的简要资产负债及相关信息如表 6-2 所示。该企业 2020 年实现销售额 300 万元,销售净利率为 10%,利润留存率为 40%。假定 2021 年该企业销售额预计增长 20%,且该企业有足够的生产能力,无须追加固定资产投资,销售净利率和利润留存率仍保持 2020 年的水平。

要求:用销售百分比法预测该企业 2021 年需要向外界筹资的金额。

表 6-2 某企业资产负债及相关信息
（2020 年 12 月 31 日）

万元

资产	金额	与销售额的关系	负债与所有者权益	金额	与销售额的关系
库存现金	100	5%	短期借款	100	N
应收账款	200	15%	应付票据	50	5%
存货	300	30%	应付账款	250	10%
固定资产	550	N	实收资本	600	N
无形资产	50	N	留存收益	200	N
合计	1 200	50%	合计	1 200	15%

（1）确定敏感项目及其与销售额的百分比关系。在表 6-2 中,已标明敏感项目及其与销售额的关系,其中 N 表示该项目为非敏感项目,即指该项目不随销售额的变化而变化。

（2）确定需要增加的资金量。从表 6-2 中可以看出,销售收入每增加 100 元,必须同时增加 50 元的资金占用,但同时也会自动增加 15 元的资金来源,两者的差额 35%（50%–15%）即为产生的资金需求,意味着企业必须取得 35 元的资金来源。因此,2021 年销售额较 2020 年相比预计增长 60（300×20%）万元,按照 35% 的比率可预测出资金需求将增加 21 万元。

（3）确定需要增加的外部筹资额。2021 年的预计销售额为 360（300+300×20%）万元,预计净利润为 36（360×10%）万元,利润留存率为 40%,则将有 14.4 万元利润被留存下来,还有 6.6 万元的资金必须从外部筹集。故根据该企业的相关资料,可求得对外筹资的需要量为:

$$\text{外部筹资需要量} = 50\% \times 60 - 15\% \times 60 - 10\% \times 40\% \times 360 = 6.6（万元）$$

财博士知识通

资金需要量预测的其他方法——资金习性预测法

资金习性预测法又叫作回归分析法,是根据资金需要量和相关因素过去的发展趋势,预测未来资金需要量的一种方法。通常是建立资金需要量和相关因素之间的数学模型,根据线性回归的原理预测未来的资金需要量,其中最为常见的相关因素是业务量。

其预测模型为:

$$y = a + bx$$

式中,y 为资金需要量;a 为固定资金需要量;b 为单位产销量所需变动资金;x 为业务量。

任务实施

结论	6.2 靠运气赚来的钱，凭实力赔光了
实施方式	研讨式
研讨结论	

教师评语：

班级		小组		组长签字	
教师签字				日期	

任务3 负债筹资

案例导入

"债台高筑"是好还是坏?

股神巴菲特认为,投资者购买的股票,其负债率一定要低;公司负债率越高,投资者的投资风险就越大。在他老人家看来,好公司是火,高负债是水,而太多的水会浇灭掉欲燃的火。因此一般的投资者是不会选择负债率过高的公司进行投资的,因为高负债会产生较高的财务费用,从而拖累公司业绩,但面对"债台高筑"的公司,我们就要一票否决吗?其实也不尽然。格力电器就是负债筹资经营较为成功的一个案例。

格力电器近几年来的负债率都保持在65%以上,这已经超过了人们一般认为的电器行业负债率在40%～60%的合理水平。但查看格力电器的年报,就会发现,公司大多数的负债属于有利负债,是经销商先付款后提货形成的预收账款,以及向供货商延期支付形成的应付票据和应付账款,通俗点说,就是欠产业链上下游资金而形成的无息负债。这与一般投资者认为的"债台高筑"的不利负债是不同的,所谓不利负债,即金融负债,包括银行长期借款、发行的债券等,这类负债的特点,就是会产生较高的财务费用,负债越多,费用越高。所以,尽管格力电器的资产负债率看起来很高,但真正需要其支付利息的负债其实不高,这也正是其保持业绩持续增长的奥秘所在。当然,采用这一模式的前提是必须依托品牌优势、良好的信誉以及营销策略等方面的安排。所以"债台高筑"的企业到底是好还是坏,我们不能一概而论,还要结合公司的年报数据具体分析。

任务发布

讨论	6.3 "债台高筑"是好还是坏?
教师布置任务	
任务描述	1. 学生熟悉相关知识。 2. 教师结合案例问题组织学生进行研讨。 3. 将学生每5个人分成一个小组,分组研讨案例问题,通过内部讨论形成小组观点。 4. 每个小组选出一个代表陈述本组观点,其他小组可以对其进行提问,小组内其他成员也可以回答提出的问题;通过问题交流,将每一个需要研讨的问题都弄清楚,形成书面研讨结论。 5. 教师进行归纳分析,引导学生扎实掌握负债筹资的基本方式和特点,形成诚信守法、节约成本的意识。 6. 根据各组在研讨过程中的表现,教师点评赋分。
问题	1. 格力电器采用的这种"债台高筑"的负债经营策略适用于所有企业吗? 2. 你能想到哪些负债筹资的方式?能简单分析他们各自的特点吗?

相关知识

企业在生产经营过程中离不开资金,当自有资金无法满足企业需求时,可以通过银行借款、发行债券、融资租赁、商业信用等方式筹集资金来满足日常活动需要。通过这些方式筹集来的资金就形成了企业的负债,由于**负债需要到期偿还本金和利息**,因此称为企业的**债务资金或借入资金**。

一、银行借款

银行借款是指企业从银行或者其他金融机构借入的资金,在到期时企业需要对该借款进行还本付息。

微课 5:银行借款

(一)银行借款的种类

1. 按借款期限长短不同,分为短期借款和长期借款

银行借款按借款期限长短不同,可以分为短期借款和长期借款。短期借款是指借款期限在 1 年以内(含 1 年)的借款;长期借款是指借款期限在 1 年以上的借款。

2. 按提供贷款的机构不同,分为政策性银行贷款、商业银行贷款和其他金融机构贷款

政策性银行是指执行国家政策性贷款业务,且不以营利为目的的银行。其提供的通常为长期贷款,如国家开发银行,主要为承建国家重点建设项目的企业提供贷款;中国农业发展银行,主要为确保国家对粮、棉、油等政策性收购业务的企业提供贷款。

商业银行是指以经营存款、放款、办理转账结算为主要业务,且以营利为主要经营目的的金融机构,如中国工商银行、中国建设银行、中国农业银行、中国银行等。这些商业银行向企业提供贷款,用以满足企业生产经营的资金需要,包括短期贷款和长期贷款。

其他金融机构贷款,如从信托投资公司取得实物或货币形式的信托投资贷款,从财务公司取得的各种中长期贷款,从保险公司取得的贷款等。其他金融机构贷款一般较商业银行贷款的期限要长,要求的利率较高,对借款企业的信用要求和担保的选择比较严格。

3. 按有无担保要求,分为信用贷款和担保贷款

信用贷款是指以借款人的信誉或保证人的信用为依据而获得的贷款。企业取得这种贷款,无须以财产做抵押。对于这种贷款,由于风险较高,银行通常要收取较高的利息,往往还附加一定的限制条件。

担保贷款是指需以一定的财产做抵押或以保证人做担保而获得的贷款。担保包括保证责任、财产抵押、财产质押,由此,担保贷款包括保证贷款、抵押贷款和质押贷款三种基本类型。

保证贷款是指按《担保法》规定的保证方式,以第三方作为保证人,承诺在借款人不能偿还借款时,按约定承担一定保证责任或连带责任而取得的贷款。抵押贷款是指按《担保法》规定的抵押方式,以借款人或第三方的财产作为抵押物而取得的贷款。当债务到期,债务人不能履行债务时,银行可以取消企业对抵押物的赎回权。质押贷款是指按《担保法》规定的质押方式,以借款人或第三方的动产或财产权利作为质押物而取得的贷款。债务人不履行债务时,债权人有权以该动产或财产权利折价或者以拍卖、变卖的价款优先受偿。

4. 按借款用途不同分类,分为基本建设贷款、专项贷款和流动资金贷款

基本建设贷款是指企业因从事新建、改建、扩建等基本建设项目需要资金而向银行申请借入的款项。专项贷款是指企业为专门用途而向银行申请借入的款项,比如更新改造技改贷款、新产品研发贷款、出口专项贷款等。流动资金贷款是指企业为满足流动资金的需求而向银行申请借入的款项,如生产周转借款、临时借款和结算借款。

想一想:对比分析一下采用银行短期借款和银行长期借款对企业有何不同影响?

(二)银行借款的程序

1. 企业提出借款申请

企业要向银行借入资金,首先需要向银行提出申请,按照银行的要求填报借款申请书,包括借款金额、借款用途、偿还能力、还款方式等内容,并提供有关资料。

2. 银行审批

银行根据有关贷款政策,对企业的借款申请进行审查,审查内容主要包括企业的信用等级、财务状况、偿债能力、投资项目的可行性等方面。

3. 签订借款合同

借款申请获批准后,银行与企业共同商讨贷款的数额、利率、期限和一些约束性条款,形成借款合同,

用以明确双方的权利、义务和经济责任。

4. 企业取得借款
双方签订借款合同后，银行可在核定的贷款指标范围内，根据用款计划和实际需要，一次性或分次将贷款转入企业的贷款结算户，以方便使用。

（三）银行借款的优缺点

1. 银行借款的优点
（1）**筹资速度快**。与发行债券、融资租赁等其他负债筹资方式相比，银行借款程序相对简单，一般所需时间较短，可以迅速地获取资金。

（2）**筹资成本低**。利用银行借款所支付的利息比发行债券和融资租赁所支付的利息要低，另外，也无须支付大量的证券发行费用和融资租赁手续费等筹资费用。

（3）**借款灵活性大**。在借款之前，企业与银行可以直接接触，商谈确定借款的数额、利率、期限等事宜。在借款期间，如果企业的财务状况发生变化，也可与银行进行协商，修改借款的金额、时间和期限等条件，或者提前偿还本息。因此，银行借款相较于其他筹资方式而言具有较大的灵活性。

2. 银行借款的缺点
（1）**财务风险较大**。企业向银行借款，必须定期还本付息，在经营不利的情况下，可能产生不能偿付的风险，甚至导致破产。

（2）**限制条款较多**。企业与银行签订的借款合同中明确规定了借款资金的用途，一般还会附加一些限制条款，如对企业资金支出的额度、再筹资、股利支付等行为都有严格规定，这些条款可能会妨碍企业的筹资、投资活动。

（3）**筹资数额有限**。银行借款的数额受到自身机构资本实力的制约，一般难以像发行公司债券、股票那样可以一次性筹集到大额资金。

二、发行企业债券

企业债券又称公司债券（以下简称债券），是企业依照法定程序发行的、约定在一定期限内还本付息的有价证券。债券代表了持券人同企业之间的债权债务关系，是持券人拥有企业债权的书面证书。

微课6：债券的种类

（一）企业债券的种类

1. 按是否记名，分为记名债券和不记名债券
记名债券是在债券上登记持券人姓名，同时企业会把债权人的姓名、住所、债券取得日期等信息登记在债券存根簿上。债券持有人以背书方式或者法律、行政法规规定的其他方式办理转让过户手续，故这种债券安全性较高。

不记名债券即在债券上不记载债券持有人姓名，但在企业债券存根簿上会载明债券总额、利率、偿还期限和方式、发行日期及债券的编号。还本付息时仅以债券为凭，企业见票即还本或付息。不记名债券的转让，由债券持有人将该债券交付给受让人后即发生转让的效力。

2. 按是否可转换为普通股，分为可转换债券和不可转换债券
可转换债券是指发行人依照法定程序发行，在一定期限内可以按照约定的价格转换为发债公司股票的一种债券。可转换债券的发行主体是股份有限公司中的上市公司。

不可转换债券是指不能转换为企业股票的债券，大多数公司的债券都属于不可转换债券。

3. 按有无抵押担保，分为信用债券、抵押债券和担保债券
信用债券又称无抵押担保债券，是以债券发行者自身的信誉发行的债券。政府债券属于信用债券，信誉良好的企业也可发行信用债券。为了保护债权人的利益，企业发行信用债券往往有一些限制条件，如不准企业将其财产抵押给其他债权人，不能随意增发企业债券，未清偿债券之前股利不能分红过高等。

抵押债券是指以不动产、证券信托、设备等企业稳定财产作为抵押品而发行的债券。当企业不能偿还债

券时，债权人可以行使其抵押权，将抵押品拍卖以获取债券本息作为补偿。

担保债券是指由一定保证人作担保而发行的债券。当企业没有足够资金偿还债券时，债权人可以要求保证人偿还。

（二）发行企业债券的程序

微课 7：发行债券

1. 作出发债决议

拟发行公司债券的公司，需要由公司董事会制定公司发行债券的方案，并由公司股东大会批准，作出决议。

2. 提出发债申请

根据《证券法》的规定，公司申请发行债券应提交公司登记证明、公司章程、公司债券募集办法、资产评估报告和验资报告等正式文件，上报由国务院证券监督管理部门批准。

3. 公告募集办法

企业发行债券的申请获批后，需向社会公告债券的募集办法。企业债券募集分为私募发行和公募发行。私募发行是以特定的少数投资者（不超过 200 人）为指定对象发行债券，其发行和转让均有一定的局限性。公募发行是在证券市场上以非特定的广大投资者为对象公开发行债券。

4. 委托证券经营机构发售

按照我国企业债券发行的相关法律规定，企业债券的公募发行采取间接发行方式，最终在上海证券交易所与深圳证券交易所公开发行。在这种发行方式下，发行公司首先与承销团签订承销协议。承销团由数家证券公司或投资银行组成，承销方式有代销和包销两种。代销是指承销机构代为推销债券，在约定期限内未售出的余额可退还发行公司，承销机构不承担发行风险。包销是由承销团先购入发行公司拟发行的全部债券，然后再售给社会上的投资者，如果约定期限内未能全部售出，余额要由承销团负责认购。

5. 交付债券，收缴债券款

债券购买人向债券承销机构付款购买债券，承销机构向购买人交付债券。然后，债券发行公司向承销机构收缴债券款，登记债券存根簿，并结算发行代理费。

（三）发行企业债券的优缺点

1. 发行企业债券的优点

（1）资金成本较低。债券的利息通常比股票的股利要低，而且债券的利息作为财务费用按规定是在税前支付，而股票的股利需从税后利润发放，故企业实际负担的债券成本明显低于股票成本。

（2）可保障控制权。债券持有人无权参与公司的管理决策，企业发行债券不会像增发股票那样可能削弱原有股东对公司的控制权。

（3）具有财务杠杆作用。债券利率在发行时就已确定，不论企业盈利多少，债券持有人只获得固定的利息。当企业资本收益率大于债券收益率时，就会有更多的利润可用于分配给股东，或留归企业用以扩大经营。

2. 发行企业债券的缺点

（1）筹资风险高。债券有固定的到期日，利用债券筹资要承担还本、付息的义务。在企业经营不景气时，企业可能会因为不能偿还债务而陷入财务危机，严重情况下甚至会导致企业破产。

（2）限制条件多。为了保障债券持有人的资金安全，发行债券的契约书中往往规定一些限制条款。这种限制比优先股及长期借款要严得多，这可能会对企业造成较多约束，影响企业财务的灵活性。

（3）筹资数量有限。利用债券筹资在数量上是有一定限制的，当企业负债超过一定数额时，债券的筹资成本会提高，以至于影响债券的顺利发行。

三、融资租赁

租赁是指承租人向出租人交付租金，出租人在契约或合同规定的期限内将资产的使用权让渡给承租人的一种经济行为。在这项交易中，承租方通过得到所需资产的使用权，完成了筹集资金的行为。

（一）租赁的种类

按照租赁的性质，可将租赁分为经营租赁和融资租赁两大类。

1. 经营租赁

经营租赁是由租赁公司向承租单位在短期内提供设备，并提供维修、保养、人员培训等的一种服务性业务，又称服务性租赁、营业租赁。承租单位需支付租赁费、维修费、保养费等，经营租赁所付的租赁费可在成本中列支。承租人租入资产的目的主要是解决企业短期的、临时的、季节性的资产需求问题。经营租赁的特点主要包括以下几点：

（1）出租的设备一般由租赁公司根据市场需要选定，然后再寻找承租企业。

（2）租赁期较短，短于资产的有效使用期，在合理的限制条件内承租企业可以中途解约。

（3）租赁设备的维修、保养由租赁公司负责。

（4）租赁期满或合同中止以后，出租资产由租赁公司收回。

2. 融资租赁

融资租赁是由租赁公司按承租单位要求出资购买设备，在较长的合同期内提供给承租单位使用的融资信用业务，它是以融通资金为主要目的的租赁。它是以融物为形式、融资为目的的经济行为，是企业筹集资金的一种新方式，且融资租赁通常为长期租赁。融资租赁的特点主要包括以下几点：

（1）出租的设备根据承租企业提出的要求购买，或者由承租企业直接从制造商或销售商那里选定。

（2）租赁期较长，接近于资产的有效使用期，在租赁期间双方无权取消合同。

（3）由承租企业负责设备的维修、保养，承租企业无权拆卸改装。

（4）租赁期满，按事先约定的方法处理设备，包括退还租赁公司，继续租赁或企业留购。通常采用企业留购办法，即以很少的"名义价格"（相当于设备残值）买下设备，这样，租赁公司也可以免除处理设备的麻烦。经营租赁和融资租赁的区别如表 6-3 所示。

表 6-3　经营租赁和融资租赁的区别

对比项目	经营租赁	融资租赁
租赁目的	暂时性使用，预防无形损耗风险	融资融物于一体，融入资金，添置设备
租期	较短	较长，接近于设备经济寿命的大部分
租赁投资决策人	出租人	承租人
维修与保养	由出租人负责	由承租企业负债
期末所有权处置	退租	通常以"名义价格"转让给承租方
契约法律效力	可撤销合同	不可撤销合同

（二）融资租赁的形式

融资租赁有以下三种基本形式：

1. 直接租赁

直接租赁是融资租赁的主要形式，是指承租方提出租赁申请时，出租方按照承租方的要求选购设备，然后再出租给承租方。其特点表现为出租方既是租赁设备的购买方，又是设备的出租方。

微课9：融资租赁

2. 售后回租

售后回租是指承租方由于急需资金等各种原因，将自己拥有的某项资产出售给出租方，然后以租赁的形式从出租方原封不动地租回资产的使用权。

3. 杠杆租赁

杠杆租赁是指涉及承租人、出租人和资金出借人三方的融资租赁业务。一般来说，当所涉及的资产价值昂贵时，出租方自己只投入部分资金，通常为资产价值的 20%～40%，其余资金则通过将该资产抵押担保的方式,向第三方(通常为银行)申请贷款解决。然后出租人将购进的设备出租给承租方,用收取的租金偿还贷款,该资产的所有权属于出租方。出租人既是债权人也是债务人,既要收取租金又要支付债务。

(三)融资租赁的程序

1. 选择租赁公司,办理租赁委托

当企业决定采用融资租赁方式以获取某项设备时,需要了解各个租赁公司的经营范围、业务能力、资信情况、融资条件和租赁费率等,分析比较选定一家作为出租单位。然后,向租赁公司申请办理融资租赁,包括填写租赁申请书及提供财务状况的文件资料。

2. 签订购货协议

租赁公司受理租赁委托后,由承租企业和租赁公司中的一方或双方,与选定的设备供应厂商进行购买设备的技术谈判和商务谈判,签订购货协议。

3. 签订租赁合同

承租企业与租赁公司签订租赁设备的合同,租赁合同用以明确双方的权利和义务,是租赁业务最重要的文件,具有法律效力。租赁合同的内容包括一般条款和特殊条款两部分。

4. 办理验收及投保

设备供应厂商将设备发运到指定地点,承租企业要办理验收手续。验收合格后签发交货及验收证书交给租赁公司,作为其支付货款的依据。同时,承租企业应向保险公司办理投保事宜。

5. 定期交付租金

承租企业按租赁合同规定,分期交纳租金,这也就是承租对所筹资金的分期还款。

6. 租赁期满的设备处理

承租企业根据合同约定,对设备续租、退租或留购。一般来说,租赁公司会把租赁设备在期满时以低价甚至无偿转给承租企业。

(四)融资租赁租金的计算

融资租赁租金是承租企业支付给租赁公司让渡租赁设备的使用权或价值的代价。租金数额的多少以及支付方式对承租企业的财务状况有直接的影响,也是企业进行租赁决策的重要依据。

微课 10:融资租赁租金的计算

1. 融资租赁租金的构成

融资租赁每期租金的多少,取决于以下几项因素:

(1)设备原价,包括设备买价、运输费、安装调试费、保险费等。

(2)预计残值,即设备租赁期满后出售可得的收入。

(3)利息,指租赁公司为承租企业购置设备垫付资金所支付的利息。

(4)租赁手续费,指租赁公司承办租赁设备所发生的业务费用和必要的利润。租赁手续费由租赁公司与承租企业协商确定,一般以租赁资产价款的一定百分比收取。

2. 融资租赁租金的支付方式

租金的支付,有以下几种方式:

(1)按支付间隔期长短,分为年付、半年付、季付和月付等方式。

(2)按在期初和期末支付的时间,分为先付租金和后付租金。

(3)按每次支付金额,分为等额支付和不等额支付。

实务中,承租企业与租赁公司商定的租金支付方式,大都为后付等额年金。

3. 融资租赁租金的计算

我国融资租赁实务中,租金的计算大多采用等额年金法。

等额年金法,是将租赁资产在未来各租赁期内的租金按一定的贴现率予以折现,使其正好等于租赁资产的成本。通常要根据利率和租赁手续费率确定一个租费率,作为折现率。这种计算方法虽稍微复杂,但考虑了资金时间价值,结论更具客观性。

【例6-3】 某企业于2020年1月1日从租赁公司租入一套设备，价值600 000元，租期6年，租赁期满时预计残值50 000元，设备归还租赁公司。年利率8%，租赁手续费率2%。租金每年年末支付一次，则每年支付的租金为多少？

解：

$$每年租金 = [600\,000 - 50\,000 \times (P/F, 10\%, 6)]/(P/A, 10\%, 6) = 131\,283（元）$$

即该企业每年年末应该支付的租金为131 283元。

（五）融资租赁筹资的优缺点

1. 融资租赁筹资的优点

（1）筹资速度快。融资租赁集融资与融物于一体，往往比借款购置设备更迅速、更灵活，有助于迅速形成生产力。

（2）限制条款少，手续简便。相较于发行债券、股票等筹资方式，融资租赁所受的限制条件较少，只要供需双方达成协议即可。

（3）设备遭淘汰风险小。承租人签订租赁合同确定租期时，都根据自身的生产技术发展情况考虑了可能出现的无形损耗因素，因而可避免自行购置发生陈旧而造成的损失。

（4）财务风险小。租金在整个租期内分摊，且一般租期比较长，不用到期归还大量本金，减小了企业的偿债压力。

（5）税收负担轻。融资租赁的租金费用可在税前扣除，具有抵免所得税的效用。

2. 融资租赁筹资的缺点

（1）资金成本较高。一般来说，其租金要比举借银行借款或发行债券所负担的利息高得多。融资租赁的租金总额一般要高出设备价款的30%。

（2）不能享有设备的残值。由于承租企业在租赁期内无资产所有权，因而不能根据自身的要求自行处置租赁资产，无法享有设备的残值。

四、商业信用

商业信用是指商品交易中以延期付款或预收货款方式进行购销活动而形成的借贷关系，是企业之间的一种直接信用行为。

微课11：商业信用

（一）商业信用的具体形式

商业信用具体包括应付账款、应付票据、预收账款等。

1. 应付账款

应付账款是企业购买货物暂未付款而欠对方的款项，是一种典型的商业信用形式。甲企业向乙企业购买商品，在收到货物后一定时期后才付款，在这段时期内，等于甲企业向乙企业借了款。这种方式可以弥补甲企业暂时的资金短缺，对于出售单位来说也易于推销商品。有时销售方为了促使购买方按期付款或者提前付款，销售方往往规定一定的信用条件。如规定"2/15，n/30"，意味着购买方如在15天内付款，可以减免货款2%；全部货款必须在30天内付清，且超过15天后无折扣。

2. 应付票据

应付票据是企业进行延期付款商品交易时开具的反映债权债务关系的票据。和应付账款一样，也是一种卖方信贷。应付票据的最长支付期不超过6个月，可以带息，也可以不带息。带息票据的利率一般比银行借款低，且不用保持相应的补偿余额和支付协议费。但到期必须归还，否则便要交付罚金，因而风险较大。

3. 预收账款

预收账款（预收货款）是指销货单位预先向购货单位收取部分或全部货物价款的信用行为。它等于向购买单位先借一笔款项，然后用商品归还，这是另一种典型的商业信用形式。通常购买单位对于紧缺商品乐意采用这种形式，以便取得期货。对于生产周期长、售价高的商品，生产者经常要向订货者分次预收账款，以缓和本企业资金占用过多的矛盾。但是，采取这种商业信用方式，可能发生有的单位借商品供不应求之机，乱收预收账款，不合理地占用其他企业资金，故应有所控制。

（二）商业信用筹资的优缺点

1. 商业信用筹资的优点
（1）商业信用容易取得，限制条件较少。
（2）有时无筹资成本。如果在现金折扣期的后期付款或使用不带息的票据，则可利用一段时间的商业信用而不发生筹资成本。

2. 商业信用筹资的缺点
（1）商业信用的期限较短。如果为了取得现金折扣，则可以享受信用的时间更短。
（2）有时筹资成本会提高。如果放弃了现金折扣或者使用带息票据，则筹资成本会相应提高。

财博士知识通

融资租赁的发展史

融资租赁于1952年产生于美国，经过多年的发展，已在全球80多个国家和地区得到广泛推广，它是市场经济发展到一定阶段而产生的一种适应性较强的融资方式，是集融资与融物、贸易与技术于一体的新型金融产业，已成为资本市场上仅次于银行信贷的第二大融资方式，目前全球1/3的投资通过这种方式完成。"聪明的企业家决不会将大量的现金沉淀到固定资产的投资中去，固定资产只有通过使用（而不是拥有）才能创造利润。"特别是对于资金严重匮乏，购买能力不足的民营企业来说，融资租赁具有独特的优势。

我国的融资租赁业务是20世纪80年代改革开放之初从国外引进的，初期发展速度缓慢，直到2007年中国银监会发布新版《金融租赁公司管理办法》后，融资租赁市场才开始快步发展。2011年年底，商务部发布了《"十二五"期间促进融资租赁业发展指导意见》，提出研究出台鼓励政策，大力支持融资租赁企业为中小微企业服务。融资租赁业务以其融资门槛低、方式灵活、放款周期短等优势，为国内融资渠道增添了新的活力。融资租赁业务作为现代金融服务中的一股新力量，始终是国家重点发展和扶持的对象，已成为促进国家经济结构调整、产业转型升级和降低企业资产负债率的重要推动力。随着国家层面的相关政策不断推出，我国融资租赁业务已迈进黄金发展期，如2018年5月14日商务部办公厅正式公布《关于融资租赁公司、商业保险公司和典当行管理职责调整有关事宜的通知》，宣告融资租赁行业划归银保监会统一监管，融资租赁行业的多头监管时代结束。在当前经济转型和消费升级中，融资租赁行业扮演着创新者的角色，在推动产业链资源的融合、产品和服务元素创新、驱动产业变革和服务实体经济中发挥着重要作用。

任务实施

结论	6.3 "债台高筑"是好还是坏？
实施方式	研讨式

研讨结论

教师评语：

班级		小组		组长签字	
教师签字				日期	

任务4　权益筹资

案例导入

阿里巴巴 IPO 融资

阿里巴巴是全球企业间（B2B）电子商务的著名品牌，是目前全球最大的网上交易市场和商务交流社区。以"让天下没有难做的生意"为目标，秉持"客户第一、团队合作、拥抱变化、激情、诚信、敬业"的企业文化，阿里巴巴集团不断发展壮大，于2014年5月7日向美国证券交易委员会提交了IPO（首次公共募股）招股说明书。根据披露的招股书，阿里巴巴集团上市范围内的主要业务如下：淘宝和天猫及聚划算（中国国内网上零售平台）、1688.com 和 Alibaba.com（国内外贸易B2B的网上交易平台）、Aliexpress（国际零售业务）、阿里云计算（以数据为中心的云计算服务）、其他（主要为小卖家提供的微金融服务）等。

2014年9月19日，阿里巴巴在美国纽交所宣告上市，股票代码BABA，价格确定为每股68美元。上市当日，阿里巴巴集团股价首日涨幅38%，周五的交易量达到2.708 9亿美元，以周五收盘价计算的马云所持公司股票价值为180.3亿美元，阿里巴巴集团市值为2 314亿美元，这使得阿里巴巴成为仅次于谷歌的全球第二大市值互联网公司。

在这次IPO融资过程中，阿里巴巴集团采用了超额配售权制度，又称"绿鞋机制"，即承销商在股票上市之日起30天内，可以择机按同一发行价格比预定规模多发15%（一般不超过15%）的股份。"绿鞋机制"可以起到稳定新股股价的作用，上市之日起30天内，其快速上涨或下跌的现象将有所抑制，其上市之初的价格波动会有所收敛。根据之前披露的招股书，阿里巴巴IPO共发行3.2亿股美国存托股（ADS），此外，阿里巴巴还赋予承销商最高4 800万股美国存托股的超额配售权。

任务发布

讨论	6.4　阿里巴巴 IPO 融资
教师布置任务	
任务描述	1. 学生熟悉相关知识。 2. 教师结合案例问题组织学生进行研讨。 3. 将学生每5个人分成一个小组，分组研讨案例问题，通过内部讨论形成小组观点。 4. 每个小组选出一个代表陈述本组观点，其他小组可以对其进行提问，小组内其他成员也可以回答提出的问题；通过问题交流，将每一个需要研讨的问题都弄清楚，形成书面研讨结论。 5. 教师进行归纳分析，引导学生扎实理解权益筹资的种类及各自的优缺点。 6. 根据各组在研讨过程中的表现，教师点评赋分。
问题	1. 阿里巴巴成功在美国纽交所上市且超额完成筹资计划的关键因素是什么？ 2. 你还了解哪些权益筹资的方法？

相关知识

权益资金又称自有资金，是企业最基本的资金来源。企业权益资金的筹集方式主要有吸收直接投资、发行股票和利用留存收益等。

一、吸收直接投资

吸收直接投资是公司以协议等形式，按照共同投资、共同经营、共担风险、共享收益的原则，直接吸收国家、其他企业和个人等直接投入资本，形成公司资本金的一种筹资方式。

微课 12：吸收直接投资

（一）吸收直接投资的种类

1. 吸收国家投资

国家投资是指有权代表国家投资的政府部门或者机构以国有资产投入企业，这种情况下形成的资本叫国家资本。吸收国家投资一般具有以下特点：

（1）产权归属国家；
（2）资金的运用和处置受国家约束较大；
（3）在国有企业中采用比较广泛。

2. 吸收法人投资

法人投资是指其他企业、事业单位以其可支配的资产投入企业，以此形成法人资本。吸收法人投资一般具有以下特点：

（1）发生在法人单位之间；
（2）以参与企业利润分配为目的；
（3）出资方式灵活多样。

3. 吸收个人投资

个人投资是指社会个人或本企业内部职工以个人合法财产投入企业，这种情况下形成的资本称为个人资本。吸收个人投资一般具有以下特点：

（1）参加投资的人员较多；
（2）每人投资的数额相对较少；
（3）以参与企业利润分配为目的。

（二）吸收直接投资的出资方式

1. 现金投资

现金投资是吸收直接投资中最重要的出资形式。企业有了现金，就可获取所需物资、支付各种费用，以满足企业正常经营和日常周转需要，现金投资还具有最大的灵活性，因此，企业要争取投资者尽可能采用现金方式出资。

2. 实物投资

实物投资是指以房屋、建筑物、设备等固定资产和原材料、商品等流动资产所进行的投资。一般来说，企业吸收的实物投资应符合如下条件：确为企业科研、生产、经营所需，且技术性能比较好，作价公平合理。投资实物的具体作价，可由双方按公平合理的原则协商确定，也可聘请各方同意的专业资产评估机构评定。

3. 土地使用权投资

投资者也可以用土地使用权来进行投资。土地使用权是指按有关法规和合同的规定使用土地的权利。企业吸收土地使用权投资应符合以下条件：土地确实为企业科研、生产、销售活动所需要的，且交通、地理条件比较适宜，作价公平合理。

值得注意的是，企业获得土地使用权后，不能用于出售和抵押。

4. 工业产权投资

工业产权投资是指以商标权、专利权等无形资产所进行的投资。一般来说，企业吸收的工业产权投资应符合以下条件：

（1）能帮助企业研究和开发出新的高科技产品；
（2）能帮助企业生产出适销对路的高科技产品；

（3）能帮助企业改进产品质量，提高生产效率；
（4）能帮助企业大幅度降低各种消耗；
（5）作价比较合理。

企业在吸收工业产权投资时应谨慎，并且要进行认真的可行性研究。

（三）吸收直接投资的优缺点

1. 吸收直接投资的优点

（1）**能够增强企业信誉**。吸收直接投资所筹的资金属于企业的自有资本，与借入资本相比较，能提高企业的资信和借款能力。

（2）**有利于尽快形成生产能力**。吸收直接投资不仅可以筹取现金，而且能够直接获得所需的先进设备和技术，与仅筹取现金的筹资方式相比较，能尽快地形成生产经营能力，迅速开拓市场，产生经济效益。

（3）**有利于降低财务风险**。吸收直接投资可以根据企业经营状况的好坏，决定向投资者支付报酬的多少，比较灵活，不像发行普通股，有支付相对稳定股利的压力。

2. 吸收直接投资的缺点

（1）**资本成本较高**。当企业经营较好，盈利较多时，税后利润分配缺乏必要的规范，投资者往往要求将大部分盈余作为红利分配，因为向投资者支付的报酬是按其出资数额和企业实现利润的比率来计算的。

（2）**产权清晰程度差**。吸收直接投资由于没有证券为媒介，产权关系有时不够明晰，也不便于产权的交易。

二、发行股票

股票是股份公司为筹集资金而发行的有价证券，是持股人拥有公司股份的凭证，代表了持股人在股份公司中享有的权利和应承担的义务。

微课 13：股票的发行程序和方式

（一）股票的种类

1. 按股东权利和义务不同，分为普通股股票和优先股股票

普通股股票简称普通股，是公司发行的代表着股东享有平等的权利、义务，不加特别限制的，股利不固定的股票。普通股是最基本的股票，股份有限公司通常情况下只发行普通股。优先股股票简称优先股，是公司发行的相对于普通股具有一定优先权的股票。其优先权利主要表现在优先分配股利权和优先分配剩余财产权上。优先股股东在股东大会上无表决权，在参与公司经营管理上受到一定限制，仅对涉及优先股权利的问题有表决权。优先股与普通股的融资方式不同，与公司债券较为相似，优先股一般会优先设定股利支付率。

2. 按票面是否记名，分为记名股票和无记名股票

记名股票是在股票票面上记载了股东姓名或将名称记入公司股东名册的股票；无记名股票不登记股东名称，公司只记载股票数量、编号及发行日期。我国《公司法》规定，公司向发起人、国家授权投资机构、法人发行的股票，为记名股票；向社会公众发行的股票，可以为记名股票，也可以为无记名股票。记名股票的转让、继承要办理过户手续，而无记名股票则不需要。

3. 按发行对象和上市地点不同，分为 A 股、B 股、H 股、N 股和 S 股等

A 股即人民币普通股票，由我国境内公司发行，境内上市交易，它以人民币标明面值，以人民币认购和交易。B 股即人民币特种股票，由我国境内公司发行，境内上市交易，它以人民币标明面值，以外币认购和交易。H 股是注册地在内地、在香港上市的股票，依此类推，在纽约和新加坡上市的股票，就分别称为 N 股和 S 股。

（二）普通股筹资

1. 普通股股东的权利

按我国《公司法》的规定，普通股股东主要享有以下权利：

（1）**普通股股东对公司享有经营管理权**。普通股股东享有对公司的管理权，具体表现为投票权（有权投票选举董事会成员，并有权对公司重大事项投票表决）和查账

微课 14：普通股股东的权利

权（有权委托会计师事务所查账）。

（2）普通股股东对公司享有盈利分享权。公司盈利时，扣除优先股股息后，剩余部分基本上属于普通股股东，并且盈利分配的方案由股东大会决定。

（3）普通股股东享有优先认股权。当公司增发普通股时，原有股东有权按持有公司股票的比例，优先认购新股票，其目的是保证原股东的控制权。

（4）普通股股东享有剩余财产要求权。当公司解散、清算时，普通股股东对剩余财产享有要求权，但分配顺序排在优先股股东的后面。

（5）普通股股东享有股票转让权。普通股股东有权出售或转让股票，但必须符合《公司法》、其他法规和公司章程规定的条件和程序。

2. 普通股的发行方式

普通股的发行方式可以分为公开间接发行和不公开直接发行。

（1）公开间接发行是指通过中介机构，由证券机构承销。此方式发行范围广、发行对象多，易于足额募集资本；发行范围大，股票变现性强；有助于提高公司的知名度和扩大其影响力。但手续烦琐，发行成本高。

（2）不公开直接发行是指不向社会公开募集，只向少数特定对象发行。此方式弹性较大，发行成本低。但发行范围小，股票变现性差。

3. 普通股的发行价格

股票的发行价格是股票发行时使用的价格，也是投资者认购股票时所支付的价格。普通股的发行价格通常由发行公司根据股票面额、股市行情和其他相关因素决定。公司设立首次发行的股票价格，由发起人决定；公司增资发行新股的股票价格，由股东大会决定。普通股的发行价格可以和股票面额一致，但多数情况下不一致。我国规定，股票的发行价格可以等于票面金额，也可以超过票面金额，但不得低于票面金额。

4. 普通股筹资的优缺点

1）普通股筹资的优点

（1）没有固定的到期日，不用偿还。利用普通股筹集的资金是永久性资金，除非公司清算才需偿还。

（2）能降低公司的风险。普通股既无到期日，又无固定的股利负担，不存在不能偿付的风险，因此风险较小。

（3）没有固定的利息负担。当公司有盈余，并认为适合分配股利时，就可以分配给股东；当公司盈余较少，或虽有盈余但资金短缺或有更有利的投资机会时，就可少支付或不支付股利。

（4）能增强公司的信誉。利用普通股筹集的资金是公司主要的资金来源，可作为其他筹资方式的基础，有助于提高公司的信誉及公司的举债能力。

2）普通股筹资的缺点

（1）资金成本较高。发行普通股的资金成本一般高于债务资金，因为普通股股东期望报酬高，又因为股利要从税后净利润中支付，且发行费用也高于其他证券。

（2）容易分散原有股东的控制权。新股东的增加，会分散和削弱原股东对公司的控股权。

（三）优先股筹资

1. 优先股股东的权利

（1）优先分配股利权。优先股股利的分配在普通股之前，其股利是固定的，一般按面值的一定百分比计算。

微课16：普通股与优先股的权利

（2）优先分配剩余财产权。当企业清算时，优先股的剩余财产请求权位于债权人权益之后，但在普通股之前，一般按照优先股的面值加上累计未支付的股利计算。

（3）部分管理权。优先股股东的管理权是有严格限制的，比普通股股东的管理权小。优先股股东一般没有投票表决权，只在研究与优先股有关的事项时，优先股股东才有表决权。

2. 优先股筹资的优缺点

1）优先股筹资的优点

（1）没有固定的到期日，不用偿还本金。

（2）**股利支付率虽然固定，但又存在一定弹性**。当公司财务状况不佳时，也可暂不支付，不像债券到期无力偿还本息有破产风险。

（3）**有利于增强公司信誉**。优先股属于自有资金，既能增强公司信誉及借款能力，又能保持原普通股股权。

2）优先股筹资的**缺点**

（1）**资金成本高**。优先股股利要从税后利润中支付，不像债券利息可以税前支付。股利支付虽无约定性且可以延时，但仍增加了公司的财务负担。

（2）**优先股较普通股限制条款多**。发行优先股，通常有许多的限制条款，如对股利支付的限制、对公司借款的限制等，不利于公司的自主经营。

三、利用留存收益

留存收益也是权益资金的一种，是指企业的盈余公积、未分配利润等。与其他权益资金相比，留存收益的取得更为主动简便，它不需筹资活动，又无筹资费用，因此这种筹资方式既节约了成本，又维持了公司的控制权分布，不会稀释原有股东的控制权。但留存收益资金数额有限，最大数额是企业到期的净利润和以前年度未分配利润之和，不像外部筹资一次性可以筹集大量资金。

微课17：留存收益

财博士知识通

上海买卖股票的起源

1873年，上海轮船招商局发行的股票，是中国第一张正式的股票，也是第一张在中国第一家股票交易所上海平准股票公司上市交易的有纸股票。上海证券买卖究竟从什么时候开始，这个问题有很多争议。根据1882年9月27日上海申报上的记载，上海股票买卖的起源，是华商组织的上海平准股票公司。其后才有1891年上海西商组织的上海证券掮客工会（Shanghai Share brokers Association）以及1905年成立的上海众业公所（Shanghai Stock Exchange）。

上海平准股票公司开幕于1882年10月24日，据其章程规定，总资本为现银10万两，分为1 000股，每股100两。在内部组织机构中，设董事数人，正副执事2人，管理公司一切事务。此外聘账房2人，跑街2人，翻译1人，书记1人，庶务1人，学生2人。各种股票市价，每日公决后，即写挂水牌，并送登申报。至于买卖的手续，凡买进卖出，均由该公司给予一张发票，3个月后，凭发票到公司扣还回佣20%。如是门庄买卖，要买何种股票，需订购期限，订立合同。定价如到期，照现价兑进，不得毁议。如是远处函托买卖而素不相识者，则须先付定银一成。所以照当时的情形，不单对于股票行市有秘密的议定，就是对于保证金和佣金，也有相当的规定。

任务实施

结论	6.4 阿里巴巴 IPO 融资				
实施方式	研讨式				
研讨结论					
教师评语：					
班级		小组		组长签字	
教师签字				日期	

【企业伦理与职业道德】

企业发展的基石——信用

信用是"参与经济和社会活动的当事人之间所建立的一种信任关系",是"建立在授信人对受信人偿付承诺的信任基础上,使受信人不用立即付款就可获得商品、服务或货币的能力"。从来源或依据看,信用可分为人格信用和制度信用。前者以特定社会关系为基础,主要通过所信任的人际关系而建立,是一种人格化的信用,依据的是信任和道德。后者主要以契约、法律规则为基础,依赖合约与规则的约束力作为担保而建立信用关系。作为市场主体,企业信用应为商业或市场信用,属于制度信用。银行贷款、发行企业债券、融资租赁等筹资方式都是建立在企业信用基础之上的。

调查表明,在中国企业市场交易过程中,因信用缺失造成的无效成本已占到我国 GDP 的 10%～20%,直接和间接经济损失每年高达 5 855 亿元,相当于我国年财政收入的 37%,国民生产总值每年因此至少减少两个百分点。信用在企业创造品牌的过程中发挥着至关重要的作用,名牌产品一定是建立在信用基础上的,没有信用基础的品牌一定成不了名牌。海尔确定的"首先卖信誉,其次卖产品"的理念,就极大地推进了海尔创世界名牌战略的进程。相反,有些企业产品信用危机频出,极大地损坏了企业的品牌形象,从而最终危及企业的生存和企业核心竞争力。可见,企业信用修复已经刻不容缓。

企业信用修复是指失信企业在一定期限内按照规定的条件和程序,主动纠正失信行为,获准消除违法失信记录对其信用监管评价等级影响的过程。为使失信企业有机会改过自新而不至于"一蹶不振",有必要探索与设立信用修复机制,为其提供整改机会与救济渠道,以有利于市场经济整体的良性发展,有利于推动信用体系建设规范化、规范市场经济秩序、释放市场主体的活力、激励失信主体守信合规、保障失信主体的合法权利,这对于提升政府公信力、弘扬诚信文化、改善诚信环境都具有现实意义与实践价值。

问题思考:
1. 企业失信会产生什么样的后果?
2. 以企业诚信为例,思考一下,身为财会人员,哪些品质和职业操守是必须具备的?请举例说明。

知识巩固与技能提高

一、单选题

1. 采用销售百分比预测资金需要量时，下列属于非敏感项目的是（　　）。
   A. 预收账款　　　　　　　　　　　　B. 存货
   C. 应收账款　　　　　　　　　　　　D. 公司债券
2. 下列筹资方式中，常用来筹措短期资金的是（　　）。
   A. 发行股票　　　　　　　　　　　　B. 发行企业债券
   C. 商业信用　　　　　　　　　　　　D. 融资租赁
3. 当股份公司由于破产进行清算时，优先股的索赔权应位于（　　）的持有者之前。
   A. 债券　　　　　　　　　　　　　　B. 商业汇票
   C. 普通股　　　　　　　　　　　　　D. 各种有价证券
4. 下列各项中不属于商业信用的是（　　）。
   A. 应付账款　　　　　　　　　　　　B. 应付票据
   C. 预收账款　　　　　　　　　　　　D. 应付工资
5. 优先股和债券的相同点是（　　）。
   A. 没有到期日　　　　　　　　　　　B. 公司需要向投资者支付固定报酬
   C. 不需要偿还本金　　　　　　　　　D. 股利在税后支付
6. 相对于股票筹资而言，不属于银行借款筹资优点的是（　　）。
   A. 筹资速度快　　　　　　　　　　　B. 资本成本低
   C. 借款弹性好　　　　　　　　　　　D. 财务风险小
7. 企业采用（　　）方式筹集资金，能降低财务风险，但是往往资本成本较高。
   A. 发行企业债券　　　　　　　　　　B. 发行股票
   C. 银行借款　　　　　　　　　　　　D. 利用商业信用
8. 在其他条件不变的情况下，借入资金的比例越大，企业面临的财务风险（　　）。
   A. 越大　　　　　　　　　　　　　　B. 不变
   C. 越小　　　　　　　　　　　　　　D. 逐年下降
9. 能够引起企业自有资金增加的筹资方式是（　　）。
   A. 吸收直接投资　　　　　　　　　　B. 发行公司债券
   C. 利用商业信用　　　　　　　　　　D. 留存收益转增资本
10. 普通股和优先股的共同缺点包括（　　）。
    A. 财务风险大　　　　　　　　　　　B. 筹资成本高
    C. 容易分散控制权　　　　　　　　　D. 筹资限制多

二、多选题

1. 以下属于商业信用的是（　　）。
   A. 预收账款　　　　　　　　　　　　B. 商业汇票
   C. 赊购商品　　　　　　　　　　　　D. 融资租赁
2. 普通股股东具有的权利包括（　　）。
   A. 查账权　　　　　　　　　　　　　B. 分享盈余权
   C. 剩余财产要求权　　　　　　　　　D. 优先认股权

3. 企业短期资金的主要来源包括（　　）。
   A. 商业信用　　　　　B. 留存收益　　　　　C. 发行股票　　　　　D. 短期借款
4. 下列筹资方式中筹集资金属企业负债的有（　　）。
   A. 银行借款　　　　　　　　　　　　　B. 发行企业债券
   C. 融资租赁　　　　　　　　　　　　　D. 商业信用
5. 对企业而言，发行股票筹资的优点有（　　）。
   A. 提供公司信誉　　　　　　　　　　　B. 降低财务风险
   C. 降低企业资本成本　　　　　　　　　D. 使用不受限制
6. 融资租赁的租金包括（　　）。
   A. 设备买价　　　　　B. 利息　　　　　C. 租赁手续费　　　　D. 安装费
7. 吸收居民个人资金，可以采用的筹资方式有（　　）。
   A. 吸收直接投资　　　　　　　　　　　B. 发行股票
   C. 融资租赁　　　　　　　　　　　　　D. 发行企业债券
8. 下列各项中，信用贷款是指（　　）的借款。
   A. 筹资成本低　　　　　　　　　　　　B. 以借款人信誉为依据
   C. 无须财产抵押　　　　　　　　　　　D. 无限制条件
9. 相对于普通股股东而言，优先股股东所拥有的优先权是（　　）。
   A. 优先管理权　　　　　　　　　　　　B. 优先表决权
   C. 优先分配股利权　　　　　　　　　　D. 优先分配剩余财产权
10. 向银行借款筹资的优点有（　　）。
    A. 筹资金额多　　　　　　　　　　　　B. 筹资速度快
    C. 筹资灵活性大　　　　　　　　　　　D. 筹资成本低
11. 普通股的资金成本比债务资金高，主要原因是（　　）。
    A. 股利要从税后利润中支付　　　　　　B. 股东承担较大的风险，从而要求较高的投资报酬率
    C. 发行费用较高　　　　　　　　　　　D. 股利支付率较高

三、判断题

1. 留存收益是企业利润所形成的，所以留存收益没有资本成本。（　　）
2. 尽管融资租赁比借款购置设备更迅速、更灵活，但租金也比借款利息高得多。（　　）
3. 发行股票筹资，既能为企业带来杠杆利益，又具有抵税效应，所以企业在筹资时应优先考虑发行股票。（　　）
4. 相对于发行企业债券筹资而言，银行借款筹资具有资本成本低，筹资风险小，能够产生财务杠杆效应等优点。（　　）
5. 发行优先股的上市公司如不能按规定支付优先股股利，优先股股东有权要求公司破产。（　　）
6. 企业在利用商业信用筹资时，如果企业不放弃现金折扣，则没有实际成本。（　　）
7. 吸收直接投资中的出资者都是企业的所有者，但他们对企业并不一定享有经营管理权。（　　）
8. 根据资金筹集的及时性原则，企业应尽早地筹集生产所需的资金，以免影响生产经营正常进行。（　　）
9. 发行普通股所筹集的资金在公司存续期间不需要偿还，所以也不需要成本。（　　）
10. 债券利息和优先股股利都作为财务费用在所得税前支付。（　　）

四、实训题

【实训1】

某企业年度资金平均占用额为2 000万元，经分析，其中不合理部分为200万元。预计下一年度销售增长6%，资金周转加速3%。

要求：预测该企业下一年度资金需要量为多少？

【实训 2】

某企业 2020 年年末的简要资产负债及相关信息如表 6-4 所示。该企业 2020 年实现销售额 100 万元，销售净利率为 12%，利润留存率为 40%。假定 2021 年该企业销售额预计增长 20%，且该企业的固定资产利用能力已经饱和，销售净利率和利润留存率仍保持 2020 年的水平。

表 6-4　某企业简要资产负债及相关信息
（2020 年 12 月 31 日）

万元

资产	金额	与销售额的关系	负债与所有者权益	金额	与销售额的关系
库存现金	30	5%	短期借款	30	N
应收账款	70	15%	应付票据	18	5%
存货	100	25%	应付账款	80	10%
固定资产	170	10%	实收资本	200	N
无形资产	18	N	留存收益	60	N
合计	388	55%	合计	388	15%

要求：

（1）指出哪些项目预计随销售额的变动而变动？

（2）用销售百分比法预测该企业 2021 年需要向外界融资的金额。

【实训 3】

某企业于 2018 年 1 月 1 日从租赁公司租入一套大型设备用于生产，价值 200 万元，租期 8 年，租赁期满时预计残值 30 万元，租赁期满后设备归还租赁公司，年利率 7%，租赁手续费率 2%，租金每年年末支付一次。

要求：根据上述资料计算承租方每年年末支付的租金为多少？

学习成果认定

		学生自评		
专业能力	评价指标	自测结果		要求 （A 掌握；B 基本掌握；C 未掌握）
筹资概述及资金需求量的预测	1. 筹资的含义 2. 筹资的动机 3. 筹资的渠道 4. 筹资的方式 5. 资金需求量的预测	A□ B□ C□ A□ B□ C□ A□ B□ C□ A□ B□ C□ A□ B□ C□		能够掌握筹资的含义和渠道，理解筹资的动机、方式，掌握资金需求量预测的计算方法
负债筹资方式的比较分析	1. 负债筹资的方式 2. 不同负债筹资方式的优缺点 3. 融资租赁租金的计算	A□ B□ C□ A□ B□ C□ A□ B□ C□		理解不同负债筹资方式的含义，了解其发行程序，掌握各种负债筹资方式的优缺点，掌握融资租赁租金的计算方法
权益筹资方式的比较分析	1. 权益筹资的方式 2. 不同权益筹资方式的优缺点 3. 普通股和优先股的区别	A□ B□ C□ A□ B□ C□ A□ B□ C□		理解不同权益筹资方式的含义，掌握各种权益筹资方式的优缺点，了解普通股和优先股的区别
职业道德、思想意识	1. 筹资管理的全局意识 2. 遵纪守法、遵守职业道德 3. 诚信守法、节约成本意识	A□ B□ C□ A□ B□ C□ A□ B□ C□		专业素质、思想意识得以提升，德才兼备，能胜任为企业制定合理筹资方案的工作
		小组评价		
团队合作	A□ B□ C□		沟通能力	A□ B□ C□
		教师评价		
教师评语				
成绩		教师签字		

项目 7

资本成本和资本结构

学习目标

【素质目标】
1. 形成正确的就业观和创业意识
2. 养成良好的职业道德和严谨的工作态度
3. 形成自主学习的能力和革新创新的意识
4. 培养团队合作精神

【知识目标】
1. 了解资本成本的作用
2. 理解资本成本、杠杆效应及资本结构的概念
3. 掌握个别资本成本、综合资本成本、边际资本成本的计算方法
4. 掌握杠杆效应的计量方法
5. 掌握资本结构优化的方法

【能力目标】
1. 能够运用资本成本的计算方法来确定各类筹资方案的资本成本
2. 能够运用杠杆系数确定杠杆效应
3. 能够运用确定最佳资本结构的方法为筹资方案作出决策

知识架构

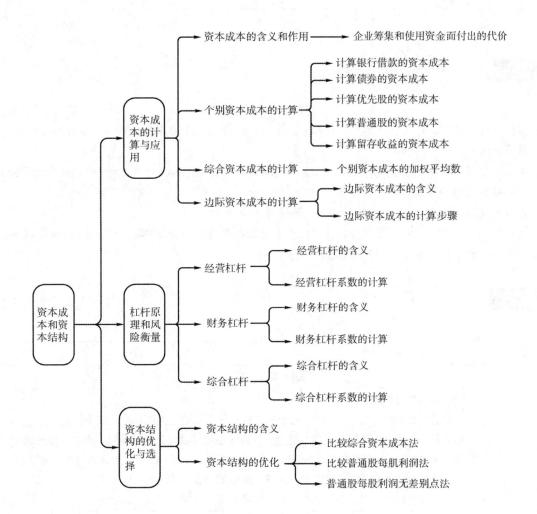

任务1 资本成本的计算与应用

案例导入

资本成本的计算

某公司拟筹资 5 000 万元用于一个项目的投资,该项目投资收益率为 12%,所得税税率为 25%。公司选择了以下四种筹资方式:

(1) 从银行取得年利率为 5%、每年付息一次、到期还本的三年期借款 1 000 万元,借款的手续费率为 0.1%;

(2) 按面值发行债券 1 000 万元,票面利率为 10%,筹资费用率(简称筹资费率)为 2%;

(3) 发行优先股 800 万元,股息率为 12%,筹资费用率为 3%;

(4) 发行普通股 2 200 万元,筹资费用率 5%,预计第一年股利率为 12%,以后每年按 4% 递增。

思考:该公司的资本成本是多少?是否应该投资该项目?

任务发布

计算	7.1 资本成本的计算
教师布置任务	
任务描述	1. 学生熟悉相关知识。 2. 学生每 5 个人分成一个小组,分组完成计算任务,通过内部讨论形成小组观点。 3. 每个小组选出一个代表陈述本组观点,其他小组可以对其进行提问,小组内其他成员也可以回答提出的问题;通过问题交流,将每一个需要研讨的问题都弄清楚,形成书面计算结果。 4. 教师进行归纳分析,引导学生掌握资本成本的计算方法。 5. 根据各组在研讨过程中的表现,教师点评赋分,学生互评打分。
问题	1. 该公司的资本成本是多少? 2. 是否应该投资该项目?

相关知识

一、资本成本的含义和作用

(一) 资本成本的含义

资本成本(资金成本) 是指企业筹集和使用资金而付出的代价,通常包括筹资费用和用资费用。

筹资费用也叫资金筹集费,是指企业在筹集资金过程中为取得资金而发生的各项费用,如银行借款手续费,发行股票、债券等有价证券而支付的印刷费、评估费、公证费、宣传费及承销费等。筹资费用一般金额较低,在筹集资金时一次性发生,资金使用过程中不再发生,可作为筹资额的扣除项。

用资费用也叫资金占用费,是指在使用资金的过程中向出资者支付的报酬,如银行借款和债券的利息、股票的股利等。用资费用伴随着企业使用资金的过程而产生,其数额因使用资金的数量和时间长短而不同,属相对变动费用。

（二）资本成本的作用

资本成本是企业财务管理的重要概念，它的作用主要表现在以下几个方面：

1. 资本成本是企业选择资金来源和筹资方式的主要依据

资本成本是决定企业筹资活动的首要因素。在评价各种筹资方案时，企业考虑的因素很多，包括资本成本、筹资的难易程度、对出资者吸引力的大小、是否影响股东的控制权等，其中最重要的因素就是资本成本，在其他条件相同或对企业影响不大时，应选择资本成本最低的筹资方式。

微课1：个别资本成本的概念及种类

2. 资本成本是评价投资项目是否可行的重要标准

资本成本通常被用来衡量投资项目是否可行。一般来说，人们将资本成本作为最低收益率标准，如果投资项目的预期投资报酬率大于资本成本，投资项目就具有财务可行性；另外，如果有多个项目可供选择，那么用投资报酬率减去资本成本率，其正差额最大的项目是效益最高的，应予首选。

3. 资本成本可以作为企业经营成果的衡量标准

资本成本是用资企业支付给资本出让方的报酬，是使用资本应获得收益的最低界限。一定时期资本成本的高低不仅反映了财务经理的管理水平，还可用于衡量企业整体的经营业绩。如果企业的经营利润率低于资本成本，就说明企业经营业绩欠佳。

（三）资本成本的计算模型

资本成本可以用绝对数资本成本总额表示，也可以用相对数，即每年的资本成本率表示，但在实务中，一般使用相对数来表示，资本成本率是用资费用和实际筹集到资金（筹资总额扣除筹资费用后的差额）的比率。通用计算公式为：

$$资本成本率 = \frac{用资费用}{筹资总额 - 筹资费用} \times 100\%$$

$$= \frac{用资费用}{筹资总额 \times (1 - 筹资费用率)} \times 100\%$$

二、个别资本成本的计算

个别资本成本是指使用各种长期资金的成本，主要有银行借款的资本成本、债券的资本成本、优先股的资本成本、普通股的资本成本和留存收益的资本成本等。

（一）计算银行借款的资本成本

银行借款的资本成本包括借款利息和借款手续费。由于借款利息一般允许在所得税前支付，因此，**企业实际负担的利息为税后利息**。所以，银行借款的资本成本的计算公式为：

$$K_L = \frac{I_L \times (1-T)}{L \times (1-f)} \times 100\%$$

$$= \frac{R_L \times (1-T)}{1-f} \times 100\%$$

微课2：个别资本成本的计算

式中，K_L 为长期借款的资本成本；

I_L 为长期借款年利息；

T 为所得税税率；

L 为长期借款总额；

f 为筹资费用率；

R_L 为长期借款的年利率。

【例7-1】某公司向银行取得5年期长期借款500万元，年利率为10%，每年付息一次，到期一次还本，借款手续费率为0.2%，企业所得税税率为25%。计算该银行借款的资本成本。

解：

该银行借款的资本成本为：

$$K_L = \frac{10\% \times (1-25\%)}{1-0.2\%} \times 100\% = 7.52\%$$

（二）计算债券的资本成本

债券的资本成本包括债券利息和债券发行费用。其计算公式为：

$$K_b = \frac{I_b \times (1-T)}{B \times (1-f)} \times 100\%$$

式中，K_b 为债券的资本成本；

I_b 为债券年利息；

T 为所得税税率；

B 为债券筹资总额；

f 为筹资费用率。

因为债券可以按面值发行，也可以折价或者溢价发行，所以债券发行价格和面值并不一定相同。筹资总额应按照债券发行价格计算，而债券的年利息应按照面值计算，每份债券的年利息应为面值乘以票面利率。

【例7-2】某公司发行一笔期限为10年的债券，债券面值为500万元，票面利率为12%，每年付息一次，发行费率为6%，所得税税率为25%，债券按面值等价发行，则这笔债券的资本成本是多少？如果债券是溢价发行，发行价格为600万元，资本成本又是多少？

解：

按面值发行的债券的资本成本为：

$$K_b = \frac{500 \times 12\% \times (1-25\%)}{500 \times (1-6\%)} \times 100\% = 9.57\%$$

如果是溢价发行，债券的资本成本变为：

$$K_b = \frac{500 \times 12\% \times (1-25\%)}{600 \times (1-6\%)} \times 100\% = 7.98\%$$

（三）计算优先股的资本成本

企业发行优先股的资本成本包括筹资费用和优先股股利。优先股股利是税后支付的，不能抵减所得税，其计算公式为：

$$K_p = \frac{D_p}{P_p \times (1-f)} \times 100\%$$

式中，K_p 为优先股的资本成本；

D_P 为优先股股利；

P_P 为优先股筹资总额；

f 为筹资费用率。

【例7-3】某公司发行优先股，总面额为200万元，总价为220万元，筹资费用率为6%，每年支付12%的股利，则该优先股的资本成本是多少？

解：

该优先股的资本成本为：

$$K_p = \frac{200 \times 12\%}{220 \times (1-6\%)} \times 100\% = 11.61\%$$

（四）计算普通股的资本成本

普通股的资本成本包括支付的筹资费用和股利两部分。但是，普通股的资本成本的计算相对复杂，因为每个时期普通股股利不同，它取决于企业的获利水平和股利政策，所以其资本成本也不同。常见的普通股的资本成本的计算方法有股利增长模型法和资本资产定价模型法。

1. 股利增长模型法

如果人们假设公司支付的股利每年有固定的增长率，此时，普通股的资本成本为：

$$K_S = \frac{D_1}{P_0 \times (1-f)} + g$$

式中，K_S 为普通股的资本成本；

D_1 为普通股第 1 年的股利；

P_0 为普通股筹资总额；

f 为筹资费用率；

g 为固定的股利增长率。

【例 7-4】 某公司准备增发普通股，每股发行价格为 15 元，筹资费用率为 6%，预计第 1 年分配现金股利每股 1.8 元，以后每年增长 5%，那么其资本成本为多少？

解：

普通股的资本成本为：

$$K_S = \frac{1.8}{15 \times (1-6\%)} + 5\% = 17.77\%$$

2. 资本资产定价模型法

资本资产定价模型法实质是一种将股东的预期投资报酬率作为企业资本成本的方法。股东的预期投资报酬率可以分为无风险报酬率和风险报酬率两部分。其计算公式为：

$$K_S = R_f + \beta \times (R_m - R_f)$$

式中，K_S 为普通股的资本成本；

R_f 为无风险报酬率；

R_m 为股票市场的平均报酬率；

β 为衡量某种股票风险程度的指标。

【例 7-5】 某公司的股票 β 值为 1.5，无风险报酬率为 5%，股票市场的平均报酬率为 15%，则该股票的资本成本为多少？

解：

该股票的资本成本为：

$$K_S = 5\% + 1.5 \times (15\% - 5\%) = 20\%$$

（五）计算留存收益的资本成本

留存收益是由公司税后利润形成的，属于权益资本。它属于普通股股东所有，其实质是普通股股东对企业的再投资行为，所以留存收益的资本成本和普通股的资本成本计算方法类似，不同的是它不需要产生筹资费用。

$$K_R = \frac{D_1}{P_0} + g$$

式中，K_R 为留存收益的资本成本；

D_1 为普通股第 1 年的股利；

P_0 为普通股筹资总额；

g 为固定的股利增长率。

从这个公式中可以看出，留存收益的资本成本和留存收益的多少没有关系。

想一想： 为什么留存收益的资本成本和留存收益的金额无关呢？

【例 7-6】 某公司留存收益金额为 500 万元，其增发的普通股每股发行价格为 15 元，筹资费用率为 6%，预计第 1 年分配现金股利每股 1.8 元，以后每年增长 5%，那么其资本成本为多少？

解：

留存收益的资本成本为：

$$K_R = \frac{1.8}{15} + 5\% = 17\%$$

三、综合资本成本的计算

一般来说,企业的筹资渠道、筹资方式是多种多样的,人们除了要了解每一种筹资方式的资本成本外,还要了解企业的综合资本成本。所谓综合资本成本,就是指一个企业各种不同筹资方式总的平均资本成本。它是以各种资本所占的比重为权数,对各种资本成本进行加权平均计算出来的,所以又称加权平均资本成本。其计算公式为:

$$K_W = \sum_{j=1}^{n} K_j \times W_j$$

式中,K_W 为普通股的资本成本;

K_j 为第 j 种筹资方式的资本成本;

W_j 为第 j 种筹资方式所占的比重。

【例7-7】 某企业共有资金2 000万元,其中银行借款100万元,长期债券500万元,普通股1 000万元,留存收益400万元。以上四种资金的成本依次为5%、6%、12%、11%。该企业的综合资本成本为多少?

解:

该企业的综合资本成本为:

$$K_W = \frac{100 \times 5\% + 500 \times 6\% + 1\,000 \times 12\% + 400 \times 11\%}{2\,000} = 9.95\%$$

四、边际资本成本的计算

(一)边际资本成本的含义

在多种筹资方式下,企业的资本结构不会一直保持不变,即使企业的资本结构不变,随着追加筹资的不断增加,也会由于个别资本成本的变化而使企业综合资本成本发生变动。因此,企业在追加筹资时,了解边际资本成本就显得很重要。

边际资本成本是指资本每增加一个单位而增加的成本。在现实中,边际资本成本在某一筹资范围内相对稳定,当筹资总额超出这一特定范围后,就会有所提高。因此,边际资本成本也可以理解为随筹资额增加而不断提高的平均资本成本。

(二)边际资本成本的计算步骤

边际资本成本的计算分为4步:

(1)确定目标资本结构;

(2)测算个别资本成本;

(3)计算筹资总额的分界点(突破点);

根据目标资本结构和各种个别资本成本变化的分界点(突破点),计算筹资总额的分界点(突破点)。其计算公式为:

$$筹资总额的分界点 = \frac{某种筹资方式个别资本成本变化的分界点}{某种筹资方式所占比例}$$

(4)计算边际资本成本。

根据计算出的分界点,可得出若干个新的筹资范围,对各筹资范围分别计算综合资本成本,即可得到各种筹资范围的边际资本成本。

【例7-8】 某公司目前拥有长期资本4 000万元,其中长期借款600万元,资本成本3%;债券1 000万元,资本成本10%;普通股2 400万元,资本成本13%。公司由于经营规模扩大,拟筹集新的长期资本,经分析研究认为,公司目前的资本结构较为理想,增资后应保持当前的资本结构,要求确定追加筹资的边际资本成本。

(1)确定目标资本结构。

目前的资本结构中,长期借款比重 = 600 ÷ 4 000 × 100% = 15%

债券比重 = 1 000 ÷ 4 000 × 100% = 25%

普通股比重 = 2 400 ÷ 4 000 × 100% = 60%

公司认为目前的资本结构较为理想,因而增资后应维持当前的资本结构。

(2)测算个别资本成本。

经测算,该公司3种筹资方式个别资本成本的变化情况如表7-1所示。

表 7-1 某公司个别资本成本的变化情况

筹资方式	目标资本结构/%	个别资本成本/%	新筹资范围/万元
长期借款	15	3	45以内
		5	45~90
		7	90以上
债券	25	10	200以内
		11	200~400
		12	400以上
普通股	60	13	300以内
		14	300~600
		15	600以上

(3)计算筹资总额的分界点。

由长期借款的资本成本变化的分界点计算出筹资总额的分界点有:

$$筹资总额的分界点_1 = \frac{45}{15\%} = 300(万元)$$

$$筹资总额的分界点_2 = \frac{90}{15\%} = 600(万元)$$

由债券的资本成本变化的分界点计算出筹资总额的分界点有:

$$筹资总额的分界点_3 = \frac{200}{25\%} = 800(万元)$$

$$筹资总额的分界点_4 = \frac{400}{25\%} = 1\,600(万元)$$

由普通股的资本成本变化的分界点计算出筹资总额的分界点有:

$$筹资总额的分界点_5 = \frac{300}{60\%} = 500(万元)$$

$$筹资总额的分界点_6 = \frac{600}{60\%} = 1\,000(万元)$$

(4)计算边际资本成本。

根据上一步计算出的6个分界点,可以把筹资总额分为7个不同的范围。分别计算每个范围的综合资本成本,即为边际资本成本,如表7-2所示。

表 7-2 边际资本成本的计算

序号	筹资总额区间/万元	筹资方式	目标资本结构/%	个别资本成本/%	边际资本成本/%
1	300以下	长期借款	15	3	10.75
		债券	25	10	
		普通股	60	13	
2	300~500	长期借款	15	5	11.05
		债券	25	10	
		普通股	60	13	

续表

序号	筹资总额区间/万元	筹资方式	目标资本结构/%	个别资本成本/%	边际资本成本/%
3	500～600	长期借款	15	5	11.65
		债券	25	10	
		普通股	60	14	
4	600～800	长期借款	15	7	11.95
		债券	25	10	
		普通股	60	14	
5	800～1 000	长期借款	15	7	12.2
		债券	25	11	
		普通股	60	14	
6	1 000～1 600	长期借款	15	7	12.8
		债券	25	11	
		普通股	60	15	
7	1 600以上	长期借款	15	7	13.05
		债券	25	12	
		普通股	60	15	

财博士知识通

优序融资理论

不同资金来源的资本成本率的高低各不相同且不固定,但总体上看,存在这样一种基本规律,即普通股成本最高,优先股成本次之,长期负债的成本相对较低。在资本市场充分发达的情况下,不同类别的资本成本又呈现出一种相对稳定的状态。

债务融资具有抵税利益,只有当债务融资超过特定分界点时,增加的破产成本和代理成本才会抵消企业节税利益,因此,企业保持合理的债务比例有助于企业价值的提升。债务融资对管理者具有激励作用,可在一定程度上降低由于所有权和控制权分离而产生的代理成本。通常而言,债务融资向市场传递的是积极信号,有助于提高企业的市场价值。

总之,在各类资本成本既定的前提下,优化融资结构有助于企业总资本成本水平的降低。在西方企业实践中,大部分的企业在融资时首选内部融资,若需外部融资,则首选发行债券,然后才发行股票,这就是现代资本结构理论中的优序融资理论。

任务实施

结论	7.1 资本成本的计算
实施方式	计算式

计算结果

教师评语：

班级		小组		组长签字	
教师签字				日期	

任务2　杠杆原理和风险衡量

案例导入

首家债务违约国企天威集团破产重组

天威集团始建于1958年,前身为保定变压器厂,1995年改制成为高新技术企业集团,主要产业为输变电、新能源两大块,2008年成为中国兵器装备集团公司(以下简称兵装集团)全资控股公司。作为主营光伏新能源的"国家队"企业,天威集团同样未能摆脱2012年以来光伏行业经营环境急剧恶化的困境。

天威集团从2011年开始持续出现大面积亏损,三年以来亏损额分别为11亿元、33亿元、63亿元,财务恶化情况非常严重。2013年年底,天威集团向母公司兵装集团财务公司的委托贷款逾期,从此拉开了债务违约大幕,截至2015年,天威集团发行的四期债券共计45亿元已全部违约,成为首家债务违约的国企。

除了债务到期步步紧逼,天威集团的经营状况尚无根本改观的迹象。天威集团在四川的光伏公司于2013年已部分停产,天威集团新能源控股的在美国纳斯达克上市的美国Hoku科技公司因光伏行业低迷,目前也已退市。

2015年天威集团发布公告,由于公司及3家子公司无力偿还到期债务,拟申请破产重组。

任务发布

讨论	7.2　首家债务违约国企天威集团破产重组
教师布置任务	
任务描述	1. 学生熟悉相关知识。 2. 教师结合案例问题组织学生进行研讨。 3. 将学生每5个人分成一个小组,分组研讨案例问题,通过内部讨论形成小组观点。 4. 每个小组选出一个代表陈述本组观点,其他小组可以对其进行提问,小组内其他成员也可以回答提出的问题;通过问题交流,将每一个需要研讨的问题都弄清楚,形成书面研讨结论。 5. 教师进行归纳分析,引导学生理解财务风险和经营风险的含义以及衡量方法。 6. 根据各组在研讨过程中的表现,教师点评赋分。
问题	1. 简要评价天威集团的经营风险和财务风险。 2. 如何衡量企业的经营风险和财务风险?

相关知识

一、经营杠杆

(一)经营杠杆的含义

经营杠杆是指固定性经营成本的存在,使得息税前利润变动率大于销量变动率的杠杆效应。在一定的经营规模条件下,固定成本总额是一个固定不变的数值,当产销量增加时,单位产品分摊的固定成本会随之下降;反之,当产销量下降时,单位产品分摊的固定成本会随之上升。这一切都会导致息税前利润以更大的幅度变动,这就是经营杠杆效应。

例如，某公司连续 3 年的销售、利润情况如表 7-3 所示。

表 7-3　某公司连续 3 年的销售、利润情况

元

项目	第 1 年	第 2 年	第 3 年
单价	200	200	200
单位变动成本	150	150	150
单位边际贡献	50	50	50
销售量	20 000	40 000	60 000
边际贡献	1 000 000	2 000 000	3 000 000
固定成本	600 000	600 000	600 000
息税前利润（EBIT）	400 000	1 400 000	2 400 000

由表 7-3 可见，从第 1 年到第 2 年，销量增长了 100%，息税前利润增长了 250%；从第 2 年到第 3 年，销量增长了 50%，息税前利润增长了 71.43%。这验证了经营杠杆的存在。只要有固定成本，就一定存在经营杠杆效应。

微课 5：杠杆效应

（二）经营杠杆系数的计算

经营杠杆系数（DOL）是衡量经营杠杆效应的常用指标，经营杠杆系数衡量企业经营风险的大小。经营杠杆系数的定义式为：

$$经营杠杆系数（DOL）=\frac{息税前利润变动率}{销量变动率}$$

【例 7-9】根据表 7-3 的资料，计算该公司第 2 年和第 3 年的经营杠杆系数。

解：

第 2 年的经营杠杆系数为：

$$DOL_2=\frac{(1\ 400\ 000-400\ 000)/400\ 000}{(40\ 000-20\ 000)/20\ 000}=\frac{250\%}{100\%}=2.5$$

第 3 年的经营杠杆系数为：

$$DOL_3=\frac{(2\ 400\ 000-1\ 400\ 000)/1\ 400\ 000}{(60\ 000-40\ 000)/40\ 000}=\frac{71.43\%}{50\%}\approx1.43$$

微课 6：经营杠杆系数及计算

利用上述定义式计算企业的经营杠杆系数，只能是在掌握销售净利率和销量变动情况之后，也就是说，这种反应是滞后的，不能用于经营风险的预测。为此，人们可以使用经营杠杆系数的计算式：

$$经营杠杆系数（DOL）=\frac{基期边际贡献}{基期息税前利润}$$

这里的基期指的是上一期。

【例 7-10】根据表 7-3 的资料，使用计算式，计算该公司第 2 年和第 3 年的经营杠杆系数。

解：

第 2 年的经营杠杆系数为：

$$DOL_2=\frac{1\ 000\ 000}{400\ 000}=2.5$$

第 3 年的经营杠杆系数为：

$$DOL_3=\frac{2\ 000\ 000}{1\ 400\ 000}\approx1.43$$

微课 7：经营杠杆与经营风险

值得指出的是，经营风险是指企业由于生产经营上的原因而导致利润波动的风险。产品的市场需求、价格、成本等因素的不确定性是引起企业经营风险的主要原因，经营杠杆本身并不是利润不稳定的根源。但是，经营杠杆放大了市场和生产等因素变化对利润波动的影响。经营杠杆系数越高，表明利润波动程度越大，企

业经营风险也就越大。

二、财务杠杆

(一) 财务杠杆的含义

财务杠杆是指固定筹资成本的存在，使得普通股每股利润的变动率高于息税前利润的变动率，这里的固定筹资成本，既包括债务利息，也包括优先股股利。财务杠杆反映了股权资本报酬的波动性，用以评价企业的财务风险。

在其他条件不变的情况下，企业支付的债务利息、优先股股利等融资成本是相对固定的，因而当息税前利润增长时，每一元息税前利润所负担的固定资本成本就会减少；当息税前利润减少时，每一元息税前利润所负担的固定融资成本就会相应增加，这一切都会导致普通股每股利润以更大幅度随息税前利润的变动而变动，这就是财务杠杆效应。如表7-4所示。

表7-4 某公司普通股每股利润资料

元

项目	第1年	第2年	第3年
息税前利润（EBIT）	400 000	1 400 000	2 400 000
债务利息	200 000	200 000	200 000
税前利润	200 000	1 200 000	2 200 000
所得税	50 000	300 000	550 000
税后利润	150 000	900 000	1 650 000
普通股每股利润（EPS）	0.75	4.5	8.25

由表7-4可知，从第1年到第2年，息税前利润增加了250%，普通股每股利润增加了500%；从第2年到第3年，息税前利润增加了71.43%，普通股每股利润增加了83.33%，这验证了财务杠杆效应的存在。只要存在固定筹资成本，就一定会存在财务杠杆效应。

(二) 财务杠杆系数的计算

财务杠杆系数（DFL）是衡量财务杠杆效应的常用指标，财务杠杆系数衡量企业财务风险的大小。财务杠杆系数的定义式为：

$$财务杠杆系数（DFL）=\frac{普通股每股利润变动率}{息税前利润变动率}$$

【例7-11】根据表7-4的资料，计算该公司第2年和第3年的财务杠杆系数。

解：

第2年的财务杠杆系数为：

$$DFL_2=\frac{(4.5-0.75)/0.75}{(1\ 400\ 000-400\ 000)/400\ 000}=\frac{500\%}{250\%}=2$$

第3年的财务杠杆系数为：

$$DFL_3=\frac{(8.25-4.5)/4.5}{(2\ 400\ 000-1\ 400\ 000)/1\ 400\ 000}=\frac{83.33\%}{71.43\%}\approx1.17$$

和经营杠杆相同，利用上述定义式计算企业的财务杠杆系数，只能是在掌握普通股每股利润和销售净利率变动情况之后，也就是说，这种反应是滞后的，不能用于财务风险的预测。为此，人们可以使用财务杠杆系数的计算式：

$$财务杠杆系数（DFL）=\frac{基期息税前利润}{基期息税前利润-利息-\dfrac{优先股股利}{1-所得税税率}}$$

这里的基期指的是上一期。

【例 7-12】根据表 7-4 的资料，使用计算式，计算该公司第 2 年和第 3 年的财务杠杆系数。

解：

第 2 年的财务杠杆系数为：

$$DFL_2 = \frac{400\ 000}{400\ 000 - 200\ 000} = 2$$

第 3 年的财务杠杆系数为：

$$DFL_3 = \frac{1\ 400\ 000}{1\ 400\ 000 - 200\ 000} \approx 1.17$$

财务风险是指企业由于筹资原因产生的固定融资成本负担而导致的普通股每股利润波动的风险。引起企业财务风险的因素有企业息税前利润、资本规模、企业资本结构、固定融资成本等，财务杠杆本身并不是财务风险产生的根源。但是，财务杠杆加大了财务风险，企业举债比重越大，财务杠杆效应越强，财务风险越大。利用财务杠杆效应，企业适度负债经营，在盈利条件下可能给普通股股东带来更多的利益，从而发挥财务杠杆作用。

> **谆谆教诲**
>
> 承担风险，无可厚非，但千万不要孤注一掷。
>
> ——（美）乔治·索罗斯

三、综合杠杆

（一）综合杠杆的含义

综合杠杆是指由于固定性经营成本和固定性筹资成本的存在，导致普通股每股利润变动率高于产销量的变动率的现象。综合杠杆反映经营杠杆和财务杠杆共同作用的结果，用以评价企业整体风险水平。

由于固定性经营成本存在，产生经营杠杆效应，导致息税前利润的变动率高于产销量的变动率；由于固定性筹资成本存在，产生财务杠杆效应，又导致每股利润的变动率高于息税前利润的变动率，两种杠杆共同作用，将导致产销量的变动引起普通股每股利润更大的变动，即综合杠杆效应。

微课 9：综合杠杆效应

（二）综合杠杆系数的计算

综合杠杆系数（DTL）是衡量综合杠杆效应的常用指标，综合杠杆系数衡量企业整体风险的大小。综合杠杆系数等于经营杠杆系数和财务杠杆系数的乘积，它的定义式表示如下：

$$综合杠杆系数（DTL）= \frac{普通股每股利润变动率}{销量的变动率}$$

由于定义式的滞后性，无法预测企业的风险，人们可以使用综合杠杆系数的计算式：

$$综合杠杆系数（DTL）= \frac{基期边际贡献}{基期息税前利润 - 利息 - \dfrac{优先股股利}{1 - 所得税税率}}$$

这里的基期同样是指上一期。

【例 7-13】根据表 7-3 和表 7-4 的资料，计算该公司第 2 年和第 3 年的综合杠杆系数。

解：

先使用定义式，第 2 年的综合杠杆系数为：

$$DTL_2 = \frac{(4.5 - 0.75)/0.75}{(40\ 000 - 20\ 000)/200\ 000} = \frac{500\%}{100\%} = 5$$

第3年的综合杠杆系数为：

$$DTL_3 = \frac{(8.25-4.5)/4.5}{(60\,000-40\,000)/40\,000} = \frac{83.33\%}{50\%} \approx 1.67$$

再使用计算式，第2年的综合杠杆系数为：

$$DTL_2 = \frac{1\,000\,000}{400\,000-200\,000} = 5$$

第3年的综合杠杆系数为：

$$DTL_3 = \frac{2\,000\,000}{1\,400\,000-200\,000} \approx 1.67$$

经验证，综合杠杆系数等于经营杠杆系数和财务杠杆系数的乘积。

$$DTL_2 = DOL_2 \times DFL_2 = 2.5 \times 2 = 5$$
$$DTL_3 = DOL_3 \times DFL_3 \approx 1.43 \times 1.17 \approx 1.65$$

企业风险包括企业的经营风险和财务风险。综合杠杆系数反映了经营杠杆和财务杠杆之间的关系，可用以评价企业的整体风险水平。

综合杠杆效应的意义在于以下两点：

（1）能够说明产销业务量变动对普通股收益的影响，据以预测未来的每股收益水平；

（2）揭示了风险和报酬的关系，即保持一定的风险状况水平，需要维持一定的综合杠杆系数，经营杠杆和财务杠杆可以有不同的组合。

微课10：加杠杆与去杠杆

财博士知识通

投资杠杆

阿基米德说："给我一个支点，我可以撬动地球。"这个支点就是通过杠杆来实现的。那么，投资杠杆是什么意思？其实杠杆就是一个工具，它可以放大投资结果，无论最终的结果是亏损还是盈利，都会以一定的比例增加。

比如说，你有10 000元的自有资金，借入了40 000元（4倍杠杆），借款月利率2%，进行股票投资。5个月后，股价上涨了40%，你的账户里拥有70 000元，扣除借款40 000元和利息4 000（40 000×2%×5=4 000）元后，盈利26 000元，也就是说，你用10 000元的自有资金获得了26 000元的收益，5个月的收益率达到260%，远高于40%的股价上涨。

但是，如果5个月后，你投资的股票价格下跌了8%，你账户中剩余46 000元，偿还40 000元的债务和4 000元的利息后，只能剩余2 000元，总收益为−80%，也远高于8%的股价下跌。

杠杆投资，可以利用特定手段撬动更大的投资资金，收益或损失也会成倍放大。所以，在使用杠杆之前，投资者需要仔细分析评估投资项目的收益预期和风险。

任务实施

结论	7.2 首家债务违约国企天威集团破产重组
实施方式	研讨式

研讨结论

教师评语：

班级		小组		组长签字	
教师签字				日期	

任务3 资本结构的优化与选择

案例导入

如何确定最佳资本结构?

某公司资本总额500万元,其中普通股股本250万元,每股价格10元;长期借款150万元,年利率8%;优先股股本100万元,年股利率15%,企业所得税税率25%,该公司准备追加筹资500万元,预计息税前利润可以达到160万元。有以下两个筹资方案:

方案1:发行债券500万元,年利率10%。
方案2:发行普通股500万元,每股发行价20元。
企业应该选择哪种筹资方案?为什么?

任务发布

计算	7.3 如何确定最佳资本结构?
教师布置任务	
任务描述	1. 学生熟悉相关知识。 2. 教师结合案例问题组织学生进行研讨。 3. 将学生每5个人分成一个小组,分组研讨计算案例问题,通过内部讨论形成小组观点。 4. 每个小组选出一个代表陈述本组观点,其他小组可以对其进行提问,小组内其他成员也可以回答提出的问题;通过问题交流,将每一个需要研讨计算的问题都弄清楚,形成书面计算结果。 5. 教师进行归纳分析,引导学生掌握资本结构的优化方法。 6. 根据各组在研讨过程中的表现,教师点评赋分。
问题	1. 计算两个筹资方案的普通股每股利润无差别点; 2. 确定最佳筹资方式; 3. 计算发行债券的资本成本率。

相关知识

一、最佳资本结构的含义

资本结构是指企业各种来源的长期资金的构成及其比例关系。资本结构是否合理,会影响企业资本成本的高低、财务风险的大小以及投资者收益的多少,是企业筹资决策的核心问题。**最佳资本结构(最优资本结构)是指在一定条件下使企业综合资本成本最低、企业价值最大的资本结构**。

想一想:使资本成本最低的方案一定会使企业价值最大吗?

企业资金来源多种多样,但总的来说可分成权益资本和负债资本两类,因此,资本结构的问题主要是指负债在企业全部资本中所占的比重。适当增加债务,可以降低企业资本成本,获取财务杠杆利益,但当企业负债比率太高时,会给企业带来财务风险。为此,企业必须权衡财务风险和资本成本的关系,确定最佳资本结构。

二、资本结构的优化

确定最佳资本结构的方法包括比较综合资本成本法、比较普通股每股利润法、普通股每股利润无差别点法。

（一）比较综合资本成本法

比较综合资本成本法的思路是，计算企业若干个备选筹资方案的综合资本成本，从中选出综合资本成本最低的方案，据此进行资本结构优化。

【例7-14】某企业拟筹资组建一个分公司，投资总额为500万元，有三个方案可供选择。其资本结构分别为：

甲方案：长期借款50万元、债券100万元、普通股350万元；
乙方案：长期借款100万元、债券150万元、普通股250万元；
丙方案：长期借款150万元、债券200万元、普通股150万元。

长期借款、债券和普通股所对应的资本成本分别为6%、10%、15%。试分析哪种方案的资本结构最佳。

微课11：比较综合资本成本法

解：
计算各方案的综合资本成本：

$$甲方案的综合资本成本 = \frac{50 \times 6\% + 100 \times 10\% + 350 \times 15\%}{500} = 13.1\%$$

$$乙方案的综合资本成本 = \frac{100 \times 6\% + 150 \times 10\% + 250 \times 15\%}{500} = 11.7\%$$

$$丙方案的综合资本成本 = \frac{150 \times 6\% + 200 \times 10\% + 150 \times 15\%}{500} = 10.3\%$$

根据计算结果，丙方案的综合资本成本最低，所以选择丙方案。

比较综合资本成本法通俗易懂，计算过程也不是十分复杂，是确定最佳资本结构的一种常用方法。但因所拟订的方案数量有限，故有可能漏掉最佳方案。

（二）比较普通股每股利润法

比较普通股每股利润法就是从普通股股东的收益这一角度来考虑最佳资本结构，这种方法认为，使普通股每股利润最低的资本结构为最佳资本结构。

微课12：比较普通股每股利润法

普通股每股利润的计算方法是：

$$普通股每股利润 = \frac{(息税前利润 - 利息) \times (1 - 所得税税率) - 优先股股利}{普通股股数}$$

【例7-15】某企业现有资本7 000万元，其中普通股800万股，每股面值5元；债务资本3 000万元，平均利率为10%。企业目前息税前利润为1 600万元，所得税税率为25%。

该企业现在拟投资一个新产品，该项目需要投资4 000万元，预计投产后每年可增加息税前利润400万元。企业备选的筹资方案有三个：

甲方案：按11%的利率发行公司债券；
乙方案：按面值发行股利率为12%的优先股；
丙方案：按20元/股的价格增发普通股。

请计算三个备选方案的普通股每股利润（EPS），并为企业作出筹资决策。

解：
各方案的普通股每股利润分别为：

$$EPS_{甲} = \frac{(2\,000 - 3\,000 \times 10\% - 4\,000 \times 11\%) \times (1 - 25\%)}{800} = 1.18（元/股）$$

$$EPS_{乙} = \frac{(2\,000 - 3\,000 \times 10\%) \times (1 - 25\%) - 4\,000 \times 12\%}{800} = 0.99（元/股）$$

$$EPS_{丙}=\frac{(2\,000-3\,000\times10\%)\times(1-25\%)}{800+4\,000\div20}=1.275\,(元/股)$$

由以上计算结果可知，丙方案的普通股每股利润最大，应该选择丙方案进行筹资。

（三）普通股每股利润无差别点法

普通股每股利润无差别点（简称每股利润无差别点）是指两种筹资方式下普通股每股利润相等时的息税前利润。普通股每股利润无差别点法是指通过计算各备选筹资方案的普通股每股利润无差别点并进行比较来选择最佳资本结构的方法，它本质上和比较普通股每股利润法相同。其决策的基本原理如下：

（1）当实际或预计息税前利润大于每股利润无差别点的息税前利润时，运用债务资本筹资方式可获得较高的每股利润。

（2）当实际或预计息税前利润小于每股利润无差别点的息税前利润时，运用权益资本筹资方式可获得较高的每股利润。

（3）当实际或预计息税前利润等于每股利润无差别点的息税前利润时，运用债务资本或权益资本筹资方式获得的每股利润一致，此时选择两种方式均可。

【例7-16】某公司资本总额10 000万元，其中债务资本4 000万元，利息率10%，普通股6 000万元（1 000万股）。为扩大经营规模，公司准备追加筹资2 000万元，有甲、乙两个筹资方案：

甲方案：增发普通股股票2 000万元，每股发行价格10元；

乙方案：增加负债2 000万元，利息率12%。

预计追加筹资后企业可获得2 000万元的息税前利润，公司所得税税率为25%，请使用普通股每股利润无差别点法进行筹资决策。

解：

计算两个方案的普通股每股利润无差别点，假设其为 $EBIT$。

$$EPS_{甲}=\frac{(EBIT-4\,000\times10\%)\times(1-25\%)}{1\,000+2\,000\div10}$$

$$EPS_{乙}=\frac{(EBIT-4\,000\times10\%-2\,000\times12\%)\times(1-25\%)}{1\,000}$$

令 $EPS_{甲}=EPS_{乙}$，得到 $EBIT=1\,840$（万元）。

预计息税前利润2 000万元>1 840万元，应采用负债资本筹资的方式，即选择乙方案。

需要指出的是，上述三种优化资本结构的方法都有一定的局限性。首先，比较综合资本成本法只能使资本成本最低，不一定使企业价值最大，它和后两种方法得出的结论有可能相悖；其次，三种方法都是在有限的筹资方案中进行比较选优，很难达到最优的结果，而只能选出有限的备选方案中较优的方案。

任务实施

小组讨论	7.3　如何确定最佳资本结构？
实施方式	计算式

计算结果

教师评语：

班级		小组		组长签字	
教师签字				日期	

【企业伦理与职业道德】

由首富到退市——"东方金钰"的债务危机

"东方金钰"（东方金钰股份有限公司的简称）主要从事翡翠、黄金等首饰产品的设计和销售，前身为湖北多佳股份有限公司。2005年上市，赵兴龙出任董事长兼总裁。上市后经营业绩逐步提高，加上牛市的影响，"东方金钰"股价快速上涨。赵兴龙家族还于2007年、2013年、2017年三度摘下云南首富桂冠，可谓风光无限。

然而，"东方金钰"只是看上去风光，在营收、利润增长的同时，负债水平也在不断攀升。2007—2017年年末，该公司平均资产负债率达到74%。此后，其负债状况更是急速恶化。2018年下半年，"东方金钰"债务危机爆发，赵兴龙家族不但丢了首富头衔，而且当时的实控人赵宁（赵兴龙之子）还被列为失信被执行人。截至2019年4月，"东方金钰"到期未清偿债务已高达40.6亿元，债权人涉及多家信托公司及银行。

数年前，为应对随时可能爆发的债务危机，"东方金钰"大股东及管理层不惜铤而走险，通过财务造假来提高融资能力。2020年4月，证监会公开点名"东方金钰"财务造假。2016年12月至2018年5月，"东方金钰"为完成营业收入、利润总额等业绩指标，虚构其所控制的子公司瑞丽市宏宁珠宝有限公司（以下简称宏宁珠宝）与普日腊等6名名义客户之间的翡翠原石销售交易。

在两年多时间内，宏宁珠宝控制19个银行账户，虚构销售和采购交易资金流。这19个银行账户，被分为三组：第一组为普日腊等6名名义客户的银行账户，第二组为董勒成等7名自然人中转方的银行账户，第三组为李干退等6名名义供应商的银行账户。在虚构销售交易中，宏宁珠宝通过控制上述19个银行账户，将来源于或流经"东方金钰"及其控制的公司资金4.79亿元，通过上述中转方和名义供应商账户转入6名名义客户账户，再控制上述名义客户账户支付销售交易款项，资金最终回流至宏宁珠宝，构成资金流转闭环。证监会查明，涉案销售交易涉及宏宁珠宝与普日腊等6名名义客户之间的翡翠原石销售合同系虚假合同。

除了虚构销售交易之外，"东方金钰"还虚构了上亿元的采购交易。为使涉案资金顺利从"东方金钰"及其控制的公司转入名义客户账户，宏宁珠宝在2016年至2017年伪造与李干退等6名名义供应商之间的采购合同，虚构采购交易。宏宁珠宝向李干退等6名名义供应商支付了8.18亿元采购款，其中3.98亿元通过中转方账户转入名义客户账户后，再用于购买宏宁珠宝的产品，实现资金闭环。

由于伪造了销售和采购交易现金流水，"东方金钰"2016—2018年定期报告中的营业收入、营业成本、利润总额等科目存在虚假记载。

证监会决定，对"东方金钰"责令改正、给予警告，并处以60万元的罚款；对时任董事长赵宁罚款30万元，采取十年市场禁入措施；对时任公司副总杨媛媛、曹霞、尹梦萼罚款20万元，采取五年市场禁入措施；涉案的其他董监事高等人员分别被处以3万~15万元不等的罚款。

自2018年下半年债务危机爆发后，"东方金钰"经营状况迅速恶化，导致业绩大变脸。此外，因为股价大跌，大股东用于质押融资的股票面临被强制平仓的风险。大股东发起资产重组并紧急申请停牌，试图从危机中抽身。

但2019年7月，因转让控制权相关事项涉嫌信披违规，被证监会立案调查。转让不成，大股东只能继续面对"东方金钰"这个每况愈下的烂摊子。2018年以来，"东方金钰"由于债务纠纷导致银行账户被查封、资产被冻结，经营陷入停顿，加上计提巨额应付债权人利息及罚息、减值准备等影响，经营逐渐陷入停顿。

经营状况逐步恶化，加上财务造假、控股股东所持有的上市公司股权被轮流冻结、上市公司旗下资产被拍卖、经营停顿等负面消息不断，"东方金钰"的股价一步步坠入深渊。2021年3月，上交所对东方金钰股份有限公司作出了终止上市的决定。

问题：
1. 你觉得公司用财务造假的方式应对财务危机，合适吗？
2. 作为一名合格的财务管理人员，如何有效预防财务危机？

知识巩固与技能提高

一、单选题

1. 当资产息税前利润率高于债务资本成本率时，筹集（　　）有助于企业获得财务杠杆利益。
   A. 权益资金　　　　　　B. 债务资金　　　　　　C. 留存收益资金　　　　D. 股票资金

2. 下列筹资活动不会加大财务杠杆作用的是（　　）。
   A. 增发优先股　　　　　B. 增发普通股　　　　　C. 增发公司债券　　　　D. 增加银行借款

3. 某企业的经营杠杆系数是2，如果要求息税前利润增长10%，在其他条件不变的情况下，销售量应该增长（　　）。
   A. 10%　　　　　　　　B. 15%　　　　　　　　C. 20%　　　　　　　　D. 5%

4. 最佳资本结构是指企业在一定时期的（　　）。
   A. 企业利润最大的资本结构
   B. 企业目标资本结构
   C. 风险最低的资本结构
   D. 加权平均资本成本最低，企业价值最大的资本结构

5. 企业为了筹集和使用资金而付出的代价是（　　）。
   A. 资金耗费　　　　　　B. 资本成本　　　　　　C. 筹资费用　　　　　　D. 用资费用

6. 在计算个别资本成本时不用考虑筹资费用的是（　　）。
   A. 银行借款　　　　　　B. 债券　　　　　　　　C. 股票　　　　　　　　D. 留存收益

7. 企业筹资决策的核心问题是（　　）。
   A. 资本结构　　　　　　B. 资本成本　　　　　　C. 筹资数量　　　　　　D. 投资利润率

8. 当预计息税前利润大于普通股每股利润无差别点时，（　　）筹资较为有利。
   A. 发行股票　　　　　　B. 吸收直接投资　　　　C. 利用留存收益　　　　D. 发行债券

9. 在计算资本成本时，与所得税有关的资金来源是（　　）。
   A. 普通股　　　　　　　B. 优先股　　　　　　　C. 银行借款　　　　　　D. 留存收益

10. 某公司财务杠杆系数等于1，说明公司当期（　　）。
    A. 利息和优先股股利为0
    B. 利息为0，有没有优先股股利不能确定
    C. 利息和息税前利润为0
    D. 利息和固定成本为0

二、多选题

1. 下列项目中，属于资本成本中筹资费用内容的有（　　）。
   A. 借款手续费　　　　　B. 债券发行费　　　　　C. 债券利息　　　　　　D. 股利

2. 在计算以下（　　）资本成本时，应考虑抵税作用。
   A. 普通股　　　　　　　B. 优先股　　　　　　　C. 债券　　　　　　　　D. 银行借款

3. 与综合杠杆系数成正比例变化的有（　　）。
   A. 销售额变动率　　　　　　　　　　　　　　　B. 每股利润变动率
   C. 经营杠杆系数　　　　　　　　　　　　　　　D. 财务杠杆系数

4. 下列关于资本成本的说法中，正确的有（　　）。
   A. 资本成本的本质是企业为了筹集和使用资金而付出的代价
   B. 资本成本并不是企业筹资决策中所要考虑的唯一因素
   C. 资本成本的计量主要是以年度为单位的相对比率为单位
   D. 资本成本可以视为项目投资或使用资金的机会成本

5. 下列筹资活动会加大企业财务杠杆作用的有（　　）。
   A. 增发普通股　　　　B. 增发优先股　　　　C. 利用留存收益　　　　D. 发行债券
6. 下列关于财务杠杆的表述，正确的有（　　）。
   A. 财务杠杆系数越大，财务风险越大
   B. 财务杠杆系数越大，每股收益增长越快
   C. 财务杠杆和资本结构无关
   D. 财务杠杆和企业的固定成本总额有关
7. 某企业经营杠杆系数等于3，预计息税前利润增长6%，每股收益增长12%。下列说法正确的有（　　）。
   A. 综合杠杆系数等于6　　　　B. 产销量增长 2%
   C. 财务杠杆系数等于 2　　　　D. 资产负债率等于 50%
8. 下列关于利用每股利润无差别点进行资本结构决策的说法，正确的有（　　）。
   A. 当预计销售收入小于每股利润无差别点时，采用权益资本筹资方式有利
   B. 当预计销售收入大于每股利润无差别点时，采用债务资本筹资方式有利
   C. 当预计息税前利润大于每股利润无差别点时，采用债务资本筹资方式有利
   D. 当预计息税前利润小于每股利润无差别点时，采用权益资本筹资方式有利
9. 下列关于经营杠杆系数的说法，正确的有（　　）。
   A. 反映了产销量变动率对每股收益变动率的影响
   B. 反映了产销量变动率对息税前利润变动率的影响
   C. 经营杠杆系数越大，企业的经营风险越小
   D. 是基期边际贡献与基期息税前利润的比值
10. 以下（　　）是影响企业综合资本成本的因素。
    A. 筹资总额　　　　B. 筹资期限　　　　C. 个别资本成本　　　　D. 资本结构

三、判断题

1. 企业举债经营会带来财务杠杆效应，因此企业应该扩大负债规模。（　　）
2. 如果预计不久的将来，利率有可能上升，企业财务管理人员一般会采用债务筹资方式，把资本成本锁定在较低的水平。（　　）
3. 企业资产负债率低于50%，说明企业没有财务风险。（　　）
4. 如果企业负债为 0，综合杠杆系数必然等于经营杠杆系数。（　　）
5. 资本成本计算正确与否，只影响筹资方案的选择。（　　）
6. 在其他因素不变的情况下，固定成本越大，经营杠杆系数越大，经营风险也就越大。（　　）
7. 企业负债比率越高，财务风险越大，因此负债对企业总是不利的。（　　）
8. 留存收益不需要对外筹集，因此它没有资本成本。（　　）
9. 优先股的资本成本通常高于债券的资本成本。（　　）
10. 适当利用负债，可以降低企业的资本成本。（　　）

四、实训题

【实训 1】

某企业按面值发行债券 2 000 万元，筹资费率1%，债券票面利率10%，每年年末付息，所得税税率25%。

要求：计算该债券的资本成本。

【实训 2】

某企业发行债券 1 000 万元，面额 1 000 元，按溢价 1 080 元发行，票面利率10%，每年年末付息，所得税税率25%，发行筹资费率1%。

要求：计算该债券的资本成本。

【实训 3】

某公司发行优先股，按面值每股10元发行，股利率8%，发行费率3%。

要求：计算该优先股的资本成本。

【实训 4】

某公司发行普通股，每股面值 10 元，按 13 元溢价发行，筹资费率 4%，第 1 年年末预计股利率 10%，以后每年增长 2%。

要求：计算该普通股的资本成本。

【实训 5】

某公司留存收益 50 万元，其发行的普通股每股面值 10 元，按 13 元溢价发行，筹资费率 4%，第 1 年年末预计股利率 10%，以后每年增长 2%。

要求：计算留存收益的资本成本。

【实训 6】

某公司拟筹资 5 000 万元，其中按面值发行债券 2 000 万元，票面利率 10%，筹资费率 2%；发行优先股 800 万元，股息率 12%，筹资费率 3%；发行普通股 2 200 万元，筹资费率 5%，预计第 1 年股利率 12%，以后每年按 4% 递增，所得税税率 25%。

要求：

（1）计算债券的资本成本；

（2）计算优先股的资本成本；

（3）计算普通股的资本成本；

（4）计算综合资本成本。

【实训 7】

某公司 2020 年度资本总额为 800 万元，股本为 500 万元，其余为负债，年利息率 8%，当年实现息税前利润 300 万元，企业所得税税率 25%。（流通在外的普通股 10 000 股）

要求：计算息税前利润及 2021 年财务杠杆系数。

【实训 8】

某企业目前拥有长期资金 160 万元，其中长期借款 20 万元，长期债券 60 万元，普通股 80 万元。经分析，企业目前的资本结构是最佳的，并认为筹集新资金后仍应保持这一结构。企业拟考虑筹集新资金，扩大经营。各种个别资本成本随筹资额增加而变动的情况如表 7-5 所示。

表 7-5　个别资本成本随筹资额增加而变动的情况

资金来源	新筹资的数量范围	资本成本 /%
长期借款	5 万元以内	5
	5 万元以上	6
长期债券	7.5 万元以内	7
	7.5 万元以上	8
普通股	15 万元以内	10
	15 万元以上	12

要求：计算该企业新筹资总额的分界点，编制边际资本成本规划表。

【实训 9】

已知某公司本年产销 A 产品 10 万件，单价 100 元，单位变动成本 80 元，固定成本总额 100 万元，公司负债总额 1 000 万元，年利率 5%，所得税税率 25%。

要求：

（1）计算边际贡献率；

（2）计算息税前利润；

（3）计算经营杠杆系数；

(4）计算财务杠杆系数；

(5）计算综合杠杆系数。

【实训 10】

某公司目前拥有流通在外的普通股 1 000 万股，每股面值 1 元；利率为 8% 的债券 400 万元。该公司现在拟为一个新项目融资 600 万元，新项目投产后预计每年可增加息税前利润 200 万元。现有两个方案可供选择：

方案 1：按 10% 利率发行债券；

方案 2：按每股 20 元发行新股。

公司适用所得税税率 25%，目前息税前利润 500 万元，假定该公司不考虑证券发行费。

要求：

(1）分别计算两个方案的每股利润；

(2）计算两个方案的普通股每股利润无差别点；

(3）分别计算两个方案的财务杠杆系数；

(4）为该公司作出筹资决策。

学习成果认定

学生自评			
专业能力	评价指标	自测结果	要求 （A 掌握；B 基本掌握；C 未掌握）
资本成本的计算与应用	1. 资本成本的含义 2. 资本成本的作用 3. 个别资本成本的计算 4. 综合资本成本的计算 5. 边际资本成本的计算	A□ B□ C□ A□ B□ C□ A□ B□ C□ A□ B□ C□ A□ B□ C□	能够理解资本成本的含义，了解资本成本的作用，掌握个别资本成本、综合资本成本、边际资本成本的计算方法
杠杆原理和风险衡量	1. 经营杠杆的含义和计算 2. 财务杠杆的含义和计算 3. 综合杠杆的含义和计算	A□ B□ C□ A□ B□ C□ A□ B□ C□	理解经营杠杆、财务杠杆、综合杠杆的含义，掌握三种杠杆系数的计算方法，理解利用杠杆效应衡量企业风险的原理
资本结构的选择及优化	1. 比较综合资本成本法 2. 比较普通股每股利润法 3. 普通股每股利润无差别点法	A□ B□ C□ A□ B□ C□ A□ B□ C□	理解三种优化资本结构方法的原理，能够运用三种方法进行筹资方案的选择和资本结构的优化
职业道德、思想意识	1. 就业观、创新创业意识 2. 遵纪守法、遵守职业道德 3. 顾全大局、团结合作	A□ B□ C□ A□ B□ C□ A□ B□ C□	专业素质、思想意识得以提升，德才兼备，能胜任资本成本计算和资本结构优化的工作
小组评价			
团队合作	A□ B□ C□	沟通能力	A□ B□ C□
教师评价			
教师评语			
成绩		教师签字	

项目 8

项目投资管理

学习目标

【素质目标】
1. 认同现金流量对企业投资管理的重要性
2. 养成良好的职业道德和严谨的工作态度
3. 形成投资意识和战略思维
4. 培养团队合作精神

【知识目标】
1. 了解项目投资的相关概念、类型和项目投资决策的程序
2. 理解现金流量的概念和构成内容
3. 掌握现金流量的计算方法
4. 掌握各种贴现和非贴现指标的含义、特点及计算方法
5. 掌握项目投资决策评价指标的应用

【能力目标】
1. 能准确查找、整理项目投资决策的各种信息
2. 能灵活运用非贴现指标对项目投资方案作出决策
3. 能科学运用贴现指标对项目投资方案作出决策

知识架构

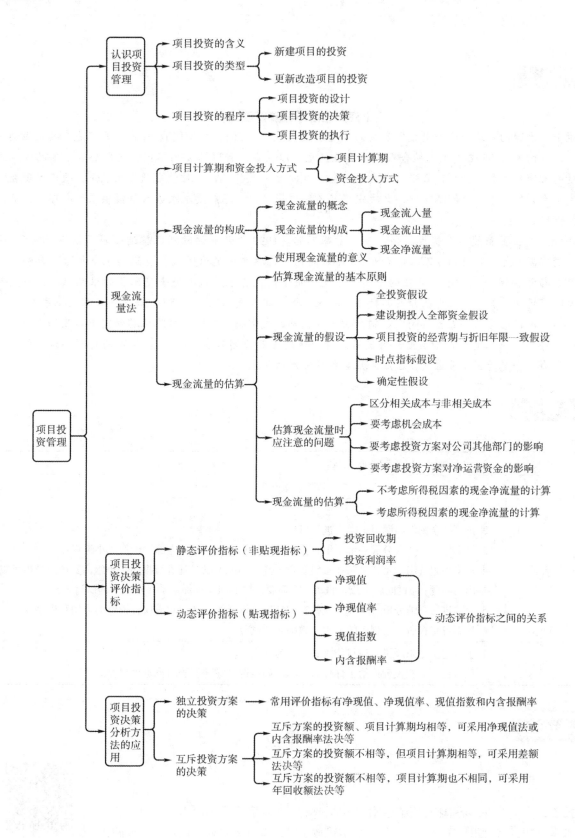

任务1　认识项目投资管理

案例导入

上海迪士尼乐园能赚钱吗？

迪士尼乐园向来是全球建造成本最高的主题乐园之一。于2016年6月16日正式开门迎客的上海迪士尼乐园，投资总额在55亿美元（约合人民币360亿元）以上。与普通的公园不同，主题公园主要的特点在于以大量的土地投入和资金来建立强烈的主题特色，并以此来吸引游客。对于主题公园来说，快速实现盈利几乎是生死存亡的大事，公园不赚钱，就决定了其不能更换设施，不能要求服务人员提供很好的环境，从而导致恶性循环。

海外主题公园虽然喜多忧少，但也不是稳赚不赔。1992年开业的欧洲巴黎迪士尼乐园则是典型案例，第一年游客就低于预期1 000万人。开业20年时间内，巴黎迪士尼乐园仅在有限的几个年份中盈利，其他时间都在与亏损搏斗。2005年开业的中国香港迪士尼乐园也曾经是欧洲迪士尼乐园的难兄难弟，虽然有庞大的大陆市场为其背书，但也在开业的数年里被人讥讽只赚人气不赚钱，直到2012年才首次扭亏为盈。

目前，国内的主题公园虽然尚未过剩，但是亏损却已成常态。中国社科院旅游研究中心某知名专家就曾提到，在国内，有一定品牌知名度、有良好经营业绩的主题公园只有10%，有70%的主题公园亏损，20%持平。上海迪士尼乐园能否赚钱，已成为社会各界关注的焦点。

任务发布

讨论	8.1　上海迪士尼乐园能赚钱吗？
教师布置任务	
任务描述	1. 学生熟悉相关知识。 2. 教师结合案例问题组织学生进行研讨。 3. 将学生每5个人分成一个小组，分组研讨案例问题，通过内部讨论形成小组观点。 4. 每个小组选出一个代表陈述本组观点，其他小组可以对其进行提问，小组内其他成员也可以回答提出的问题；通过问题交流，将每一个需要研讨的问题都弄清楚，形成书面研讨结论。 5. 教师进行归纳分析，引导学生扎实理解项目投资的含义，知道项目投资的类型和程序。 6. 根据各组在研讨过程中的表现，教师点评赋分。
问题	1. 上海迪士尼乐园投资项目能赚钱吗？为什么？ 2. 项目投资的相关理论给了你什么启示？如何选择稳赚不赔的投资项目？

相关知识

一、项目投资的含义

投资，广义地讲，是指特定经济主体（包括政府、企业和个人）以本金回收并获利为基本目的，将货币、实物资产等作为资本投放于某一个具体对象，以在未来期间内获取预期经济利益的经济行为。企业投资，简言之，是企业为获取未来收益而向一

微课1：项目投资决策的相关概念、分类

定对象投放资金的经济行为。

> **谆谆教诲**
>
> 一生能够积累多少财富，不取决于你能够赚多少钱，而取决于你如何投资理财，钱找人胜过人找钱，要懂得让钱为你工作，而不是你为钱工作。
>
> ——（美）巴菲特

按照投资对象的存在形态和性质，企业投资可以划分为项目投资和证券投资。项目投资是一种以特定项目为投资对象，直接与新建项目或更新改造项目有关的长期投资行为。从性质上看，项目投资是企业直接的、生产性的对内实物投资，其目的在于改善生产条件，扩大生产能力，以获取更多的经营利润，如购置设备、建造工厂等。与其他投资相比，项目投资具有耗资大、时间长、风险大、收益高等特点，对企业的长期获利能力具有决定性影响。证券投资是企业购买证券资产，通过在证券资产上所赋予的权利，间接控制被投资企业的生产经营活动，获取投资收益的投资。

二、项目投资的类型

项目投资主要分为新建项目投资和更新改造项目投资。

1. 新建项目投资

新建项目投资是指以新建生产能力为目的的外延式扩大再生产。新建项目投资按其涉及的内容又可细分为单纯固定资产投资项目和完整工业投资项目。

（1）单纯固定资产投资项目，简称固定资产投资，其特点在于在投资中只包括为取得固定资产而发生的垫支资本投入，而不涉及周转资本的投入。

（2）完整工业投资项目，其特点在于不仅包括固定资产投资，而且涉及流动资产投资，甚至包括无形资产等其他长期资产投资。

2. 更新改造项目投资

更新改造项目投资是指以恢复或改善生产能力为目的的内涵式扩大再生产。

不能将项目投资简单地等同于固定资产投资，项目投资对企业的生存和发展具有重要意义，是企业开展正常生产经营活动的必要前提，是推动企业生产和发展的重要基础，是提高产品质量、降低产品成本不可缺少的条件，是提高企业市场竞争能力的重要手段。

三、项目投资的程序

（一）项目投资的设计

投资规模大，所需资金多的战略性项目，由董事会提议，由各部门专家组成专家小组提出方案并进行可行性研究。投资规模小，投资金额不大的战术性项目，可由主管部门提议，并由有关部门组织人员提出方案并进行可行性研究。

微课2：项目投资的程序

（二）项目投资的决策

（1）估算出投资方案的预期现金流量；
（2）预计未来现金流量的风险，并确定预期现金流量的概率分布和期望值；
（3）确定资本成本的一般水平即贴现率；
（4）计算投资方案现金流入量和流出量的总现值；
（5）通过项目投资决策评价指标的计算，作出投资方案是否可行的决策。

（三）项目投资的执行

对已作出可行性决策的投资项目，企业管理部门要编制资金预算，并筹措所需要的资金，在投资项目实施过程中，要进行控制和监督，使之按期按质完工，投入生产，为企业创造经济效益。

> **谆谆教诲**
>
> 富其家者资之国，富其国者资之天下，欲富天下，则资之天地。
>
> ——王安石

财博士知识通

如何撰写项目投融资管理方案

一个项目如果想要拿到投资，那么一份完美的投融资管理方案可以说是打开投资方兴趣点的敲门砖，但是一个项目投融资管理方案，应该如何撰写才能够吸引投资方呢？我们一起了解一下吧！

1. 项目背景和意义

简要介绍公司概况和主要产品，重点阐述项目应用领域及符合国家及地方相关产业发展规划的基本情况，指出本方案的制定依据和基本原则等。

2. 项目市场分析

分析项目的市场需求情况（定量分析）、发展趋势及本企业所处的地位。

3. 建设内容、规模、地点和期限

项目的建设内容应重点阐述，说明需要新建或改造的内容和面积。

项目的建设地点、规模也要阐述，说明项目投资发生的地点，如果不止一处厂址（门店）发生投资，要分别说明。

阐述项目的建设期限时请注意：原则上建设期在3年以内，一般不超过5年，如确需5年以上的建设期，要详细说明原因。

4. 项目承担单位概况

（1）单位简介：包括主营业务、资本构成、所属行业及行业地位、上年销售额、上年销售量、利润、总资产、资产负债率、银行信用等级等。

（2）单位所有制性质：国有及国有控股企业要简介主管单位，非国有有限公司要简介绝对或相对控股股东情况。

5. 项目投资估算与资金筹措

总投资主要包括新增固定资产投资、建设期利息、转移原有部分固定资产投资、无形资产投资、新增铺底流动资金5个部分，铺底流动资金可按新增全部流动资金的30%估算；资金筹措方案包括企业自有资金投入（包括部分现有资产的投入）、银行贷款（还贷的初步方案）、申请国家资本金投入及其他来源，其中企业自有资金不得低于总投资的30%。

6. 市场前景及经济效益初步分析

需说明项目经济效益，一般以10年为计算期，预测项目建成后每年在市场上的占有率情况，预计每年销售额、销售量、销售收入、利率及财务费用。

需说明经济效益的主要财务指标，包括年新增销售收入、年税后利润、年上缴税收、盈亏平衡点、投资报酬率、贷款偿还期、投资回收期等。

总投资超过1亿元的项目需进行动态分析并提供相应附表。

7. 项目投融资风险分析及防范

为顺利实现本项目的投资计划，对可能存在的风险因素进行详细分析，并有针对性地提出回避、控制、转移和自担防范风险的措施。

8. 其他需要说明的情况

9. 方案总体评价

任务实施

结论	8.1 上海迪士尼乐园能赚钱吗?
实施方式	研讨式

研讨结论

教师评语:

班级		小组		组长签字	
教师签字				日期	

任务2　现金流量法

案例导入

丰威化工公司的选择

丰威化工公司是一家生产化工产品的公司，该公司历史悠久，产品质量上乘，产品销路广。随着市场对公司产品需求的增长，以及政府对环境污染治理的要求，公司正在考虑购置新设备以解决目前的问题。现有两个方案可供选择：

方案1：购置新固定资产，价款300万元，安装成本20万元。新设备可使用20年，预计残值为0。该设备将取代已使用18年的一台旧设备，旧设备购置时的成本为230万元，按20年计提折旧，残值为0，该旧设备目前的市价为30万元。使用新设备预计每年可为企业带来净收益65万元。

方案2：购置新固定资产，价款250万元，安装成本25万元。新设备可使用20年，预计残值为0。该设备将取代已使用16年的一台旧设备。旧设备购置时的成本为150万元，按20年计提折旧，残值为0，目前可按50万元出售。使用新设备预计在1~20年内每年可为公司带来税前、折旧前的现金净流量为50万元。

丰威化工公司对所有设备均按直线法计提折旧。

任务发布

计算	8.2　丰威化工公司的选择
教师布置任务	
任务描述	1. 学生熟悉相关知识。 2. 教师结合案例问题组织学生进行研讨。 3. 将学生每5个人分成一个小组，分组研讨计算案例问题，通过内部讨论形成小组观点。 4. 每个小组选出一个代表陈述本组观点，其他小组可以对其进行提问，小组内其他成员也可以回答提出的问题；通过问题交流，将每一个需要研讨计算的问题都弄清楚，形成书面计算结果。 5. 教师进行归纳分析，引导学生扎实掌握估算现金流量的方法和技巧，提升学生估算现金流量的规范性。 6. 根据各组在研讨过程中的表现，教师点评赋分。
问题	1. 上述两个方案，分别可以为企业带来多少现金流量？ 2. 假设该企业所得税税率为25%，两个方案分别可以为企业带来多少现金流量？ 3. 作为公司决策人员，你会选择哪一个方案？为什么？

相关知识

一、项目计算期和资金投入方式

（一）项目计算期

项目计算期是指投资项目从投资建设开始到最终清理结束的全部时间，通常以年为单位，用 n 表示。项目计算期，包括建设期和生产运营期。

建设期的第一年年初称为建设起点（记作第 0 年），若建设期不足半年，可假定建设期为零；建设期的最后一年年末称为投产日（记作第 s 年），在实践中，通常应参照项目建设的合理工期或项目的建设进度合理确定建设期。

项目计算期的最后一年年末称为终结点（记作第 n 年），假定项目最终报废或清理均发生在终结点（但更新改造除外），则从投产日到终结点之间的时间间隔称为生产运营期（记作 p），也叫寿命期。

项目计算期（n）、建设期（s）和生产运营期（p）之间的关系如图 8-1 所示。

$$项目计算期（n）=建设期（s）+生产经营期（p）$$

图 8-1　项目计算期构成

（二）资金投入方式

资金投入方式是指投资主体将原始总投资注入具体项目计算期的形式。

资金投入方式包括一次投入和分次投入两种形式。一次投入是指投资行为集中一次发生在项目计算期第一个年度的年初或年末。分次投入是指投资行为涉及两个或两个以上年度，或虽然只涉及一个年度，但同时在该年的年初或年末发生。

二、现金流量的构成

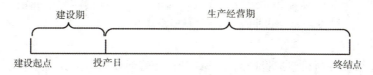

微课 3：现金流量

在进行项目投资决策时，评价投资项目可行与否，首先必须确定投资项目的预计现金流量。

（一）现金流量的概念

现金流量，是指投资项目在其计算期内因资金循环而引起的现金流入和现金流出增加的数量。在这个概念中要把握以下三点：

（1）该现金流量是由特定投资项目引起的，不是特定会计期间的现金流量。

（2）该现金流量是增量现金流量，即接受或拒绝某个投资项目后，公司总现金流量因此而发生变动的那部分。

（3）该现金流量是广义的现金，不但包括各种需要投入的货币资金，还包括该企业需要投入的非货币资源的变现价值。

（二）现金流量的构成

按照现金流动的方向，可以将投资活动的现金流量分为现金流入量、现金流出量和现金净流量。

1. 现金流入量

现金流入量是指投资项目实施后在项目计算期内所引起的企业现金收入的增加额，简称现金流入，包括以下几项：

（1）营业收入。

营业收入是指项目投产后每年实现的全部营业收入。为简化核算，假定正常经营年度内，每期发生的赊销额与回收的应收账款大致相等。营业收入是经营主要的现金流入量项目。

（2）固定资产的余值。

固定资产的余值是指投资项目的固定资产在终结报废清理时的残值收入或中途转让时的变价收入。

（3）回收流动资金。

回收流动资金是指投资项目在项目计算期结束时，收回原来投放在各种流动资产上的营运资金。

固定资产的余值和回收流动资金统称为回收额。

（4）其他现金流入量。

其他现金流入量是指以上三项指标以外的现金流入量项目。

2. 现金流出量

现金流出量是指投资项目实施后在项目计算期内所引起的企业现金流出的增加额，简称现金流出，包括以下几项：

（1）建设投资（含更改投资）。

建设投资主要包括固定资产投资和无形资产投资，固定资产投资具体包括固定资产的购入或建造成本、运输成本和安装成本等。建设投资是建设期发生的主要现金流出量。

（2）垫支的流动资金。

垫支的流动资金是指投资项目建成投产后为开展正常经营活动而投放在流动资产（存货、应收账款等）上的营运资金。

（3）经营成本（或付现成本）。

经营成本是指在经营期内为满足正常生产经营而需要用现金支付的成本。它是生产经营期企业最主要的现金流出量。其计算公式如下：

$$经营成本 = 变动成本 + 付现的固定成本 = 总成本 - 折旧额（及摊销额）$$

想一想：经营成本的具体包容包括什么？

（4）税金及附加。

税金及附加是指在经营期内应缴纳的消费税、城市维护建设税和教育费附加（也包括土地增值税、资源税）。

（5）所得税额。

所得税额是指投资项目建成投产后，因应缴纳所得税额增加而增加的所得税。

（6）其他现金流出量。

其他现金流出量是指不包括以上内容的现金流出量项目。

3. 现金净流量

项目投资的现金净流量（也叫净现金流量）是指投资项目在项目计算期内现金流入量与现金流出量的差额，由于投资项目的计算期超过一年，且资金在不同的时间具有不同的价值，因此本项目所述现金净流量是以年为单位的。

现金净流量的计算公式为：

$$现金净流量（NCF）= 年现金流入量 - 年现金流出量$$

若现金流入量大于现金流出量，现金净流量为正数；反之，现金净流量为负数。

谆谆教诲

利润表是面子，资产负债表是底子，现金流量表是日子。

——对外经贸大学·张新民

（三）使用现金流量的意义

在项目投资决策中，使用现金流量作为决策的依据更具有合理性。

1. 现金流量客观性强

现金流量代表投资方案的实际现金收付水平，它是以现金收付制为基础的。相对于会计利润而言，客观性强。会计利润是以权责发生制为基础的，受到一定会计方法选择的影响，主观性更强。现金流量不受人为选择的影响，用它来进行项目投资决策，更具客观性和准确性。

2. 现金流量有助于考虑资金时间价值

项目投资决策是基于未来的，因此科学的投资决策必须考虑资金时间价值，这就要求在决策时一定要弄清每笔现金收、支的具体时间，并对它们进行时间价值的换算，在此基础上评价项目的优劣。

3. 现金流量对公司的影响更大

一个项目能否顺利投资，主要取决于有无实际的现金，而不是利润。公司的账面利润很高，并不代表其有足够的现金，因为有可能形成利润的是还未收回的应收账款。对任何一家企业而言，现金的意义和作用比账面利润更大，因为现金的用途最为广泛。

三、现金流量的估算

（一）估算现金流量的基本原则

在确定投资方案的相关现金流量时，应遵循的最基本原则是，<u>只有增量现金流量才是与投资项目有关的现金流量</u>。所谓增量现金流量，是指由于接受或放弃某个投资项目所引起的现金变动部分。由于采纳某个投资方案引起的现金流入增加额，才是该方案的现金流入；同理，某个投资方案引起的现金流出增加额，才是该方案的现金流出。

（二）现金流量的假设

由于项目投资现金流量的确定是一项很复杂的工作，为了便于确定现金流量的具体内容，简化现金流量的计算过程，本项目特作以下假设：

1. 全投资假设

全投资假设，即假设在确定项目的现金流量时，只考虑全部投资的运动情况，不论是自有资金还是借入资金等具体形式的现金流量，都将其视为自有资金。

2. 建设期投入全部资金假设

建设期投入全部资金假设，即项目的原始总投资不论是一次投入还是分次投入，均假设它们是在建设期内投入的。

3. 项目投资的经营期与折旧年限一致假设

项目投资的经营期与折旧年限一致假设，即假设该项目主要固定资产的折旧年限或使用年限与其经营期间相同。

4. 时点指标假设

时点指标假设，即现金流量的具体内容所涉及的价值指标，不论是时点指标还是时期指标，均假设按照年初或年末的时点处理。其中，建设投资在建设期内有关年度的年初发生；垫支的流动资金在建设期的最后一年年末即经营期的第一年年初发生；经营期内各年的营业收入、付现成本、折旧（摊销等）、利润、所得税等项目的确认均在年末发生；项目最终报废或清理（中途出售项目除外）、回收流动资金均发生在经营期最后一年年末。

5. 确定性假设

确定性假设，即假设与项目现金流量估算有关的价格、产销量、成本水平、所得税税率等因素均为已知数。

（三）估算现金流量时应注意的问题

1. 区分相关成本与非相关成本

所谓相关成本，是指与投资方案有关的，在决策时必须考虑的成本，如差额成本、重置成本、机会成本等；所谓非相关成本，是指与特定投资方案无关的，在决策时无须考虑的成本，如账面成本、沉没成本、历史成本等。

2. 要考虑机会成本

机会成本是指当投资者选择了某个投资方案而放弃其他的投资机会，其他投资方案可能得到的收益就是选择该方案的一种代价，称为机会成本。机会成本不是实际发生的一种支出或费用，而是一种潜在的机会损失。在投资决策中考虑机会成本的意义在于它有助于全面考虑各种可能的方案，以寻求最有利的途径。

3. 要考虑投资方案对公司其他部门的影响

采纳一个项目后，该项目可能对公司的其他部门造成有利或不利的影响。如公司开发的新产品上市后，有可能对公司现有产品形成竞争，从而会影响现有产品的销量，那么预计新项目的现金流量应将新产品的销售额扣除其对现有产品减少的销售额作为该新项目的现金流量。当然也可能情况相反，新产品的推出对公司现有产品的销售有促进，那么该项目的现金流量就要合并这两种产品的销售增量来考虑。

4. 要考虑投资方案对净营运资金的影响

项目投资期初不仅需要对固定资产进行投资，还需要对部分营运资金进行垫支。当新项目投产后，往往伴随着流动资产需求的增加，如原材料、存货、应收账款会随之增加；另外，应付费用等流动负债也会同时增加，从而降低公司对流动资金的实际需求。所谓净营运资金，即增加的流动资产与增加的流动负债之间的差额。这部分资金在新项目投资期初要垫支，当项目结束时，净营运资金会恢复到原来水平，因此期末能收回。

（四）现金流量的估算

1. 不考虑所得税因素的现金净流量的计算

投资项目在项目计算期内均可发生现金流入量和现金流出量，所以现金净流量的计算可分为建设期现金净流量的计算和经营期现金净流量的计算。

1）建设期现金净流量的计算

计算公式为：

$$建设期现金净流量 = -该年投资额$$

由于在建设期没有现金流入量，所以建设期的现金净流量总为负值。另外，建设期现金净流量还取决于投资额的投入方式是一次投入还是分次投入，若投资额是在建设期一次全部投入的，上述公式中的该年投资额即为原始总投资。

2）经营期现金净流量的计算（包括经营期营业现金净流量的计算和经营期终结点现金净流量的计算）

（1）经营期营业现金净流量的计算。

经营期营业现金净流量是指投资项目投产后，在经营期内由于生产经营活动而产生的现金净流量。

计算公式为：

$$经营期营业现金净流量 = 营业收入 - 经营成本 - 税金及附加$$
$$= 营业收入 - （总成本 - 折旧额） - 税金及附加$$
$$= 利润 + 折旧额$$

如有无形资产摊销额，则：

$$经营成本 = 总成本 - 折旧额及摊销额$$

（2）经营期终结点现金净流量的计算。

经营期终结点现金净流量是指投资项目在项目计算期结束时所发生的现金净流量。

计算公式为：

$$经营期终结点现金净流量 = 营业现金净流量 + 回收额$$

2. 考虑所得税因素的现金净流量的计算

在上述的讨论中，现金净流量的计算没有考虑所得税因素。但实际上所得税对企业来说是一种现金流出，由税前利润和所得税税率决定，而利润大小又受折旧的影响，因此，讨论所得税对现金流量的影响时，必然要考虑折旧问题。

1）税后成本和税后收入

如果某企业本年度发生电费 10 000 元，因为电费是一项减免所得税费用，因此实际支付额并不是真实的成本，真实成本应是扣除了所得税影响以后的费用净额，即税后成本。税后成本的计算公式为：

$$税后成本 = 实际支付额 \times （1 - 所得税税率）$$

如果企业的所得税税率为 25%，据此计算为：

$$电费的税后成本 = 10\,000 \times （1 - 25\%） = 7\,500（元）$$

与税后成本相对应的概念是税后收入（也叫应税收入），所得税对企业营业收入也会有影响，使营业收入金额的一部分流出企业，这样企业实际的现金流入是纳税以后的收入。税后收入的计算公式为：

$$税后收入 = 收入金额 \times （1 - 所得税税率）$$

这里所说的税后收入是指根据税法规定需要纳税的收入，不包括项目结束时收回的垫支流动资金等现金流入。

2）折旧的抵税作用

固定资产随着使用，其实物形态不断磨损而变得越来越陈旧。为了补偿其实物损耗，维持再生产的过程，必然要按照一定的折旧率计量固定资产的陈旧程度，即价值损耗，人们将计入产品成本或有关费用的固定资产价值损耗称为固定资产折旧费。

在不考虑所得税的情况下，折旧额变化对现金净流量的计算没有影响。因为企业无论采取什么样的折旧方式，折旧额增加（减少）与利润减少（增加）的数额是相等的，因此折旧变化不影响投资价值。但考虑了所得税因素以后，企业计提折旧会引起成本增加，税前利润减少，从而使所得税减少。折旧是企业的成本，但不是付现成本，如果不计提折旧，企业所得税将会增加，所以折旧可以起到减少税负的作用，折旧的抵税作用直接影响投资现金流量的大小。

折旧是一项避税的因素，它可以产生较低的税收支出和较高的税后现金流量，折旧抵税额的计算公式为：

折旧抵税额（税负减少）=折旧额 × 所得税税率

假如某企业的折旧额增加了5 000元，其他各因素均不变，所得税税率为25%。由于企业增加了折旧额5 000元，使税前利润减少了5 000元，减少所得税5 000×25%=1 250（元），即企业实际少缴了1 250元的所得税，现金净流量增加了1 250元。

3）税后现金流量

（1）建设期现金净流量。

在考虑所得税因素之后，建设期现金净流量的计算要根据投资项目的类型分别考虑。

如果是新建项目，所得税对现金净流量没有影响。即：

建设期现金净流量=-该年投资额

如果是更新改造项目，固定资产的清理损益就应考虑所得税问题。

（2）经营期现金净流量。

在考虑所得税因素之后，经营期营业现金净流量可按下列方法计算：

①根据现金净流量的定义计算：

经营期营业现金净流量=营业收入-经营成本-税金及附加-所得税

②根据年末经营成果计算：

经营期营业现金净流量=税后利润+折旧额

③根据所得税对收入和折旧的影响计算：

经营期营业现金净流量=税后收入-税后成本+折旧抵税额
　　　　　　　　　　=营业收入 ×（1-所得税率）-经营成本 ×（1-所得税率）-
　　　　　　　　　　　税金及附加 ×（1-所得税税率）+折旧额 × 所得税税率

其中，税后成本包括税后经营成本和税后税金及附加。

经营期终结点现金净流量用经营期营业现金净流量加上回收额即可。

财博士知识通

机会成本和沉没成本

机会成本是指为了得到某种东西而要放弃另一些东西的最大价值；也可以理解为在面临多方案择一决策时，被舍弃选项中的最高价值者是本次决策的机会成本；还指厂商把相同的生产要素投入其他行业当中去可以获得的最高收益。

机会成本是经济学原理中的一个重要概念。在制定国家经济计划时、在新投资项目的可行性研究中、在新产品开发中，乃至工人选择工作时，都存在机会成本问题，它为正确合理地选择提供了逻辑严谨、论据有力的答案。在进行选择时，力求机会成本小一些，是经济活动行为方式的最重要准则之一。

机会成本所指的机会必须是决策者可选择的项目，若不是决策者可选择的项目，便不属于决策者的机会。例如某农民只会养猪和养鸡，那么养牛就不会是某农民的机会。

放弃的机会中收益最高的项目才是机会成本，即机会成本不是放弃项目的收益总和。例如某农民只能在养猪、养鸡和养牛中择一从事，若三者的收益关系为养牛＞养猪＞养鸡，则养猪和养鸡的机会成本皆为养牛，而养猪的机会成本仅为养牛。

沉没成本，是指以往发生的，但与当前决策无关的费用。从决策的角度看，以往发生的费用只是造成当前状态的某个因素，当前决策所要考虑的是未来可能发生的费用及所带来的收益，而不考虑以往发生的费用。

在经济学和商业决策制定过程中，会用到沉没成本的概念，代指已经付出且不可收回的成本。沉没成本是一种历史成本，对现有决策而言是不可控成本，会在很大程度上影响人们的行为方式与决策。从这个意义上说，在投资决策时应排除沉没成本的干扰。

对企业来说，沉没成本是企业在以前经营活动中已经支付现金，而经营期间摊入成本费用的支出。因此，固定资产、无形资产、递延资产等均属于企业的沉没成本。

从成本的可追溯性来说，沉没成本可能是直接成本，也可能是间接成本。如果沉没成本可追溯到个别产品或部门，则属于直接成本；如果沉没成本由几个产品或部门共同引起，则属于间接成本。

从成本的形态看，沉没成本可能是固定成本，也可能是变动成本。企业在撤销某个部门或是停止某种产品生产时，沉没成本中通常既包括机器设备等固定成本，也包括原材料、零部件等变动成本。通常情况下，固定成本比变动成本更容易沉没。

从数量角度看，沉没成本可以是整体成本，也可以是部分成本。例如中途弃用的机器设备，如果能变卖出售获得部分价值，那么其账面价值不会全部沉没，只有变现价值低于账面价值的部分才是沉没成本。

【例 8-1】 某公司计划增添一条生产流水线，以扩充生产能力。现有甲、乙两个方案可供选择。甲方案需要投资 500 000 元。乙方案需要投资 750 000 元。两个方案的预计使用寿命均为 5 年，均采用直线法计提折旧，甲方案预计残值为 20 000 元，乙方案预计残值为 30 000 元，甲方案预计年销售收入为 1 000 000 元，第 1 年付现成本为 660 000 元，以后在此基础上每年增加维修费 10 000 元。乙方案预计年销售收入为 1 400 000 元，年付现成本为 1 050 000 元。项目投入营运时，甲方案需垫支营运资金 200 000 元，乙方案需垫支营运资金 250 000 元。公司所得税税率为 20%。计算甲、乙两个方案各年的现金净流量。

解：

1. 计算甲方案各年现金净流量

（1）建设期现金净流量：

$$NCF_0 = -(500\,000 + 200\,000) = -700\,000（元）$$

（2）经营期现金净流量：

$$年折旧 = (500\,000 - 20\,000)/5 = 96\,000（元）$$

$$NCF_1 = 1\,000\,000 \times (1-20\%) - 660\,000 \times (1-20\%) + 96\,000 \times 20\% = 291\,200（元）$$
$$NCF_2 = 1\,000\,000 \times (1-20\%) - 670\,000 \times (1-20\%) + 96\,000 \times 20\% = 283\,200（元）$$
$$NCF_3 = 1\,000\,000 \times (1-20\%) - 680\,000 \times (1-20\%) + 96\,000 \times 20\% = 275\,200（元）$$
$$NCF_4 = 1\,000\,000 \times (1-20\%) - 690\,000 \times (1-20\%) + 96\,000 \times 20\% = 267\,200（元）$$
$$NCF_5 = 1\,000\,000 \times (1-20\%) - 700\,000 \times (1-20\%) + 96\,000 \times 20\% + 20\,000 + 200\,000 = 479\,200（元）$$

2. 计算乙方案各年现金净流量

（1）建设期现金净流量：

$$NCF_0 = -(750\,000 + 250\,000) = -1\,000\,000（元）$$

（2）经营期现金净流量：

$$年折旧 = (750\,000 - 30\,000)/5 = 144\,000（元）$$

$$NCF_{1\sim4} = 1\,400\,000 \times (1-20\%) - 1\,050\,000 \times (1-20\%) + 144\,000 \times 20\% = 308\,800（元）$$
$$NCF_5 = 308\,800 + 30\,000 + 250\,000 = 588\,800（元）$$

编制技巧：

营业现金净流量 = 营业收入 - 付现成本 - 所得税 = （收入 - 付现成本 - 非付现成本）×（1 - 所得税税率）+ 非付现成本 = 收入 ×（1 - 所得税税率）- 付现成本 ×（1 - 所得税税率）+ 非付现成本 × 所得税税率

【例 8-2】 某企业拟更新一套尚可使用 5 年的旧设备。旧设备原价 170 000 元，账面净值 110 000 元，期满残值 10 000 元，目前旧设备变价净收入 60 000 元。旧设备每年营业收入 200 000 元，经营成本和税金及附加为 164 000 元。新设备投资总额 300 000 元,可使用 5 年,使用新设备后每年可增加营业收入 60 000 元,并降低经营成本 28 000 元,增加税金及附加 4 000 元,期满残值 30 000 元,所得税税率为 25%。

要求:

1. 不考虑所得税因素
(1)计算新旧方案的各年现金净流量;
(2)计算更新方案的各年差量现金净流量。

2. 考虑所得税因素
(1)计算新旧方案的各年现金净流量;
(2)计算更新方案的各年差量现金净流量。

解:

$$旧设备的年折旧额=\frac{110\,000-10\,000}{5}=20\,000(元)$$

$$新设备的年折旧额=\frac{300\,000-30\,000}{5}=54\,000(元)$$

1. 不考虑所得税因素
(1)继续使用旧设备的各年现金净流量:

$$NCF_0=-60\,000(元)(变价净收入为机会成本)$$
$$NCF_{1\sim4}=200\,000-164\,000=36\,000(元)$$
$$NCF_5=36\,000+10\,000=46\,000(元)$$

(2)采用新设备的各年现金净流量:

$$NCF_0=-300\,000(元)$$
$$NCF_{1\sim4}=(200\,000+60\,000)-(164\,000-28\,000)-4\,000$$
$$=120\,000(元)$$
$$NCF_5=120\,000+30\,000=150\,000(元)$$

(3)更新方案的各年差量现金净流量:

$$\Delta NCF_0=-300\,000-(-60\,000)=-240\,000(元)$$
$$\Delta NCF_{1\sim4}=120\,000-36\,000=84\,000(元)$$
$$\Delta NCF_5=150\,000-46\,000=104\,000(元)$$

2. 考虑所得税因素
(1)继续使用旧设备的各年现金净流量:

$$旧设备账面净值=110\,000(元)$$
$$旧设备出售净损失=110\,000-60\,000$$
$$=50\,000(元)(计入营业外支出)$$
$$少缴所得税=50\,000\times25\%=12\,500(元)(属现金流入)$$
$$NCF_0=-60\,000-12\,500=-72\,500(元)(变价净收入和旧设备出售净损失均为机会成本)$$
$$NCF_{1\sim4}=200\,000\times(1-25\%)-164\,000\times(1-25\%)+20\,000\times25\%=32\,000(元)$$
$$NCF_5=32\,000+10\,000=42\,000(元)$$

(2)采用新设备的各年现金净流量:

$$NCF_0=-300\,000(万元)$$
$$NCF_{1\sim4}=[(200\,000+60\,000)-(164\,000-28\,000-4\,000-54\,000)]\times(1-25\%)+54\,000$$
$$=103\,500(元)$$
$$NCF_5=103\,500+30\,000=133\,500(元)$$

(3)更新方案的各年差量现金净流量:

$$\Delta NCF_0=-300\,000-(-72\,500)=-227\,500(元)$$
$$\Delta NCF_{1\sim4}=103\,500-32\,000=71\,500(元)$$
$$\Delta NCF_5=133\,500-42\,000=91\,500(元)$$

任务实施

结论	8.2 丰威化工公司的选择
实施方式	计算式
计算结果	

教师评语：

班级		小组		组长签字	
教师签字				日期	

任务3　项目投资决策评价指标

案例导入

蓝光集团项目投资决策

蓝光集团有限公司（简称蓝光集团）是一个以高科技产品为龙头，多种产业并存发展，集科工、商贸、房地产、教育、文化、服务、运输等为一体的多元化跨国企业集团。蓝光集团以尖端的生物技术为依托，吸收中医学精华，开发具有降低血脂、延缓衰老、抗肿瘤、润肠通便等功能的高品质系列保健品，并从国外引进先进的生产设备和工艺，建立了合格的品质管理体系，公司已通过国际化标准的ISO9002质量体系认证。

2001年11月3日，董事长兼总裁江宁在执行委员会大会上要求由营销部副总韩辉和投资部副总李彦负责，认真调查一下市场目前和潜在的需求情况，准备投资开发新的项目，挖掘集团新的利润增长点。项目团队通过对市场认真深入的调查，提出骨关节炎项目将是下一个市场的热点。

为了确保骨关节炎项目的实施，蓝光集团打算进行一系列的固定资产投资，以便为进军骨关节炎市场做好先期准备。蓝光集团的财务人员根据公司的实际情况，提供了如下甲、乙两个可供选择的方案。

甲方案：

（1）原始投资共有1 000万元（全部来源于自有资金），其中包括固定资产投资750万元，流动资产投资200万元，无形资产投资50万元。

（2）该项目的建设期为2年，经营期为10年。固定资产和无形资产投资分两年平均投入，流动资产投资在项目完工时（第2年年末）投入。

（3）固定资产的寿命期限为10年（考虑预计净残值）。无形资产投资从建设期初分10年摊销完毕，流动资产于期末一次收回。

（4）预计项目投产后每年发生的相关营业收入（不含增值税）和经营成本分别为600万元和200万元，所得税税率为25%，该项目不享受减免所得税的待遇。

（5）该行业的基准折现率为14%。

乙方案：

比甲方案多加80万元的固定资产投资，建设期为1年，固定资产和无形资产在项目开始时一次投入，流动资产在建设期末投入，经营期不变，经营期各年的现金流量为300万元，其他条件不变。

目前，蓝光集团的固定资产已占总资产的15%左右，集团已经形成了自己的一套固定资产管理方法。固定资产按平均年限法折旧，净残值按原值的10%确定，折旧年限如下：房屋建筑物为20年；机器设备、机械和其他生产设备为10年；电子设备、运输工具以及与生产经营有关的器具、工具、家具为5年。

任务发布

计算	8.3　蓝光集团项目投资决策
教师布置任务	
任务描述	1. 学生熟悉相关知识。 2. 教师结合案例问题组织学生进行研讨。 3. 将学生每5个人分成一个小组，分组研讨计算案例问题，通过内部讨论形成小组观点。

任务描述	4.每个小组选出一个代表陈述本组观点，其他小组可以对其进行提问，小组内其他成员也可以回答提出的问题；通过问题交流，将每一个需要研讨计算的问题都弄清楚，形成书面计算结论。 5.教师进行归纳分析，引导学生扎实掌握项目投资决策评价指标，能根据评价指标作出正确抉择。 6.根据各组在研讨过程中的表现，教师点评赋分。
问题	1.如果你是项目团队的投资决策分析人员，你认为进军骨关节炎市场的影响因素有哪些？ 2.请对甲、乙两个方案进行财务可行性分析，计算其现金流量、投资回收期、净现值、获利指数、内涵报酬率等财务指标。 3.根据计算结果，你会选择哪个方案进行投资？

相关知识

为了客观、科学地分析评价各种投资方案是否可行，一般应使用不同的指标，从不同的侧面或者角度反映投资方案的内涵。项目投资决策评价指标就是衡量和比较投资项目可行性并据以进行方案决策的定量化标准和尺度，它是由一系列综合反映投资收益、投入产出关系的量化指标构成的。

项目投资决策评价指标按照是否考虑资金时间价值，可分为两类：静态评价指标和动态评价指标。

一、静态评价指标

静态评价指标也称为非贴现指标，是指没有考虑到资金时间价值因素，而直接按投资项目形成的现金流量进行计算的指标，包括投资回收期和投资利润率。其基本特点是计算简单、明了、易于理解，但由于没有考虑资金时间价值，一般只适用于方案的初选或者投资后各项目间经济效益的比较。

微课4：项目投资决策评价指标

（一）投资回收期

投资回收期是指收回全部投资额所需要的时间。

投资回收期法就是根据投资回收期的长短来评价备选方案的一种方法。投资回收期指标所衡量的是收回初始投资的速度快慢，回收期越短，方案越有利。其基本的选择标准是，在只有一个项目可供选择时，该项目的投资回收期要小于决策者规定的最高标准；如果有多个项目可供选择，在项目的投资回收期小于决策者要求的最高标准的前提下，要从中选择回收期最短的项目。

投资回收期的计算方法有以下两种：

1.经营期年现金净流量相等，可直接计算

其计算公式如下：

$$投资回收期 = \frac{投资总额}{年现金净流量}$$

如果投资项目投产后若干年（假设为 M 年）内，每年的经营期现金净流量相等，有以下关系成立：

$$M \times 投产后 M 年内每年相等的现金净流量（NCF）\geqslant 投资总额$$

则可用上述公式计算投资回收期。

2.经营期年现金净流量不相等时，按逐年累计现金流量计算

投资回收期即为累计现金流量与原始投资额达到相等所需的时间，可用插入法计算。

【例8-3】南方公司需购置一台价值100 000元的设备，预计使用5年，预计残值10 000元。现有两个方案可供选择。

方案1：年现金净流量相等，资料如表8-1所示。

表 8-1 方案 1

元

年序	年净收益	年折旧额	年现金净流量	累计现金净流量
1	22 000	18 000	40 000	40 000
2	22 000	18 000	40 000	80 000
3	22 000	18 000	40 000	120 000
4	22 000	18 000	40 000	160 000
5	22 000	18 000	40 000	200 000

方案 2：年现金净流量不相等，资料如表 8-2 所示。

表 8-2 方案 2

元

年序	年净收益	年折旧额	年现金净流量	累计现金净流量
1	42 000	18 000	60 000	60 000
2	32 000	18 000	50 000	110 000
3	22 000	18 000	40 000	150 000
4	12 000	18 000	30 000	180 000
5	2 000	18 000	20 000	200 000

要求：计算各方案的投资回收期。

解：

根据已知条件，计算如下：

方案 1：

$$投资回收期 = \frac{100\,000}{40\,000} = 2.5 \text{（年）}$$

方案 2：从累计现金净流量可知，该方案的投资回收期在 1～2 年，用插入法计算如下：

$$投资回收期 = 1 + \frac{100\,000 - 60\,000}{50\,000} = 1.8 \text{（年）}$$

根据计算结果，方案 2 的投资回收期比方案 1 短了 0.7 年，即方案 2 可提前 0.7 年收回全部投资，故应选择方案 2。

投资回收期的计算方法简便，易于理解，投资回收期的长短可作为一项投资方案在未来所冒风险大小的标志。但是由于没有考虑资金时间价值和投资回收后的现金流量及整个投资项目的盈利水平，因此，不能全面、正确地评价各投资方案的经济效益。

想一想：计算投资回收期时，是否考虑建设期？在使用投资回收期进行投资方案决策评价时，投资回收期短的方案一定优于投资回收期长的方案吗？

（二）投资利润率

投资利润率又称为投资报酬率，是指项目投资方案的年平均利润额占平均投资总额的百分比。

投资利润率法就是根据投资利润率的大小来评价备选方案的，投资项目的投资利润率越高越好，低于无风险投资利润率的方案为不可行方案。单一方案决策时，将该方案的投资利润率与目标投资利润率进行比较，如果决策方案的投资利润率大于目标投资利润率，则该方案可行；如果有多个方案可供选择，在各方案的投资利润率大于目标投资利润率的前提下，要从中选择投资利润率最大的方案。

其计算公式如下：

$$投资利润率=\frac{年平均利润额}{平均投资总额}\times 100\%$$

式中，分子是年平均利润额，不是现金流量，不包括折旧等；分母可以用投资总额的50%来简单计算平均投资总额，一般不考虑固定资产的残值。

【例8-4】光明工厂拟购入一台设备，价值600 000元，预计使用5年，无残值。投产后，各年的利润分别为35 000元、40 000元、45 000元、50 000元、55 000元。该企业的目标投资利润率为12%。

要求：计算该方案的投资利润率。

解：

根据已知条件，计算如下：

$$投资利润率=\frac{\frac{35\,000+40\,000+45\,000+50\,000+55\,000}{5}}{\frac{600\,000}{2}}\times 100\%=15\%$$

由于该方案的投资利润率15%大于目标投资利润率12%，该方案可行。

投资利润率的计算方法简便，易于理解，但由于没有考虑资金时间价值，也没有考虑折旧的回收，即没有完整反映现金净流量，无法直接利用现金净流量的信息，因此，对不同投资方案经济效益的评价不够合理。

二、动态评价指标

动态评价指标也称为贴现指标，是指考虑资金时间价值因素的指标，主要包括净现值、净现值率、现值指数和内含报酬率。其基本特点是将现金流量与资金时间价值联系起来进行评价，需要进行比较复杂的计算，工作量大，但计算结果比较全面、准确，通常用于大型项目的复审及最后决策。

（一）净现值（NPV）

净现值是指在项目计算期内，按一定贴现率计算的各年现金净流量现值的代数和，即一项投资所产生的未来现金流量的折现值与项目投资额现值之间的差额。

净现值法的决策标准是，根据净现值的大小来评价投资方案是否可行。如果投资方案的净现值为正值，该投资方案是可行的；如果投资方案的净现值是负值，该投资方案是不可行的。如果多个投资方案的投资额相同、项目计算期相等且净现值大于零，则净现值越大，投资方案越优。

其计算公式如下：

$$净现值=未来报酬总现值-项目投资总额现值$$

$$NPV=\sum_{t=0}^{n}NCF_t\times(P/F,i,t)$$

式中，NPV代表净现值；

n代表项目计算期（包括建设期和经营期）；

NCF_t代表第t年的现金净流量；

$(P/F,i,t)$代表第t年，贴现率为i的复利现值系数。

【例8-5】某公司购入设备一台，价值25 000元，可用5年，各年现金净流量分别为5 000元、6 000元、8 000元、10 000元、12 000元，贴现率为10%。

要求：计算该投资项目的净现值。

解：

根据已知条件，计算如下：

$$净现值=\frac{5\,000}{(1+10\%)^1}+\frac{6\,000}{(1+10\%)^2}+\frac{8\,000}{(1+10\%)^3}+\frac{10\,000}{(1+10\%)^4}+\frac{12\,000}{(1+10\%)^5}-25\,000$$

$$=5\,000\times 0.909\,1+6\,000\times 0.826\,4+8\,000\times 0.751\,3+10\,000\times 0.683\,0+12\,000\times 0.620\,9-25\,000$$

$$=4\,795.1（元）$$

根据计算结果，净现值为 4 795.1 元，大于 0，该方案可行。

1. 净现值的优点
净现值是一个贴现的绝对值指标，其优点在于以下几点：
（1）充分考虑了资金时间价值因素，能较合理地反映投资项目的真正经济价值；
（2）考虑了项目计算期的全部现金净流量，体现了流动性与收益性的统一；
（3）考虑了投资风险性，因为贴现率的大小与风险大小有关，风险越大，贴现率越高。

2. 净现值的缺点
该指标的缺点主要表现在：当各备选方案的原始投资额不相等时，单凭净现值很难作出准确的评价。所以，净现值法适用于在同等投资水平下的备选方案比较。

（二）净现值率（NPVR）

净现值率又称净现值比、净现值指数，是投资项目的净现值与投资总额现值之比，表示单位投资所得的净现值。用净现值率法进行方案的评价，是根据各个备选方案的净现值率是否大于 0，来确定该方案是否可行，若净现值率大于或等于 0，该方案可行；若净现值率小于 0，则该方案不可行。

其计算公式如下：

$$净现值率 = \frac{净现值}{投资总额现值} \times 100\%$$

【例 8-6】依据【例 8-5】的资料和计算结果，净现值率计算如下：

$$净现值率 = \frac{4\ 795.1}{25\ 000} \times 100\% = 19.18\%$$

根据计算结果，净现值率为 19.18%，大于 0，该方案可行。

（三）现值指数（PI）

现值指数是指投资方案生产经营期各年现金净流量的现值与投资总额现值的比率。用现值指数法进行方案的评价，是根据各个备选方案的现值指数是否大于 1，来确定该方案是否可行，若现值指数大于或等于 1，该方案可行；若现值指数小于 1，则该方案不可行。

其计算公式如下：

$$现值指数 = \frac{生产经营期各年现金净流量的现值}{投资总额现值} \times 100\%$$

【例 8-7】依据【例 8-5】的资料和计算结果，现值指数计算如下：

$$现值指数 = \frac{29\ 795.1}{25\ 000} \times 100\% = 1.191\ 8$$

根据计算结果，现值指数为 1.191 8，大于 1，该方案可行。

净现值率和现值指数有如下关系：

$$现值指数 = 净现值率 + 1$$

（四）内含报酬率（IRR）

内含报酬率又称内部收益率，是指投资方案的未来现金流入量的现值之和与其现金流出量的现值之和相等时所采用的贴现率，即能使投资项目的净现值等于零时的贴现率。它是一个相对数指标，反映项目的实际收益水平，便于不同规模的投资项目比较。

用内含报酬率法进行方案的评价，若内含报酬率大于预定的投资报酬率，投资方案可行；若内含报酬率小于预定的投资报酬率，则投资方案不可行；若几个投资方案的内含报酬率均大于预定的投资报酬率，则选择内含报酬率最大的投资方案。

根据投资方案是否每年有等额现金流入或不等额现金流入的情况，内含报酬率有以下两种计算方法。

1. 各年现金净流量相等时内含报酬率的计算

对于各年现金净流量相等时的内含报酬率的计算，具体可分为以下三步：

（1）计算年金现值系数。其计算公式为：

$$年金现值系数 = \frac{初始投资额}{经营期每年相等的现金净流量}$$

（2）从一元年金现值表中查找，在相同期数内找出所需的折现率，若表中不能直接找到这个数，则选择与该期年金现值系数相邻的较大和较小的两个折现率。

（3）根据上述两个相邻的折现率和已知的两个年金现值系数，采用插值法计算出投资方案的内含报酬率。

【例8-8】北大公司现有一个投资方案，初始投资额为120 000元，可用5年，预计每年的现金流量均为40 000元。

要求：计算该投资方案的内含报酬率。

根据已知条件，计算如下：

$$年金现值系数 = \frac{120\,000}{40\,000} = 3$$

查表可知：

$$(P/A, 18\%, 5) = 3.127\,2$$
$$(P/A, 20\%, 5) = 2.990\,6$$

由此可知，该投资方案的内含报酬率在18%~20%之间，采用插值法计算如下：

$$内含报酬率 = 18\% + \frac{3.127\,2 - 3}{3.127\,2 - 2.990\,6} \times (20\% - 18\%) \approx 19.86\%$$

2. 各年现金净流量不相等时内含报酬率的计算

对于各年现金净流量不相等时的内含报酬率的计算，具体可分为以下三步：

（1）先估计一个折现率，按此计算该投资方案未来各期的现金净流量现值和方案完结时资本残值的现值，并加求得总现值。

（2）将求得的总现值与初始投资额的现值进行比较，若等于0，则所估计的折现率为内含报酬率；若为正数，则表示估计的折现率小于该投资方案的实际投资报酬率，应采用比这个净现值更高的折现率来测算，直到测算的净现值正值接近于零；若为负数，则表示估计的折现率大于该投资方案的实际投资报酬率，应采用比这个净现值更小的折现率来测算，直到测算的净现值负值接近于零。这种计算方法称作逐次测试法。

（3）根据上述求得的两个折现率，再用插值法计算该投资方案的内含报酬率。

【例8-9】依据【例8-5】的资料，采用逐次测试法，计算内含报酬率。

先估计内含报酬率为16%进行测试，净现值为正数；再估计内含报酬率为18%进行测试，净现值为负数，说明该投资方案的内含报酬率在16%~18%。测试过程如表8-3所示。

表8-3 内含报酬率测试过程

年份	现金净流量	内含报酬率（16%）		内含报酬率（18%）	
		折现系数	现值	折现系数	现值
0	-25 000	1.000	-25 000	1.000	-25 000
1	5 000	0.862 1	4 310.5	0.847 5	4 237.5
2	6 000	0.743 2	4 459.2	0.718 2	4 309.2
3	8 000	0.640 7	5 125.6	0.608 6	4 868.8
4	10 000	0.552 3	5 523.0	0.515 8	5 158.0
5	12 000	0.476 2	5 714.4	0.437 1	5 245.2
净现值		132.70		-1 181.30	

根据表 8-3 的测试结果，采用插值法计算如下：

$$内含报酬率=16\%+\frac{132.7}{132.7+1\,181.30}\times(18\%-16\%)\approx16.2\%$$

内含报酬率法的优点是通过测算各方案本身的投资报酬率，使投资者明确能够获得多少投资报酬额。但该法计算较为复杂，需要经过多次测试。内含报酬率表现的是比率，不是绝对值，一个内含报酬率较低的方案，可能由于其规模较大而有较大的净现值，因而更值得投资。所以在进行各个方案选优时，必须将内含报酬率与净现值结合起来考虑。

（五）动态评价指标之间的关系

净现值（NPV）、净现值率（NPVR）、现值指数（PI）和内含报酬率（IRR）指标之间存在以下数量关系，即：

当 $NPV>0$ 时，$NPVR>0$，$PI>1$，$IRR>i$

当 $NPV=0$ 时，$NPVR=0$，$PI=1$，$IRR=i$

当 $NPV<0$ 时，$NPVR<0$，$PI<1$，$IRR<i$

这些指标的计算结果都受到建设期和经营期的长短、投资金额及方式，以及各年现金净流量的影响。所不同的是，净现值为绝对数指标，其余为相对数指标，计算净现值、净现值率和现值指数所依据的贴现率都是事先已知的，而内含报酬率的计算本身与贴现率的高低无关，只是采用这一指标的决策标准是将所测算的内含报酬率与其贴现率进行对比，当 $IRR\geq i$ 时，该方案是可行的。

财博士知识通

内含报酬率指标的局限性

内含报酬率指标有两个重要的局限性：

1. IRR 方法与 NPV 方法的不一致性

在一般情况下，IRR 方法与 NPV 方法的结果应是一致的，但这绝不是说两者永远是一致的。

2. 非正常投资项目的决策分析，采用内含报酬率法有多个 IRR

非正常投资项目是指在生产经营期期中或期末，要求有大量现金流出的投资项目。非正常投资项目可能没有真实的内含报酬率，因而用内含报酬率法可能导致不适当的决策，而最常见的问题是投资项目有多个内含报酬率。

任务实施

结论	8.3 蓝光集团项目投资决策
实施方式	计算式

研讨结论

教师评语：

班级		小组		组长签字	
教师签字				日期	

任务4　项目投资决策分析方法的应用

案例导入

康元葡萄酒厂的项目投资决策

康元葡萄酒厂是生产葡萄酒的中型企业，该厂生产的葡萄酒，酒香纯正，价格合理，长期以来供不应求。为了扩大生产能力，康元葡萄酒厂准备新建一条生产线。

负责这项投资决策工作的财务经理经过调查研究后，得到如下相关资料：

（1）该生产线的初始投资为12.5万元，分两年投入，第1年年初投入10万元，第2年年初投入2.5万元。第2年项目完工并正式投产使用。投产后销售收入每年增加均为30万元，投资项目可使用5年，5年后残值为2.5万元。在生产线运作期间，要垫支流动资金2.5万元，这笔资金在项目结束时可全部收回。

（2）该项目生产的产品总成本构成如下：

材料费用：20万元；

人工费用：2.83万元；

制造费用（不含折旧）：2万元；

折旧费用：2万元。

（3）公司不缴纳营业税和消费税，适用的所得税税率为25%，增值税税率为13%，城市维护建设税税率为7%，教育费附加率为3%，公司投资收益率为10%。

任务发布

计算	8.4　康元葡萄酒厂的项目投资决策
教师布置任务	
任务描述	1. 学生熟悉相关知识。 2. 教师结合案例问题组织学生进行研讨。 3. 将学生每5个人分成一个小组，分组研讨计算案例问题，通过内部讨论形成小组观点。 4. 每个小组选出一个代表陈述本组观点，其他小组可以对其进行提问，小组内其他成员也可以回答提出的问题；通过问题交流，将每一个需要研讨计算的问题都弄清楚，形成书面计算结果。 5. 教师进行归纳分析，引导学生扎实理解独立投资方案和互斥投资方案的区别，能够根据投资项目指标对不同方案作出科学决策。 6. 根据各组在研讨过程中的表现，教师点评赋分。
问题	1. 根据上述资料，公司领导要求财务经理计算出该项目的现金净流量和净现值，以供投资决策使用。 2. 作为公司领导，根据该项目的现金净流量和净现值的计算结果，你会作出什么选择？为什么？

相关知识

计算评价指标的目的，是为了进行项目投资方案的对比与选优，为项目投资方案提供决策的定量依据。但对比与选优投资方案的方法会因项目投资方案的不同而有区别。

一、独立投资方案的决策

独立投资方案是指方案之间存在着相互依赖的关系，但又不能相互取代的方案。在只有一个投资方案可供选择的条件下，只需评价其在财务上是否可行。

常用的评价指标有净现值、净现值率、现值指数和内含报酬率，如果评价指标同时满足以下条件：$NPV \geq 0$，$NPR \geq 0$，$PI \geq 1$，$IRR \geq i$，则项目具有财务可行性；反之，则不具备财务可行性。而静态评价指标投资回收期与投资利润率可作为辅助指标评价投资项目，但需注意，当辅助指标与主要指标（净现值等）的评价结论发生矛盾时，应当以主要指标的评价结论为准。

【例8-10】某企业拟引进一条流水线，投资额110万元，分两年投入。第1年年初投入70万元，第2年年初投入40万元，建设期为2年，净残值10万元，采用直线法计提折旧。在投产初期投入流动资金20万元，项目使用期满可全部回收。该项目可使用10年，每年销售收入60万元，总成本30万元，税金及附加5万元，假定该企业期望的投资报酬率为10%。所得税税率为25%。

要求：计算该项目的净现值、内含报酬率，并判断该项目是否可行。

解：

（1）建设期现金净流量：

$$NCF_0 = -70（万元）$$
$$NCF_1 = -40（万元）$$
$$NCF_2 = -20（万元）$$

（2）经营期现金净流量：

$$年折旧额 = \frac{110-10}{10} = 10（万元）$$

$$NCF_{3\sim11} = (60-30-5) \times (1-25\%) + 10 = 28.75（万元）$$
$$NCF_{12} = 28.75 + (10+20) = 58.75（万元）$$
$$NPV = 28.75 \times [(P/A, 10\%, 11) - (P/A, 10\%, 2)] + 58.75 \times (P/F, 10\%, 12) - [70 + 40 \times (P/F, 10\%, 1) + 20 \times (P/F, 10\%, 2)]$$
$$= 32.664\,3（万元）$$

当$i=14\%$时，测算NPV：

$$NPV = 28.75 \times (5.452\,7 - 1.646\,7) + 58.75 \times 0.207\,6 - (70 + 40 \times 0.877\,2 + 20 \times 0.769\,5)$$
$$= 1.141（万元）$$

当$i=15\%$时，测算NPV：

$$NPV = 28.75 \times (5.233\,7 - 1.625\,7) + 58.75 \times 0.186\,9 - (70 + 40 \times 0.869\,6 + 20 \times 0.756\,1)$$
$$= -5.195\,6（万元）$$

用插入法计算IRR，如图8-2所示。

$$IRR = 14\% + \frac{1.141 - 0}{1.141 - (-5.195\,6)} \times (15\% - 14\%) = 14.18\% > 贴现率10\%$$

```
        i=14%              IRR              i=15%
         ├─────────────────┼─────────────────┤
      NPV=1.141          NPV=0          NPV=-5.195 6
```

图8-2　用插入法计算 *IRR*

计算表明，净现值为32.664 3万元，大于零，内含报酬率为14.18%，大于贴现率10%，所以该项目在财务上是可行的。一般来说，用净现值和内含报酬率对独立投资方案进行评价，不会出现相互矛盾的结论。

二、互斥投资方案的决策

项目投资决策中的互斥投资方案（相互排斥方案）是指在决策时涉及的多个相互排斥、不能同时实施的投资方案。互斥投资方案决策过程就是在每一个入选方案已具备财务可行性的前提下，利用具体决策方法比较各个方案的优劣，利用评价指标从各个备选方案中最终选出一个最优方案的过程。

由于各个备选方案的投资额、项目计算期不一致，因而要根据各个备选方案的使用期、投资额相等与否，采用不同的方法作出选择。

（一）互斥投资方案的投资额、项目计算期均相等，可采用净现值法或内含报酬率法决策

所谓净现值法，是指通过比较互斥投资方案的净现值指标的大小来选择最优方案的方法。所谓内含报酬率法，是指通过比较互斥投资方案的内含报酬率指标的大小来选择最优方案的方法。净现值或内含报酬率最大的方案为优。

【例8-11】某企业现有资金100万元可用于一个固定资产项目投资，有A、B、C、D四个互相排斥的备选方案可供选择，这四个方案投资总额均为100万元，项目计算期都为6年，贴现率为10%，现经计算可知：

（1）NPV_A=8.125 3（万元），IRR_A=13.3%；
（2）NPV_B=12.25（万元），IRR_B=16.87%；
（3）NPV_C=-2.12（万元），IRR_C=8.96%；
（4）NPV_D=10.36（万元），IRR_D=15.02%。

要求：判断哪一个投资方案最优？

解：

因为C方案净现值为-2.12万元，小于零，内含报酬率为8.96%，小于贴现率，不符合财务可行的必要条件，应舍去。

又因为A、B、D三个备选方案的净现值均大于零，且内含报酬平均大于贴现率，所以A、B、D三个备选方案均符合财务可行的必要条件。

且
$$NPV_B > NPV_D > NPV_A$$
$$12.25万元 > 10.36万元 > 8.125\ 3万元$$
$$IRR_B > IRR_D > IRR_A$$
$$16.87\% > 15.02\% > 13.3\%$$

所以B方案最优，D方案为其次，最差为A方案，应采用B方案。

（二）互斥投资方案的投资额不相等，但项目计算期相等，可采用差额法决策

所谓差额法，是指在两个投资总额不同方案的差量现金净流量（记作ΔNCF）的基础上，计算出差额净现值（记作ΔNPV）或差额内含报酬率（记作ΔIRR），并据以判断方案孰优孰劣的方法。

在此方法下，一般以投资额大的方案减投资额小的方案，当$\Delta NPV \geq 0$或$\Delta IRR \geq i$时，投额大的方案较优；反之，则投资额小的方案较优。

差额净现值ΔNPV或差额内含报酬率ΔIRR的计算过程和计算技巧同净现值NPV或内含报酬率IRR完全一样，只是所依据的是ΔNCF。

【例8-12】某企业有甲、乙两个投资方案可供选择，甲方案的投资额为100 000元，每年现金净流量均为30 000元，可使用5年；乙方案的投资额为70 000元，每年现金净流量分别为10 000元、15 000元、20 000元、25 000元、30 000元，使用年限也为5年。甲、乙两个方案的建设期均为零年，如果贴现率为10%。

要求：对甲、乙两个方案作出选择。

解：

因为两个方案的项目计算期相同，但投资额不相等，所以可采用差额法来决策。

$$\Delta NCF_0 = -100\ 000 - (-70\ 000) = -30\ 000（元）$$
$$\Delta NCF_1 = 30\ 000 - 10\ 000 = 20\ 000（元）$$
$$\Delta NCF_2 = 30\ 000 - 15\ 000 = 15\ 000（元）$$
$$\Delta NCF_3 = 30\ 000 - 20\ 000 = 10\ 000（元）$$
$$\Delta NCF_4 = 30\ 000 - 25\ 000 = 5\ 000（元）$$
$$\Delta NCF_5 = 30\ 000 - 30\ 000 = 0$$

$$\begin{aligned}\Delta NPV_{甲-乙} &= 20\ 000 \times (P/F, 10\%, 1) + 15\ 000 \times (P/F, 10\%, 2) + 10\ 000 \times (P/F, 10\%, 3) \\ &\quad + 5\ 000 \times (P/F, 10\%, 4) - 30\ 000 \\ &= 20\ 000 \times 0.909\ 1 + 15\ 000 \times 0.826\ 4 + 10\ 000 \times 0.751\ 3 + 5\ 000 \times 0.683\ 0 - 30\ 000 \\ &= 11\ 506（元）> 0\end{aligned}$$

当 $i=28\%$ 时，测算 ΔNPV：

$\Delta NPV = 20\,000 \times (P/F, 28\%, 1) + 15\,000 \times (P/F, 28\%, 2) + 10\,000 \times (P/F, 28\%, 3) +$
$\quad\quad\quad 5\,000 \times (P/F, 28\%, 4) - 30\,000$
$\quad\quad = 20\,000 \times 0.781\,3 + 15\,000 \times 0.610\,4 + 10\,000 \times 0.476\,8 + 5\,000 \times 0.372\,5 - 30\,000$
$\quad\quad = 1\,412.5（元）>0$

当 $i=32\%$ 时，测算 ΔNPV：

$\Delta NPV = 20\,000 \times (P/F, 32\%, 1) + 15\,000 \times (P/F, 32\%, 2) + 10\,000 \times (P/F, 32\%, 3)$
$\quad\quad\quad + 5\,000 \times (P/F, 32\%, 4) - 30\,000$
$\quad\quad = 20\,000 \times 0.757\,6 + 15\,000 \times 0.573\,9 + 10\,000 \times 0.434\,8 + 5\,000 \times 0.329\,4 - 30\,000$
$\quad\quad = -244.5（元）<0$

用插入法计算 ΔIRR，如图 8-3 所示。

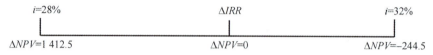

图 8-3　用插入法计算 ΔIRR

$$\Delta IRR = 28\% + \frac{1\,412.5 - 0}{1\,412.5 - (-244.5)} \times (32\% - 28\%) = 31.41\% > 贴现率 10\%$$

计算表明，差额净现值为 11 506 元，大于零，差额内含报酬率为 31.41%，大于贴现率 10%，故应选择甲方案。

（三）互斥投资方案的投资额不相等，项目计算期也不相同，可采用年回收额法决策

所谓年回收额法，是指通过比较所有投资方案的年等额净现值指标的大小来选择最优方案的决策方法。在此方法下，年等额净现值最大的方案为优。

年回收额法的计算步骤如下：

（1）计算各方案的净现值 NPV；

（2）计算各方案的年等额净现值。若贴现率为 i，项目计算期为 n，则：

$$年等额净现值 = \frac{净现值}{年金现值系数}$$

$$A = \frac{NPV}{(P/A, i, n)}$$

【例 8-13】某企业拟投资新建一条流水线，现有两个方案可供选择：

A 方案的投资额为 120 万元，建设期为 2 年，经营期为 8 年，最终残值为 20 万元，每年可获得销售收入为 40 万元，发生总成本和税金及附加为 15 万元。

B 方案的投资额为 110 万元，无建设期，经营期为 8 年，最终残值为 10 万元，每年税后利润为 8.8 万元。采用直线法计提折旧，假设企业期望的最低报酬率为 10%，所得税税率为 25%。

要求：判断该企业应选择哪个方案？

解：

因为 A、B 两个方案的项目计算期不同：

$$A 方案的项目计算期 = 2 + 8 = 10（年）$$
$$B 方案的项目计算期 = 0 + 8 = 8（年）$$

所以应采用年回收额法来分析评价。

A 方案计算如下：

$$年折旧额 = (120 - 20)/8 = 12.5（万元）$$
$$NCF_0 = -120（万元）$$
$$NCF_{1\sim 2} = 0（万元）$$

$$NCF_{3\sim 9}=(40-15)\times(1-25\%)+12.5=31.25（万元）$$
$$NCF_{10}=31.25+20=51.25（万元）$$
$$NPV=31.25\times[(P/A,10\%,9)-(P/A,10\%,2)]+51.25\times(P/F,10\%,10)-120$$
$$=31.25\times(5.7590-1.7355)+51.25\times0.3855-120$$
$$=25.4913（万元）$$
$$年回收额=\frac{25.4913}{(P/A,10\%,10)}=\frac{25.4913}{6.1446}=4.1486（万元）$$

B 方案计算如下：
$$年折旧额=(110-10)/8=12.5（万元）$$
$$NCF_0=-110（万元）$$
$$NCF_{1\sim 7}=8.8+12.5=21.3（万元）$$
$$NCF_8=21.3+10=31.3（万元）$$
$$NPV=21.3\times(P/A,10\%,7)+31.3\times(P/F,10\%,8)-110$$
$$=21.3\times4.8684+31.3\times0.4665-110=8.2984（万元）$$
$$年回收额=\frac{8.2984}{(P/A,10\%,8)}=\frac{8.2984}{5.3349}=1.5555（万元）$$

计算结果表明，因为 A 方案的净现值大于 B 方案，A 方案的年回收额也大于 B 方案，所以应选择 A 方案。

任务实施

结论	8.4　康元葡萄酒厂的项目投资决策
实施方式	计算式

计算结果

教师评语：

班级		小组		组长签字	
教师签字				日期	

【企业伦理与职业道德】

项目投资决策者的素质

决策者是决策活动的主体,是投资决策系统的操纵者,决策者的水平、才能如何,直接影响着各种决策活动的效益和成败。在项目投资决策中,一个知识丰富、精明强干、敢于负责的决策者,能够迅速在纷繁复杂的表象里找出问题的本质,审时度势,及时有效地作出符合当时当地实际情况的战略决策,充分发挥现有资金的作用,从而推动该地区经济和社会事业的迅速发展;相反,一个不思进取、墨守成规、目光短浅、逃避责任的决策者,则会在优柔寡断中贻误时机,甚至作出完全错误的判断和决策,从而不仅会浪费宝贵的资金,而且可能由此带来一系列连锁反应,使该地区的经济发展陷入长期混乱甚至停滞的境地。因此,可以这样说,决策者是在决策活动中起决定作用的因素。

决策者特别是决策领导者,是决策活动成败的关键。由于在最终决策阶段,需要领导者最终决断的方案往往是多个并存的,这些方案又往往互不一致,有的甚至完全对立,而对于方案的论证程度也不同,有的深,有的浅,有的甚至根本不成熟,方案之间没有可比性,从而使得决策的复杂性和艰巨性增加。因此,决策领导者特别是中高级决策的领导者,在决策中担负着重大的责任,发挥着重要的作用。

在现实的投资决策活动中,决策者面对的是几乎永远不会完全相同的决策问题,必须经常进行分析、判断和决策。决策者要在限定的时间内作出正确的决策显然不是一件容易的事,一般的人是难以胜任的。这样就对决策者的素质和能力提出了严格的要求,也就是说,只有具备较高决策素质的人才能比较顺利地履行决策者的职能。

要成功地履行决策者的职能,作为一个决策者来说,必须具备较全面的基本素质。

1. 追求卓越

要成为一个成功的决策者,首要的素质就是必须有远大的目光,有不断进取的精神,有奋发向上的意志。随着社会的不断进步和市场经济的快速发展,在投资领域必将出现更多的决策问题,对各级决策者提出更高的要求。各级决策者只有紧跟时代发展,不断更新和完善自己的知识结构,以发展的眼光来看待投资决策的新问题,才会成为一个成功的决策者。

2. 较高的认识水平

面对纷繁复杂的决策问题,投资决策者要作出正确的决策,就必须具备较高的认识水平。首先,投资决策者必须具有现代科学决策观念,能正确看待领导决策和专家决策的关系,善于发挥智能机构的作用。其次,投资决策者必须具有较丰富的知识和合理的知识结构,对与投资有关的经济、政策知识必须十分熟悉。再次,投资决策者必须具有较强的分析、判断能力,能够借助科学的分析方法,运用逻辑思维的力量,透过现象看本质,抓住主要矛盾,对相关的事物和方案作出有效的比较和选择。最后,投资决策者还必须具有较强的综合能力,对各个备选方案进行归纳概括,以作出尽可能满意的决策。

3. 胆略与责任感

胆略是投资决策者必须具备的另一个重要素质,其表现是果断、沉着,也包括勇于冒险并敢于负责。每一项投资活动都有其特定的目标,目标的实现总是依存于既定的投资条件和投资环境,而投资条件和投资环境又总是随社会经济大系统的运动不断地发生着变化。所以,要求投资决策者必须在需要迅速作出决断的时候勇敢地决策,绝不能犹豫不定,坐失良机。此外,投资决策总是建立在投资预测的基础之上,而投资预测毕竟不能代替客观的未来经济变化,因此,投资决策无不伴随着风险的存在,这就要求投资决策者能够按照自己及其智能机构的分析判断,坚定信心,敢于冒险,有高度的责任感,勇于主动承担一切责任。

4. 坚持原则与机动灵活

投资决策者在决策过程中,既要坚持原则,又要机动灵活。坚定的原则性要求投资决策者必须具备铁面无私、任人唯贤、知人善任、赏罚分明的素质。没有坚定的原则性,就不能制定和执行正确的决策,就不能保持决策的连续性和一贯性,达不到投资的目标。由于投资对象及其环境的多变性,投资决策者还必须因时因地制宜,机动灵活地处理复杂的问题。一方面,投资决策者必须坚持统一指挥、整体配合的原则性;另一方面,整体与自己所在的局部如何具体协调,如何针对局部的具体情况确定决策准则,永远是投资决策者面临的难题，这就要求投资决策者在坚持原则的同时，具有一定的机动灵活性。

5. 充沛的精力

投资本身所具有的不可逆转的特点，决定了投资决策者对于决策必须慎之又慎。因此，投资决策者在决策过程中必须仔细，全面考察、了解整个投资过程的情况和资料，全身心地投入工作中去，身体和精神的负担很大，这就要求投资决策者要具备较好的身体素质。

问题思考：

1. 项目投资决策者选择不当对企业会产生什么样的后果？

2. 你认为如何做才可以成为一个成功的项目投资决策者？请结合自身加以说明。

知识巩固与技能提高

一、单选题

1. 如果甲、乙两个投资方案的净现值相同,则( )。
   A. 甲方案优于乙方案
   B. 甲方案与乙方案均符合项目可行的必要条件
   C. 乙方案优于甲方案
   D. 无法评价甲、乙两个方案经济效益的高低

2. 当建设期不为零且经营期各年现金净流量相等时,经营期各年现金净流量现值之和的计算可采用的方法是( )。
   A. 先付年金现值   B. 永续年金现值   C. 后付年金现值   D. 递延年金现值

3. 某企业拥有一块土地,其原始成本为250万元,账面价值为180万元。现准备在这块土地上建造工厂厂房,但如果现在将这块土地出售,可获得收入220万元,则建造厂房的机会成本是( )万元。
   A. 250   B. 70   C. 180   D. 220

4. 在用动态评价指标对投资项目进行评价时,如果其他因素不变,只有贴现率提高,则下列指标计算结果不会改变的是( )。
   A. 净现值   B. 投资回收期   C. 内含报酬率   D. 现值指数

5. 在项目投资决策中,完整的项目计算期是指( )。
   A. 建设期   B. 经营期   C. 建设期和达产期   D. 建设期和经营期

6. 某项目建设期为1年,建设投资200万元全部于建设期初投入,经营期为10年,每年现金净流量为50万元,若贴现率为12%,则该项目的现值指数为( )。
   A. 1.484 1   B. 1.412 6   C. 1.261 3   D. 1.424 6

7. 已知某项目无建设期,资金于建设起点一次性投入,项目建成后可用8年,每年的现金净流量相等。如果该项目的静态投资回收期是6年,则按内含报酬率确定的年金现值系数是( )。
   A. 14   B. 8   C. 6   D. 2

8. 当贴现率为10%时,某项目的净现值为500元,则说明该项目的内含报酬率( )。
   A. 高于10%   B. 低于10%   C. 等于10%   D. 无法界定

9. 一个投资方案年营业收入140万元,年经营成本70万元,年折旧额30万元,所得税税率25%,则该方案年营业现金净流量为( )万元。
   A. 54   B. 60   C. 72   D. 46

10. 年回收额法,是指通过比较所有投资方案的年等额净现值指标的大小来选择最优方案的决策方法。在此方法下,年等额净现值( )的方案为优。
    A. 最小   B. 最大   C. 大于零   D. 等于零

二、多选题

1. 现金流出是指由投资项目所引起的企业现金支出的增加额,包括( )。
   A. 建设投资   B. 付现成本   C. 年折旧额   D. 所得税

2. 下列各项指标中,( )指标属于正指标。
   A. 净现值   B. 现值指数   C. 内含报酬率   D. 静态回收期

3. 在考虑了所得税因素之后,经营期现金净流量可按下列( )公式计算。
   A. 年现金净流量 = 营业收入 – 付现成本 – 所得税
   B. 年现金净流量 = 税后利润 – 折旧
   C. 年现金净流量 = 税后收入 – 税后付现成本 + 折旧 × 所得税税率
   D. 年现金净流量 = 收入 × (1– 所得税税率) – 付现成本 × (1– 所得税税率) + 折旧

4. 当项目的投资额和计算期都不相同时，进行项目分析评价宜采用的方法有（   ）。
   A. 净现值法　　　　　B. 年回收额法　　　　　C. 差额净现值法　　　　　D. 年成本比较法
5. 下列表述中正确的说法有（   ）。
   A. 当净现值等于零时，项目的贴现率等于内含报酬率
   B. 当净现值大于零时，现值指数大于零
   C. 当净现值大于零时，说明投资方案可行
   D. 当净现值大于零时，项目贴现率大于投资项目本身的报酬率
6. 与计算内含报酬率有关的项目为（   ）。
   A. 原始投资　　　　　B. 贴现率　　　　　C. 每年的 NCF　　　　　D. 项目计算期
7. 计算经营期现金净流量时，以下（   ）项目是相关的。
   A. 利润　　　　　B. 无形资产支出　　　　　C. 折旧额　　　　　D. 回收额
8. 若某投资方案以内含报酬率作为评价指标，保证投资方案可行的要求是内含报酬率（   ）。
   A. 大于零　　　　　　　　　　　　　B. 大于企业的资本成本
   C. 大于 1　　　　　　　　　　　　　D. 大于基准的贴现率
9. 在计算税后现金净流量时，可以抵税的项目是（   ）。
   A. 折旧额　　　　　B. 无形资产摊销额　　　　　C. 残值收入　　　　　D. 设备买价
10. 公司拟投资一个项目，总投资额 10 万元，投产后年均销售收入 48 000 元，付现成本 13 000 元，预计有效期 5 年，按直线法计提折旧，无残值，所得税税率为 25%，则该项目（   ）。
    A. 回收期 2.86 年　　　　　　　　　　　B. 回收期 3.3 年
    C. 投资利润率 20.1%（税后）　　　　　D. 投资利润率 35%（税后）

三、判断题

1. 项目投资决策评价所运用的内含报酬率指标的计算结果与项目预定的贴现率高低有直接关系。（   ）
2. 现金净流量是指一定期间现金流入量和现金流出量的差额。（   ）
3. 投资利润率和投资回收期这两个静态评价指标的优点是计算简单，容易掌握，且均考虑了现金流量。（   ）
4. 某个投资方案按 10% 的贴现率计算的净现值大于零，那么，该方案的内含报酬率大于 10%。（   ）
5. 如果两个投资方案的使用年限不同，比较净现值总额或总成本现值没有意义。（   ）
6. 多个互斥投资方案比较，一般应选择净现值大的方案。（   ）
7. 在计算现金净流量时，无形资产摊销额的处理与折旧额相同。（   ）
8. 不论在什么情况下，都可以通过逐次测试法计算内含报酬率。（   ）
9. 在不考虑所得税因素的情况下，同一个投资方案分别采用快速折旧法、直线法计提折旧不会影响各年的现金净流量。（   ）
10. 在整个项目计算期内，任何一年的现金净流量，都可以通过"利润＋折旧"的简化公式来确定。（   ）

四、实训题

【实训 1】

某企业购买机器设备价款 20 万元，可为企业每年增加净利 2 万元，该设备可使用 5 年，无残值，采用直线法计提折旧，该企业的贴现率为 10%。

要求：

（1）用静态法计算该投资方案的投资利润率、投资回收期，并对此投资方案作出评价。
（2）用动态法计算该投资方案的净现值、净现值率、现值指数、内含报酬率，并对此投资方案作出评价。

【实训 2】

某企业投资 15 500 元购入一台设备，当年投入使用。该设备预计残值 500 元，可使用 3 年，按直线法计提折旧，设备投产后每年增加现金净流量分别为 6 000 元、8 000 元、10 000 元，企业要求的最低投资报酬率为 18%。

要求：计算该投资方案的净现值、内含报酬率，并作出评价。

【实训3】

某企业引进一条生产流水线，投资100万元，使用期限5年，期满残值5万元，每年可使企业增加营业收入80万元，同时也增加付现经营成本30万元，税金及附加5万元。采用直线法计提折旧，企业要求的最低投资报酬率为10%，所得税税率为25%。

要求：计算该投资方案的净现值并判断其可行性。

【实训4】

某企业现有甲、乙两个投资方案可供选择，其中甲方案投资20 000元，5年内预计每年现金净流量6 000元；乙方案投资50 000元，5年内预计每年现金净流量14 800元，若这两个投资方案的贴现率均为10%。

要求：请为企业作出决策，该投资哪个方案？

【实训5】

某企业拟在计划年度更新某设备。原有设备账面价值6 000元，尚可使用5年，5年后残值为1 000元，每年付现成本为15 000元。拟购置的新设备价款为35 000元，预计使用年限5年，5年后的残值为原价的5%，每年付现成本为1 500元。假如年初更新设备即可投入使用，原有设备即可变现，变现价值为800元，新、旧设备均采用直线法计提折旧，所得税税率为25%，贴现率为12%。

要求：以净现值指标为决策依据，判断该企业是否应该采用售旧购新方案。

【实训6】

某企业有一个投资项目，现有甲、乙两个方案可供选择，两个方案的各年现金净流量如表8-4所示。

表8-4　两个方案的各年现金净流量

万元

年份	甲方案		乙方案	
	投资额	年现金净流量	投资额	年现金净流量
0	40		80	
1	40			30
2		40		30
3		45		30
4		50		30
5				30

要求：如果企业以10%作为贴现率，请判断甲、乙两个方案哪个方案最优？

【实训7】

某企业拟租赁或购买A设备，A设备市场价格50 000元（包括安装调试等），可使用5年，残值5 000元，假如租赁，每年税前租赁费用12 000元。采用直线法计提折旧，所得税税率为25%，资本成本10%。

要求：对于A设备是购买还是租赁作出决策。

学习成果认定

		学生自评	
专业能力	评价指标	自测结果	要求 （A 掌握；B 基本掌握；C 未掌握）
项目投资管理相关知识	1. 项目投资的含义 2. 项目投资的类型 3. 项目投资的程序	A□ B□ C□ A□ B□ C□ A□ B□ C□	熟悉项目投资管理的相关概念，掌握项目投资的类型，了解项目投资的程序
现金流量法	1. 项目计算期与资金投入方式 2. 现金流量的构成 3. 现金流量的估算	A□ B□ C□ A□ B□ C□ A□ B□ C□	熟悉项目计算期和资金投入方式，掌握现金流量的构成，能够对各项目的现金流量进行正确的估算
项目投资决策评价指标	1. 静态评价指标 2. 动态评价指标	A□ B□ C□ A□ B□ C□	掌握各类项目投资决策评价指标，能运用不同的评价指标，客观、科学地分析评价各种投资方案的可行性
项目投资决策分析方法应用	1. 独立投资方案的决策 2. 互斥投资方案的决策	A□ B□ C□ A□ B□ C□	准确查找、整理项目投资决策的各种信息，能客观、科学地对独立投资方案、互斥投资方案进行对比与优选
职业道德、思想意识	1. 爱岗敬业、认真严谨 2. 遵纪守法、遵守职业道德 3. 顾全大局、团结合作	A□ B□ C□ A□ B□ C□ A□ B□ C□	专业素质、思想意识得以提升，德才兼备，能胜任项目投资管理工作
		小组评价	
团队合作	A□ B□ C□	沟通能力	A□ B□ C□
		教师评价	
教师评语			
成绩		教师签字	

项目 9

证券投资管理

学习目标

【素质目标】
1. 养成良好的职业道德和严谨的工作态度
2. 能够正确进行投资风险防范
3. 培养团队合作精神

【知识目标】
1. 了解证券的种类和股票、债券、基金投资的优缺点
2. 掌握股票、债券的价值计算模型以及收益率的计算
3. 掌握证券投资组合的风险与收益计算

【能力目标】
1. 能准确查找股票、债券和基金的各项信息
2. 能科学运用股票、债券、基金的价值模型进行估值
3. 培养良好的市场分析能力

知识架构

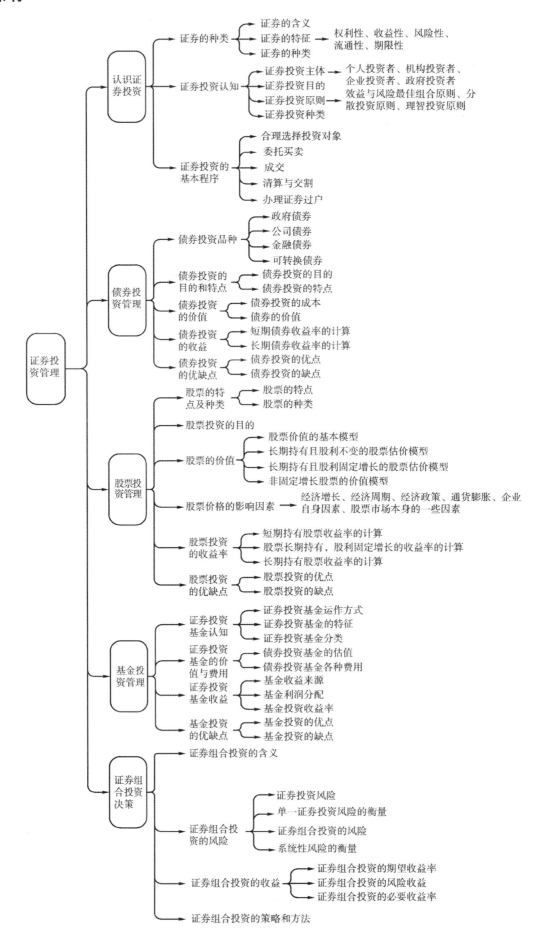

任务1　认识证券投资

案例导入

王先生的投资理财咨询

王江，26岁，单身，河北某私企职员，工作两年，基本稳定，月收入2 500元，年终奖6 000元，单位有五险和住房公积金，每月平均支出800元，目前有定期存款2万元。

由于对投资理财相对陌生，因此寻求理财咨询，王江虽然期望获得较高的投资收益，但苦于投资手段单一，只好一直依靠银行存款，希望得到理财方面的建议。

投资分析：从王江的基本情况来看，其属于工薪基层，工作相对稳定，收入来源有保证，暂无后顾之忧，另外，王江目前单身，年仅26岁，承受风险的能力相对较强。由于王江在投资上相对比较陌生，建议投资之前，请教专业的理财人士学习投资方面的基本知识，在理财品种方面，主要有股票、债券、基金等理财产品，其中，基金投资是一个重点产品，当前资本市场的不断发展，使很多金融产品都走向大众化，投资机会也越来越多，完全可以满足不同风险偏好的投资者。货币基金、短期债券基金一般年收益率在2%～2.4%，收益稳定，本金较安全，适合短期投资；股票型基金收益率比较高，一般在8%左右，适合一年期以上的投资。

任务发布

讨论	9.1　王先生的投资理财咨询
教师布置任务	
任务描述	1. 学生熟悉相关知识。 2. 教师结合案例问题组织学生进行研讨。 3. 将学生每4个人分成一个小组，分组研讨案例问题，通过内部讨论形成小组观点。 4. 每个小组选出一个代表陈述本组观点，对分析师的投资组合建议进行评价，并提出本组讨论出的投资理财建议。 5. 教师进行归纳分析，引导学生了解证券投资的含义，学习证券投资管理的相关知识。 6. 根据各组在研讨过程中的表现，教师点评赋分。
问题	1. 证券的品种有哪些？各自的特点是什么？ 2. 分析股票、债券、基金三种证券之间的联系和区别。 3. 根据王江的收入支出情况，给出投资建议。

相关知识

一、证券的种类

（一）证券的含义

证券是多种经济权益凭证的统称，是证券持有人有权按其券面所载内容取得应有权益的书面证明。证券按其性质不同，可以分为证据证券、凭证证券和有价证券三大类，如图9-1所示。

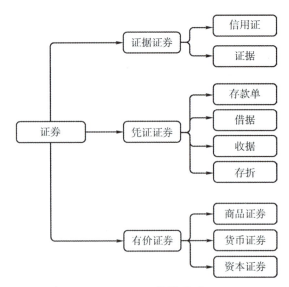

图 9-1 证券的分类

证据证券只是单纯地证明一种事实的书面证明文件，如信用证、证据、提单等；凭证证券是认定持证人是某种私权的合法权利者和证明持证人所履行的义务有效的书面证明文件，如存款单等；有价证券是标有一定票面金额，用于证明持证人或证券指定的特定主体对特定财产拥有所有权或债权的法律凭证，按其所标明的财产权利的不同性质，分为商品证券、货币证券及资本证券。钞票、邮票、印花税票、股票、债券、国库券、商业本票、承兑汇票等，都是有价证券。本项目证券投资专指有价证券中资本证券的投资。

(二) 证券的特征

1. 权利性

证券的权利性是指有价证券权利人对其财产拥有财产所有权或债权，享有财产的占有、使用、收益和处分的权利。虽然证券持有人并不实际占有财产，但可以通过持有证券，在法律上拥有有关财产的所有权或债权。

2. 收益性

收益性是指证券持有者凭借持有证券而获得一定数额的收益，也是投资者转让资本所有权或使用权的回报。有价证券的收益表现为利息收入、红利收入和买卖证券的差价。收益的多少通常取决于该资产增值数额的多少和证券市场的供求状况。

3. 风险性

证券的风险性是指证券持有者因未来各种不确定性因素而面临的可预测或不可预测的投资收益不能实现或不能完全实现，甚至使本金也受到损失的可能性。

4. 流通性

证券的流通性又称变现性，是指证券持有人依照自己的需要在金融市场上通过转让获取现金的行为。

5. 期限性

期限性是指有价证券在证券市场上的存续期限。股票除非股份公司破产，通常具有永不返还的特性；而债券一般有明确的还本付息期限，以满足不同投资者和筹资者对融资期限及收益率的需求。

(三) 证券的种类

1. 按证券发行的主体分类

按证券发行的主体不同，证券可以分为政府证券、金融证券与公司证券。

政府证券是由一国政府或地方政府为筹集所需资金而发行的证券，如国库券、地方国债等。金融证券是金融机构与非金融机构为筹集资金所发行的证券，如可转让存单、银行相关票据等。公司证券是企业在经营过程中为了筹集资金而发行的证券，如股票、债券等。

2. 按证券体现的权益关系分类

按证券体现的权益关系不同，证券可以分为所有权证券和债权证券。

所有权证券，是指证券持有主体即为其所有者，其中比较典型的是股票。债权证券，是指证券持有主体是证券发行单位的债权人，如债券。

3. 按证券的收益情况分类

按证券的收益情况不同，证券可以分为固定收益证券和变动收益证券。

固定收益证券，其投资主体可以获得投资时规定的固定收益，如优先股。变动收益证券，其投资主体的收益会随着证券发行单位经营状况的变化而发生波动，如普通股。

4. 按证券收益的决定因素分类

按证券收益的决定因素不同，证券可分为原生证券和衍生证券。

原生证券的收益主要受发行者的财务状况影响。而衍生证券主要包括期货合约和期权合约两种基本类型，收益主要取决于原生证券的价格。

5. 按证券到期日时间的长短分类

按证券到期日时间的长短，证券可以分为短期证券和长期证券。

短期证券，是指期限在一年以内的证券，如商业承兑汇票、银行汇票等。长期证券，是指期限超过一年的证券，如债券、股票等。

二、证券投资认知

证券投资是指投资者（法人或自然人）买卖股票、债券、基金等有价证券以及这些有价证券的衍生品，以获取差价、利息及资本利得的投资行为和投资过程，是间接投资的重要形式。

（一）证券投资主体

在证券投资中，投资主体是向证券市场投入一定量资金以期获得预期收益的自然人或法人。同其他投资类似，证券投资主体也需要具有可供投资的资金，能够自主地进行投资决策，可以享有证券收益权，并承担相应的投资风险。

具体来说，证券投资主体主要包括以下四类：

1. 个人投资者

个人投资者指从事证券投资的境内外居民个人，也包括如居民合伙投资者，俗称散户。

2. 机构投资者

机构投资者包括投资基金公司、养老保险基金公司、商业保险公司和投资信托公司等。

3. 企业投资者

企业投资者主要是以盈利为目标的工商企业，其进行证券投资的资金主要来源于企业积累资金或暂时闲置的营运资金。

4. 政府投资者

政府投资者主要包括中央政府及其职能部门和地方政府。

（二）证券投资目的

不同的证券投资主体，具有不同的投资目的，即使同一投资主体，在不同时期也有不同的投资目的。就企业投资主体而言，其投资目的主要有以下五个方面：

1. 分散资金投向，降低投资风险

现代资产管理理论认为投资分散化，即将资金投资于多个相关程度较低的项目，实行多角化经营，能够有效地分散投资风险。当某个项目经营不景气而利润下降甚至导致亏损时，其他项目可能会获取较高的收益。将企业的资金分成内部经营投资和对外证券投资两个部分，可以实现企业经营的多元化。而且与对内投资相比，对外证券投资不受地域和经营范围的限制，投资选择面非常广，投资资金的退出和收回也比较容易，是多角化投资的主要方式。

2. 利用闲置资金，增加企业收益

企业在生产经营过程中，由于各种原因有时会出现资金闲置、现金结余较多的情况。这些闲置的资金可以投资于股票、债券等有价证券上，谋取投资收益，这些投资收益主要表现在股利收入、债息收入、证券买卖价差的资本利得等方面。同时，有时企业资金的闲置是暂时性的，投资于在资本市场上流通性和变现能力较强的有价证券，能够随时变卖证券，收回资金。

3. 稳定客户关系，保障生产经营

企业生产经营环节中，供应和销售是企业与市场相联系的重要通道。没有稳定的原材料供应来源，没有稳定的销售客户，都会使企业的生产经营中断。为了保持与供销客户良好而稳定的业务关系，可以对业务关系链的供销企业进行投资，保持对它们一定的债权或股权甚至控股。这样，能够以债权或股权对关联企业的生产经营施加影响和控制，保障本企业的生产经营顺利进行。

4. 提高资产的流动性，增强偿债能力

资产流动性强弱是影响企业财务状况安全性的主要因素。除现金等货币资产外，有价证券投资是企业流动性最强的资产，是企业速动资产的主要构成部分。在企业需要支付大量现金，而现有现金储备又不足时，可以通过变卖有价证券迅速取得大量现金，保证企业的及时支付。

5. 获得控制权

企业通过证券投资获得对证券发行公司经营管理的控制权，这是部分法人投资者从事股份投资的目的。

（三）证券投资原则

1. 效益与风险最佳组合原则

在投资风险一定的前提下，尽可能使收益最大化，或在收益一定的前提下，风险最小化。

2. 分散投资原则

证券投资应该在建立科学有效的证券组合的前提下，尽可能投资多样化，以分散风险。

3. 理智投资原则

证券投资要在理智分析、审慎比较后再进行投资。

谆谆教诲

投资不仅仅是一种行为，更是一种带有哲学意味的东西！

——（美）约翰·坎贝尔

（四）证券投资种类

市场上的证券很多，其中，可供企业投资的证券有国库券、可转让存单、股票、投资基金和期权等。具体来说，企业的证券投资可以分为以下五类：

1. 股票投资

股票投资，是指企业将资金投向股票，通过买卖股票和收取股利来获得收益的投资行为。

2. 债券投资

债券投资，是指企业通过购买金融市场上的债券以取得收益的一种投资活动。

3. 基金投资

基金投资，是指企业通过购买投资基金份额或受益凭证获取收益的一种投资方式。投资者享受来自专家的专业投资服务，有利于分散风险，获得较高且较稳定的投资收益。

4. 期权投资

期权投资，是指为了实现盈利或规避风险而进行期权买卖的一种投资方式。

5. 证券组合投资

证券组合投资，是指企业将资金同时投资于多种证券，是企业等法人单位进行证券投资时常用的投资方式。

本项目主要介绍股票投资、债券投资、基金投资以及证券组合投资。

三、证券投资的基本程序

（一）合理选择投资对象

合理选择投资对象是证券投资成败的关键。企业应根据一定的投资原则，认真分析投资对象的收益水平和风险程度，以便合理选择投资对象，将风险降到最低限度，取得最理想的投资收益。

（二）委托买卖

由于投资者无法直接进场交易，买卖证券业务需委托证券商代理。企业可通过电话委托、计算机终端委托、递单委托等方式委托券商代为买卖有关证券。

（三）成交

证券买卖双方通过中介券商的场内交易员分别出价委托，若买卖双方的价位与数量合适即可达成，这个过程叫成交。

（四）清算与交割

企业委托券商买入某种证券成功后，即应解交款项，收取证券。清算即指证券买卖双方结清价款的过程。

（五）办理证券过户

证券过户只限于记名证券的买卖业务。当企业委托买卖某种记名证券成功后，必须办理证券持有人的姓名变更手续。

财博士知识通

证券交易市场认知

证券市场是证券发行和交易的场所，证券交易市场又称为二级市场或次级市场，是已发行证券通过买卖交易实现流通转让的市场，包括场内交易市场和场外交易市场。

一、场内交易市场

场内交易市场是指在一定的场所、一定的时间，按一定的规则集中买卖已发行证券而形成的市场，是整个证券市场的核心。场内交易通常在证券交易所进行。证券交易所有固定的交易场所和交易时间，证券交易采取经纪制，交易对象为上市证券，采用公开竞价方式决定交易价格，实行公开、公平、公正的原则，成交速度快、成交率高。

证券交易所的组织形式有会员制和公司制两种。我国上海证券交易所（图9-2）和深圳证券交易所（图9-3）都采用会员制，设会员大会、理事会和专门委员会，另外，证券衍生产品交易也有自己的场所，如中国金融期货交易所。中国金融期货交易所采用国际通行的会员分级结算制度，即交易所对结算会员进行结算，结算会员对其受托的交易会员进行结算，交易会员对其受托的客户进行结算。

图9-2　上海证券交易所　　图9-3　深圳证券交易所

二、场外交易市场

场外交易市场,也称柜台交易市场或店头交易市场、其他交易场所,是指在交易所外由证券买卖双方议价成交的证券交易市场。

场外交易市场主要采用做市商制度的组织方式,是一个拥有众多交易品种和证券经营机构的证券市场,以议价方式进行证券交易,是一个分散的无形的市场。场外交易市场的管理相对宽松,它没有固定的场所,其交易主要利用电话等现代通信网络进行,交易的证券以不在交易所上市的证券为主。我国过去的场外交易市场,主要由金融市场报价、信息和交易系统(NET)与全国证券自动报价系统(STAQ)组成,包括 STAQ、NET 交易系统,即法人股交易市场,即国内"老三板"市场。1999 年 9 月,STAQ 和 NET 两系统相继停止交易。2001 年,中国证券业协会为解决原 STAQ、NET 系统挂牌公司的股份流通问题,开展了代办股份转让系统,为非上市公司提供股份转让服务。我国现在的场外柜台交易市场,包括银行间债券市场、代办股份转让系统、债券柜台交易市场(俗称"新三板")。场外交易品种主要是国家债券、地方政府债券市政债券和公司债券。

美国的 NASDAQ(全国证券业协会行情自动传报系统)市场是世界上公认的成熟、完善、先进的场外交易市场,它已于 2006 年成功转型为证券交易所。目前在美国尚有场外交易电子报价板和粉红单报价市场等。

但是,随着信息技术的发展,证券交易的方式逐渐演变为通过网络系统将订单汇集起来,再由电子交易系统处理,场内交易市场和场外交易市场的物理界限逐渐模糊。

任务实施

结论	9.1 王先生的投资理财咨询				
实施方式	研讨式				
研讨结论					
教师评语:					
班级		小组		组长签字	
教师签字				日期	

任务 2 债券投资管理

案例导入

"堕落天使"债券

"堕落天使（Fallen Angle）"债券是指原来属于主体评级在投资级以上的债券发行人，但发行人因为外界原因导致经营状况恶化或某些特殊事件的发生对于公司的情况产生重要影响，导致信用资质下降至较低的投机级，而这种信用资质的下降是暂时的一种债券。发行主体仍可以通过发行高收益债券等其他途径来获得资金，待经营好转后，债券评级会被调升。出现这种情况的暂时性信用下调型债券可称为"堕落天使"债券。

这种类型的债券在我国的债券市场中，主要集中在场内交易市场。交易所对场内交易债券的各项步骤，即债券发行和相关质押都有明确规定，这样就代表着交易所中的债券一旦被评级机构出具下调评级或负面展望的报告，这类债券的价格调整和波动的幅度远远超过交易市场中相似资质的债券，这也体现了当特殊的事情发生的时候，其更容易丧失流动性。

在国际市场上，广泛地认为高收益债券同时也叫垃圾债券，指在市场上低于投资级评级的，具有高风险同时也具有高投资回报的债券，还包括一些不具有官方评级但信用资质也能达到一定要求的债券，在伴随高风险的同时，此类债券也自然伴随着高收益。除此之外，一些政府债券，当其总体评级为投资级以下时，也可以归为高收益债券。

在债券投资中，针对"堕落天使"债券这类高风险、高收益的债券，应该如何制定债券投资策略？

任务发布

讨论	9.2 "堕落天使"债券
教师布置任务	
任务描述	1. 学生熟悉相关知识。 2. 教师结合案例问题组织学生进行研讨。 3. 将学生每 5 个人分成一个小组，分组研讨案例问题，通过内部讨论形成小组观点。 4. 每个小组选出一个代表陈述本组观点，其他小组可以对其进行提问，小组内其他成员也可以回答提出的问题；通过问题交流，形成本组的债券投资策略报告。 5. 教师进行归纳分析，引导学生掌握债券投资策略，提升学生债券投资的能力。 6. 根据各组在研讨过程中的表现，教师点评赋分。
问题	1. 在债券投资过程中需要考虑哪些因素？ 2. 在债券投资过程中，如何进行债券的选择？ 3. 针对"堕落天使"债券，完成可行的债券投资策略报告。

相关知识

债券是发行人依照法定程序发行，并约定在一定期限还本付息的有价证券。债券对于投资者来说是一种金融资产，对发行者来说是一种金融负债，债券投资者是债券发行者的债权人，债券发行者是债券投资者的债务人。债券将筹资人与投资人之间的经济联系，以证券的形式体现。

一、债券投资品种

（一）政府债券

政府债券是政府为筹集资金而向出资者出具并承诺在一定时期支付利息和偿还本金的债务凭证，具体包括国家债券即中央政府债券、地方政府债券等。

1. 中央政府债券

（1）记账式国债。

记账式国债是由财政部面向全社会各类投资者通过无纸化方式发行的、以电子记账方式记录债权并可以上市和流通转让的债券。

微课1：债券投资

记账式国债可以方便地流通转让，发行期结束后客户可以通过证券交易所或指定商业银行买入或卖出记账式国债。记账式国债以国家信誉作为担保发行，由财政部兑付本息，信用等级高。按国家规定，国债所得利息免税。

（2）凭证式国债。

凭证式国债是指由财政部发行的，有固定票面利率、通过纸质媒介记录债券债务关系的国债，采用填制中华人民共和国凭证式国债收款凭证的方式，通过商业银行柜台和邮政储蓄柜台面向城乡居民个人和各类投资者发行的储蓄性国债。

凭证式国债为记名国债，面向社会公众发行，可以挂失，可以提前兑取和办理质押贷款、开具存款证明书等，但不得更名，不可上市转让。投资人购买的国债自购买之日起开始计息，到期一次还本付息，不计复利，逾期不加计利息。投资人需提前变现时，可到原网点或一级分行辖内网点办理提前兑付。凭证式国债同样以国家信誉作为担保发行，由财政部兑付本息，信用等级高，利息所得免税。凭证式国债虽不能上市交易但可提前兑取。

（3）储蓄国债（电子式）。

储蓄国债（电子式）是指财政部在境内发行，面向中国公民储蓄类资金发行的，以电子方式记录债权的、不可流通的人民币债券。储蓄国债（电子式）不可流通转让，但可以办理提前兑取或终止投资。

2. 地方政府债券

地方政府债券简称地方债券，也被称为地方公债或市政债券，是指地方政府在经常性财政资金不足的情况下，为了满足经济和社会公共事业的发展需要，由地方政府或授权的代理机构按照有关法律规定，依据信用原则，以筹集社会资金为目的而发行的，用于当地基础设施和社会公益性项目建设的有价证券。地方政府债券安全性高，一般可以通过证券交易所上市交易。

（二）公司债券

公司债券是指公司依照法定程序发行、约定在一定期限内还本付息的有价证券。投资公司债券最大的风险是发债公司的违约风险，一旦发债公司经营不善，不能按照当初的承诺兑付本息，就会导致债券价格的大幅下跌，投资者就会蒙受损失。投资者通过证券交易所交易公司债券也会面临债券价格波动风险。公司债券的风险要高于国债和金融债券，其利率回报也要高一点。

（三）金融债券

金融债券是金融机构依照法定程序发行并约定在一定期限内还本付息的有价证券。目前我国的金融债券在全国银行间债券市场发行和交易。在英、美等欧美国家，金融机构发行的债券归类于公司债券。

微课2：可转换债券介绍

（四）可转换债券

可转换债券（可转债）是由上市公司发行的，在发行时标明发行价格、利率、偿还或转换期限，债券持有人有权到期赎回或按照规定的期限和价格将其转换为发行人普通股股票的债务性证券。

可转换债券具有公司债券的一般特征，其特殊性在于：持有人在一定期限内，在一定条件下，可将持有的债券转换成一定数量的普通股股票，它是一种介乎于股票和债券之间的混合型金融工具。可转换债券是一种"攻守兼备"的投资品种，如果股票市价高于转股价，投资人可以将持有的债券转换成股票，然后抛出股票获利；如果股票市价低于转股价，投资人可以选择到期兑付持有的债券。投资可转换债券同样面临着发行公司违约的风险。

微课3：可转换债券与普通债券的区别

二、债券投资的目的和特点

（一）债券投资的目的

企业债券投资按持有时间长短不同，可以分为短期债券投资和长期债券投资。

1. 合理利用暂时闲置资金

企业进行短期债券投资的目的主要是调节现金余额，合理利用暂时闲置的资金，保证资金的收益率。当企业现金余额过多，可用于投资债券，使资金余额减少；当企业现金余额不足，可变卖证券投资，收回现金，使现金余额增加，以满足企业的资金需求。

2. 获得稳定收益

企业进行长期证券投资的目的主要是获得稳定的收益。

（二）债券投资的特点

1. 期限性

期限性指债券有规定的偿还期限，债务人必须按期向债权人支付利息和偿还本金。这一特征与股票投资有很大的区别。债券是一种有时间性的投资，从债券的要素来看，它是事先确定期限的有价证券，到期后债权人有权要求债务人偿还本息。

2. 流动性

流动性指债券持有人可按需要和市场的实际状况，灵活地转让债券，以提前收回本金和实现投资收益。一般来说，政府和大型企业的债券信誉好，可在金融市场上迅速出售，流动性强。

3. 安全性

一般来说，具有高度流动性的债券同时也是较安全的，因为它不仅可以迅速地转换为货币，而且可以按一个较稳定的价格转换。债券投资不能收回的两种情况如下：

（1）债务人不履行债务，不能按时足额履行约定的利息支付或者偿还本金。

（2）流通市场风险，即债券在市场上转让时因价格下跌而承受损失。

4. 收益性

债券的收益性主要表现为可以给投资者带来利息收入，以及可以利用债券价格的变动赚取差价。一般来说，债券的收益是固定的，但债券的价格会随市场利率的变化而变化。

总的来说，企业进行债券投资的资本成本比股权投资低，可以发挥财务杠杆的作用，而且债券利息还具有抵税作用，但是企业将资金投资于债券不能参与公司管理，同时债券的面值和利率在发行时就已经确定，所以，如果投资期间通货膨胀率比较高，则本金和利息的购买力风险就比较大。

三、债券投资的价值

债券的价值，又称为债券的内在价值。根据资产的收入资本化定价理论，任何资产的内在价值都是在投资者预期可获得的现金收入的基础上进行贴现决定的。运用到债券上，债券的价值是指进行债券投资时投资者预期可获得的现金流入的现值。债券的现金流入主要包括利息和到期收回的本金或出售时获得的现金两部分。当债券的购买价格低于债券价值时，才值得购买。

（一）债券投资的成本

债券投资的成本主要有购买成本、交易成本和税收成本三部分。

1. 购买成本

购买成本是指投资债券时所支付的购买资金，其购买成本在数量上等于一般意义上的本金，在二级市场上，购买成本为购买债券的数量乘以转让价格。在一级市场上，其购买成本的计算有所差别。

（1）附息债券。

$$购买成本＝购买债券的数量 × 债券发行价格$$

（2）贴息债券。

贴息债券是指合约未规定支付利息的债券。这类债券由于没有利息支付，因此其收益来自买卖价差，其发行价格低于面值。

$$购买价格＝票面金额 ×（1-年贴现率 × 期限）$$
$$贴息债券的购买成本＝购买债券的数量 × 债券购买价格$$

2. 交易成本

债券在发行一段时间后就进入二级市场进行流通转让，在转让时，需要缴纳一定的佣金。

在上海证券交易所交易的债券，交易佣金不超过成交金额的 0.2‰，起点为 1 元。在深圳证券交易所交易的债券，交易佣金不超过成交金额的 0.2‰，除此以外，还需要缴纳证券交易经手费，其标准为：成交金额在 100 万元以下（含 100 万元）每笔收 0.1 元，成交金额在 100 万元以上每笔收 10 元。

3. 税收成本

虽然国债、地方政府债券和金融债券是免税的，债券交易也免去了股票交易需要缴纳的印花税，但在投资企业债券时要缴纳占投资收益额 20% 的个人所得税，由证券交易所在每笔交易最终完成后，从投资者的清算资金账户中代为扣除。

在具体计算债券的收益率时，以上所有有关的成本必须扣除，这样得到的结果才更准确。同时，在比较选择债券时，上述三个成本也是必须考虑的因素。

（二）债券的价值

1. 债券价值计算的基本模型

债券价值计算的基本模型主要是在债券持有期限内，分期等额收息、到期一次还本情况下的债券投资估价模型，其价值模型为：

$$V=\sum_{t=1}^{n}\frac{B \times i}{(1+k)^t}+\frac{B}{(1+k)^n}$$
$$=I \times (P/A, k, n)+B \times (P/F, k, n)$$

式中，V 为债券的价值；

B 为债券票面价值；

n 为付息期限；

i 为票面利率；

k 为市场利率或投资者要求的必要的收益率；

I 为每期支付的利息。

【例 9-1】海佳公司为了筹集资金的需要，计划 2022 年 1 月 1 日发行面值为 800 元、每年年末付息、票面利率为 8%、期限为 8 年的债券，经调查，当前市场上对此类债券投资者要求的必要收益率为 10%。

要求：计算海佳公司应以什么价格发行债券才能筹集到所需资金。

海佳公司要筹集所需的资金，必须将债券的价值估计出来，然后确定发行价格。当发行价格高于估计价值时，则不能筹集到所需资金；反之则相反。

解：

根据债券估价的基本模型：

$$V = \sum_{t=1}^{n} \frac{B \times i}{(1+k)^t} + \frac{B}{(1+k)^n}$$

$$= I \times (P/A, k, n) + B \times (P/F, k, n)$$
$$= 800 \times 8\% \times (P/A, 10\%, 8) + 800 \times (P/F, 10\%, 8)$$
$$= 64 \times 5.3349 + 800 \times 0.4665$$
$$= 714.63（元）$$

所以，当海佳公司发行的债券价格低于 714.63 元时，才能筹集到所需资金。

2. 贴现债券的价值模型

贴现债券估价模型，又称为零息票债券估价模型，是一种以低于债券面值的贴现方式进行发行，在到期前不支付利息，到期按照票面值进行偿还的债券。其中，债券的面值与发行价格之间的差额即为投资者的利息收入。其价值模型为：

微课 5：债券的发行价格

$$V = \frac{B}{(1+k)^n}$$
$$= B \times (P/F, k, n)$$

公式中符号含义同基本模型。

【例 9-2】鑫达公司计划在 2022 年 2 月投资新立上市公司债券，经观察发现，新立公司的债券面值为 1 500 元，无票面利率，采取的是折价发行，期限为 5 年，在期限内不计利息，到期按照面值偿还，此时的市场利率为 5%。

要求：计算新立公司的发行价格为多少时，鑫达公司才能进行投资？

鑫达公司能否投资，取决于对新立公司债券进行的估价，当发行价格小于或等于估价时，可进行投资。此种情况可以用贴现债券估价模型来估算。

解：

根据贴现债券估价模型：

$$V = \frac{B}{(1+k)^n}$$
$$= B \times (P/F, k, n)$$

可以得出：

$$V = 1\,500 \times (P/F, 5\%, 5) = 1\,500 \times 0.7835 = 1\,175.25（元）$$

该债券的价值为 1 175.25 元，只有当发行价格低于 1 175.25 元时，鑫达公司才可考虑投资该债券。

3. 一次还本付息债券的价值模型

在该模型中，债券投资采取的是到期一次还本且不计复利，即在持有期间不计算利息，到期按照票面利率和期限依据单利计息，其估价公式为：

$$V = \frac{B + B \times i \times n}{(1+k)^n}$$
$$= B \times (1 + i \times n) \times (P/F, k, n)$$

公式中符号含义同基本模型。

【例 9-3】康菲公司计划在 2022 年 4 月投资政府发行的债券，该债券面值为 2 000 元，票面利率为 6%，期限为 10 年，当前的市场利率为 5%，采用单利计息，到期一次还本付息。

要求：计算该债券市场价格为多少时，康菲公司才可以进行投资。

康菲公司是否投资政府债券，主要取决于市场价格是否低于该债券的价值。此债券价值应通过一次还本付息估价模型来估算。

解：

根据一次还本付息估价模型：

$$V=\frac{B+B\times i\times n}{(1+k)^n}$$
$$=B\times(1+i\times n)\times(P/F, k, n)$$

可以得出：

$$V=2\,000\times(1+6\%\times 10)\times(P/F, 5\%, 10)$$
$$=2\,000\times(1+6\%\times 10)\times 0.613\,9$$
$$=1\,964.48（元）$$

通过估算，该债券的价值为1 964.48元，只有当市场价格低于1 964.48元时，康菲公司才可以进行投资。

四、债券投资的收益

企业进行债券投资的目的主要是获得收益。从绝对量上讲，证券收益主要包括证券出售现价与原价价差，以及定期获得的利息收益。从相对量上讲，债券投资收益通过收益率来衡量。在财务管理中，对债券投资收益的衡量不仅体现在绝对量上，更体现在相对量上。

（一）短期债券收益率的计算

对于短期债券投资收益，由于期限短（通常在一年以内），所以在计算时通常不必考虑资金时间价值，并且采用收益率来计算，其计算公式为：

$$K=\frac{S-S_0+P}{S_0}\times 100\%$$

式中，K 为短期债券投资收益率；

S 为出售价格；

S_0 为购买价格；

P 债券利息。

微课6：债券的投资收益率

【例9-4】北方公司于2022年1月5日在证券市场以1 000元的价格购进一张面值为1 200元、票面利率为5%、半年付息一次的债券，并于2021年1月5日以1 150元的价格在证券市场出售。

要求：计算北方公司投资该债券的收益率。

解：

由

$$K=\frac{S-S_0+P}{S_0}\times 100\%$$

可得：

$$K=\frac{1\,150-1\,000+1\,000\times 5\%}{1\,000}\times 100\%=20\%$$

（二）长期债券收益率的计算

长期债券由于涉及时间较长，需要考虑资金时间价值，其投资收益率一般是指购进债券后至持有至到期日可获得的收益率，它是使债券利息的年金现值和债券到期收回本金的复利现值之和等于债券购买价格时的贴现率。

1. 一般债券收益率的计算

一般债券的价值模型为：

$$V=\sum_{t=1}^{n}\frac{I}{(1+k)^t}+\frac{F_n}{(1+k)^n}$$
$$=I\times(P/A, k, n)+F_n\times(P/F, k, n)$$

式中，V 为债券的购买价格；

I 为每年获得的固定利息；

F_n 为债券到期收回的本金或中途出售收回的资金；

k 为债券的投资收益率；

n 为投资期限。

由于无法直接计算收益率，必须采用逐步测试法及内插法来计算，即先设定一个贴现率代入上式，如计算出的 V 正好等于债券买价，则该贴现率即为收益率；如计算出的 V 与债券买价不等，则须继续测试，再用内插法求出收益率。

【例 9-5】信达公司于 2016 年 5 月 18 日以 850 元的价格购买一张票面金额为 900 元的长期债券，票面利率为 5%。该债券于每年 5 月 18 日支付一次利息。信达公司持有该有价证券至 2020 年 5 月 18 日，并于该日以 880 元的价格出售。

要求：计算信达公司持有该有价证券的收益率。

在本例中，信达公司持有该有价债券是分期等额支付利息，到期一次还本，计算收益率时，同样采用插值法来解决。

解：

由

$$V=\sum_{t=1}^{n}\frac{I}{(1+k)^t}+\frac{F_n}{(1+k)^n}$$

$$=I\times(P/A,k,n)+F_n\times(P/F,k,n)$$

得出：

当 $k=7\%$ 时，

$$V_1=900\times5\%\times(P/A,7\%,4)+880\times(P/F,7\%,4)=823.77（元）$$

当 $k=6\%$ 时，

$$V_2=900\times5\%\times(P/A,6\%,4)+880\times(P/F,6\%,4)=852.97（元）$$

$$k=6\%+\frac{7\%-6\%}{823.77-852.97}\times(850-852.97)=6.10\%$$

因此，信达公司持有该有价证券的收益率为 6.10%。

2. 一次还本付息的单利债券收益率的计算

一次还本付息的单利债券价值模型为：

$$V=B\times(1+i\times n)\times(P/F,k,n)$$

式中的符号含义同前，其中 i 为债券的票面利率，B 为债券票面价值。

【例 9-6】新飞公司 2015 年 1 月 1 日以 1 020 元购买一张面值为 1 000 元、票面利率为 10% 单利计息的债券，该债券期限 5 年，到期一次还本付息。

要求：计算其到期收益率。

解：

由

$$V=B\times(1+i\times n)\times(P/F,k,n)$$

可得：

$$1\,020=1\,000\times(1+5\times10\%)\times(P/F,k,5)$$

$$(P/F,k,5)=1\,020\div1\,500=0.68$$

通过查询复利现值表，5 年期的复利现值系数等于 0.68 时，$k=8\%$。

债券的收益率是进行债券投资时选购债券的重要标准，它可以反映债券投资按复利计算的实际收益率。如果债券的收益率高于投资人要求的必要报酬率，则可购进债券；否则就应放弃该项投资。

五、债券投资的优缺点

（一）债券投资的优点

1. 安全性高

对于债券投资者而言，投资债券较投资其他有价证券（如股票）的风险要低，尤其是投资国家发行的债券，安全性最高。尽管投资企业债券的风险不如政府债券低，但企业破产时，债券投资者可以较其他投资主体享有优先索偿权，因此，对投资者而言，所蒙受的损失较小。

2. 流动性强

同其他有价证券相比，债券在市场上的流动性强，尤其是政府、金融机构和经营效益好的上市公司发行的债券。投资者投资这些债券能够在金融市场迅速地进行买卖，从而获得债券强流动性带来的益处。

3. 收入稳定

债券票面上通常有固定利率和面值，而且在发行时承诺到期还本或在期限内付息等内容，所以投资债券通常能够获得稳定的收入。

（二）债券投资的缺点

1. 无经营管理权

债券投资者对发行债券的企业只能按期取得所需利息和到期还本，而对于发行债券的企业无权实施影响和控制。

2. 购买力风险大

投资者对债券投资时通常确定了投资收益率，利息也往往按照票面利率来实行，而实际上市场利率由于通货膨胀的存在经常发生变动，使得投资者实际利率下降，这也带来了投资者的收益下降或损失。

财博士知识通

从红色债券到全球第二大债市

从大革命时期的证券探索，到土地革命时期的红色债券；从闽西工农银行股票，到陕甘宁边区政府建设救国公债……在深圳证券交易所红色证券展厅内，一块块展板、一份份史料，记录了中国共产党建立之后，在新民主主义革命的不同时期，创造性地探索运用股票、债券等证券工具，支持革命战争和服务经济建设的光辉历史。

其中，近70种红色债券的发行，是中国共产党领导下的红色金融工作的一个缩影，在革命斗争史和经济建设史上留下了浓墨重彩的一笔，为中国新民主主义革命全面胜利作出了重要贡献。

经历大革命时期的初步探索后，在土地革命时期，中国共产党领导下的各根据地共发行公债约18种，用来充裕红军战争军费、保障物资供给，并且制定了严格的公债发行条例，成立专门机构组织发行和销售公债。特别是在1931年11月中华苏维埃共和国临时中央政府在瑞金成立后，新政权在政治、经济、军事等方面均面临考验。为解决苏区财政经济问题，1932年7月至1933年10月，中央苏区先后发行3次公债，发行总额480万元，苏区人民踊跃购买，超额完成发行任务。这是土地革命时期苏区发行金额最大的公债，对稳定苏区财政、支援革命战争发挥了巨大作用。

这一时期发行的红色债券，既有实物券，也有现金券。比如1931年到1934年，临时中央政府采用粮食公债形式，在苏区开展3次借谷运动。借谷票证实际上是一种实物公债，是根据地政府的首创。中华人民共和国成立后仍持有的，可凭票抵作公粮，也可兑换现金。

进入抗日战争时期后，各革命根据地为筹措抗日经费，开展经济建设和赈灾救灾，共发行了20余种公债，这些公债具有新民主主义的性质和战时公债的特点。比如1938年7月发行的晋察冀边区行政委员会救国公债、1941年4月发行的豫鄂边区救国公债和1941年年底发行的晋冀鲁豫边区生产建设公债等。

其中，1943年年初发行的规模为30万银元的晋西北行政公署巩固农币公债，对于巩固西北农民银行币币值、稳定物价发挥了至关重要的作用,被认为是抗战时期红色政权金融工作的一个缩影。这只公债的发行,是中国共产党运用证券工具调节金融、稳定经济、巩固政权的重要探索,显示出中国共产党在革命斗争实践中对金融规律的认识和对证券工具的运用能力不断提升。

当时间进入解放战争时期,随着革命曙光初现,中国共产党进一步充分利用证券工具服务经济建设,推动新民主主义向社会主义过渡。这一时期,中国共产党领导下的公债政策更加成熟规范,各解放区政府对公债发行进行了新的探索,共发行公债31种,也为中华人民共和国成立初期公债发行积累了宝贵经验。

比如,在华东解放区,发行了苏皖边政府救灾公债等;在东北解放区,相继发行了东北生产建设实物有奖公债等;在华南解放区,发行了华南联名胜利公债等红色债券。其中,1946年年底至1947年年初发行的陕甘宁边区政府征购地主土地公债,"征购地主超过应留数量之土地,分配给无地或少地之农民,以达到耕者有其田之目的。"这是中国共产党运用证券工具和平解决土地改革问题的创造性之举。

在艰苦卓绝的新民主主义革命时期,根据地红色债券为何能取得良好的发行效果?对此,有研究者表示,从根本上讲,是党领导的革命根据地政权代表了人民群众的利益,从而得到了人民群众的衷心拥护;从具体层面来看,则是党领导根据地政权制定了一系列符合革命形势需要的公债政策,从而使公债发行、流通、使用、偿还的各个环节得以有效实施。

人民胜利折实公债的发行,拉开了新中国债券发行的大幕。1950年,中央政府发行了第一期人民胜利折实公债,计划发行1亿份,实际销售达到1.48亿份。这是中华人民共和国成立后发行的第一笔国家公债,是新政府在特别时期为克服严重的财政困难、稳定物价所采取的重大举措。此后的1954年至1958年,中央人民政府先后多次发行国家经济建设公债,助力推动我国的经济建设和社会发展。

伴随着改革开放的一声春雷,我国债券市场在20世纪80年代初期迈出了快速发展的脚步。1981年,国家发布了《国库券条例》并恢复发行国债,这奠定了我国债券市场大发展的基础。此后,金融债券、企业债券和政策性金融债券也相继发行。伴随着各类债券的发行,债券交易场所开始形成。1997年6月,经国务院批准,银行间债券市场成立,成为推动我国债券市场进入健康发展的一个标志性事件。而今,我国债券市场各项制度建设逐步健全,品种体系不断丰富,总托管规模达到120万亿元,各项功能有效发挥。

回首来时路,从新民主主义革命时期红色债券的探索,到社会主义建设时期公债的发行,再到改革开放后债券市场的蓬勃发展,在中国共产党领导下,我国债券市场历经坎坷,奋勇前行,已经成长为全球第二大债券市场,实现了跨越式发展和历史性飞跃,成为我国金融业发展壮大的重要组成部分。

任务实施

结论	9.2 "堕落天使"债券
实施方式	研讨式

研讨结论

教师评语：

班级		小组		组长签字	
教师签字				日期	

任务3　股票投资管理

案例导入

"两桶油"扭亏为盈，半年净赚近1000亿

2021年7月1日晚间，中国石油和中国石化一同发布2021年上半年业绩预告。中国石油预计，2021年上半年净利润较去年同期增长750亿～900亿元，对应的净利润区间达450.14亿～600.14亿元；中国石化上半年净利润则有望达到365亿～385亿元。据此计算，"两桶油"上半年合计净利润最高可接近1 000亿元。油价上涨成为业绩增长的核心动力。

中国石油表示，2021年上半年，受世界经济复苏所带来的需求增加影响，国际原油价格同比大幅增长，同时国内经济继续保持稳步增长势头，油气产品市场需求大幅改善。公司紧紧抓住宏观经济复苏、油气产品需求增长、原油价格回升的有利时机，坚持创新、资源、市场、国际化、绿色低碳五大发展战略，持续优化生产经营，深入推进提质增效，大力加强全产业链成本费用管控，公司大部分油气产品销量和价格均同比增加，经营业绩也同比大幅增长。

不过，中国石油的业绩增长还有一部分是受到子公司昆仑能源有限公司顺利完成管道股权转让交割的影响，从扣非净利润上来看，中国石油上半年实现的归属于公司股东的扣除非经常性损益的净利润与上年同期相比，增加人民币680亿～820亿元，对应扣非后的净利润为380.14亿～520.14亿元。

在业绩推动下，"两桶油"近期股价表现也不错。中国石化最新的收盘价为4.33元，较年内低点增长了约16%。中国石油股价表现更突出，相对年初低点已上涨近40%，而且其股价上涨基本集中在5月份以来的时间里，如图9-4所示。

图9-4　股价走势

从市场分析来看，油价有望继续维持高位。据报道，沙特和俄罗斯就提高石油产量达成初步协议，2021年12月前增产低于50万桶/天。受此消息影响，WTI（美国西德克萨斯轻质中国原油，是全球原油定价基准）原油期货日内涨幅扩大近2%，报74.87美元/桶，布伦特原油期货涨近2%，为2018年10月以来新高。"预计未来2～3年内，油价有望维持在60美元/桶以上的中高水平。"

我国《证券法》规定，上市公司股票面值为1元，为什么股票市场价格有这么大的差别呢？股票市场价格的影响因素有哪些呢？

任务发布

讨论	9.3 "两桶油"扭亏为盈，半年净赚近 1 000 亿
教师布置任务	
任务描述	1. 学生熟悉相关知识。 2. 教师结合案例问题组织学生进行研讨。 3. 将学生每 5 个人分成一个小组，分组研讨案例问题，通过内部讨论形成小组观点。 4. 每个小组选出一个代表陈述本组观点，其他小组可以对其进行提问，小组内其他成员也可以回答提出的问题；通过问题交流，将每一个需要研讨的问题都弄清楚，并形成书面研讨结论。 5. 教师进行归纳分析，引导学生扎实掌握股票的价值分析以及市场价格的影响因素，提升学生的团队合作精神以及敏锐的市场分析能力。 6. 根据各组在研讨过程中的表现，教师点评赋分。
问题	1. 股票内在价值和股票市场价格的关系是什么？ 2. 2021 上半年"两桶油"股票市场价格上涨受哪些因素影响？ 3. 投资者在进行股票投资时，应该关注哪些方面？

相关知识

股票是股份公司在筹集资本时向出资人公开或私下发行的、用以证明出资人股东身份和权利义务的有价证券，代表着股东对股份公司财产的所有权。新中国第一只股票如图 9-5 所示。在过去，股票通常采用纸质形式，随着电子科技的高速发展，现代股票以电子记账方式和法律文件方式加以规范，以电子股票形式呈现。

图 9-5 新中国第一只股票

一、股票的特点及种类

（一）股票的特点

1. 收益性

收益性是股票最基本的特征，它是指股票可以为持有人带来收益的特性。持有股票的目的在于获取收益。股票的收益来源可分成两类：一是来自股份公司领取的股息和分享的公司红利；股息红利的多少取决于股份公司的经营状况和盈利水平。二是来自股票流通。出售股票时的差价收益，也称为资本利得。

2. 风险性

股票的风险性与收益性是并存的。股票风险的内涵是股票投资收益的不确定性，或者说实际收益与预期收益之间的偏离。投资者在买入股票时，对其未来收益会有个预期，但真正实现的收益可能会高于或低于原先的预期，这就是股票的风险。很显然，风险是一个中性概念，风险不等于损失，高风险的股票可能给投资者带来较大损失，也可能带来较大的预期收益，这就是高风险高收益的含义。

3. 流动性

流动性是指股票可以通过依法转让而变现的特性，即在本金保持相对稳定、变现的交易成本极小的条件下，股票很容易变现的特性。股票持有人不能从公司退股，但股票转让为其提供了变现的渠道。需要注意的是，由于股票的转让可能受各种条件或法律法规的限制，因此并非所有股票都具有相同的流动性。通常情况下，大盘股流动性强于小盘股，上市公司股票的流动性强于非上市公司股票，而上市公司股票又可能因市场或监管原因而受到转让限制，从而具有不同程度的流动性。

通常，判断股票的流动性强弱主要从以下三个方面分析：

（1）市场深度，即以每个价位上报单的数量来衡量，如果买卖盘在每个价位上报单越多、成交越容易，股票的流动性越高。

（2）报价紧密度，即以价位之间的价差来衡量，若价差越小，交易对市场价格的冲击就越小，股票流动性就比较强；在有做市商的情况下，做市商双边报价的价差是衡量股票流动性的最重要指标。

（3）股票的价格弹性或者恢复能力，即以交易价格受大额交易冲击后的恢复能力来衡量，价格恢复能力越强，股票的流动性就越高。

4. 永久性

永久性是指股票所载有权利的有效性是始终不变的，因为它是一种无期限的法律凭证。股票的有效期与股份公司的存续期间是并存的关系。股票代表着股东的永久性投资，当然股票持有者可以出售股票而转让其股东身份；而对于股份公司来说，通过发行股票筹集到的资金，在公司存续期间是一笔稳定的自有资本。

5. 参与性

参与性是指股票持有人有权参与公司重大决策的特性。股票持有人作为股份公司的股东，有权出席股东大会，行使对公司经营决策的参与权。股东参与公司重大决策权利的大小通常取决于其持有股份数量的多少，如果某股东持有的股份数量达到决策所需要的有效多数时，就能实质性地影响公司的经营方针。

（二）股票的种类

根据不同的分类依据，股票有不同的类型及特点，具体如表9-1所示。

表 9-1 股票分类　　　　　　　　　　　　　　　　　　　　　　　微课7：股票投资

分类依据	类别	特　点
股东承担的风险和享受到额权利	普通股	有效性与股份公司的存续期间一致；具有公司经营决策参与权、收益分配权、剩余资产分配权、优先认股权等；最普通、最重要；发行量最大、风险最大
	优先股	约定股息率，优先于普通股东分派股息和清偿剩余资产；股票可由公司赎回；一般无表决权；风险相对较小
票面是否记载股东姓名	记名股票	股票票面和股东名册上记载股东姓名
	不记名股票	股票票面不记载股东姓名
票面有无金额表示	面额股票	股票票面标明金额
	无面额股票	股票票面不标明金额，只注明占公司股本总额的比例
股票收益能力	蓝筹股	业绩持续优良的公司发行；价格高波动小、收益高且稳定
	成长股	成长阶段的公司发行；价格较低但未来成长性好且波动性强，收益少而不稳定，风险较大
	垃圾股	业绩较差的公司发行；股票交投不活跃，收益差甚至亏损，通常是 ST 类或 *ST 类股票
发行地及交易币种	A 股	境内公司在境内发行，人民币标明面值
	B 股	境内公司在境内发行，人民币标明面值但以外币（沪市用美元、深市用港币）买卖
	S 股	境内公司在新加坡发行，以外币买卖
	N 股	境内公司在美国纽约发行，以美元买卖
股份公司流通股股本额度	大盘股	流通股在 5 亿股以上
	小盘股	流通股不超过 1 亿股

二、股票投资的目的

企业投资股票的目的主要有两个：一个是获利，即通过投资股票定期获得股票发行企业分发的股利或股息，或在持有股票一段时间后通过出售股票获得买卖之间的差价收入。另一个则是为了控股。投资企业购买股票发行企业的股票达到一定数量，就能够参与股票发行企业的经营决策，对其施加影响。此时，投资企业不仅是为了获得收益，更是为了能控制甚至收购发行企业。

想一想：股利或股息有哪些形式呢？

三、股票的价值

股票的价值又称股票的内在价值，是进行股票投资所获得的现金流入的现值。股票带给投资者的现金流入包括两部分：股利收入和股票出售时的资本利得。因此，股票的内在价值由一系列的股利和将来出售股票时售价的现值所构成，通常当股票的市场价格低于股票内在价值时才适宜投资。

财博士知识通

世界上第一只股票

证券世界上第一只股票是什么？世界上第一个股票交易市场在哪里？

1602年在荷兰阿姆斯特丹正式印制了世界上最早的股票——东印度公司股票。1609年在荷兰的阿姆斯特丹成立了世界上第一个股票交易所，阿姆斯特丹银行也是在这一年诞生，大约比英国银行早100年。

荷兰是一个非常有意思的国家，这个面积只有两个半北京大小的国家，在300年前，却是整个世界的经济中心和最富庶的地区。一个仅有150万人口的国家却将自己的势力几乎延伸到地球的每一个角落，这样的奇迹来自荷兰独特的发展历史。

和西班牙、葡萄牙那样以强权政治扩展的国家不一样，荷兰的商人们热衷于积累自己的财富，他们甚至将自己的管理权交给了其他国家的君主，一开始是交给了西班牙，但是他们很快发现，这个新主人其实是个贪得无厌的家伙，他们填不饱菲利浦二世的欲壑。于是荷兰人奋起反抗，但是，一盘散沙般的荷兰一开始根本不是西班牙的对手，无奈之下，他们不得不联合御敌，到了1581年7月26日，终于赶走了西班牙国王。但是荷兰人明白，尽管有了自己的国家，自己其实不那么需要政治权力，更为迫切的应该是商业利润，也许找一个强有力者，保护自己好好做生意才是最佳的选择。这次他们找到了英国女王伊丽莎白一世，但是，事实让荷兰人知道了这个真理，天下乌鸦一般黑，英国女王其实比西班牙国王还要贪。1588年，荷兰的七个省份终于联合起来，宣布成立荷兰联省共和国。这是一个在人类历史上前所未有的"赋予商人阶层充分的政治权力的国家"。它的实际政治权力是在商人和知识精英的手中。崭新的国家诞生了，还需要一个崭新的运行体制，1602年，荷兰联合东印度公司成立并发行股票，聚集了650万的资金，差不多相当于300万的欧元。东印度公司成功地将社会分散的财富，变成了自己对外扩张的资本。

但是，在股票发行的前十年，并没有派发红利，东印度公司的决策者喜欢将收益用于造房子、造船、建造贸易王国。那么，荷兰民众，那些持有公司股票的股东们为什么能够容忍这种不分红的情况出现呢？

这是因为荷兰人同时还创造了一种新的资本流转体制。1609年，世界历史上第一个股票交易所诞生在阿姆斯特丹。只要愿意，东印度公司的股东们可以随时通过股票交易所将自己手中的股票变成现金。此后，解决资金拥堵问题的银行也随之诞生了。

你看，荷兰人的高财商创造了现代商品经济制度，他们通过信用纽带，将银行、证券交易所、有限责任公司有机地统一成一个相互贯通的金融和商业体系。

荷兰的发展史是一部商人追逐利润发家致富的历史，其中不乏天真、精明、无奈、奋起、创新。也许荷兰人不是世界上最强悍的，因为他们天生不擅打仗，和西班牙、葡萄牙那样的霸主相比，他们甚至有些软弱可欺，有些想当然的幼稚，但是，他们在创造财富方面的天赋和执着精神，弥补了他们的不足，他们审时度势的精明能干让他们善于另辟蹊径，豁然开朗。

(一)股票价值的基本模型

投资企业短期持有股票获得的收益主要为持有期间获得的股利和出售时股票价款收入,其 $D_1 \neq D_2 \neq D_3 \neq \cdots \neq D_n$,表达式为:

$$V = \sum_{t=1}^{n} \frac{D_t}{(1+k)^t} + \frac{V_n}{(1+k)^n}$$

微课8:股票的价值

式中,V 为股票的内在价值;

D_t 为第 t 期获得的股利;

k 为投资企业要求的必要报酬率;

V_n 为第 n 期股票出售的价格;

n 为投资企业持有股票的期限。

【例9-7】金康公司计划2021年1月对东华上市公司股票进行投资,准备持有2年,预计该股票2021年年末、2022年年末每股将分得现金股利分别为4元和3元,2022年预计每股出售价格为20元,同时,金康公司预计该股票的投资必要报酬率为12%。

要求:计算金康公司投资的东华上市公司股票的价值。

欲估计东华上市公司的股票价值,需通过股票价值计算的基本模型来估算。

解:

根据股票价值的基本模型:

$$V = \sum_{t=1}^{n} \frac{D_t}{(1+k)^t} + \frac{V_n}{(1+k)^n}$$

可以得出:

$$V = \frac{4}{(1+12\%)} + \frac{3}{(1+12\%)^2} + \frac{20}{(1+12\%)^2} = 21.91(元)$$

因此,金康公司投资的东华上市公司股票价值的估值结果为21.91元。

(二)长期持有且股利不变的股票估价模型

长期持有且股利不变的股票估价模型,也被称为零增长型股票估价模型,是指企业长期持有,并且在持有期间每期获得相同的利股息。

即 $D_1 = D_2 = D_3 = \cdots = D_n = D_0$。(其中,$n$ 趋于无穷,D_0 为每期支付的固定股利或股息)

此时,股利或股息的收取过程属于永续年金。其价值模型表达式为:

$$V = \frac{D_0}{k}$$

式中的符号含义同前。

【例9-8】金康公司于2021年1月购买马达公司股票,计划进行长期投资,马达公司对该股票每年支付每股固定股利1.5元,投资者对该股票要求的必要报酬率为13.5%。

要求:计算金康公司投资的马达公司股票的内在价值。

解:

根据长期持有且股利不变的股票价值模型:

$$V = \frac{D_0}{k}$$

可以得出：

$$V=\frac{1.5}{13.5\%}=11.11（元）$$

（三）长期持有且股利固定增长的股票估价模型

在此模型中，企业投资的股票股利预计是按照固定的增长率增长，且长期持有，即 $D_1=D_0(1+g)$，其中，g 为股利增长率。其表达式为：

$$V=\frac{D_0(1+g)}{k-g}=\frac{D_1}{k-g}$$

式中的符号含义同前。

【例 9-9】 锦棉公司于 2021 年 1 月对金化公司股票进行投资，该股票在 2020 年年末每股股利为 1.4 元，预计以后每年将以 4% 的增长率增长，市场上投资者对该类股票要求的投资必要报酬率为 14%。

要求：计算金化公司的股票价值。

解：

根据长期持有且股利固定增长的股票估价模型：

$$V=\frac{D_0(1+g)}{k-g}=\frac{D_1}{k-g}$$

可以得出：

$$V=\frac{1.4(1+4\%)}{14\%-4\%}=14.56（元）$$

因此，金化公司的股票价值的估值结果为 14.56 元。

（四）非固定增长股票的价值模型

在现实生活中，有的公司股利是不固定的。例如，在一段时间里高速增长，在另一段时间里正常固定增长或固定不变。在这种情况下，就要分段计算，才能确定股票的价值。

【例 9-10】 一个投资人持有 A 公司的股票，投资必要报酬率为 15%。预计 A 公司未来 3 年股利将高速增长，增长率为 20%。在此以后转为正常增长，增长率为 12%。公司最近支付的股利是 2 元。

要求：计算 A 公司股票的价值。

解：

首先，计算非正常增长期的股利现值，如表 9-2 所示。

表 9-2 计算非正常增长期的股利现值 元

年份	股利（D_t）	现值系数（15%）	现值（P_t）
1	2×1.2=2.4	0.870	2.088
2	2.4×1.2=2.88	0.756	2.177
3	2.88×1.2=3.456	0.658	2.274
	合计（3 年股利的现值）		6.539

其次，计算第 3 年年底的普通股价值：

$$P_3=\frac{D_4}{k-g}=\frac{D_3(1+g)}{k-g}=\frac{3.456\times1.12}{15\%-12\%}=129.02（元）$$

计算其现值：

$$P_0=129.02 \times (P/F, 15\%, 3) = 129.02 \times 0.6575 = 84.831（元）$$

最后，计算股票目前的价值：

$$V=6.539+84.831=91.37（元）$$

四、股票价格的影响因素

证券市场上股票的价格受到各种因素的影响，包括国际因素、国内因素，政治因素、经济因素等。对股票价值有较大影响的因素主要有以下几个：

（一）经济增长

通常，一国的经济增长和国内证券市场的股价上涨是同步的，因为国民经济增长率是平均增长率。对作为国企业佼佼者的上市公司来说，其增长率相应高于国民经济增长率，给投资者发放的股息将增加，从而支撑公司股价上扬。

（二）经济周期

一国的经济增长与衰退存在着周期性的变化，受此影响，股市多以"牛""熊"交替相呼应。从时间上看，股市变化是提前反映经济周期变化的先行指标，即国民经济的"晴雨表"。

（三）经济政策

宏观经济政策对股价有较大的影响。从货币政策来看，中央银行调控经济常用到货币供应量增减、存款准备金率调整、再贴现利率调整、公开市场操作这些手段。这些手段直接或间接地带来市场货币供应量的变化，造成市场利率的变化，从而影响到股票价格。

（四）通货膨胀

通货膨胀对股票价格的影响通常可分为若干阶段。一般来说，通货膨胀对股价的负面影响要大些。

（五）企业自身因素

上述因素对股价的影响都是间接发生作用的，即需要通过对企业的影响而发挥作用。企业本身的因素对股价的影响将是直接的，这些因素主要有公司的经营业绩、公司的股息政策、公司增资、公司并购。

（六）股票市场本身的一些因素

股票市场本身的一些因素包括投资者的心理及其变化，市场本身的周期性变化等。

五、股票投资的收益率

（一）短期持有股票收益率的计算

如果企业购买的股票在一年内出售，其投资收益主要包括股票投资价差及股利两部分，无须考虑资金时间价值，其收益率计算公式如下：

$$K=\frac{S-S_0+D}{S_0} \times 100\%$$
$$=\frac{S-S_0}{S_0}+\frac{D}{S_0}$$
$$=\text{预期资本利得收益率} + \text{股利收益率}$$

式中，K 为短期股票收益率；

S 为股票出售价格；

S_0 为股票购买价格；

D 为股利。

【例 9-11】 钢化公司于 2019 年 12 月 1 日购买利达上市公司股票，购买价格为每股 20 元，并于 2020 年 1 月 20 日获得每股现金股利 2 元。2020 年 2 月 20 日，钢化公司将持有利达公司的股票以每股 25 元的价格出售。

要求：计算钢化公司对利达公司股票投资的收益率。

解：

由

$$K=\frac{S-S_0+D}{S_0}\times 100\%$$

可得：

$$K=\frac{25-20+2}{20}\times 100\%=35\%$$

（二）股票长期持有，股利固定增长的收益率的计算

由固定增长股利价值模型，将公式移项整理，求 K，可得到股利固定增长收益率的计算模型：

$$K=\frac{D_1}{V}+g$$

式中，V 为股票的内在价值；

D_1 为下一期获得的股利；

g 为股利增长率。

【例 9-12】 有一只股票的价格为 30 元，预计下一期的股利是 3 元，该股利将以大约 8% 的速度持续增长，该股票的预期收益率为多少？

解：

根据

$$K=\frac{D_1}{V}+g$$

可以得出：

$$K=\frac{3}{30}+8\%=18\%$$

因此，该股票的预期收益率为 18%。

（三）长期持有股票收益率的计算

一般情况下，企业进行股票投资可以取得股利，股票出售时也可收回一定资金，只是股利不同于债券利息，股利是经常变动的，股票投资的收益率是使各期股利及股票售价的复利现值等于股票买价时的贴现率。

$$V=\sum_{t=1}^{n}\frac{D_t}{(1+K)^t}+\frac{F_n}{(1+K)^n}$$

式中，V 为股票的购买价格；

D_t 为第 t 期的股利；

F_n 为股票的出售价格；

K 为股票的投资收益率；

n 为持有股票的期数。

【例 9-13】 安琪公司于 2018 年 1 月 1 日以每股 44 元的价格购买华晨上市公司股票，在 2018 年 12 月 31 日、2019 年 12 月 31 日和 2020 年 12 月 31 日分别获得每股现金股利为 2 元、2.5 元、2.8 元，并于 2021 年 12 月 31 日以每股 45 元的价格全部出售。

要求：计算该股票的投资收益率。

对于每年支付的股利不等的长期持有股票投资，通常采用逐步测试法和插值法来计算其收益率。

在本例中，首先选取两个收益率进行测试，其中一个收益率计算出来的值较例中每股 44 元的价格略低，另外一个则略高，然后运用插值法求得新力投资公司的收益率。

解：

根据

$$V = \sum_{t=1}^{n} \frac{D_t}{(1+K)^t} + \frac{F_n}{(1+K)^n}$$

可以得出：

当 $K=7\%$ 时，

$$V_1 = \frac{2}{(1+7\%)} + \frac{2.5}{(1+7\%)^2} + \frac{2.8}{(1+7\%)^3} + \frac{45}{(1+7\%)^3} = 43.07 \text{（元）}$$

当 $K=6\%$ 时，

$$V_2 = \frac{2}{(1+6\%)} + \frac{2.5}{(1+6\%)^2} + \frac{2.8}{(1+6\%)^3} + \frac{45}{(1+6\%)^3} = 44.25 \text{（元）}$$

$$K = 6\% + \frac{7\% - 6\%}{43.07 - 44.25} \times (44 - 44.25) = 6.21\%$$

因此，安琪公司持有该股票的收益率为 6.21%。

六、股票投资的优缺点

（一）股票投资的优点

股票投资的优点主要体现在投资收益高、购买力风险低及享有经营控制权等方面。

1. 投资收益高

在证券市场上，股票的价格虽然不断发生着变化，但从长期来说，企业投资股票获得的收益要高于对其他证券的投资，通过选择恰当的股票进行投资或进行组合投资，企业能够在股票价格的频繁变动中获得股票发行企业分发的股利和买卖差价。

2. 购买力风险低

企业投资除优先股外的普通股股利不稳定，股利的多少主要取决于股票发行企业的盈利情况，同时通货膨胀的存在也为股利的收益带来了或多或少的影响，然而，上市公司普通股可以在股市上进行自由转让，这就在一定程度上消除了股利不稳定带来的收益不确定性。同时，普通股的买卖非常便利，不仅手续简单，而且能够随时出售。

3. 享有经营控制权

发行普通股所获得的资本属于股权资本，因此投资者即为股票发行企业的股东（或所有者）。当投资企业拥有股票发行企业一定数量的股票或股份时，就可参与股票发行企业的经营管理，甚至收购股票发行企业。

（二）股票投资的缺点

1. 投资风险大

企业购买股票后，不能要求发行企业偿还本金，只能在证券市场上转让。因此，股票持有者一方面可能面临着发行企业经营不善带来的风险；另一方面，股票市场价格的波动所导致的买卖价格之间的差异也会给股票持有者带来一定的损失。

2. 收益不稳定

企业对股票进行投资的收益主要来源于发行企业分发的股利和股票转让的价差。其中，发行企业分发的股利取决于经营盈利情况；而价差则受到股票市场价格波动的影响。

3. 价格波动性大

在股票市场，股票价格受到众多因素的影响，如经济、政治、发行企业的经营效益以及投资者心理等因素都是导致股票价格变动的原因。

财博士知识通

K线图是什么

一、K线图的定义

K线图这种图表源于日本,被当时日本米市的商人用来记录米市的行情与价格波动。

K线图是一种技术分析图,最早为日本人于19世纪所创,被当时日本米市的商人用来记录米市的行情与价格波动,包括开市价、收市价、最高价及最低价,阳烛代表当日升市,阴烛代表跌市。后因其细腻独到的标画方式而被引入股市及期货市场。目前,这种图表分析法在我国以至整个东南亚地区尤为流行,如图9-6所示。

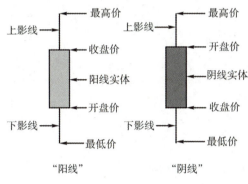

图9-6　K线图

二、线图绘制

K线图的画法非常独特,在绘制K线图之前,我们一定要知道四个最重要的价格,即开盘价、收盘价、最高价、最低价。我们找到该日或某一周期的最高价和最低价,垂直地连成一条直线;然后再找出当日或某一周期的开市和收市价,把这两个价位连接成一条狭长的长方柱体。

假如当日或某一周期的收市价较开市价为高(即低开高收),我们便以红色来表示,或是在柱体上留白,这种柱体就称之为"阳线"。

如果当日或某一周期的收市价较开市价为低(即高开低收),我们则以绿色表示,又或是在住柱上涂黑色,这柱体就是"阴线"了。

三、K线图的优缺点

(一)K线图的优点

从K线图能够全面透彻地观察到市场的真正变化。我们从K线图中,既可看到股价(或大市)的趋势,也可以了解到每日市况的波动情形。

(二)K线图的缺点

首先,K线图绘制方法十分繁复,是众多走势图中最难制作的一种。再有,K线图"阴线"与"阳线"的变化繁多,对初学者来说,在掌握分析方面会有相当的困难,不及柱线图那样简单易明。

四、K线图的意义

K线图变化繁多,"阴线"与"阳线"里包含着许多大小不同的变化。

在讨论K线图的意义之前,先让我们知道"阳线"每一个部分的名称。我们以"阳线"为例,最高价与收市价之间的部分称之为"上影",开市价与收市价之间称为"实体",开市价与最低价之间就称作"下影"。K线图的基本用途就是为了寻找"卖买点",虽然面对同样的K线图,但不同的投资者对它的领悟各有不同,必须长期认真观察,至少要观察一个完整的"牛熊市"。

市场上有一些分析K线图的书从K线技术分析角度介绍如何买股票,对投资者有一定帮助,K线图的"波浪理论"是众人比较推崇的,但要辩证地看,暂时不懂也没关系,随着看盘时间的增加,投资者会有所领悟。

任务实施

结论	9.3 "两桶油"扭亏为盈 半年净赚近 1 000 亿
实施方式	研讨式

研讨结论

教师评语：				

班级		小组		组长签字	
教师签字				日期	

任务4　基金投资管理

案例导入

为什么买了明星基金经理的产品还是会亏？

春天来了，万物都生长出了绿色，年轻人的基金也不例外。年轻基民怀着暴富的梦想跑步入场，十个有七个成了被割的小韭菜。2020年炒股不如买基金深入人心，这吸引了不少新基民入场，2021年春节过后，A股高估值赛道股经过了一轮大幅杀跌，尤其是基金重仓股，不少明星基金经理的基金近段时间跌幅高达20%以上，让新基民们都叫苦连天。

亏钱不可怕，怕的是亏了后怨天尤人，而没有反思自己是否做了充足的功课。明明选到了优秀的基金经理却亏得心塞，很多时候，不是基金经理的问题，而是我们的策略出了问题。不要指望买了基金立刻能赚钱，必须在买入前有正确的心理预期。

为什么会亏？

伴随着基金从大热到的大跌，顶流基金经理们的"待遇"可谓坐了趟过山车。易方达张坤从"世界上最好的坤坤"到沦为"菜坤""只会炒白酒"，不过两月之隔。

但从长期收益来看，张坤管理的易方达蓝筹精选混合近1年收益达119.96%，近2年收益达140.68%，如果持有3个月以上，基本都是能赚钱的。那为什么还有这么多人浮亏或是亏损了呢？

很多人以为，只要买了明星基金经理的产品，就能很快赚钱。这样的心理预期是不对的。在巨大的波动中，不少投资者踏错一波节奏的操作，就可能让本来赚钱的投资变成巨大亏损。

任务发布

讨论	9.4　为什么买了明星基金经理的产品还是会亏？
教师布置任务	
任务描述	1. 学生熟悉相关知识。 2. 教师结合案例问题组织学生进行研讨。 3. 将学生每5个人分成一个小组，分组研讨案例问题，通过内部讨论形成小组观点。 4. 每个小组选出一个代表陈述本组观点，其他小组可以对其进行提问，小组内其他成员也可以回答提出的问题；通过问题交流，形成投资明星基金经理的产品亏损分析报告，即研讨结论。 5. 教师进行归纳分析，引导学生掌握基金投资策略，提升学生基金投资的能力。 6. 根据各组在研讨过程中的表现，教师点评赋分。
问题	1. 比较债券、股票、基金的风险与收益。 2. 投资明星基金经理的产品依旧亏损的原因是什么？ 3. 投资基金亏损之后怎么办？

相关知识

证券投资基金是一种积少成多的整体组合投资方式，它从广大投资者那里聚集巨额资金，组建投资基金管理公司进行专业化管理和经营。

一、证券投资基金认知

(一)证券投资基金运作方式

证券投资基金是一种利益共存、风险共担的集合证券投资方式,即通过发行基金单位,集中投资者的资金,由基金托管人托管,由基金管理人管理和运用资金,从事股票、债券等金融工具投资,并将投资收益按基金投资者的投资比例进行分配的一种间接投资方式,如图9-7所示。

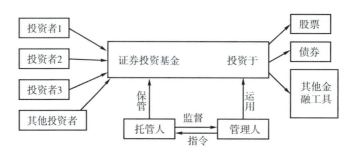

图9-7 证券投资基金运作方式

(二)证券投资基金的特征

基金作为一种现代化的投资工具,其主要特征如下:

1. 集合投资

集合投资是指它将零散的资金巧妙地汇集起来,交给专业机构投资于各种金融工具,以谋取资金集合投资产生的增值。

2. 分散风险

分散风险是指证券投资基金组合投资用以降低风险、提高收益。这是基金的另一大特点。基金可以凭借其雄厚的资金,在法律规定的投资范围内进行科学的组合,分散投资于多种证券,借助于资金庞大和投资者众多的优势使每个投资者面临的投资风险变小,另一方面又利用不同的投资对象之间的互补性,达到分散投资风险的目的。

3. 专家管理

证券投资基金实行专家管理制度,这些专业管理人员都经过专门训练,具有丰富的证券投资和其他项目投资经验。他们善于利用基金与金融市场的密切联系,运用先进的技术手段分析各种信息资料,能对金融市场上各种品种的价格变动趋势作出比较正确的预测,最大限度地避免投资决策的失误,提高投资成功率。

(三)证券投资基金分类

证券投资基金作为一种现代化的投资工具,具有集合投资、分散风险、专业理财的三个基本特征,为中小投资者拓宽了投资渠道,有利于证券市场的稳定与发展。根据不同的分类标准,可以对证券投资基金进行不同的分类,如表9-3所示。

表9-3 证券投资基金分类表

分类标准	类别名称	特　点
基金的组织形式和法律地位	契约型基金	通过签订基金契约,发行受益凭证而设立
	公司型基金	公司形式设立,投资者成为股东
基金运作方式	封闭式基金	限定基金单位的发行总额;规定存续期限;证券交易所封闭交易;交易价格随行就市
	开放式基金	基金单位的总份额不固定;存续期限可变更;场外柜台市场认购、申购和赎回;买卖价格以资产净值为准

分类标准	类别名称	特　　点
投资策略	成长型基金	追求基金资产的长期增值
	收入型基金	投资于可带来现金收入的有价证券
	平衡型基金	既要获得当期收入，又追求基金资产长期增值
	ETF	在交易所上市交易的开放式证券投资基金产品，ETF 管理的资产是一揽子股票组合
	LOF	上市型开放式基金，可以在指定网点申购与赎回，也可以在交易所买卖
	对冲基金	利用期货、期权等金融衍生产品以及对相关联的不同有价证券进行实买空卖、风险对冲操作
基金投资对象的不同	股票基金	60% 以上的基金资产投资于股票的基金
	债券基金	基金资产 80% 以上投资于债券的基金
	货币市场基金	投资于货币市场上短期有价证券
	指数基金	投资组合等同于市场价格指数的权数比例
	认股权证基金	投资于认股权证，波动幅度较大

二、证券投资基金的价值与费用

（一）证券投资基金的估值

1. 基金资产估值的含义

基金资产估值是指通过对基金所拥有的全部资产及所有负债按一定的原则和方法进行估算，进而确定基金资产公允价值的过程。

基金资产总值是指基金全部资产的价值总和。从基金资产中扣除基金所有负债即是基金资产净值。基金资产净值除以基金当前的总份额，就是基金份额净值。用公式表示为：

$$基金资产净值 = 基金资产 - 基金负债$$

$$基金份额净值 = \frac{基金资产净值}{基金总份额}$$

基金份额净值是计算投资者申购基金份额、赎回基金金额的基础，也是评价基金投资业绩的基础指标之一。

2. 基金资产估值的责任人

我国基金资产估值的责任人是基金管理人，但基金托管人对基金管理人的估值结果负有复核责任。

3. 基金资产估值频率

估值频率是指每间隔多长时间对基金资产进行估值，或者说是对基金资产进行估值的时间间隔。目前，我国的开放式基金于每个交易日估值，并于次日公告基金份额净值。封闭式基金每周披露一次基金份额净值，但每个交易日也都进行估值。

4. 估值原则

基金资产的估值对象包括基金所拥有的全部基金资产。在我国，基金资产的估值对象包括基金所拥有的股票、债券、权证、银行存款本息、应收款项以及其他投资等全部基金资产。基金资产估值的基本原则是：

（1）对存在活跃市场的投资品种的估值。

如估值日有市价的，应采用市价确定公允价值。估值日无市价的，但最近交易日后经济环境未发生重大变化的，应采用最近交易市价确定公允价值。

（2）对不存在活跃市场的投资品种的估值。

此类估值应采用市场参与者普遍认同且被以往市场实际交易价格验证具有可靠性的估值技术确定公允

价值。

(3) 其他估值。

有充足理由表明按以上估值原则仍不能客观反映相关投资品种公允价值的，基金管理公司应据具体情况与托管银行进行商定，按最能恰当反映公允价值的价格估值。

(二) 证券投资基金各种费用

基金从设立到终止都要支付一定的费用。通常情况下，基金所支付的费用主要有基金管理费、基金托管费和基金销售费等。

1. 基金管理费

基金管理费指基金管理人管理基金资产而向基金收取的费用。其计提标准是：中国香港的债券基金年费率为0.5%～1.5%，股票基金年费率为1%～2%。美国等基金业发达的国家或地区，基金管理年费率通常为1%左右。中国台湾地区的基金管理年费率一般为1.5%。目前，中国大陆股票基金大部分按照1.5%的比例计提基金管理费，债券基金的管理费率一般低于1%，货币市场基金的管理费率为0.33%。

2. 基金托管费

基金托管费指基金托管人为基金提供托管服务而向基金收取的费用。国际上通常计提标准为0.2%左右，美国一般为0.2%。我国大陆及台湾、香港地区则为0.25%。我国大陆地区封闭式基金按照0.25%的比例计提基金托管费；开放式基金根据基金合同的规定比例计提，通常低于0.25%；股票基金的托管费率要高于债券基金及货币市场基金的托管费率。

3. 基金销售费

基金销售费指从基金资产中扣除的用于支付销售机构佣金以及基金管理人的基金营销广告费、促销活动费、持有人服务费等费用。基金销售服务费目前只有货币市场基金和一些债券型基金收取。基金销售服务费费率大约为0.25%。收取销售服务费的基金通常不收申购费。目前，我国的基金管理费、基金托管费及基金销售服务费均是按前一日基金资产净值的一定比例逐日计提，按月支付。

4. 基金交易费

基金交易费指基金在进行证券买卖交易时所发生的相关交易费用。目前，我国证券投资基金的交易费用主要包括印花税、交易佣金、过户费、经手费、证管费。

5. 基金运作费

基金运作费指为保证基金正常运作而发生的应由基金承担的费用，包括审计费、律师费、上市年费、信息披露费、分红手续费、持有人大会费、开户费、银行汇划手续费等。

三、证券投资基金收益

(一) 基金收益来源

基金利润是指基金在一定会计期间的经营成果。利润包括收入减去费用后的净额、直接计入当期利润的利得和损失等。基金收入是基金资产在运作过程中所产生的各种收入，如表9-4所示。

表9-4 证券投资基金收益来源

类型	内容	具体收入
利息收入	基金经营活动中因债券投资、资产支持证券投资、银行存款、结算备付金、存出保证金、按买入返售协议融出资金等而实现的利息收入	债券利息收入、资产支持证券利息收入、存款利息收入、买入返售金融资产收入等
投资收益	基金经营活动中因买卖股票、债券、资产支持证券、基金等实现的差价收益，因股票、基金投资等获得的股利收益，以及衍生工具投资产生的相关损益	股票投资收益、债券投资收益、资产支持证券投资收益、基金投资收益、衍生工具收益、股利收益等

类型	内容	具体收入
其他收入	除上述收入以外的其他各项收入,包括赎回费扣除基本手续费后的余额、手续费返还、ETF替代损益,以及基金管理人等机构为弥补基金财产损失而支付给基金的赔偿款项等	这些收入项目一般根据发生的实际金额确认
公允价值变动损益	基金持有的采用公允价值模式计量的交易性金融资产、交易性金融负债等公允价值变动形成的应计入当期损益的利得或损失	于估值日对基金资产按公允价值估值时予以确认

(二)基金利润分配

1. 封闭式基金的利润分配

根据《证券投资基金运作管理办法》有关规定,封闭式基金的利润分配,每年不得少于一次,封闭式基金年度利润分配比例不得低于基金年度已实现利润的90%。封闭式基金当年利润应先弥补上一年度亏损,然后才可进行当年分配,一般采用现金方式分红。

2. 开放式基金的利润分配

我国开放式基金按规定需在基金合同中约定每年基金利润分配的最多次数和基金利润分配的最低比例。利润分配比例一般以期末可供分配利润为基准计算。

开放式基金的分红方式有两种:

(1)现金分红方式。

根据基金利润情况,基金管理人以投资者持有基金单位数量的多少,将利润分配给投资者。这是基金分配最普遍的形式。

(2)分红再投资转换为基金份额。

分红再投资转换为基金份额是指将应分配的净利润按除息后的份额净值折算为等值的新的基金份额进行基金分配。根据有关规定,基金分配应当采用现金方式。基金份额持有人可以事先选择现金利润,也可按约定转为基金份额。

3. 货币市场基金的利润分配

对于每日按照面值进行报价的货币市场基金,可以在基金合同中将收益分配的方式约定为红利再投资,并每日进行收益分配。规定当日申购的基金份额自下一个工作日起享有基金的分配权益,当日赎回的基金份额自下一个工作日起不享有基金的分配权益。

(三)基金投资收益率

基金收益率是反映基金增值情况的指标,通过基金净资产的价值变化进行衡量。基金净资产价值是以市价进行计量的,基金资产的市场价值增加,则意味着基金的投资收益增加,基金投资者的权益也随之增加,其计算公式为:

$$基金收益率 = \frac{年末持有份数 \times 年末基金单位净值 - 年初持有份数 \times 年初基金单位净值}{年初持有份数 \times 年初基金单位净值}$$

式中,持有份数指基金单位的持有份数。若年末和年初基金单位的持有份数相同,基金收益率就简化为基金单位净值在本年内的变化幅度。年初基金单位净值相当于购买基金的本金投资,基金收益率也就相当于一种简便的投资报酬率。

四、基金投资的优缺点

(一)基金投资的优点

基金投资的优点在于其是在专家理财的前提下进行的规模资金投资,所以,投资基金在风险降低的同时又能获得较高的收益。

（二）基金投资的缺点

基金投资实行的是组合投资，因此，虽然降低了风险，但获得高收益的机会也有限；另外，当市场出现诸如系统风险时，投资基金也会同投资其他单个高风险的有价证券一样，会出现较大的风险。

财博士知识通

如何辨别老鼠仓基金

随着投资市场的发展壮大，越来越多的投资基金问世，一些投资基金却钻了监管尚不完善的空子，出现了欺骗消费者的行为，给消费者带来很大损失。那么，如何防止老鼠仓基金？该怎么投诉呢？

一、老鼠仓基金的定义

老鼠仓基金是基金经理首先买入某只股票，然后利用投资者的钱大量买入该股票，等股票涨到很高价格时，卖出自己买入的股票获利，而使投资者的资金套牢。老鼠仓就是一种财富转移的方式，是券商中某些人化公家资金为私人资金的一种方式，本质上与贪污、盗窃没有区别。

二、防止老鼠仓基金的方法

首先，对基金管理人和基金经理进行严格筛选；其次，多关注基金经理的投资策略和市场价格变化趋势是否正常，观察其收益盈亏。如果不幸遇到老鼠仓基金，投资者可以通过两种依据进行维权：一是基金合同，二是《证券投资基金法》。

（1）利用基金合同内容，投资者可以提出在老鼠仓基金中，存在基金公司内部风险控制问题，依此追责基金公司。

（2）依据《证券投资基金法》，提出由于基金公司对老鼠仓基金的发生有监管不力的责任，违反了自身的管理义务，投资者有权通过诉讼或者仲裁要求基金公司承担赔偿损失、退还管理费等民事责任。

任务实施

结论	9.4 为什么买了明星基金经理的产品还是会亏?
实施方式	研讨式
研讨结论	

教师评语:

班级		小组		组长签字	
教师签字				日期	

任务5　证券组合投资决策

案例导入

单一投资黄金真的能避险吗?

菜市口百货位于北京牛街与广安门大街之间,是北京一家经营黄金珠宝的老店,誉为"中国黄金第一家"。2016春节前后,这里火爆异常,人们经常发现在商场开门前就有人排起了长队。买首饰不是抢头香,大可不必顶着寒风受苦。但如此高的人气说明人们对黄金的需求发生了变化。

"盛世古董、乱世黄金",今天当然不是乱世,但投资者某种程度的内心慌乱是真的,形势变化令有些人感觉守护改革开放40多年成果的压力很大。自2012年宏观经济走过拐点以来,很多投资者发现,理财产品逐个沦陷,信托、货币基金的收益率下滑,A股惨跌,P2P风险爆发,周期极短。几番下来,有些投资者无所适从,从极端激进走向极端保守,觉得还是抱着金砖心里踏实。

保值的最低要求是价格稳定,及格线是打败通胀,来看看黄金这些年的表现。

从上海黄金交易所的实时金价来看,从2015年11月到2016年2月12日,黄金涨了15%!然而,把时间轴拉长一点再看。原来黄金的整体价格走势与其他大宗商品没什么区别,同样大起大落,峰谷落差达45%,以暴跌王石油和A股为参照,油价也不过75%,上证综指仅64%!过去4年间,黄金的价格非常不稳定,一半时间处于均线以下,对大多数投资者而言,其保值性是打不过余额宝的。

任务发布

讨论	9.5　单一投资黄金真的能避险吗?
教师布置任务	
任务描述	1. 学生熟悉相关知识。 2. 教师结合案例问题组织学生进行研讨。 3. 将学生每5个人分成一个小组,分组研讨案例问题,通过内部讨论形成小组观点。 4. 每个小组选出一个代表陈述本组观点,其他小组可以对其进行提问,小组内其他成员也可以回答提出的问题;通过问题交流,回答单一投资黄金是否能够躲避投资风险,并形成书面研讨结论。 5. 教师进行归纳分析,引导学生掌握证券组合投资策略,提升学生证券组合投资的能力。 6. 根据各组在研讨过程中的表现,教师点评赋分。
问题	1. 投资者在投资过程中受哪些风险影响? 2. 单一投资黄金真的能避险吗? 3. 为了分散风险,应该采取什么投资策略?

相关知识

一、证券组合投资的含义

证券组合投资,又称为证券组合,是指投资者在进行投资时,不将所有的资金投资于某个单一的证券,而是通过科学的方法有选择地投向一组证券,这就形成了若干种不同风险和收益的证券组合。

投资者若将资金投资于单一证券，则风险大，收益也不确定。而选择多种证券进行组合投资，不仅能够拥有更多的投资机会，而且能够降低投资风险，获得更大的投资收益。因此，证券组合投资的主要目的是分散和降低投资风险。

> **谆谆教诲**
>
> 最好的保护就是分散投资！
>
> ——（美）富兰克林·坦伯顿

二、证券组合投资的风险

（一）证券投资风险

1. 系统性风险

系统性风险又称市场风险，也称不可分散风险。它是指由于某种因素的变化对证券市场上所有证券都会带来损失的可能性。

系统性风险的特征如下：

（1）系统性风险是由共同因素引起的，如利息率、汇率、消费者需求变化、战争冲突、政权更迭等。

（2）影响所有证券的收益，只是不同证券受它影响的敏感程度不同。

（3）不可能通过投资多样化来回避和消除。

（4）系统性风险与证券投资收益正相关。

2. 系统性风险的风险因素

1）政策风险

政策风险是指有关证券市场的政策发生重大变化或是有重要的举措、法规出台从而引起证券市场的波动，给投资者带来的风险。如税收政策、管理条例、政府补贴及其他立法与行政管理上的变化等。

微课9：系统性风险

2）经济周期波动风险

经济周期波动风险是指证券市场行情随经济周期变动而引起的风险。证券行情随经济周期的循环而起伏变化，总的趋势可分为看涨市场和看跌市场两大类型。看涨市场从萧条开始，经复苏到高涨；而看跌市场则从高涨开始，经衰退到萧条。在看涨市场中证券并非直线上升，而是大涨小跌，不断出现盘整和回档行情；在看跌市场中，证券也非直线下降，而是小涨大跌，不断出现反弹行情。两大变动趋势的重要特征是，在整个看涨行市中，几乎所有的证券价格都会上涨，在整个看跌行情中，几乎所有证券的价格都不可避免有所下跌，只是涨跌的程度不同而已。

3）利率风险

市场利率变动风险，是指市场利率变动引起证券投资收益变动的可能性。一般来说，银行利率上升，股票价格下跌；反之亦然。原因在于以下两点：

（1）人们持有金融资产的基本目的是获取收益，收益率相同，则乐于选择安全性高的金融工具。

（2）银行贷款利率上升后，信贷市场紧缩，利息成本提高，生产发展与盈利能力都会随之削弱，企业财务状况恶化，造成股票市场价格下跌。

微课10：牛市和熊市

4）购买力风险

购买力风险又称通货膨胀风险，是指由于通货膨胀而引起投资者实际收益下降和本金的购买力损失的可能性。在通货膨胀条件下，随着商品价格的上涨，证券市场的价格也会上涨，投资者的货币收入有所增加，但由于货币贬值实际购买力水平下降，投资者的实际收益非但没有提高，反而有所下降，投资者要通过计算实际收益率来分析购买力风险。实际收益率可以通过下面的公式计算得到：

实际收益率＝名义收益率－通货膨胀率

购买力风险对不同证券的影响是不同的，固定收益证券，如优先股、债券，其名义收益率是固定的，当通货膨胀率提高时，实际收益率会明显下降，因此固定收益证券的购买力风险较大。同样是债券，长期债券的购买力风险较短期债券大，相比之下，浮动利率债券和保值贴补债券的购买力风险较小。

3. 非系统性风险

非系统性风险又称非市场风险，也称可分散风险，是指某些因素对单个证券造成损失的可能性，它强调的是对某一证券的影响。

非系统性风险的特征如下：

（1）由特殊因素所引起，如管理能力、劳工问题、消费者偏好等。

（2）只影响某种证券的收益，是某一企业或某一行业特有的风险。

（3）可通过投资多样化消除或回避。

4. 非系统性风险的风险因素

1）信用风险

信用风险又称违约风险，是指证券发行人在证券到期时无法还本付息而使投资者遭受损失的风险。信用风险主要受证券发行人的经营能力、盈利水平、事业稳定程度及规模大小等因素的影响。

债券、优先股、普通股都可能有信用风险，但程度不同。债券与优先股有缓付、少付甚至不付的信用风险。投资者在投资时要参考证券信用评级的结果，信用级别高的证券信用风险小，信用级别越低的证券，违约的可能性越大。普通股股票股利不固定，但仍有信用风险，如果公司不能偿还债务，会立即影响股票的市场价格，当公司破产时，该公司的股票价格会接近于零，更无信用可言。

2）经营风险

经营风险是指公司的决策人员与管理人员在经营管理过程中出现失误而导致公司盈利水平变化，从而使投资者预期收益下降的可能。经营风险可分为内部因素和外部因素两个方面。

内部因素主要包括：项目投资决策失误、产品周期风险、技术更新风险、市场风险。外部因素主要包括产品关联企业的不景气造成风险、竞争对手的变化而形成的风险、政府政策调整所造成的风险。

3）财务风险

财务风险是指公司财务结构不合理、融资不当而导致投资者预期收益下降的风险。形成财务风险的因素主要包括：资本负债比例、资产与负债的期限、债务结构等。

4）操作风险

操作风险是指证券投资者因其错误的投资决策和行为而使其蒙受损失的风险。在同一个证券市场上，对待同一家公司的证券，不同投资者投资的结果可能会出现截然不同的情况，有的盈利丰厚，有的亏损累累，这种差异很大程度上是因投资者不同的心理素质与心理状态、不同的判断标准、不同的操作技巧造成的。引起股票投资风险的心理因素包括市场主导心理倾向变化和投资者个人心理倾向变化。

5）道德风险

道德风险主要指上市公司管理者的道德风险。上市公司的股东和管理者是一种委托——代理关系。由于管理者和股东追求的目标不同，尤其在双方信息不对称的情况下，管理者的行为可能会造成对股东利益的损害。

微课 11：单一证券风险的衡量

（二）单一证券投资风险的衡量

衡量单一证券的投资风险对于证券投资者具有极为重要的意义，是投资者选择合适投资对象的基本出发点。投资者在选择投资对象时，如果各种证券具有相同的期望收益率，显然会倾向于风险低的证券。

单一证券投资风险的衡量一般包括算术平均法与概率测定法两种。

1. 算术平均法

算术平均法是最早产生的单一证券投资风险的测定方法。其计算公式为：

$$平均价差率 = \left(\sum_{i=1}^{n} 各期价差率\right) \bigg/ n$$

$$\text{各期价差率} = \frac{\text{该时期最高价} - \text{最低价}}{\text{该时期最高价} + \text{最低价}} \div 2$$

式中，n 为计算时期数。

如果将风险理解为证券价格可能的波动，平均价差率则是一个衡量证券投资风险的较好指标。证券投资决策可以根据平均价差率的大小来判断该证券的风险大小，平均价差率大的证券风险大，平均价差率小的证券风险则较小。

利用算术平均法对证券投资风险进行测定，其优点是简单明了，但其测定范围有限，着重于过去的证券价格波动，风险所包含的内容过于狭窄。因此，该方法不能准确地反映该证券投资未来风险的可能趋势。

2. 概率测定法

概率测定法是衡量单一证券投资风险的主要方法。它依据概率分析原理，计算各种可能收益的标准差与标准离差率，以反映相应证券投资的风险程度。

1）标准差

判断实际可能的收益率与期望收益率的偏离程度，一般可采用标准差指标。其计算式为：

$$\sigma = \sqrt{\sum_{i=1}^{n}(K_i - \bar{K})^2 P_i}$$

式中，$\bar{K}$ 为期望收益率 $\left[\sum_{i=1}^{n} K_i \cdot P_i\right]$；

K_i 为第 i 种可能结果的收益率；

P_i 为第 i 种可能结果的概率；

n 为可能结果的个数；

σ 为标准差。

一般来说，标准差越大，说明实际可能的结果与期望收益率偏离越大，实际收益率不稳定，因而该证券投资的风险大；标准差越小，说明实际可能的结果与期望收益率偏离越小，实际收益率比较稳定，因而该证券投资的风险较小。但标准差只能用来比较期望收益率相同的证券投资风险程度，而不能用来比较期望收益率不同的证券投资的风险程度。

2）标准离差率

标准离差率又称标准差系数，可用来比较不同期望收益率的证券投资风险程度。其计算公式为：

$$q = \frac{\sigma}{\bar{K}} \times 100\%$$

标准差系数是通过标准差与期望收益率的对比，以消除期望收益率水平高低的影响，可比较不同收益率水平的证券投资风险程度的大小。一般来说，标准差系数越小，说明该证券投资风险程度相对较低；越大则越高。

【例 9-14】 某企业拟对两种证券进行投资，每种证券均可能遭遇繁荣、衰退两种行情，各自的预期收益率及概率如表 9-5 所示。

要求：比较 A、B 两种证券投资的风险程度。

表 9-5　A、B 两种证券投资的风险比较　　　　　　　　　　　　　　　　%

经济趋势	发生概率	收益率（K_i）	
		A	B
衰退	50	−20	10
繁荣	50	70	30

解：

分别计算 A、B 两种证券的期望收益率：

$$\bar{K}_A = -20\% \times 0.5 + 70\% \times 0.5 = 25\%$$
$$\bar{K}_B = 10\% \times 0.5 + 30\% \times 0.5 = 20\%$$

分别计算 A、B 两种证券的标准差：

$$\sigma_A = \sqrt{(-20\%-25\%)^2 \times 0.5 + (70\%-25\%)^2 \times 0.5} = 45\%$$

$$\sigma_B = \sqrt{(10\%-20\%)^2 \times 0.5 + (30\%-20\%)^2 \times 0.5} = 10\%$$

分别计算 A、B 两种证券的标准离差率：

$$q_A = 45\% \div 25\% = 180\%$$
$$q_B = 10\% \div 20\% = 50\%$$

由上面计算可知，尽管证券 A 的期望收益率高于证券 B，但其风险程度也高于证券 B。

（三）证券组合投资的风险

证券组合投资的期望收益率可由各个证券期望收益率进行加权平均而得，但证券组合投资的风险并不是各个证券标准差的加权平均数，即：

$$\sigma \neq \sum_{i=1}^{n} \sigma_i \cdot W_i$$

其中，W_i 为第 i 种证券价值占证券组合投资总价值的比重。

证券组合投资理论研究表明，理想的证券组合投资的风险一般要小于单独投资某一证券的风险，因为通过证券组合投资可以规避各证券本身的非系统性风险。

（四）系统性风险的衡量

前已述及，系统性风险是由于政治、经济及社会环境的变动影响整个证券市场上所有证券价格变动的风险。它使证券市场平均收益水平发生变化，但是，每一种具体证券受系统性风险的影响程度并不相同。β 值就是用来测定一种证券的收益随整个证券市场平均收益水平变化程度的指标，它反映了一种证券收益相对于整个市场平均收益水平的变动性或波动性。如果某种股票的 β 系数为 1，说明这种股票的风险情况与整个证券市场的风险情况一致，即如果市场行情上涨了 10%，该股票也会上涨 10%；如果市场行情下跌 10%，该股票也会下跌 10%。如果某种股票的 β 系数大于 1，说明其风险大于整个市场的风险；反之，如果某种股票的 β 系数小于 1，说明其风险小于整个市场的风险。

单一证券的 β 值通常会由一些投资服务机构定期计算并公布。证券组合投资的 β 值则可由证券组合投资中各组成证券的 β 值加权计算而得，其计算公式如下：

$$\beta_p = \sum_{i=1}^{n} W_i \beta_i$$

式中，β_p 为证券组合的 β 系数；

W_i 为证券组合中第 i 种股票所占的比重；

β_i 为第 i 种股票的 β 系数；

n 为证券组合中股票的数量。

【例 9-15】某公司持有共 200 万元的 3 种股票，该组合中 A 股票 100 万元，β 系数为 2；B 股票 60 万，β 系数均为 1.5；C 股票 40 万元，β 系数为 0.8。

要求：该组合投资的 β 系数。

解：

由
$$\beta_p = \sum_{i=1}^{n} W_i \beta_i$$

可以得出：
$$\beta_p = \frac{100}{200} \times 2 + \frac{60}{200} \times 1.5 + \frac{40}{200} \times 0.8 = 1.61$$

三、证券组合投资的收益

（一）证券组合投资的期望收益率

$$\overline{K}_p = \sum_{i=1}^{n} K_i \cdot W_i \cdot P_i = \sum_{i=1}^{n} \overline{K}_i \cdot W_i$$

式中，$\overline{K}_p$ 为证券组合投资的期望收益率；

$\overline{K}_i$ 为第 i 种证券的期望收益率；

W_i 为第 i 种证券价值占证券组合投资总价值的比重；

n 为证券组合中的证券数。

仍沿用【例 9-14】中的资料，如该企业各投资 50% 于 A、B 两种证券，则组合投资的期望收益率为：
$$\overline{K}_p = 25\% \times 0.5 + 20\% \times 0.5 = 22.5\%$$

（二）证券组合投资的风险收益

投资者进行证券投资，就要求对承担的风险进行补偿，证券的风险越大，要求的收益率就越高。由于证券投资的非系统性风险可通过投资组合来抵消，投资者要求补偿的风险主要是系统性风险，因此证券组合投资的风险收益是投资者因承担系统性风险而要求的、超过资金时间价值的那部分额外收益。其计算公式为：
$$R_p = \beta_p \cdot (K_m - R_f)$$

式中，R_p 为证券组合的风险收益率；

β_p 为证券组合的 β 系数；

K_m 为市场收益率，证券市场上所有股票的平均收益率；

R_f 为无风险收益率，一般用政府公债的利率来衡量。

微课 12：证券组合投资

【例 9-16】根据【例 9-15】资料，如股票的市场收益率为 12%，无风险收益率为 8%。

要求：确定该证券组合投资的风险收益率。

解：

根据
$$R_p = \beta_p \cdot (K_m - R_f)$$

可以得出：
$$R_p = 1.61 \times (12\% - 8\%) = 6.44\%$$

在其他因素不变的情况下，风险收益取决于证券投资组合的 β 系数，β 系数越大，风险收益越大；β 系数越小，风险收益越小。

（三）证券组合投资的必要收益率

证券组合投资的必要收益率等于无风险收益率加上风险收益率，即
$$K_i = R_f + \beta \cdot (K_m - R_f)$$

式中，K_i 为第 i 种股票或证券组合的必要收益率；

β 为第 i 种股票或证券组合的 β 系数；

K_m 为市场收益率，证券市场上所有股票的平均收益率；

R_f 为无风险收益率。

这就是资本资产定价模型（CAPM）。

【例9-17】旭日公司股票的 β 系数为1.3，无风险利率为6%，市场平均收益率为10%。

要求：计算该股票的必要收益率为多少时，投资者才会购买。

解：

根据

$$K_i = R_f + \beta \cdot (K_m - R_f)$$

可以得出：

$$K_i = 6\% + 1.3 \times (10\% - 6\%) = 11.2\%$$

由上面计算可知，旭日公司股票的收益率达到或超过11.2%时，投资者才会购买。

四、证券组合投资的策略与方法

对采取证券组合投资的投资者而言，组合投资在一定程度上能起到分散风险的作用。

因此，进行证券组合投资的策略和方法就显得十分重要，直接关系到了证券组合投资的风险大小和收益情况。

（一）证券组合投资的策略

证券组合投资中，投资者所采取的策略主要有冒险、保守和适中三种类型。

1. 冒险型策略

投资者所采取的证券组合投资，其组合往往和市场上存在的组合不同，其所采用的组合风险要高于市场上的其他组合，取得的收益也远高于市场的平均水平。采用冒险型策略的投资者，其组合变动频繁，以追求高收益为主要目的，同时能够承受高风险。所以这种类型的证券组合投资策略表现出高风险、高收益的特点。

2. 保守型策略

保守型投资者进行证券组合投资时，是以现有市场存在的组合为基础，通过尽可能地投资大量证券，以达到降低分散风险，将风险降到低于市场平均水平，以求收益率达到市场平均收益水平。在这种证券组合投资策略中，投资者能够最大限度地分散全部可分散风险，使风险较低，但收益也往往低于市场的平均收益。

3. 适中型策略

证券组合投资的适中型策略介于保守型和冒险型之间，投资者一般会对证券进行较充分的专业分析，希望能获得较高的收益和规避较大的风险。因此，采用适中型策略进行投资具有风险适中、收益略高于市场平均水平的特点。

（二）证券组合投资的方法

投资者进行证券组合投资常见的方法有大量单个证券组合法、高、中、低风险证券均等组合法和负相关证券组合法。

1. 大量单个证券组合法

在所有的证券组合投资方法中，大量单个证券组合法是最简单的方法。在这种方法中，证券的组合是采用随机组合。采用这种方法的投资者认为，随着证券数量的增多，大部分风险将会被分散。

2. 高、中、低风险证券均等组合法

该组合法通常的做法是，将组合投资涉及的证券按照风险大小分为三类，即高、中、低风险证券，然后将所要投资的资金分成三份，分别等额地投资此三类风险证券中。因此，这种三分之一的组合投资法，是一种折中的做法，虽然收益并不是很高，但也不会承担大的风险，是一种备受投资者青睐的方法。

3. 负相关证券组合法

采用这种方法的投资者在组合时通常将负相关的证券组合在一起，赋予适当的比例，从而达到有效分散风险的目的。

任务实施

结论	9.5 单一投资黄金真的能避险吗？
实施方式	研讨式
研讨结论	

教师评语：

班级		小组		组长签字	
教师签字				日期	

【企业伦理与职业道德】

证券投资中的职业道德

我国证券业是一个新兴的行业,证券投资从业人员绝大多数是年轻人,文化层次比较高,在党的教育培养下成长,勤奋敬业,锐意进取,具有事业心,团队精神,他们为证券业的建设与发展作出了积极的贡献。但是,也有部分从业人员,在各种因素的影响下,出现了一些道德问题。近年来不断揭露的一些重大事件中,虽然有着各种各样复杂的原因,但从中也揭示了证券从业人员道德建设滞后的问题。

1. 钻法律空子,操纵证券市场

众所周知的庄家吕梁,这个中国股市上的风云人物,趁市场法规还不健全,采用隐蔽手段,操纵中科创业股价。先后通过66家证券公司125个营业部签订了数百份融资协议,融资54亿元,指挥遍布全国的70名以上操盘手,利用1565个股东账户,大肆炒作中科创业,曾控制了超过93%的中科创业流通股,将股价炒成1999年度中国最大牛股之一。在2001年年初,"中科系"崩溃,吕梁出逃,他所融来的数十亿资金,在股价的暴跌中灰飞烟灭。众多持有中科创业股票的投资者面对股价的连续跌停欲哭无泪。吕梁事件对证券市场形成了很大的冲击,事件的主客观原因当然十分复杂,但道德沦丧,肆意所为,钻法律空子,却是不可回避的事实。

2. 明知故犯,违规经营

违规经营、违规操作,是明显的主观行为,是证券从业人员道德建设中存在的又一问题。证券经营机构的违规经营,主要有如下几种:透支交易、拆借资金、委托理财、操纵股价、非法融资、欺诈股民,等等。在证券业的发展过程中,违规操作所带来的巨大风险,所造成的损害就一直存在。违规使有的机构尝到了甜头,但更多的是苦头。三年的熊市,不仅给股民带来了巨额亏损,对证券经营机构来说也是度日如年,而对于违规操作的证券经营机构,几乎是灭顶之灾。尽管有很多的前车之鉴,但仍人"前仆后继",这就十分发人深省。

3. 不讲诚信,披露虚假信息

诚信是道德的核心内容,而在证券业中,不讲诚信,披露虚假信息的现象屡见不鲜。上证所网站显示,自2001年4月以来,共有61家沪市上市公司遭到上证所77次公开谴责。其中,有8家公司遭到两次公开谴责,*ST[①]宁窖、*ST丰华、*ST达曼和*ST北科4家公司遭到了3次公开谴责。受谴责的原因大多与造假、披露虚假信息有关,这些触目惊心的数据揭示了目前有些上市公司和高管人员不诚信的做法,已经到了令人发指的地步。

4. 内幕交易、欺诈客户,损害投资者权益

某些证券从业人员无视法律与职业道德的约束,利用工作便利进行内幕交易、欺诈客户、侵吞客户资产。这些频繁发生的事件,反映了当前证券业部分从业人员道德败坏的严峻现实。

因此,作为证券投资机构,需做到以下几个方面:

(1) 应制定专项内控制度,规范其业务人员或研究人员参与首发股票项目推介活动的行为,避免发生有悖职业道德的情形。

(2) 应坚持科学、独立、客观、审慎的原则开展首发股票的研究工作,要认真研读发行人招股说明书等信息,建立必要的估值定价模型。

(3) 应按照公司内部业务操作流程提交报价,并建立报价信息复核机制。

(4) 应建立健全员工业务培训机制,定期或不定期组织员工开展有针对性的业务法规培训,持续提升执业水平。

思考问题:

1. 证券投资从业人员应具备什么品质与职业道德?
2. 证券投资从业人员道德建设滞后会带来什么后果?

---

① *ST是指退市预警做特别处理,连续三年亏损,带星退市预警。

知识巩固与技能提高

一、单选题

1. 企业在证券投资中，能体现出所有权关系的是（　　）。
   A. 企业债券　　　　　　　　　　　　B. 国库券
   C. 股票　　　　　　　　　　　　　　D. 金融债券

2. 在证券投资中，因通货膨胀带来的风险是（　　）。
   A. 购买力风险　　　　　　　　　　　B. 流动性风险
   C. 利率风险　　　　　　　　　　　　D. 违约风险

3. 企业进行短期股票投资，购买价格为每股 3 元，持有期间分得现金股利为每股 0.5 元，出售价格为 3.5 元，则该企业持有该股票每股收益率为（　　）。
   A. 33.33%　　　　B. 30.23%　　　　C. 13%　　　　D. 26.67%

4. 相对于发行股票而言，发行公司债券筹资的优点为（　　）。
   A. 筹资风险小　　　　　　　　　　　B. 限制条件少
   C. 筹资额度大　　　　　　　　　　　D. 资金成本低

5. 投资者对股票、短期债券和长期债券进行投资，其共同的目的是（　　）。
   A. 合理利用暂时闲置资金　　　　　　B. 获取长期资金
   C. 获取控股权　　　　　　　　　　　D. 获取收益

6. 下列选项中，不属于基金投资特点的是（　　）。
   A. 专家管　　　　B. 收益高　　　　C. 规模经营　　　　D. 分散投资

7. 在证券投资组合策略中，投资者通过选择大量证券进行投资的策略属于（　　）型策略。
   A. 保守　　　　　B. 适中　　　　　C. 冒险　　　　　D. 多样

8. 投资者选择两种负相关的证券进行组合投资，则该组合投资的风险将表现为（　　）。
   A. 不能分散风险　　　　　　　　　　B. 可分散风险
   C. 风险为零　　　　　　　　　　　　D. 风险大

9. 根据中国证监会对基金的分类标准，基金资产（　　）以上投资于股票的为股票基金。
   A. 50%　　　　　B. 60%　　　　　C. 70%　　　　　D. 80%

10. 华为公司股票的 β 系数为 1.5，无风险利率为 4%，市场平均报酬率为 8%，则该股票的必要报酬率达到或超过（　　），投资者才会购买。
    A. 15%　　　　　B. 8%　　　　　C. 10%　　　　　D. 12%

11. 投资公司债券最大的风险是（　　）。
    A. 违约风险　　　B. 利率风险　　　C. 价格风险　　　D. 市场风险

12. 你想持有一种普通股三年，前三年的股息红利分别为 2.50 元、3.25 元、3.75 元，假设三年后股票的售出价格为 30 元，股票的必要报酬率为 15%，则股票的价格应为（　　）元。
    A. 32.78　　　　B. 25.45　　　　C. 27.25　　　　D. 26.82

13. 某国债为附息国债，一年付息一次，期限 10 年，票面金额为 100 元，票面利率为 6%。某投资者在该债券发行时以 100.2 元的发行价购入，持有一年以后，以 101.3 元的价格卖出，那么投资者持有收益率为（　　）。
    A. 7.35%　　　　B. 7.10%　　　　C. 8.10%　　　　D. 8.37%

14. 基金资产净值除以基金当前份额，就是（　　）。
    A. 基金资产总值　　　　　　　　　　B. 基金资产净值

C. 基金份额净值　　　　　　　　　　　　D. 基金资产估值

15. 某公司股票选择永续发行股息的方式进行相关股息的发放，且每期的股息为3.5元，当折现率为10%时，请问公司股票的内在价值为（　　）元。
A. 35　　　　　　B. 25　　　　　　C. 30　　　　　　D. 27

二、多选题

1. 投资者进行证券投资的目的主要是（　　）。
A. 获取控制权　　　　　　　　　　　　B. 暂时存放闲置资金
C. 分散风险　　　　　　　　　　　　　D. 满足未来的财务需求

2. 投资者进行证券投资时，需要考虑的系统风险包括（　　）。
A. 政策风险　　　　　　　　　　　　　B. 市场风险
C. 利率风险　　　　　　　　　　　　　D. 购买力风险

3. 关于债券的特征，下列说法中正确的是（　　）。
A. 债券具有分配上的优先权　　　　　　B. 债券代表着一种债权债务关系
C. 债券不能折价发行　　　　　　　　　D. 债券持有人无权参与企业决策

4. 与债权投资相比，股票投资具有的优点是（　　）。
A. 拥有经营控制权　　　　　　　　　　B. 是一种债权债务关系
C. 购买力风险低　　　　　　　　　　　D. 优先求偿权

5. 投资者在计算基金投资收益率时，应考虑的因素有（　　）。
A. 年初持有基金份数　　　　　　　　　B. 年初基金单位净值
C. 年末持有基金份数　　　　　　　　　D. 年末基金单位净值

6. 下列各项中，能够影响证券组合投资系数的有（　　）。
A. 该组合中所有单项资产在组合中所占的比重
B. 该组合中所有单项资产各自的系数
C. 市场投资组合的无风险收益率
D. 该组合的无风险收益率

7. 证券组合投资中预期收益率的计量，主要取决于（　　）。
A. 组合中单个证券投资所占的比重　　　B. 单个证券风险大小
C. 单个证券预期收益率　　　　　　　　D. 无风险利率

8. 证券组合投资策略有（　　）。
A. 谨慎型策略　　　　　　　　　　　　B. 保守型策略
C. 冒险型策略　　　　　　　　　　　　D. 适中型策略

9. 下列关于估值频率的说法中，正确的是（　　）。
A. 基金一般按固定的时间间隔对基金资产进行估值
B. 对于开放式基金来说，估值时间通常与开放申购、赎回的时间一致
C. 目前我国开放式基金于每个交易日估值，于次日公告基金份额净值
D. 封闭式基金每周披露一次基金份额净值，但每个交易日也都进行估值

10. 债券的投资成本主要有（　　）。
A. 购买成本　　　　B. 交易成本　　　　C. 机会成本　　　　D. 税收成本

11. 通常经济周期变动与股价变动的关系是（　　）。
A. 复苏阶段——股价低迷　　　　　　　B. 高涨阶段——股价上涨
C. 危机阶段——股价下跌　　　　　　　D. 萧条阶段——股价回升

12. 债券的利息收益取决于债券的（　　）。
A. 票面利率　　　　B. 市场利率　　　　C. 付息方式　　　　D. 票面金额

13. 非系统性风险包括（　　）。
A. 信用风险　　　　B. 财务风险　　　　C. 经营风险　　　　D. 道德风险

14. （　　）是经营风险的外部因素。
   A. 产品关联企业的不景气　　　　　B. 竞争对手变化
   C. 项目投资决策失误　　　　　　　D. 政府政策调整
15. 基金收益来源主要有（　　）。
   A. 利息收入　　　　　　　　　　　B. 投资收益
   C. 其他收入　　　　　　　　　　　D. 公允价值变动损益

三、判断题

1. 债券的资金成本一般来说要高于长期借款的资金成本。（　）
2. 在债券面值与票面利率一定的情况下，市场利率越高，则债券发行价格越低。（　）
3. 无面值股票的最大缺点是股票不能直接代表股份，因而不能直接体现其价值。（　）
4. 股票投资的目的主要是获得经营控制权。（　）
5. 开放式基金是指基金股份数确定和期限有限，规定在一定期限内投资者不能赎回，只能在流通市场上进行转让。（　）
6. 持有看跌期权，若标的资产在持有期或到期日的市场价格高于执行价格，则持有期权人将会执行期权。（　）
7. 证券组合投资中的风险仅仅是指不可分散的风险。（　）
8. 保守型策略投资者对证券进行投资时，是将证券组合中的证券进行分类，将单个证券分为高、中、低风险类，然后均等进行投资。（　）
9. 利率下降，利息负担减轻，公司净盈利和股息增加，股票价格上升。（　）
10. 购买力风险对固定收益证券影响最大。（　）

四、实训题

【实训 1】
旭日企业于 2020 年 2 月 1 日购买了一张面值为 1 000 元的债券，债券价格为 1 105 元，票面利率为 8%，每年 2 月 1 日计算并支付一次利息。该债券于 5 年后的 1 月 31 日到期。该企业持有该债券至到期日，计算该债券的到期收益率。

【实训 2】
金立公司于 2019 年 5 月 1 日购买了一张面值为 1 000 元的债券，其票面利率为 8%，每年 5 月 1 日计算并支付一次利息。该债券于 5 年后的 4 月 30 日到期。购买时的市场利率为 6%，债券价格为 1 050 元。该企业是否应购买该债券？

【实训 3】
中山公司的股票目前每股支付的现金股利为 4 元，预计每年每股股利增长率为 3%，投资者期望的最低报酬率为 8%，则该股票的内在价值为多少？

【实训 4】
东山公司持有由 A、B、C 三种股票构成的证券组合，它们的系数分别是 2.0、1.0 和 0.5，它们在证券组合中所占的比重分别是 60%、30% 和 10%，股票的市场收益率为 14%，无风险收益率为 10%，
要求：
（1）确定证券组合的系数。
（2）计算该证券组合的风险收益率。

【实训 5】
金悦公司计划以 1∶1 的比例投资 A、B 两种有价证券，它们的相关系数为 0.6，标准差分别为 15% 和 20%。计算金悦公司投资该组合证券的风险。

学习成果认定

学生自评				
专业能力	评价指标	自测结果		要求 （A 掌握；B 基本掌握；C 未掌握）
认识证券投资	1. 证券的种类 2. 证券投资认知 3. 证券投资的基本程序	A□ B□ C□ A□ B□ C□ A□ B□ C□		熟悉证券投资的相关概念，掌握证券投资的目的以及原则、了解证券投资的基本程序
债券投资管理	1. 债券投资品种 2. 债券投资的目的和特点 3. 债券投资的价值 4. 债券投资收益	A□ B□ C□ A□ B□ C□ A□ B□ C□ A□ B□ C□		掌握债券投资的品种和特点，能够运用价值模型以及收益率计算模型进行债券估值和债券投资收益率的计算
股票投资管理	1. 股票的特点和种类 2. 股票投资的目的 3. 股票的价值 4. 股票价格的影响因素 5. 股票投资收益率	A□ B□ C□ A□ B□ C□ A□ B□ C□ A□ B□ C□ A□ B□ C□		掌握股票投资的品种和特点，能够运用价值模型以及收益率计算模型进行股票估值和股票投资收益率的计算，并理解股票价格的影响因素
基金投资管理	1. 证券投资基金认知 2. 证券投资基金的价值与费用 3. 证券投资基金收益	A□ B□ C□ A□ B□ C□ A□ B□ C□		掌握基金投资的品种和特征，理解基金的运作模式，能够进行基金估值以及费用的计算，并核算证券投资基金的投资收益率
证券组合投资决策	1. 证券组合投资的含义 2. 证券组合投资的风险 3. 证券组合投资的收益 4. 证券组合投资的策略与方法	A□ B□ C□ A□ B□ C□ A□ B□ C□ A□ B□ C□		理解证券组合投资的含义，能够运用证券组合投资风险计算方法以及证券组合投资收益计算模型进行证券组合投资风险与投资收益计算
职业道德、思想意识	1. 爱岗敬业、认真严谨 2. 遵纪守法、遵守职业道德 3. 顾全大局、团结合作	A□ B□ C□ A□ B□ C□ A□ B□ C□		专业素质、思想意识得以提升，德才兼备，能胜任证券投资工作
小组评价				
团队合作	A□ B□ C□		沟通能力	A□ B□ C□
教师评价				
教师评语				
成绩		教师签字		

项目 10

营运资金管理

学习目标

【素质目标】
1. 培养较强的团队合作能力
2. 能与企业内部相关部门沟通营运资金管理的制度、原则和方法
3. 了解政策法规,具备解读政策法规的能力
4. 能比较敏锐地判断经济社会环境和政策法规变化对营运资金管理的影响

【知识目标】
1. 了解营运资金的概念及营运资金管理的特点
2. 理解企业持有现金的动机,掌握持有现金的成本
3. 掌握应收账款成本和信用政策

【能力目标】
1. 能计算分析确定现金最佳持有量,按预算和制度管理现金收支
2. 会设计制定企业内部现金管理制度
3. 能计算信用标准和信用条件,并会选择和决策
4. 能计算存货经济采购批量并在多种条件下应用

知识架构

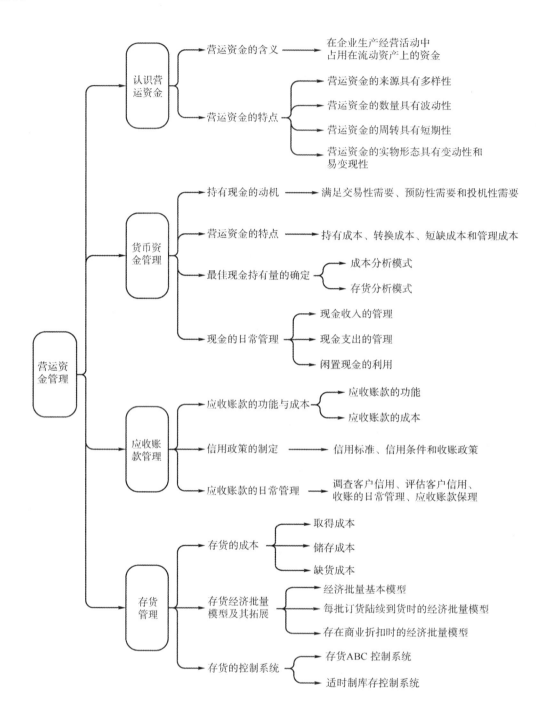

任务1　认识营运资金

案例导入

1 000元焕发小镇生机

这是炎热小镇慵懒的一天。太阳高挂,街道无人,每个人都债台高筑,靠信用度日。这时,从外地来了一位有钱的旅客,他走进一家旅馆给了店主1 000元现金,挑了一个房间,他上楼以后,店主拿这1 000元给了对门的屠夫支付了这个月的肉钱;屠夫去养猪的农夫家里把欠的买猪款付清了,农夫还了饲料钱,饲料商贩还清了赌债,赌徒赶紧去旅馆还了房钱,这1 000元又回到旅馆店主手里,可就在此时,旅客下楼说房间不合适,拿钱走了;但是,全镇的债务都还清了!

看完这个故事,请问有谁亏了吗?一个也不亏,没有这1 000元现金,大家都还在相互持续地追债,后果不堪设想,可外地旅客带来的1 000元现金流动了一下,大家的债务就全部解决了。这就是资金流动让经济社会焕发了生机!

任务发布

讨论	10.1　1 000元焕发小镇生机
	教师布置任务
任务描述	1. 学生熟悉相关知识。 2. 教师结合案例问题组织学生进行研讨。 3. 将学生每5个人分成一个小组,分组研讨案例问题,通过内部讨论形成小组观点。 4. 每个小组选出一个代表陈述本组观点,其他小组可以对其进行提问,小组内其他成员也可以回答提出的问题;通过问题交流,将每一个需要研讨的问题都弄清楚,形成书面研讨结论。 5. 教师进行归纳分析,引导学生掌握营运资金的特点及含义。 6. 根据各组在研讨过程中的表现,教师点评赋分。
问题	1. 资金有什么重要的作用?什么是营运资金? 2. 企业中加快资金周转有何意义?

相关知识

营运资金管理在财务管理活动中具有非常重要的作用,对营运资金有效的管理可以最大限度地提高企业资金的使用效率,提高企业资产的收益率,最大限度地降低企业资金的风险。具体内容包括货币资金管理、应收账款管理、存货管理三部分内容。

一、营运资金的含义

营运资金是指企业生产经营活动中占用在流动资产上的资金。 营运资金有广义和狭义之分,广义的营运资金又称毛营运资金,是指一个企业流动资产的总额;狭义的营运资金又称净营运资金,是指流动资产减去流动负债后的余额,是企业在生产经营中可用流动资产的净额。本项目中的营运资金主要指狭义的营运资金。营运资金的存在表明企业的流动资产占用的资金除了通过流动负债筹集外,还通过非流动负债或所有者权益筹集。营运资金的管理既包括流动资产的管理,也包括流动负债的管理。

流动负债是指必须在一年或超过一年的一个营业周期内偿还的债务,包括短期借款、应付及预收款项、

微课1:营运资金的概念

应交税费等。流动负债的特点是：偿还期限短，在1年内或一个营业周期内必须履行的义务。该项业务需要运用企业资产或提供劳务或举借新的负债来偿还；主要为交易目的而持有。

流动资产是指可以在一年或超过一年的一个营业周期内变现或耗用的资产，包括货币资金、短期投资、应收及预付款项、存货等。

二、营运资金的特点

为了有效地管理企业的营运资金，必须研究营运资金的特点，以便有针对性地进行管理。

营运资金一般具有如下特点：

（一）营运资金的来源具有多样性

企业筹集长期资金的方式一般较少，只有吸收直接投资、发行股票、发行债券等方式。与筹集长期资金的方式相比，企业筹集营运资金的方式较为灵活多样，通常有银行短期借款、短期融资券、商业信用、应交税费、应付股利、应付职工薪酬等多种内外部融资方式。

（二）营运资金的数量具有波动性

流动资产的数量会随企业内外条件的变化而变化，时高时低，波动很大。季节性企业如此，非季节性企业也如此。随着流动资产数量的变动，流动负债的数量也会相应发生变动。

（三）营运资金的周转具有短期性

企业占用在流动资产上的资金，通常会在1年或超过1年的一个营业周期内收回，对企业影响的时间比较短。根据这一特点，营运资金可以用商业信用、银行短期借款等短期筹资方式来加以解决。

（四）营运资金的实物形态具有变动性和易变现性

企业营运资金的占用形态是经常变化的，营运资金的每次循环都要经过采购、生产、销售等过程，一般按照现金、材料、在产品、产成品、应收账款、现金的顺序转化。为此，在进行流动资产管理时，必须在各项流动资产上合理配置资金数额，做到结构合理，以促进资金周转顺利进行。同时，以公允价值计量且其变动计入当期损益的金融资产、应收账款、存货等流动资产一般具有较强的变现能力，如果遇到意外情况，企业出现资金周转不灵、现金短缺时，便可迅速变卖这些资产，以获取现金，这对财务上应付临时性资金需求具有重要意义。

财博士知识通

营运资金管理的基本要求

营运资金的管理就是对企业流动资产和流动负债的管理，它既要保证有足够的资金满足生产经营的需要，又要保证能按时按量偿还各种到期债务。企业营运资金管理的基本要求如下：

1. 合理确定并控制流动资金的需要量

企业流动资金的需要量取决于生产经营规模和流动资金的周转速度，同时也受市场及供、产、销情况的影响。企业应综合考虑各种因素，合理确定流动资金的需要量，既要保证企业经营的需要，又不能因安排过量而浪费。平时也应控制流动资金的占用，将其纳入计划预算的合理范围内。

2. 合理确定流动资金的来源构成

企业应选择合适的筹资渠道及方式，力求以最小的代价谋取最大的经济利益，并使筹资与日后的偿债能力等合理配合。

3. 加快资金周转，提高资金使用效率

当企业的经营规模一定时，流动资产周转的速度与流动资金需要量成反方向变化。企业应加强内部责任管理，适度加速存货周转、缩短应收账款的收款周期、延长应付账款的付款周期，以改进资金的利用效果。

微课3：营运资金管理的基本要求

任务实施

结论	10.1　1 000元焕发小镇生机
实施方式	研讨式

研讨结论

教师评语：

班级		小组		组长签字	
教师签字				日期	

任务 2　货币资金管理

案例导入

现金为王，疫情之下中小企业如何自救？

中小企业是我国经济的主体，占全国企业总数的 95%，工业产值、实现利税分别占到全国的 60%、40% 左右，最重要的是吸纳就业人数占城镇就业人口的 80%。换言之，我们每 10 个人中就有 8 个人在中小企业就职。

当大浪扑来时，下一秒小船就会被浪头掀翻——这就是中小企业在疫情下的真实写照。2020 年，在新冠疫情影响下，中国经济被按下了"暂停键"，需求和生产骤降，投资、消费、出口均受明显冲击；防控疫情需要人口避免大规模流动和聚集，隔离防控，因此大幅降低消费需求。工人返城、工厂复工延迟，企业停工减产，制造业、房地产、基建投资短期基本停滞。而中小企业由于受系统性风险的严重影响，抗风险能力又偏弱，很多企业都是踩着盈亏平衡线过活，因此成了疫情下最难的市场主体。而中小企业如何从"疫"境中求生，已在成为一道社会大考题。

据公开调查研究显示，企业面临的困境主要有线下工作暂停暂缓、公众活动取消、海外审核增加、营销投放效果变低、回款周期变长，等等。不过，企业撑不下去的最直接原因还是现金流出问题了。现金是公司的血液，现金只有流动起来，才能产生利益，才会推动公司发展，如果一个公司没有充足的现金，便无法正常运转，这种局面如果一直得不到改善，必然危及公司生存！清华、北大和北京小微企业综合金融服务公司的一项对 1 435 家中小企业的调查显示，如果疫情持续 3 个月以上，中小企业就会受到大规模重创，因此，帮助中小企业安全度过疫期，就显得格外重要。

流动资金的获取、充分利用已有政策支持，为中小企业止血、输血。在中小企业的至暗时刻，从中央到地方，一系列的救助政策和措施迅速出台。为了给中小企业减负、降压，从中央到地方相继出台相关政策，减免房租、延期纳税、缓缴社保、返还失业保险、降低融资成本、信贷额度不下降……几乎覆盖了企业运维的方方面面，为中小企业应对危机提供了有效支持。

输血更要造血，授人以鱼不如授人以渔。止血、输血固然重要，但企业自身的造血能力才是活下去的关键。首先，中小企业要明确、强化现金为王的意识。如果一个企业资金能正常周转，可能就将带动整个产业链上下游相关企业的运转，从而加速整个经济恢复。相反，因现金流断裂的某个企业，可能会引发连锁的资金断裂。因此，企业必须重视现金流的管理，妥善规划和使用好现有资源，同时设法创造现金流来源。例如，控制并尽可能减少应收账款；控制内部成本、费用；在人员成本上，与员工积极协商，共克时艰；合并一些内部组织、减少管理费用支出；暂停或控制推广费、广告费、办公费等相对不那么紧急的费用支出；除了减少支出外，中小企业应尽可能地增加收入，例如通过互联网平台快速变革商业模式，匹配疫情下的商家特殊需求，是值得推荐的一种创新。有一家图书电商的做法就值得借鉴。它的库房所在地区因疫情受控，所有订单都无法寄出，因此业务受到了很大冲击。这是不可抗力，通常多数企业就只能坐等疫情过去。它却采取逆势大促的做法，"现在下单可享受超级优惠"，同时向用户坦承库房受疫情影响需要延迟发货。这种诚信、让利的做法得到了广大用户的支持。订单数量随之大幅增长，顺利回笼宝贵的资金，资金短缺迎刃而解。

突发的疫情蔓延态势，伴随着一场无硝烟战役开始，中小企业能否熬过"疫冬"，破局之方牵动着每位企业家的心。相信在国家及社会各方的支持下，中小企业只要坚定信心、保持定力，评估好疫情的影响，保持好充足的现金流，熬过去，活下去，就一定能见到寒冬之后的春暖花开。"待到山花烂漫时，她在丛中笑"，相信中小企业的处境会越来越好。

任务发布

讨论	10.2 现金为王，疫情之下中小企业如何"自救"？
教师布置任务	
任务描述	1. 学生熟悉相关知识。 2. 教师结合案例问题组织学生进行研讨。 3. 将学生每5个人分成一个小组，分组研讨案例问题，通过内部讨论形成小组观点。 4. 每个小组选出一个代表陈述本组观点，其他小组可以对其进行提问，小组内其他成员也可以回答提出的问题；通过问题交流，将每一个需要研讨的问题都弄清楚，形成书面研讨结论。 5. 教师进行归纳分析，引导学生理解现金的重要性、企业持有现金的原因与持有现金的成本。 6. 根据各组在研讨过程中的表现，教师点评赋分。
问题	1. 如何理解"现金为王""现金是企业的血液"？ 2. 你还知道哪些加强现金管理的方法？还有哪些方法能帮助中小企业在疫情中自救？

相关知识

微课4：货币资金的概念

货币资金是指企业在生产经营过程中暂时停留在货币形态的资金，包括库存现金、银行存款和其他货币资金。在所有资产中，货币资金的流动性和变现能力最强，但盈利性也最弱。（以下由现金代替）

现金是非盈利性的资产，保持合理的现金水平是企业货币资金管理的重要内容。现金是变现能力最强的资产，代表着企业直接的支付能力与应变能力，可以用来满足生产经营开支的各种需要，也是还本付息和履行纳税义务的保证。拥有足够的现金对于降低企业的风险，增强企业资产的流动性和债务的可清偿性有着重要的意义。但现金收益性最弱，对其持有量不是越多越好。即使是银行存款，其利率也非常低。因此，现金存量过多，它所提供的流动性边际效益便会随之下降，从而使企业的收益水平下降。因此，企业应合理安排货币资金的持有量，减少货币资金的闲置，以提高货币资金的使用效果。

除了应付日常的业务活动之外，企业还需要拥有足够的现金偿还贷款、把握商机以及防止不时之需。企业必须建立一套管理现金的方法，持有合理的现金数额，使其在时间上继起，在空间上并存，在现金的流动性和收益性之间进行合理选择。企业必须编制现金预算，以衡量企业在某段时间内的现金流入量与流出量，以便在保证企业正常经营活动所需现金的同时，尽量减少企业的现金数量，从暂时闲置的现金中获得最大的收益提高资金收益率。

一、持有现金的动机

企业持有现金是为了满足交易性需要、预防性需要和投机性需要。

交易性需要是指企业生产经营活动中货币资金支付的需要，如购买原材料、支付人工工资、偿还债务、交纳税款等。这种需要发生频繁，金额较大，是企业持有现金的主要原因。

预防性需要是指企业为应付意外的、紧急的情况而持有现金的需要，如生产事故、自然灾害、客户违约等打破原先的货币资金收支平衡的情况。企业为预防性需要而持有现金的多少取决于：一是企业临时举债能力；二是企业其他流动资产的变现能力；三是企业对货币资金预测的可靠程度；四是企业愿意承担风险的程度。

投机性需要是指企业为抓住瞬息即逝的市场机会，投机获利而持有现金的需要，如捕捉机会以超低价购入有价证券、原材料、商品等，意在短期内抛售获利。

二、持有现金的成本

持有现金通常会发生四种成本，即持有成本、转换成本、短缺成本和管理成本。

持有成本是指因持有现金而丧失的投资收益，又称机会成本，它与持有现金的数量有关，现金持有量越大，持有成本越大，反之就越小。

转换成本又称交易成本，是指有价证券与现金转换时的交易费用。严格地讲，转换成本仅指与交易金额无关而与交易次数成正比的交易费用，这才是决策中的相关成本。

短缺成本是指因持有现金太少而给企业造成的损失，如因无钱购买原材料造成停工损失，失去现金折扣，不能及时支付而造成信誉损失等。短缺成本也与持有现金的数量有关，现金持有量越大，短缺成本越小。

管理成本是指企业因持有现金而发生的管理费用，如管理人员的工资支出、安全防盗设施的建造费用等。管理费用一般是固定费用。

微课5：最佳货币资金持有量的确定

三、最佳现金持有量的确定

如上所述，企业在生产经营过程中为了满足交易、预防、投机等需要，必须持有一定数量的现金，但现金持有太多或太少都对企业不利。最佳现金持有量就是指使有关成本之和最小的现金持有数额，它的确定主要有成本分析模式和存货分析模式两种方法。

（一）成本分析模式

企业持有现金必然要发生一些相关成本，成本分析模式是通过分析企业持有现金的各相关成本，测算各相关成本之和最小时的现金持有量的一种方法。在成本分析模式下，应分析机会成本、管理成本和短缺成本，在成本分析模式下不存在转换成本。

1. 机会成本

机会成本随着现金持有量的增大而增大，一般可按年现金持有量平均值的某一百分比计算，这个百分比是该企业的机会性投资的收益率，一般可用有价证券利息率代替。计算公式为：

$$机会成本 = 现金平均持有量 \times 有价证券利息率$$

2. 管理成本

管理成本由于是固定成本，因而是一项无关成本，按理说在决策中不应予以考虑，但本模式下为匡算总成本的大小，仍把它考虑在内，当然对决策结果是不会造成影响的。

3. 短缺成本

短缺成本随着现金持有量的增大而减少，当现金持有量增大到一定量时，短缺成将不存在。

成本分析模式是根据现金相关成本，分析预测其总成本最低时现金持有量的一种方法。其计算公式为：

$$最佳现金持有量下的现金相关成本 = \min（管理成本 + 机会成本 + 短缺成本）$$

成本分析模式下的最佳现金持有量可用图解法确定，如图10-1所示。在直角坐标平面内，以横轴表示现金持有量，以纵轴表示成本，画出各项成本的图像。一般说，持有成本是一条由原点出发向右上方的射线；管理成本是一条水平线；短缺成本是一条由左上方向右下方的直线或上凹的曲线，它与横轴相交，表示现金持有到相当大的一笔数额时不再存在短缺成本。其中，管理成本属于固定成本，持有成本是正相关成本，短缺成本是负相关成本。因此，成本分析模式是要找到机会成本、管理成本和短缺成本所组成的总成本曲线中最低点处对应的横坐标，即为最佳现金持有量。

在实际工作中运用成本分析模式确定最佳现金持有量的具体步骤如下：

（1）根据不同现金持有量测算并确定有关成本数值。

（2）按照不同现金持有量及其相关成本资料编制最佳现金持有量测算表。

（3）在测算表中找出总成本最低时的现金持有量，即最佳现金持有量。

由成本分析模型可知，如果减少现金持有量，则增加短缺成本；如果增加现金持有量，则增加机会成本。

改进上述关系的一种办法是：当拥有多余现金时，将现金转换为有价证券；当现金不足时，将有价证券转换成现金。但现金和有价证券之间的转换，也需要成本，即转换成本。

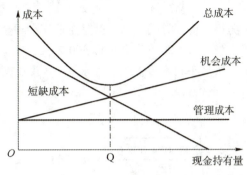

图10-1 成本分析模式

（二）存货分析模式

存货模式，是将存货经济订货批量模型原理用于确定目标现金持有量，其着眼点也是现金相关成本之和最低，借用存货管理经济批量公式来确定最佳现金持有量的一种方法。这一模式的使用有如下假设条件：

（1）企业在某一段时期内需用的货币资金已事先筹措得到，并以短期有价证券的形式存放在证券公司内。

（2）企业对货币资金的需求是均匀、稳定、可知的，可通过分批抛售有价证券取得。

（3）短期有价证券利率稳定、可知。

（4）每次将有价证券变现的交易成本可知。

在存货分析模式下有两项相关成本：持有成本和转换成本。持有成本（机会成本）是指企业持有现金而丧失的将这些资金投资于证券可得到的投资收益。此项成本与有价证券收益率有关，也与持有现金的平均余额有关。转换成本（交易成本）是指与交易次数成正比的经纪费用。持有成本和转换成本的变化方向是相反的：若每次抛售有价证券金额大，会使现金平均余额增大而增加持有成本，但会使交易次数减少而降低转换成本；反之，若每抛售有价证券金额小，会减少持有成本和增加转换成本。存货分析模式旨在使相关总成本，持有成本和转换成本之和最小化。存货分析模式可用公式表示为：

$$TC = \frac{C}{2} \times i + \frac{T}{C} \times b$$

$$TC' = \frac{i}{2} - \frac{Tb}{C^2}$$

令 $TC'=0$，得：

$$C = \sqrt{\frac{2bT}{i}}$$

这时

$$TC = \sqrt{\frac{2bT}{i}} \times \frac{i}{2} + Tb \times \sqrt{\frac{i}{2bT}} = \sqrt{2bTi}$$

式中，TC 为存货分析模式下的相关总成本；

C 为一次交易资金量，即企业最高现金存量；

i 为有价证券收益率；

T 为一个周期内现金总需求量；

b 为有价证券一次交易固定成本。

因为 $TC'' = \frac{2Tb}{C^3} > 0$，所以 $\sqrt{2bTi}$ 是 TC 的最小值。

可得到结论：

最佳货币持有量 $C^* = \sqrt{\dfrac{2bT}{i}}$ 时，相关总成本达到最小值 $TC^* = \sqrt{2bTi}$。

这里最佳现金持有量，即一次抛售有价证券的金额，就是企业库存现金的最大值。

【例 10-1】某企业预计一个月内经营所需货币资金约为 400 万元，准备用短期有价证券变现取得，证券每次交易的固定成本为 100 元，证券市场年利率为 12%。要求：计算最佳现金持有量及最小相关总成本。

解：

最佳现金持有量：

$$C^* = \sqrt{\dfrac{2\times100\times4\,000\,000}{12\%\div12}} = 282\,843 \text{（元）}$$

最小相关总成本：

$$TC^* = \sqrt{2\times100\times4\,000\,000\times12\%\div12} = 2\,828 \text{（元）}$$

财博士知识通

鲍莫模式

存货模式又称为鲍莫模式，是 1952 年由美国经济学家威廉·鲍莫（William J.Baumol）首先提出的，将存货经济进货批量模型原理用于确定目标现金持有量，其着眼点也是现金相关总成本最低。他认为企业现金持有量在许多方面与存货批量类似，因此，可用存货批量模型来确定企业最佳现金持有量。该模型假定一定时期内企业的现金总需求量可以预测出来，并且企业每天的现金需求量（即现金流入量减去现金流出量）稳定不变，当现金余额为零时，可通过出售有价证券获取现金，使现金余额重新达到应有的水平。

微课 6：货币资金日常管理

四、现金的日常管理

企业在确定了最佳现金持有量后，还应加强现金的日常管理，使现金得到最有效的利用，现金日常管理包括现金回收管理、现金支出管理和闲置现金的利用。

（一）现金收入的管理

现金收入的管理重在缩短收款时间。企业销售款项的收取一般要经历如下过程：由客户开出支票邮寄到收款企业，收款企业收到支票后交付银行，银行凭支票通过银行结算系统向客户的开户银行结算划转款项。以上过程需要时间，企业应尽量缩短这一过程的时间，使应收款项尽早进入本企业的银行账户。票据在企业停留的时间可以由企业本身通过建立规章制度、奖惩激励机制等方法来控制，但对于支票邮寄时间和支票结算时间仅靠企业自身的力量是远远不够的，必须采取有效措施充分调动客户和银行的积极性，才能实现有效控制。对此，可采取以下方法：

1. 折扣、折让激励法

企业与客户之间共同寻求的都是经济利益，从这点出发，在企业急需现金的情况下，可以通过一定的折扣、折让来激励客户尽快结付账款。方法可以是在双方协商的前提下一次性给予客户一定的折让，也可以是根据不同的付款期限，给出不同的折扣。如：10 天内付款，给予客户 3% 的折扣，20 天内给予 2% 的折扣，30 天内给予 1% 的折扣等。使用这种方法的技巧在于企业本身必须根据现金的需求程度和取得该笔现金后所能发挥的经济效益，以及为此而折扣、折让形成的有关成本，进行精确地预测和分析，从而确定出一个令企业和客户双方都能满意的折扣或折让比率。

2. 银行业务集中法

根据企业销售分布情况，在各个地区分别设立收款中心，各地区的客户收到货物后，将汇票寄送当地收款中心，收款中心收到顾客的汇票后，委托当地银行收取款项。分散在各地的收款银行完成收账任务后，把多余的资金调拨给集中收款银行。这样做，可以缩短客户邮寄汇票所需时间，也缩短了银行托收货款所需时间。

3. 邮政信箱法

是将企业的销售范围划分为若干个地区，每个地区选定一个代理银行，在发送货物时，要求客户将支票、汇票寄送到指定的邮政信箱，委托代理银行每天开取信箱，并将邮政信箱的汇款划入企业账户。租用邮政信箱收款通常比按企业地址邮寄汇票要快几天，这样可以缩短货款托收时间。

4. 收款方式的改善

电子支付方式对电纸质支付方式是一种改进。电子支付方式减少或消除了收款浮动期，降低了收款成本，收款过程更容易控制，结算时间和资金可用性可以预计，向任何一个账户或任何金融机构支付具有灵活性，不受人工干扰，客户的汇款信息可与支付同时传达，更容易更新应收账款。

> **谆谆教诲**
>
> 金钱像肥田料，如不散布是没有多大用处的。
>
> ——（英）培根

（二）现金支出的管理

现金支出管理的主要任务是尽可能延缓现金支出的时间。从企业角度而言，与现金收入管理相反，尽可能地延缓现金的支出时间是控制企业现金持有量最简便的方法。当然，这种延缓必须是合理合法的，且是不影响企业信誉的，否则，企业延期支付所带来的效益必将远小于为此而遭受的损失。通常企业延期支付账款的方法主要有以下几种：

1. 推迟支付应付账款法

一般情况下，供应商在向企业收取账款时，都会给企业预留一定的信用期限，企业可以在不影响信誉的前提下，尽量推迟支付的时间。

2. 汇票付款法

承兑汇票分为商业承兑汇票和银行承兑汇票，与支票不同的是，承兑汇票并不是见票即付。这一方式的优点是它推迟了企业调入资金支付汇票的实际所需时间。这样企业就只需在银行中保持较少的现金余额。它的缺点是某些供应商可能并不喜欢用汇票付款，银行也不喜欢处理汇票，它们通常需要耗费更多的人力。同支票相比，银行会收取较高的手续费。

3. 合理利用浮游量

现金浮游量是指企业现金账户上现金金额与银行账户上所示的存款额之间的差额。有时，企业账户上的现金余额已为零或负数，而银行账上的该企业的现金余额还有很多。这是因为有些企业已开出的付款票据，银行尚未付款出账，而形成的未达账项，对于这部分现金的浮游量，企业可以根据历年的资料，进行合理地分析预测，有效地加以利用。要点是预测的现金浮游量必须充分接近实际值，否则容易开出空头支票。

4. 改进员工工资支付模式

企业可以为支付工资专门设立一个工资账户，通过银行向职工支付工资。为了最大限度地减少工资账户的存款余额，企业要合理预测开出支付工资的支票到职工去银行兑现的具体时间。

5. 透支

企业开出支票的金额大于活期存款余额。它实际上是银行向企业提供的信用。透支的限额，由银行和企业共同商定。

6. 争取现金流出与现金流入同步

企业应尽量使现金流出与流入同步，这样，就可以降低交易性现金余额，同时可以减少有价证券转换为现金的次数，提高现金的利用效率，节约转换成本。

7. 使用零余额账户

即企业与银行合作，保持一个主账户和一系列子账户。企业只在主账户保持一定的安全储备，而在一系列子账户不需要保持安全储备。当从某个子账户签发的支票需要现金时，所需要的资金立即从主账户划拨过来，从而使更多的资金可以用作他用。

（三）闲置现金的利用

只要把握准时间，浮游量是可以利用的。例如，企业用于资本投资或经营支出的款项，往往是资金先到位，而后再发生支付，这一段时间也会造成货币资金的闲置。上述情况如果估算准确，又熟悉证券市场的情况，企业就能利用闲置货币资金进行短期证券投资而获利。由于企业的资金流量大，虽说证券投资期短，也能得到可观的收益，从财务管理来讲，不失为生财的一种手段。

任务实施

结论	10.2 现金为王,疫情之下中小企业如何自救?
实施方式	研讨式

研讨结论

教师评语:

班级		小组		组长签字	
教师签字				日期	

任务3 应收账款管理

案例导入

电商企业的应收账款

应收账款是在竞争激烈的市场经济条件下,企业为了扩大销售、占领市场,为争取更多客户所产生的。应收账款的存在对企业的经营生产和财务状况有利有弊,如何规避应收账款的风险,或者将之盘活,使之成为企业高价值的流动资产,这是每一个企业需要直面的重要问题。

随着消费者消费观念的转变,信用支付的超前消费已经转变为主流思想,越来越多的人利用蚂蚁花呗、京东白条、唯品花等进行超前消费,这无疑加大了电商企业应收账款的数额。京东商城2014—2016年应收账款金额逐年上升,且上升幅度较大,2017年虽有所下降,但变动幅度较小,其金额依然较高。京东商城应收账款占公司流动资产比例也逐年增加,导致企业坏账风险增大。这是由于京东商城在2014年提出客户可以运用白条先消费后还款,出现应收账款急速上升的现象。应收账款过度膨胀的现象是电商企业的通病,京东较为典型。2019年度第三期京东白条资产支持票据募集说明书显示,截至2019年6月末,京东白条应收账款余额已增长至411.32亿元,应收账款为105.10亿元,占总资产的比例为6.01%。

互联网信用消费模式在年轻人群体里已经司空见惯,乃至成了一种生活方式,从整个电商企业的视角来看,通过花呗、白条能够促进淘宝、天猫、京东商城的消费,并获得更高的客户忠诚度,还能够在支付过程中绕开银行体系,让客户获得更好的购物体验,同时避免银行间的手续费。这样看来,这种通过延后收款的方式缓解了客户的资金周转压力,从而抢占了客源,提高了市场占有率,扩大了品牌影响力,创造了大量的收入并节约了大量的成本。但是借款容易还款难,一些顾客预留虚假信息,恶意欠款的事件也逐年上升,致使应收账款的收回风险加大。应收账款收回风险增加的主要原因如下:

(1)企业自身的风险防控能力薄弱,风险控制体系不健全,以至于忽视了赊销款项不能及时收回的风险。

(2)企业对顾客的资信调查度不深,一味地迎合消费者,盲目地对消费者采取宽松的放款政策。一些应收账款不能及时收回形成坏账,坏账的增加给企业带来一定损失。

电商企业应重视应收账款的管理,并针对其已出现和潜在的问题提出解决方案。

(1)企业需重视对数据的积累和分析。以庞大的京东电商数据作为基础,同时覆盖京东生态体系内的所有有效数据,多元化、多层化征信数据来源可降低白条的坏账率;

(2)重视对信用的分析和管理。互联网时代个人和社会更紧密了,这为信用的分析和管理创造了非常好的条件,客户的还款能力在各种信息的披露下暴露无遗,客户的还款意愿在失信的各种束缚下变得越来越低。

(3)企业资产证券化。白条资产证券化的实质就是用户用白条先购物、后付款,京东再将白条分期债券重新组合后,打包出售给金融机构,从而提前获得流动性。获得流动性之后,京东金融就能够将这些资金再放贷给客户,让资金流动起来,扩大营业额。资产证券化等创新金融产品可以帮助企业发展得更好,但同样要注意杠杆是一把双刃剑,不能无限制地盲目扩张。

任务发布

讨论	10.3 电商企业的应收账款
教师布置任务	
任务描述	1. 学生熟悉相关知识。 2. 教师结合案例问题组织学生进行研讨。

任务描述	3. 将学生每5个人分成一个小组，分组研讨案例问题，通过内部讨论形成小组观点。 4. 每个小组选出一个代表陈述本组观点，其他小组可以对其进行提问，小组内其他成员也可以回答提出的问题；通过问题交流，将每一个需要研讨的问题都弄清楚，形成书面研讨结论。 5. 教师进行归纳分析，引导学生理解应收账款的功能及信用政策的制定，提升学生的团队合作精神。 6. 根据各组在研讨过程中的表现，教师点评赋分。
问题	1. 京东白条服务给企业带来了什么好处？又有什么弊端？ 2. 如何进行应收账款管理？

相关知识

企业通过提供商业信用，采取赊销、分期付款等方式可以扩大销售，增强竞争力，获得利润。应收账款作为企业为扩大销售和盈利的一项投资，也会发生一定的成本，所以企业需要在应收账款所增加的盈利和所增加的成本之间作出权衡。应收账款管理就是分析赊销的条件，使赊销带来的盈利增加大于应收账款投资产生的成本费用增加，最终使企业利润增加，企业价值上升。

一、应收账款的功能与成本

（一）应收账款的功能

应收账款的功能指其在生产经营中的作用，主要有以下两个方面：

1. 增加销售

企业销售产品有现销和赊销两种方式。在销售顺畅无阻的情况下，任何企业都喜欢采用现销的方式，这样既能及时收到款项，又能避免坏账损失。然而在市场经济条件下，只要产品不是垄断的，就必然会面临同行的竞争。除了产品质量、价格、售后服务等竞争外，势必也有销售方式的竞争。赊销除了向客户提供产品外，同时提供了商业信用，相当于向客户提供了一笔在一定期限内无偿使用的资金。客户的财务实力是参差不齐的，如果企业否定赊销方式，那么必然会把一部分财务支付能力欠缺的客户拒之门外而令其转向其他同类企业。这无疑是自我断路，缩小产品的市场份额，在同行竞争中处于劣势；反之，适时灵活地运用赊销方式增加销售，增强企业的市场竞争能力。

2. 减少存货

企业持有一定产成品存货会相应地占用资金，形成仓储费用、管理费用等，产生成本；而赊销则可避免这些成本的产生。所以，无论是季节性生产企业还是非季节性生产企业，当产成品存货较多时，一般会采用优惠的信用条件进行赊销，将存货转化为应收账款，减少产成品存货，存货资金占用成本、仓储与管理费用等会相应减少，从而提高企业收益。

（二）应收账款的成本

采取赊销方式就必然产生应收账款，企业持有应收账款主要有三项成本：机会成本、管理成本和坏账成本。

1. 机会成本

应收账款的机会成本是指企业的资金被应收账款占用所丧失的潜在收益，它与应收账款的数额及占用时间有关，也与参照利率有关。参照利率可用两种方法确定：假定资金没被应收账款占用，即应收账款款项已经收讫，那么，这些资金可用于投资，取得投资收益，参照利率就是投资收益率。这些资金还可扣减筹资数额，供企业经营中使用而减少筹资用资的资金成本，参照利率就是企业的平均资金成本率。计算公式为：

$$应收账款机会成本 = 应收账款占用的资金 \times 资本成本$$
$$= 应收账款平均余额 \times 变动成本率 \times 资本成本$$

$$应收账款平均余额 = 赊销收入净额 / 应收账款周转率$$
$$= 赊销收入净额 / (360 / 应收账款周转期)$$
$$= (赊销收入净额 \times 应收账款周转期) / 360$$
$$应收账款占用资金 = 应收账款平均余额 \times 变动成本率$$

式中，应收账款周转期相当于应收账款平均收账期，在平均收账期不清楚的情况下，可用信用期限近似替代。

2. 管理成本

应收账款的管理成本是指企业对应收账款进行管理而发生的开支。管理成本包括对客户的信用调查费用、应收账款记录分析费用、催收账款费用等。在应收账款一定数额范围内，管理成本一般为固定成本。

3. 坏账成本

坏账成本是指应收账款因故不能收回而发生的损失。存在应收账款就难以避免坏账的发生，这会给企业带来不稳定与风险，企业可按有关规定以应收账款余额的一定比例提取坏账准备。坏账成本一般与应收账款的数额大小有关，与应收账款的拖欠时间有关。

二、信用政策的制定

应收账款的信用政策是指应收账款的管理政策，包括信用标准、信用条件和收账政策。

（一）信用标准

信用标准，是指客户获得本企业商业信用所应具备的条件。如客户达不到信用标准，企业将不给予信用优惠、或只给较低的信用优惠。信用标准定得过高，会使销售减少并影响企业的市场竞争力；信用标准定得过低，则会增加坏账风险和收账费用。制定信用标准的定量依据是估量客户的信用等级和坏账损失率，定性依据是客户的资信程度。决定客户资信程度的因素有五个方面：一是客户品质，即客户的信誉，包括以往是否有故意拖欠账款和赖账的行为，是否有商业行为不端而受司法判处的前科，与其他供货企业的关系是否良好等。二是偿债能力，可通过分析客户的财务报表、资产与负债的比率、资产的变现能力等来作出判断。三是资本，即客户的经济实力和财务状况。四是抵押品，即客户不能如期偿债时能用作抵押的资产，这对不知底细或信用状况有争议的客户尤为重要。五是经济情况，是指会影响客户偿债能力的社会经济环境。

微课8："5C"信用标准

（二）信用条件

当我们根据信用标准决定给客户以信用优惠时，就需考虑具体的信用条件。信用条件包括信用期限、现金折扣等。

1. 信用期限

信用期限是指企业允许客户从购货到付款之间的时间间隔。信用期限过短不足以吸引顾客，不利于扩大销售；信用期限过长会引起机会成本、管理成本和坏账成本的增加。信用期限优化的要点是，考察延长信用期限增加的销售利润是否超过增加的成本费用。

微课9：信用政策

【例10-2】某企业预计信用期限为20天，销量可达50万件；信用期若延长到40天，销量可增加到60万件，假定该企业的投资报酬率为9%，产品单位售价为4元，其余条件如表10-1所示。

表10-1 信用期限有关资料

万元

信用期	20天	40天
销售额	200	240
销售成本		

信用期	20天	40天
变动成本	60	72
固定成本	20	20
毛利	120	148
收账费用	10	12
坏账损失	3	5

要求：该企业应选择哪一个信用期限？

解：

信用期由20天延长到40天：

$$增加销售利润 = 148 - 120 = 28（万元）$$

$$增加的机会成本 = 240 \times \frac{72}{240} \times 9\% \times \frac{40}{360} - 200 \times \frac{60}{200} \times 9\% \times \frac{20}{360}$$

$$= 0.42（万元）$$

$$增加管理成本 = 12 - 10 = 2（万元）$$

$$增加坏账成本 = 5 - 3 = 2（万元）$$

$$增加净收益 = 28 - (0.42 + 2 + 2) = 23.58（万元）$$

由上面计算可知，应选择40天信用期。

本例中销售利润的增加是指毛利的增加，在固定成本总额不变的情况下也就是边际贡献的增加。

2. 现金折扣

现金折扣是企业对顾客在商品价格上的扣减。向顾客提供这种价格上的优惠，主要目的在于吸引顾客为享受优惠而提前付款，缩短企业的平均收款期。另外，现金折扣也能招揽一些视折扣为减价出售的顾客前来购货，借此扩大销售量，它包括折扣期限和现金折扣率两个要素。例如，（2/10，n/30），表示信用期限为30天，如客户能在10天内付款，可享受2%的折扣，超过10天，则应在30天内足额付款。其中10天是折扣期限，2%是现金折扣率。现金折扣本质上是一种筹资行为，因此现金折扣成本是筹资费用而非应收账款成本。在信用条件优化选择中，现金折扣条款能降低机会成本、管理成本和坏账成本，但同时也需付出一定的代价，即现金折扣成本。现金折扣条款有时也会影响销售额（比如有的客户冲着现金折扣条款来购买本企业产品），造成销售利润的改变。现金折扣成本也是信用决策中的相关成本，在有现金折扣的情况下，信用条件优化的要点是：增加的销售利润能否超过增加的机会成本、管理成本、坏账成本和折扣成本四项之和。现金折扣成本可按下式计算：

$$现金折扣成本 = 赊销净额 \times 折扣期内付款的销售额比例 \times 现金折扣率$$

【例10-3】根据【例10-2】的资料，若企业在采用40天的信用期限的同时，向客户提供（2/10，n/40）的现金折扣，预计将有占销售额60%的客户在折扣期内付款，而收账费用和坏账损失均比信用期为40天的方案下降8%。

要求：判断该企业是否应该向客户提供现金折扣。

解：

在【例10-2】中已判明40天信用期优于20天信用期，因此本例只需在40天信用期的前提下比较有现金折扣方案和无现金折扣方案。

$$增加销售利润 = 0$$

$$评价收账期 = 10 \times 60\% + 40 \times 40\% = 22（天）$$

$$增加的机会成本 = 240 \times \frac{72}{240} \times 9\% \times \frac{22}{360} - 240 \times \frac{72}{240} \times 9\% \times \frac{40}{360} = -0.324（万元）$$

$$管理成本 = 12 \times (-8\%) = -0.96（万元）$$

$$增加坏账成本 = 5 \times (-8\%) = -0.4（万元）$$
$$增加折扣成本 = 240 \times 60\% \times 2\% = 2.88（万元）$$
$$增加净收益 = 0 - (-0.324 - 0.96 - 0.4 + 2.88) = -1.196（万元）$$

由上面计算可知，该企业不应向客户提供现金折扣。

【例10-4】某企业产销A产品，单位售价400元，单位变动成本300元，现接到某客户的追加订单1 000件，企业尚有生产能力予以接受，但是该客户提出赊账期为60天的付款方式，假如在30天内付款，能给予2%的现金折扣，客户愿意有20%的货款在折扣期内支付。该企业提据信用调查，得知该客户信用等级较低，坏账损失率可能达到20%。该企业最低投资报酬率15%，收账管理费用为赊销收入额的2%。

要求：计算并决策该企业是否应接受订单。

解：

$$增加销售利润 = (400 - 300) \times 1\,000 = 100\,000（元）$$
$$增加的机会成本 = 400 \times \frac{300}{400} \times 1\,000 \times \left(20\% \times \frac{30}{360} + 80\% \times \frac{60}{360}\right) \times 15\%$$
$$= 6\,750（元）$$
$$增加管理成本 = 400 \times 1\,000 \times 2\% = 8\,000（元）$$
$$增加坏账成本 = 400 \times 1\,000 \times 20\% = 80\,000（元）$$
$$增加折扣成本 = 400 \times 1\,000 \times 20\% \times 2\% = 1\,600（元）$$
$$增加净收益 = 100\,000 - (6\,750 + 8\,000 + 80\,000 + 1\,600)$$
$$= 3\,650（元）$$

由上面计算可知，该企业应接受订单。

谆谆教诲

言必信，行必果。

——孔子《论语·子路》

（三）收账政策

收账政策是指客户违反信用条件，拖欠甚至拒付账款时企业应采取的策略。

1. 企业应投入一定收账费用以减少坏账的发生

一般地说，随着收账费用的增加，坏账损失会逐渐减少，但收账费用不是越多越好，因为收账费用增加到一定数额后，坏账损失不再减少，说明在市场经济条件下不可能绝对避免坏账。收账费用投入多少为好，要在权衡增加的收账费用和减少的坏账损失后作出决定。

2. 企业对客户欠款的催收应做到有理、有利、有节

对超过信用期限不多的客户宜采用电话、发信等方式提醒对方付款。对久拖不还的欠款，应具体调查分析客户欠款不还的原因。如客户确因财务困难而无力支付，则应与客户相互协商沟通，寻求解决问题的较理想的办法，甚至对客户予以适当帮助、进行债务重组等。如客户欠款属恣意赖账、品质恶劣，则应逐渐加大催账力度，直至诉诸法律，并将该客户从信用名单中剔除。

三、应收账款的日常管理

应收账款的管理难度比较大，在确定合理的信用政策后，还有做好应收账款的日常管理工作，包括对客户的信用调查和分析评价，应收账款的催收工作。

（一）调查客户信用

信用调查是企业应收账款日常管理的基础，是正确评价客户信用的前期条件。两种方法，直接调查和间接调查。直接调查是通过与被调查单位进行直接接触，通过当面采访、询问、观看等方式取信用资料的一种

方法。间接调查是以被调查单位及其他单位保存的有关原始记录和核算资料为基础，通过加工整理获得被调查单位信用资料的一种方法。主要来自财务报表、信用评估机构、银行和其他途径。

（二）评估客户信用

收集好信用资料以后，就需要对这些资料进行分析、评价。企业一般采用"5C"系统来评价，并对客户信用进行等级划分。在信用等级方面，目前主要有两种：一种是三类九等，即将企业的信用状况分为 AAA、AA、A、BBB、BB、B、CCC、CC、C 九等，其中 AAA 为信用最优等级，C 为信用最低等级。另一种是三级制，即分为 AAA、AA、A 三个信用等级。

微课 10：应收账款的日常管理

（三）收账的日常管理

应收账款发生后，企业应采取各种措施，尽量争取按期收回款项，否则会因拖欠时间过长而发生坏账，使企业蒙受损失。因此，企业必须在对收账的收益与成本进行比较分析的基础上，制定切实可行的收账政策。通常企业可以采取寄发账单、电话催收、派人上门催收、法律诉讼等方式进行催收应收账款，然而催收账款要发生费用，某些催款方式的费用还会很高。一般来说，收账的花费越大，收账措施越有力，可收回的账款应越多，坏账损失也就越小。因此制定收账政策，又要在收账费用和所减少坏账损失之间作出权衡。制定有效、得当的收账政策很大程度上是靠有关人员的经验。从财务管理的角度讲，也有一些数量化的方法可以参照。根据应收账款总成本最小化的原则，可以通过比较各收账方案成本的大小对其加以选择。

（四）应收账款保理

保理是保付代理的简称，是指保理商与债权人签订协议，转让其对应收账款的部分或全部权利和义务，并收取一定费用的过程。应收账款的保理是企业将赊销形成的未到期应收账款，在满足一定条件的情况下，转让给商业银行，以获得银行的流动资金支持，加快资金的周转。保理可以分为有追索权保理和无追索权保理，明保理和暗保理，折扣保理和到期保理。

应收账款保理对于企业而言，其财务管理的作用主要有以下几点：

1. 融资功能

应收账款保理，其实质也是一种利用未到期应收账款这种流动资产作为抵押从而获得银行短期借款的一种融资方式。对于那些规模小、销售业务少的企业来说，向银行贷款将会受到很大的限制，而自身的原始积累又不能支撑企业的高速发展，通过保理业务进行融资可能是企业较为明智的选择。

2. 减轻企业应收账款的管理负担

企业可以把应收账款让与专门的保理商进行管理，使企业从应收账款的管理之中解脱出来，由专业的保理企业对销售企业的应收账款进行管理，他们具备专业技术人员和业务运行机制，会详细地对销售客户的信用状况进行调查，建立一套有效的收款政策，及时收回账款，使企业减轻财务管理负担，提高财务管理效率。

3. 减少坏账损失、降低经营风险

企业只要有应收账款就有发生坏账的可能性，以往应收账款的风险都是由企业单独承担，而采用应收账款保理后，一方面可以提供信用风险控制与坏账担保，帮助企业降低其客户违约的风险；另一方面可以借助专业的保理商去催收账款，能够在很大程度上降低坏账发生的可能性，有效地控制坏账风险。

4. 改善企业的财务结构

应收账款保理业务是将企业的应收账款与货币资金进行换。企业通过出售应收账款，将流动性稍弱的应收账款置换为具有高度流动性的货币资金，增强了企业资产的流动性，提高了企业的债务清偿能力。

财博士知识通

应收账款账龄分析法

账龄分析法是按应收账款拖欠时间的长短，分析判断可收回金额和坏账的一种方法。通常而言，应收账

款账龄越长,其所对应坏账损失的可能性越大。可将应收账款按账龄长短分成若干组,并按组估计坏账损失的可能性,进而计算坏账损失的金额。

应收账款的账龄,就是指应收账款自发生之日起到目前为止的时间,企业可以将应收账款按挂账时间长短分为6个月以内、6个月到1年、1~2年、2~3年、3年以上等。然后按每个栏目下的应收账款的额度,除以应收账款总金额,得出每个栏目的比例,根据这个比例,就可以分析哪个时间段的应收账款最多。账龄是在分析应收账款时最为重要的信息,由于应收账款属于流动资产,所以,所有账龄在1年以上的应收账款都会给公司运营造成负面影响,而且账龄越高,发生坏账的风险越大。

企业对应收账款要落实专人做好备查记录,通过编制应收账款账龄分析表,实施对应收账款收回情况的监督。通过账龄结构分析,做好信用记录,可以研究与制定新的信用政策和收账政策。

任务实施

结论	10.3 电商企业的应收账款
实施方式	研讨式

研讨结论

教师评语：

班级		小组		组长签字	
教师签字				日期	

任务4　存货管理

案例导入

用数据赋能餐厅，呷哺呷哺开启智慧餐饮新时代

餐饮业和众多行业一样，在于为消费者提供精准的人性化服务，随着国民生活水平不断提高，人们在追求美食的同时，对于就餐环境、服务等要求也越来越高。在当下消费市场环境下，依托互联网技术已经成为改善和提升消费者服务体验的关键。服务已经不单单代表人工服务，而且是互联网时代下科技带来的服务体验。大数据、人工智能等技术的应用，为餐饮业带来一波新的契机。

呷哺呷哺（以下简称呷哺）是一家连锁餐饮，源自台湾，1998年在北京创立，其特点是新颖的吧台式就餐形式和传统火锅的完美结合，开创了时尚吧台小火锅的新业态。呷哺有着高水平的客流测试体系，从选址开始就认真评估客流。在配送体系上，呷哺设置了全国总仓—区域分仓—运转中心三级网络架构。呷哺将全国总仓以及华北区域分仓设置在北京，华东区域分仓设置在上海，而在天津、沈阳、石家庄设置了运转中心。呷哺对配送网络的建立，根据当地市场门店数量、布局、食材消耗量以及配送成本综合考量，来确定在该地是否建立运转中心或者区域分仓。完善的供应链保证了呷哺门店的食材新鲜和充足。

火锅餐厅的智能化还体现在大数据系统对餐厅运营的支持。呷哺在餐品售卖前，通过科技手段，在采购、订货、储存等环节确保订货量的准确，再通过餐饮系统的大数据分析，自动计算不同周天的用货量，生成餐厅的订货单，同时餐厅再根据商圈、物业的实际情况对订货量等数据进行精确调整，以期尽可能接近实际需求，保证食客吃的食物新鲜，还避免出现库存浪费等情况，从而大幅节约成本。

任务发布

讨论	10.3　用数据赋能餐厅，呷哺呷哺开启智慧餐饮新时代
	教师布置任务
任务描述	1. 学生熟悉相关知识。 2. 教师结合案例问题组织学生进行研讨。 3. 将学生每5个人分成一个小组，分组研讨案例问题，通过内部讨论形成小组观点。 4. 每个小组选出一个代表陈述本组观点，其他小组可以对其进行提问，小组内其他成员也可以回答提出的问题；通过问题交流，将每一个需要研讨的问题都弄清楚，形成书面研讨结论。 5. 教师进行归纳分析，引导学生掌握存货控制的经济批量模型。 6. 根据各组在研讨过程中的表现，教师点评赋分。
问题	1. 呷哺是如何进行存货控制的？ 2. 存货管理有什么意义？

相关知识

存货是指企业在生产经营过程中为销售或者耗用而储备的物资，包括各类材料、商品、在产品、半成品、产成品等。存货是企业流动资产中获利能力最强的资产，然而却是流动性最弱的资产。存货在流动资产中所占的比重、存货管理水平的高低，对企业生产经营的顺利与否具有直接的影响，并且最终会影响到企业的收益、风险和流动性的综合水平因此，存货管理在整个营运资金管理中具有重要的地位。

企业持有存货的原因一方面是为了保证生产或销售的经营需要，另一方面是出自价格的考虑，零购物资的价格往往较高，而整批购买在价格上有优惠。但是，过多的存货要占用较多资金，并且会增加包括仓储费、保险费、维护费、管理人员工资在内的各项开支，因此，存货管理的目标，就是在保证生产或销售经营需要的前提下，最大限度地降低存货成本。

> **谆谆教诲**
>
> 货底有千万，不如勤周转。
>
> ——民间谚语

一、存货的成本

企业持有存货，必然会发生一定的成本支出，存货的成本主要有取得成本、储存成本和缺货成本。

（1）取得成本

取得成本是指为取得某种存货而发生的支出，它由购置成本和订货成本构成。

1. 购置成本

购置成本是指存货本身的价值，即存货的买价，是存货单价与数量的乘积。在无商业折扣的情况下，购置成本是不随采购次数等变动而变动的，是存货决策的一项无关成本。

2. 订货成本

订货成本指取得订单的成本，如办公费、差旅费、邮资、电报电话费、运输费等支出。订货成本中有一部分与订货次数无关，如常设采购机构的基本开支等，称为固定的订货成本，这类固定的订货成本与决策无关；另一部分与订货次数有关，如差旅费、邮资等，称为订货的变动成本，这类变动的订货成本与决策有关。

购置成本加上订货成本，就等于存货的取得成本。

（2）储存成本

储存成本是指企业为持有存货而发生的费用，主要包括存货占用资金所应计的利息，即机会成本、仓库费用存货破损变质损失、存货的保险费用等。储存成本按照与储存数额的关系也分为固定成本和变动成本。固定储存成本与存货数量的多少无关，如仓库折旧、仓库职工的固定工资等。变动储存成本与存货的数量有关，如存货资金的应计和利息、存货的破损和变质损失、存货的保险费用等。

（3）缺货成本

缺货成本指由于存货供应中断而造成的损失，包括材料供应中断造成的停工损失、产成品库存缺货造成的拖欠发货损失和丧失销售机会的损失及造成的商誉损失等。如果生产企业以紧急采购代用材料解决库存材料中断之急，那么缺货成本表现为紧急额外购入成本。

二、存货经济批量模型及其拓展

按照存货管理的目的，需要通过合理的进货批量和进货时间，使存货的总成本最低，因此，企业应加强管理存货，确定最优存货量，使存货在使用和周转过程中相关成本最小，效益最大。存货管理的方法有多种，以下介绍经济批量基本模型、每批订货陆续到货时的经济批量模型、存在商业折扣时的经济批量模型。

（一）经济批量基本模型

经济批量是指能使一定时期内某项存货的相关总成本达到最小时的订货批量。经济批量基本模型是建立在一系列严格假设基础上的。这些假设包括以下几项：

（1）存货总需求量是已知常数；
（2）订货提前期是常数；
（3）货物是一次性入库；

微课 11：经济批量模型

（4）单位货物成本为常数，无批量折扣；
（5）库存储存成本与库存水平呈线性关系；
（6）货物是一种独立需求的物品，不受其他货物影响；
（7）不允许缺货，即无缺货成本。

经济批量模型中的相关总成本是由两项相关成本构成的：变动性订货成本和变动性储存成本。其计算公式为：

$$TC = P \times \frac{A}{Q} + C_1 \times \frac{Q}{2}$$

式中，TC 为存货的年相关总成本；
A 为存货年需用量；
P 为每次订货的变动性订货成本；
Q 为每次订货量；
C_1 为存货年平均单位变动性储存成本。

显然，每次订货量越少，则储存成本越小，但必然导致订货次数增多，引起订货成本增大；反之，每次订货量越多，则储存成本越大，但可使订货次数减少，导致订货成本降低。存货控制就是要寻求最佳的订货量 Q^*，使全年存货相关总成本达到最小值 TC^*。这个 Q^* 就是经济订货量，或称经济批量。

经济批量模型可以用微分学方法求解：

$$TC' = -\frac{PA}{Q^2} + \frac{C_1}{2}$$

令

$$TC' = 0$$

可得：

$$Q = \sqrt{\frac{2PA}{C_1}}$$

这时

$$TC = \sqrt{2PAC_1}$$

因为

$$TC'' = \frac{2PA}{Q^3} > 0$$

所以 $\sqrt{2PAC_1}$ 是 TC 的最小值。

可知经济批量模型的最优解为：

最优订货批量：

$$Q^* = \sqrt{\frac{2PA}{C_1}}$$

最小相关总成本：

$$TC^* = \sqrt{2PAC_1}$$

经济批量模型下，存货储存情况如图 10-2 所示，t 为订货周期，T 为时间。

最佳订货批量出现在变动性订货成本和变动性储存成本之和最小，即变动性订货成本和变动性储存成本相等时。

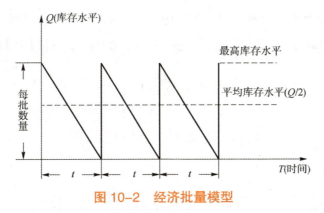

图 10-2 经济批量模型

【例 10-5】企业全年耗用甲种材料 1 800 千克，该材料单价 20 元，年单位存储成本 4 元，一次订货成本 25 元。

要求：确定以下指标：

（1）经济订货批量；
（2）最小相关总成本；
（3）最佳订货次数；
（4）最佳订货周期；
（5）最佳存货资金占用额。

解：

依上述资料计算：

（1）经济订货批量 = $\sqrt{\dfrac{2\times 1\,800 \times 25}{4}}$ = 150（千克）

（2）最小相关总成本 $\sqrt{2\times 1\,800 \times 25 \times 4}$ = 600（千克）

（3）最佳订货次数 = 1 800÷150 = 12（次）

（4）最佳订货周期 = 360÷12 = 30（天）

（5）最佳存货资金占用额 = $20 \times \dfrac{150}{2}$ = 1 500（元）

微课 12：陆续到货模型

（二）每批订货陆续到货时的经济批量模型

在经济批量模型中，我们作了七项基本假设，其中一项是"货物是一次入库"。然而这一项假设在实际情况下未必如此，为此我们分析讨论存货陆续到达情况下的最优决策。

在本模型下，存货储存情况应如图 10-3 所示，图 10-3 中时间段 AC 是一个订货周期，这一周期分成两部分：在 AB 段陆续到货又能陆续耗用，在 BC 段只耗用。

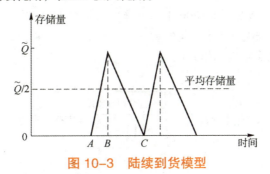

图 10-3 陆续到货模型

相关订货成本计算公式为：

$$TC_0 = P \times n = P \times \dfrac{A}{Q}$$

式中，TC_0 为相关储存成本；

n 为全年订货的次数。

设存货年平均单位变动性储存成本为 C_1，年平均储存量为 $\overline{Q}$，存货每日到货量为 m，每日耗用量为 n，则在 AB 段，每日增加储存 $m-n$，共到货 $\frac{Q}{m}$ 天，则最大库存量 $\widetilde{Q}$ 及相关存储成本 TC_C 为：

$$\widetilde{Q} = (m-n) \times \frac{Q}{m} = \left(1 - \frac{n}{m}\right) \times Q$$

$$TC_C = C_1 \times \overline{Q} = C_1 \times \frac{\widetilde{Q}}{2} = \frac{1}{2} C_1 \times \left(1 - \frac{n}{m}\right) \times Q$$

陆续到货模型的相关总成本 TC 为：

$$TC = TC_0 + TC_C = P \times \frac{A}{Q} + \frac{1}{2} C_1 \times \left(1 - \frac{n}{m}\right) \times Q$$

$$TC' = -\frac{PA}{Q^2} + \frac{1}{2} C_1 \times \left(1 - \frac{n}{m}\right)$$

令 $TC' = 0$，得：

$$Q^* = \sqrt{\frac{2PA}{C_1 \times \left(1 - \frac{n}{m}\right)}}$$

因为

$$TC'' = \frac{2PA}{Q^3} > 0$$

所以 Q^* 处 TC 有最小值：

$$TC^* = \sqrt{2PAC_1 \times \left(1 - \frac{n}{m}\right)}$$

陆续到货模型的最优解为：

最优订货批量：

$$Q^* = \sqrt{\frac{2PA}{C_1 \times \left(1 - \frac{n}{m}\right)}}$$

最小相关总成本：

$$TC^* = \sqrt{2PAC_1 \times \left(1 - \frac{n}{m}\right)}$$

【例 10-6】光华公司全年需 A 原料 10 800 千克，每次订货的变动性订货成本为 100 元，每千克 A 原料年平均变动性储存成本为 6 元，每次订货后每天能运达 A 原料 25 千克，而该公司每天生产消耗 A 原料 9 千克。

要求：计算最佳订货批量及全年最小相关总成本。

解：

$$最佳订货批量 = \sqrt{\frac{2 \times 100 \times 10\,800}{6 \times \left(1 - \frac{9}{25}\right)}} = 750（千克）$$

$$最小相关总成本 = \sqrt{2 \times 100 \times 2\,700 \times 6 \times \left(1 - \frac{9}{25}\right)} = 2\,880（元）$$

（三）存在商业折扣时的经济批量模型

经济批量模型中的"单位货物成本为常数，无批量折扣"假设也有可能与实际不符，为此人们要分析存在商业折扣情况下的最优决策。

设采购单价为 K，采购成本为 TC_K，这时采购成本随采购批量大小变动，是决策的一项相关成本。相关总成本 TC 为：

$$TC = TC_K + TC_O + TC_C = K \times A + P \times \frac{A}{Q} + C_1 \times \frac{Q}{2}$$

本模型可按下述程序求最优解：

（1）按经济批量模型求出订货批量。
（2）按商业折扣条款查出与步骤（1）求得的批量对应的采购单价及相关总成本。
（3）按商业折扣条款中采购单价低于步骤（2）求得的单价的各档次的最低批量对应的相关总成本。
（4）比较各相关总成本，最低的为最优解。

【例 10-7】 假设求精工厂全年需用甲零件 10 000 件，每次变动性订货成本为 50 元，每件甲零件年平均变动性储存成本为 4 元。当采购量小于 600 件时，单价为 10 元；当采购量大于或等于 600 件，但小于 1 000 件时，单价为 9 元，当采购量大于或等于 1 000 件时，单价为 8 元。

要求：计算最佳采购批量及全年最小相关总成本。

解：
先计算经济批量：

$$Q_1 = \sqrt{\frac{2 \times 50 \times 10\,000}{4}} = 500\,（件）$$

这时甲零件单价为 10 元。

相关总成本：

$$TC_1 = 10 \times 10\,000 + \sqrt{2 \times 50 \times 10\,000 \times 4} = 102\,000\,（元）$$

当单价为 9 元时：

$$Q_2 = 600\,（件）$$

$$TC_2 = 9 \times 10\,000 + 50 \times \frac{10\,000}{600} + 4 \times \frac{600}{2} \approx 92\,033.33\,（元）$$

当单价为 8 元时：

$$Q_3 = 1\,000\,（件）$$

$$TC_3 = 8 \times 10\,000 + 50 \times \frac{10\,000}{1\,000} + 4 \times \frac{1\,000}{2} = 82\,500\,（元）$$

由上面计算可知，本例最佳采购批量 1 000 件，全年最少相关总成本为 82 500 元。

三、存货的控制系统

存货管理不仅需要各种模型帮助确定适当的存货水平，还需要建立相应的存货控制系统。以下将介绍两个典型的存货控制系统。

（一）存货 ABC 控制系统

ABC 控制系统就是把企业种类繁多的存货，依据其重要程度、价值大小或者资金占用等标准分为三大类：A 类高价值存货，品种数量占整个存货的 10%～15%，但价值占全部存货的 50%～70%；B 类中等价值存货，品种数量占全部存货的 20%～25%，价值占全部存货的 15%～20%；C 类低价值存货，品种数量多，占整个存货的 60%～70%，价值占全部存货的 10%～35%。

针对不同类别的存货分别采用不同的管理方法，对于 A 类存货应经常检查库存，严格管理，科学地制定其资金定额并按经济批量模型合理进货。对于 C 类存货不必严加控制，一次进货可适当多些，待发现存量已经不多时再次进货即可。对于 B 类存货应采取比较严格的管理，视具体情况，部分参照 A 类，部分参照 C 类控制。当企业存货品质繁多、单价高低悬殊、存量多寡不一时，使用 ABC 控制系统可以分清主次、抓住重点、区别对待，使存货控制更方便有效。

（二）适时制库存控制系统

适时制库存控制系统又称零库存管理、看板管理系统。它最早是由丰田公司提出并将其应用于实践，是指制造企业事先和供应商和客户协调好：只有当制造企业在生产过程中需要原料或零件时，供应商才会将原料或零件送来；每当产品生产出来就被客户拉走。这样，制造企业的存货持有水平就可以大大下降，企业的物资供应、生产和销售形成连续的同步运动过程。显然，适时制库存控制系统需要的是稳定而标准的生产程序以及诚信的供应商，否则，任何一环出现差错，都将导致整个生产线的停止。目前，已有越来越多的企业利用适时制库存控制系统减少甚至消除对存货的需求，即实行零库存管理，比如说，沃尔玛、丰田、海尔等。适时制库存控制系统进一步的发展被应用于企业整个生产管理的过程中——集开发、生产、库存和分销于一体，大大提高了企业运营管理效率。

任务实施

结论	10.3 用数据赋能餐厅，呷哺呷哺开启智慧餐饮新时代
实施方式	研讨式
研讨结论	

教师评语：

班级		小组		组长签字	
教师签字				日期	

【企业伦理与职业道德】

完善企业营运资金管理

随着经济全球化的不断加快,市场经济规模不断扩大,许多企业面临消费不足、产能过剩、利润下降等情况。面对这种形势,企业要想保证正常的资金需求,就得开源节流,不断提高资金使用效率。为了使短期偿债能力保持稳健,企业务必要把营运资金管理放在重要位置,以便企业利益最大化,推动企业实现可持续发展。

营运资金管理策略是企业整体发展策略的一部分,既受到企业特点的约束,又为企业整体发展服务。在营运资金管理上,应积极采取措施,探索出一条适应企业发展的营运之路。

1. 完善内部管理制度

企业的营运资金管理受到企业各方面发展水平的约束,但是又为企业整体发展作出了突出贡献,需要完善的内部管理制度提供支撑。基于此,各公司应重视起来,制定合理而又科学的制度。一方面,企业应该建立内部监督制度,各部门相互监督,不断提高工作效率;另一方面,企业应建立完善的内部评价分析体系,从下到上进行整体动员,使公司营运模式不断优化。

2. 合理安排营运资金管理流程

营运资金流程管理涉及方方面面,公司应当更加重视。一方面,要加强营运资金管理细节控制。在现金管理方面,企业应该制定科学合理的预算,加强现金收支管理,同时控制好现金的持有量;在应收账款管理方面,销售部门可适当制定现付优惠政策,以减少应收账款时间过长导致坏账对企业产生负面影响;在存货管理方面,企业应做好存货预测,从采购、生产、销售、储存等环节进行合理把控。另一方面,确保采购、生产、销售、研发流程高效运转。在采购方面,针对集中采购模式存在的不足,可以采用公开采购或者分批采购,与多个供应商建立直接采购关系,或者采用公开招标的方式进行采购,进行比较之后作出最优选择。在生产方面,要注重订单的时效性,及时调整生产线的生产模式,结合存货管理中最佳订货批量管理模型及相关成本控制理论进行生产和储存。

3. 树立营运资金管理意识

要重视解决营运资金管理存在的问题,树立营运资金管理意识,从各方面找原因,并寻找解决方法。同时,需要通过合理预留流动资产来应对不时之需,不断降低企业的财务风险。此外,公司领导应建立营运资金管理体制,不仅要重视培养财务部门员工的营运资金管理意识,还要以身作则,起到带头作用。

营运资金管理在财务管理中的作用不可小觑,它对企业的日常运营具有直接的影响,是每个企业都应重视的部分。在现代财务会计工作中,营运资金和现金流量指标不断受到重视。保持较高的偿债能力,维持企业的生存和稳定发展,才能使企业的获利能力最大化。因此,建立良好的现金流量管理体系,确保营运资金管理有效运行,是企业健康发展的重要举措。

思考问题:

1. 营运资金管理有何重要意义?
2. 作为财务管理人员,需要具备什么样的职业技能?

知识巩固与技能提高

一、单选题

1. 在存货控制法中，A 类存货的属性是（　　）。
   A. 金额大、数量多　　　　　　　　　　B. 金额小、数量少
   C. 金额大、数量少　　　　　　　　　　D. 金额小、数量多

2. （　　）是存货决策的一项无关成本。
   A. 购置成本　　　　　　　　　　　　　B. 订货成本
   C. 储存成本　　　　　　　　　　　　　D. 缺货成本

3. 置存货币资金通常会发生四种成本，其中（　　）是一项机会成本。
   A. 持有成本　　　　　　　　　　　　　B. 转换成本
   C. 短缺成本　　　　　　　　　　　　　D. 管理成本

4. 要获得商业折扣模型的最优解，必须先计算（　　）的订货批量。
   A. 经济批量模型　　　　　　　　　　　B. 陆续到货模型
   C. 最小单价段　　　　　　　　　　　　D. 最大单价段

5. 陆续到货模型中，企业该项存货最大库存量是（　　）。
   A. 一次进货量　　　　　　　　　　　　B. 全部需求量
   C. 一天到货量　　　　　　　　　　　　D. 进货期内累计增加的库存量

6. 坏账损失和收账费用是（　　）的考虑要点。
   A. 制定收账政策　　　　　　　　　　　B. 制定信用政策
   C. 制定信用标准　　　　　　　　　　　D. 确定信用条件

7. 信用标准是（　　）的重要内容。
   A. 信用条件　　　　　　　　　　　　　B. 信用政策
   C. 收账政策　　　　　　　　　　　　　D. 信用期限

8. 在存货分析模式下最佳货币资金持有量出现在（　　）时。
   A. 置存成本大于交易成本　　　　　　　B. 置存成本小于交易成本
   C. 置存成本等于交易成本　　　　　　　D. 置存成本和交易成本之和最大

9. 现金折扣成本是一项（　　）。
   A. 筹资费用　　　　　　　　　　　　　B. 销售成本
   C. 收账成本　　　　　　　　　　　　　D. 管理成本

10. （2/10, n/30）表示（　　）。
    A. 如果 10 天内付款，可享受 2% 折扣，超过 10 天，应在 30 天内付全款
    B. 如果 10 天内付款，可享受 2% 折扣，超过 30 天，应付全款
    C. 如果 2 天内付款，可享受 10% 折扣，超过 10 天，应在 30 天内付全款
    D. 如果 10 天内付款，可享受 10% 折扣，超过 10 天，付 30% 罚金

11. 企业为了购买原材料，置存货币资金的需要是（　　）。
    A. 交易性需要　　　　　　　　　　　　B. 预防性需要
    C. 投机性需要　　　　　　　　　　　　D. 投资需要

12. 企业目前信用条件为"n/30"，赊销额为 3 000 万，预计将信用期延长为"n/60"，预计赊销额将变为 6 000 万，若该企业变动成本率为 70%，资金成本率为 10%，则该企业应收账款占用资金（　　）。
    A. 增加 525 万　　　　　　　　　　　 B. 增加 634 元

C. 增加 455 元   D. 增加 565 万

13. 某企业现金收支情况比较稳定，预计全年需要现金 200 000 元，现金与有价证券的转换成本每次 400 元，有价证券的年利息率为 10%，则现金的交易成本为（   ）元。
    A. 1 000   B. 1 600   C. 2 000   D. 2 300

14. 某零件年需要量 16 200 件，日供应量 60 件，一次订货成本 25 元，单位储存成本 1 元／年。假设一年为 360 天。需求是均匀的，不设置保险库存并且按照经济订货批量进货，则下列各项计算结果中错误的是（   ）。
    A. 经济订货量为 1 800 件   B. 最高库存量为 450 件
    C. 平均库存量为 225 件   D. 与进货批量有关的总成本为 600 元

15. 对信用期限的叙述，正确的是（   ）。
    A. 信用期限越长，企业坏账风险越小
    B. 信用期限越长，表明客户享受的信用条件越优越
    C. 延长信用期限，不利于销售收入的扩大
    D. 信用期限越长，应收账款的机会成本越低

二、多选题

1. 存货成本中与订货批量密切相关的项目是（   ）。
    A. 购置成本   B. 变动成本
    C. 订货成本   D. 储存成本

2. 存货控制的方法主要有（   ）。
    A. 商业折扣模型   B. 适时性管理
    C. 经济批量模型   D. 分级归口管理

3. 经济批量模型假设（   ）。
    A. 存货单价不变   B. 不允许缺货
    C. 存货消耗均匀   D. 订单瞬间到达

4. "5C" 标准包括（   ）。
    A. 客户品质   B. 偿债能力
    C. 资本   D. 抵押品

5. 最佳货币资金持有量确定的成本分析模式涉及（   ）。
    A. 机会成本   B. 管理成本
    C. 转换成本   D. 短缺成本

6. 置存货币资金的原因是为了满足（   ）。
    A. 国家政策性需要   B. 交易性需要
    C. 预防性需要   D. 投机性需要

7. 货币资金包括（   ）。
    A. 银行存款   B. 应收账款
    C. 其他货币资金   D. 库存现金

8. 流动资产的特点有（   ）。
    A. 流动性   B. 继起性
    C. 并存性   D. 补偿性

9. 企业若是延长信用期限，可能导致的结果有（   ）。
    A. 扩大当期销售   B. 延长平均收账期
    C. 增加坏账损失   D. 增加收账费用

10. 下列各项中，属于应收账款管理成本的是（   ）。
    A. 坏账损失   B. 收账费用
    C. 客户信誉调查费   D. 应收账款占用资金的应计利息

三、判断题

1. 信用条件是指客户获得本企业商业信用所应具备的条件。（ ）
2. 应收账款的作用是增加销售和减少存货。（ ）
3. 企业为了抓住瞬息即逝的市场机会，投资获利而置存货币资金的需要是预防性需要。（ ）
4. 确定最佳货币资金持有量的方法有成本分析模式和存货分析模式两种。（ ）
5. 货币资金在所有流动资产中流动性最好，盈利性最好。（ ）
6. 流动资金周转率的提高，有利于提高企业的资金利用效率。（ ）
7. 流动资金的来源构成要力求以最小的代价谋取最大的经济利益。（ ）
8. 营运资金的需要量越多越好。（ ）
9. 营运资金是指在企业生产经营活动中占用在流动资产上的资金。（ ）
10. ABC 控制法的要点是把企业的存货物资按其金额大小划分为 A、B、C 三类，然后根据重要性在控制管理中分别对待。（ ）
11. 在成本分析模式下，当机会成本、管理成本和短缺成本之和最小时的货币资金持有量是最佳的。（ ）
12. 流动资金在企业正常经营中是必需的。企业的流动资金，特别是其中的货币资金越多越好。（ ）
13. 存货的取得成本是由购置成本和订货成本两部分构成的，这两部分成本都是实际发生的，都是存货控制决策中的相关成本。（ ）
14. 置存货币资金的成本包括持有成本、转换成本、短缺成本、管理成本。（ ）
15. 营运资金就是流动资产。（ ）

四、实训题

【实训 1】

某公司现金收支平稳，估计全年（按 360 天计算）现金需要量为 250 000 元，现金与有价证券的转换成本为每次 500 元，有价证券年利率为 10%。

要求：

（1）计算最佳现金持有量。

（2）计算最佳现金持有量下的全年现金管理总成本、全年现金转换成本和全年现金持有机会成本。

（3）计算最佳现金持有量下的全年有价证券交易次数和有价证券交易距离期。

【实训 2】

某公司估计年耗用乙材料 6 000 千克，单位采购成本为 15 元，单位贮存成本 9 元，平均每次进货费用为 30 元，假设该材料不存在缺货情形。

要求：

（1）计算乙材料的经济进货批量；

（2）计算经济进货批量下的总成本；

（3）计算年度最佳进货批次。

【实训 3】

某企业预测 2021 年度赊销收入净额为 3 600 万元，应收账款平均收账天数为 60 天，变动成本率为 50%，企业的资金成本率为 10%，一年按 360 天计算。

要求：

（1）计算 2021 年度应收账款的平均余额。

（2）计算 2021 年度应收账款占用资金。

（3）计算 2021 年度应收账款的机会成本。

【实训 4】

A 企业 2020 年销售收入 10 000 元，销售利润 2 000 元，边际贡献率 30%，固定成本 1 000 元。假定该企业预测 2021 年边际贡献率和固定成本都无变化。A 企业准备在 2021 年延长信用期并提供现金折扣，相关资料如表 10-2 所示。

表 10-2　相关资料

项目	2020 年	2021 年
信用期限 / 天	20	30
现金折扣	（n/20）	（2/10，n/30）
销售收入 / 元	1 000	14 000
平均收账期 / 天	20	15
市场利息率 /%	10	10
坏账损失率 /%	3	1

估计取得现金折扣的销售额占总销售额的百分比为 40%。

要求：通过计算判断 2021 年是否变更信用条件。

【实训 5】

A 企业每年需 K 部件 10 000 件。当采购量小于 200 件时，单价为 50 元；当采购量达到 200 件时，单价为 48 元；当采购量达到 500 件时，单价为 46 元；当采购量达到 1 000 件时，单价为 45 元。每次订货的变动性订货成本为 20 元，每次 K 部件年变动性储存成本为 10 元。

要求：计算最佳采购批量及最小相关总成本。

【实训 6】

光明公司平均每天能收到款项 1 000 万元，邮寄时间 2 天，结算处理 2 天。运用锁箱制度需要每年支出 20 万元，但可将邮寄时间缩短到 1 天，当天处理完毕。市场利率 7%。

要求：判断该公司是否应采用锁箱制度。

【实训 7】

某企业所需某种材料采购总量 1 000 吨，材料单价 5 000 元，每次采购费用 800 元，每吨材料平均保管费用 40 元。

要求：计算经济采购批量及订货周期。

【实训 8】

B 企业每年需 S 材料 1 000 吨，订货后每天能运达 10 吨，而企业每天需消耗 3 吨。每次订货的订货成本为 70 元，每吨 S 材料平均储存成本 20 元。

要求：计算最佳订货批量及最小相关总成本。

学习成果认定

学生自评			
专业能力	评价指标	自测结果	要求 （A 掌握；B 基本掌握；C 未掌握）
认识 营运资金	1. 营运资金的含义 2. 营运资金的特点	A□ B□ C□ A□ B□ C□	熟悉营运资金的含义与特点，认同营运资金管理的重要性
货币资金 管理	1. 持有现金的动机 2. 持有现金的成本 3. 最佳现金持有量的确定 4. 现金的日常管理	A□ B□ C□ A□ B□ C□ A□ B□ C□ A□ B□ C□	理解企业持有现金的动机，掌握持有现金的成本，能计算分析确定现金最佳持有量，按预算和制度管理现金收支，设计制定企业内部现金管理制度
应收账款 管理	1. 应收账款的功能与成本 2. 信用政策的制定 3. 应收账款的日常管理	A□ B□ C□ A□ B□ C□ A□ B□ C□	掌握应收账款成本和信用政策，能计算信用标准和信用条件，并会选择和决策
存货管理	1. 存货的成本 2. 存货经济批量模型及拓展 3. 存货的控制系统	A□ B□ C□ A□ B□ C□ A□ B□ C□	掌握存货成本及存货管理方法，能计算存货经济采购批量并在多种条件下应用
职业道德、 思想意识	1. 爱岗敬业、认真严谨 2. 遵纪守法、遵守职业道德 3. 沟通协调、团结合作	A□ B□ C□ A□ B□ C□ A□ B□ C□	了解营运资金管理的制度、原则和方法，了解政策法规，具备解读政策法规的能力，能比较敏锐地判断经济社会环境和政策法规变化对营运资金管理的影响；有较强的团队合作沟通能力
小组评价			
团队合作	A□ B□ C□	沟通能力	A□ B□ C□
教师评价			
教师评语			
成绩		教师签字	

项目 11

收益分配管理

学习目标

【素质目标】
1. 形成正确的就业观和创业意识
2. 养成良好的职业道德和严谨的工作态度
3. 形成自主学习的能力和革新创新意识
4. 培养团队合作精神

【知识目标】
1. 熟悉收益分配原则和股利支付程序
2. 理解收益分配的一般程序和影响因素
3. 掌握各种股利分配政策的基本原理、优缺点和适用范围

【能力目标】
1. 能理解股票股利与股票分割对主要财务指标的影响
2. 能对比分析股票股利与现金股利两者的不同
3. 能根据公司实际情况选择不同的股利分配政策

知识架构

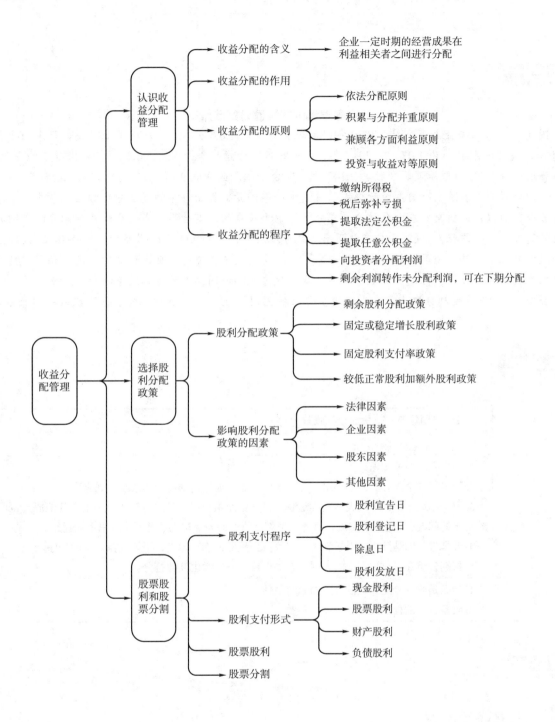

任务1　认识收益分配管理

案例导入

中国建筑保持稳健分红政策

中国建筑是一家央企上市公司，2020年，实现营业收入1.62万亿元，归属于上市公司股东的净利润为449.4亿元，基本每股收益为1.07元。2017年，公司宣布保持稳定分红政策，积极履行回报股东的企业责任。向全体普通股股东每10股派发现金股息2.147元，现金分红金额突破90亿元，同比增长16.1%。

公司综合考虑发展阶段、自身经营模式、盈利水平等因素，提出每年的现金分红方案，董事会先就现金分红方案进行审议，并提交股东大会讨论，充分听取中小股东的意见后再发布。公司将利润分配原则和现金分红政策写进《公司章程》，说明优先采取现金方式分配股利，原则上不少于当年实现可供分配利润的15%。

除现金分红方式外，公司还创新回报股东方式。为实现股东、公司和员工利益的一致，公司坚持实施十年期限制性股票激励计划，已成功实施了四期限制性股票激励计划，累计在二级市场回购股票超过19亿股。此外，公司在2017年股利分配中，在发放现金分红的同时，还以资本公积金向全体股东每股转增0.4股股票股利。

任务发布

讨论	11.1　中国建筑保持稳健分红政策
教师布置任务	
任务描述	1. 学生熟悉相关知识。 2. 学生每5个人分成一个小组，分组研讨任务，通过内部讨论形成小组观点。 3. 每个小组选出一个代表陈述本组观点，其他小组可以对其进行提问，小组内其他成员也可以回答提出的问题；通过问题交流，将每一个需要研讨的问题都弄清楚，形成书面研讨结论。 4. 教师进行归纳分析，引导学生理解收益分配的概念、原则，了解收益分配的程序。 5. 根据各组在研讨过程中的表现，教师点评赋分，学生互评打分。
问题	1. 什么是收益分配？收益分配的原则是什么？ 2. 收益分配的程序是什么？

相关知识

一、收益分配的含义

收益分配管理是对企业收益分配的主要活动及其形成的财务关系的组织与调节，是企业将一定时期内所创造的经营成果合理地在企业内、外部各利益相关者之间进行有效分配的过程。企业通过经营活动取得收入后，要按照补偿成本、缴纳所得税、提取公积金、向投资者分配利润等顺序进行收益分配。对于企业来说，收益分配不仅是资产保值、保证简单再生产的手段，也是资产增值、实现扩大再生产的工具。收益分配可以满足国家政治职能与组织经济职能的需要，是处理所有者、经营者等各方面经济利益关系的基本手段。

二、收益分配的作用

收益分配管理作为现代企业财务管理的重要内容之一，对于维护企业与各相关利益主体的财务管理、提升企业价值具有重要意义。具体而言，企业收益分配的作用表现在以下三个方面：

（一）收益分配集中体现了企业所有者、经营者与职工之间的利益关系

企业所有者是企业权益资金的提供者，按照谁出资、谁受益的原则，其应得的投资收益须通过企业的收益分配来实现，而获得投资收益的多少取决于企业盈利状况及利润分配政策。通过收益分配，投资者能实现预期的收益，提高企业的信誉程度，有利于增强企业未来的融资能力。

微课1：收益分配的概念

企业的债权人在向企业投入资金的同时承担了一定的风险，企业的收益分配应体现出对债权人利益的充分保护。除了按时支付到期本金、利息外，企业在进行收益分配时也要考虑债权人未偿付本金的保障程度，否则将在一定程度上削弱企业的偿债能力，从而降低企业的财务弹性。

职工是价值的创造者，是企业收入和利润的源泉。通过薪资的支付以及各种福利的提供，可以提高职工的工作热情，为企业创造更多价值。因此，为了正确、合理地处理好企业各方利益相关者的需求，就必须对企业所实现的收益进行合理分配。

（二）收益分配是企业再生产的条件以及优化资本结构的重要措施

通过收益分配，企业能形成一部分自由支配的资金，这种留存收益的增加，有利于企业适应市场需要扩大再生产。留存收益是企业重要的权益资金来源，收益分配的多少，影响企业积累的多少，从而影响权益与负债的比例，即资本结构。企业价值最大化的目标要求企业的资本结构最优，因而收益分配便成了优化资本结构、降低资本成本的重要措施。

（三）收益分配是国家建设资金的重要来源之一

在企业正常的生产经营活动中，职工不仅为自己创造了价值，还为社会创造了一定的价值，即利润。利润代表企业的新创财富，是企业收入的重要构成部分。除了满足企业自身的生产经营性积累外，通过收益分配，国家财政也能够集中一部分企业利润，由国家有计划地分配使用，实现国家政治职能和经济职能，为社会经济的发展创造良好条件。

三、收益分配的原则

收益分配作为一项重要的财务活动，应当遵循以下原则：

（一）依法分配原则

为了规范企业的收益分配行为，维护各利益相关者的合法权益，国家颁布了相关法规。这些法规规定了企业收益分配的基本要求、一般程序和重要比例。企业的收益分配必须依法进行，这是正确处理企业各项财务关系的关键。

（二）分配与积累并重原则

企业的收益分配，要正确处理长期利益和短期利益这两者的关系，坚持分配与积累并重。企业除按规定提取法定盈余公积金以外，可适当留存一部分利润作为积累，这部分未分配利润仍归企业所有者所有。这部分积累的净利润不仅可以为企业扩大生产筹措资金，增强企业发展能力和抵抗风险的能力，同时，还可以供未来年度进行分配，起到以丰补歉、平抑收益分配数额波动、稳定投资报酬率的作用。

> 谆谆教诲
>
> 公其心，万善出。
>
> ——方孝孺

（三）兼顾各方面利益原则

企业是经济社会的基本单元，企业的收益分配直接关系到各方的切身利益。企业除依法纳税外，投资者作为资本投入者、企业的所有者，依法享有净收益的分配权。企业的债权人和员工是的长期利益也应该得到保护。因此，企业进行收益分配时，应当统筹兼顾，维护各利益相关者的合法权益。

（四）投资与收益对等原则

企业收益分配应当体现"谁投资谁受益"、收益大小与投资比例相匹配，即投资与收益对等的原则，这是正确处理企业与投资者利益关系的立足点。投资者因投资行为，以出资额依法享有收益分配权，就要求企业在向投资者分配利润时，要遵守公开、公平、公正的三公原则，不搞幕后交易，不帮助大股东侵蚀小股东利益，一视同仁地对待所有投资者，任何人不得以在企业中的特殊地位谋取私利，这样才能从根本上保护投资者的利益。

想一想：企业在进行利润分配之前为什么必须兼顾企业所有者和债权人的利益？

四、收益分配的程序

按照我国《公司法》的有关规定，企业应当按照如下程序进行利润分配：

（一）弥补以前年度亏损，但不得超过税法规定的弥补期限

根据《中华人民共和国企业所得税法》（以下简称《企业所得税法》）的有关规定：企业发生的年度亏损可以用下一年度的税前利润等弥补，下一年度利润不足弥补的，可以在5年内延续弥补。5年内不足弥补的，改用企业的税后利润弥补，也可以用以前年度提取的盈余公积金弥补。企业以前年度亏损未弥补完，不得提取法定盈余公积金。在提取法定盈余公积金前，不得向投资者分配利润。

（二）缴纳所得税

企业所得税是对我国境内的企业和其他取得收入的组织的生产经营所得和其他所得征收的所得税。它按年计征，分期预缴。企业必须严格执行《企业所得税法》的规定，正确计算和缴纳企业所得税。

微课2：收益分配的基本原则与一般程序

（三）税后弥补亏损

如果企业的亏损数额较大，用税前利润在5年的期限内弥补不完（即超过5年仍然不能弥补的亏损），就应由企业的税后利润弥补。

（四）提取法定公积金

根据《公司法》的规定，企业应按当年税后利润（弥补亏损后）的10%提取法定公积金，当法定公积金累计达到注册资本的50%以后，可以不再提取。法定公积金主要用于弥补亏损、转增资本和在企业亏损年度经股东会特别决议后按规定分配股利。用法定公积金转增资本或分配股利后余额不得低于注册资本的25%。提取法定公积金的目的是为了增加企业内部积累，以利于企业扩大再生产。

（五）提取任意公积金

经股东会或股东大会决议，企业还可以从税后利润中提取任意公积金，其用途和法定公积金相同。

（六）向投资者分配利润

根据《公司法》的规定，企业弥补亏损和提取公积金后所余税后利润，可以向股东（投资者）分配股利（利润）。其中，有限责任公司股东按照实缴的出资比例分取红利，全体股东约定不按照出资比例分取红利的除外；股份有限公司按照股东持有的股份比例分配，但股份有限公司章程规定不按持股比例分配的除外。

（七）剩余利润转作未分配利润，可在下期分配

【例11-1】某公司在开始经营的8年中实现的税前利润如表11-1所示，假设除弥补亏损以外无其他纳税调整事项，该公司的所得税税率一直为25%，该公司按规定享受连续5年税前利润弥补亏损的政策，税后利润（弥补亏损后）按10%计提法定盈余公积金，公司不提取任意盈余公积金。

表11-1 该公司连续8年的获利情况

万元

年度	1	2	3	4	5	6	7	8
获利	-100	-40	30	10	10	10	60	40

请你分析后回答下列问题：
（1）该公司第7年是否需要缴纳企业所得税？是否有利润用于提取法定盈余公积金？
（2）该公司第8年是否有利润用于提取法定盈余公积金？是否有利润可分配给股东？

解：
（1）该公司第1年的亏损100万元可以由第3～6年的利润弥补，但尚有40万元不足弥补，需用以后年度的税后利润加以弥补。该公司第7年的利润60万元应弥补第2年发生的亏损40万元，弥补亏损后的利润20万元应缴纳所得税5万元，税后利润15万元还要弥补第1年尚未弥补完的亏损，故第7年应缴纳所得税，但不应提取法定盈余公积金。

（2）该公司第8年的利润40万元应首先缴纳所得税10万元，税后利润30万元弥补第1年亏损25(40-15)万元后还剩余5万元，故第8年应提取法定盈余公积金0.5万元，剩下的利润4.5万元可用于向股东分配股利。

财博士知识通

财务管理中的利润

在企业的财务管理中，利润根据其构成不同，可以表述为以下不同的层次：

1. 息税前利润

息税前利润是指企业支付利息和缴纳所得税前的利润，息税前利润是对应企业总资本的利润，反映了企业的经营效果和盈利水平。从数值上说，息税前利润的计算公式为：

$$息税前利润 = 销售收入 - 变动成本 - 固定成本$$
$$= 净利润 + 所得税费用 + 利息费用$$
$$= 利润总额 + 利息费用$$

2. 税前利润

税前利润是企业的息税前利润扣除利息费用后的余额，它是对应企业投资者的投资和国家提供行政管理服务的利润，是计算所得税的重要依据，也称为利润总额，其计算公式为：

$$税前利润 = 息税前利润 - 利息费用$$
$$= 净利润 + 所得税$$

3. 净利润

净利润也称税后利润，它与投资者的权益相对应，是归属于投资者的利润，其计算公式为：

$$净利润 = 税前利润 - 所得税$$

任务实施

结论	11.1　中国建筑保持稳健分红政策
实施方式	研讨式
研讨结论	

教师评语：

班级		小组		组长签字	
教师签字				日期	

任务2　选择股利分配政策

案例导入

微软的股利分配政策

美国微软公司1986年在纳斯达克上市，从1986年上市到2002年的26年中都是"一毛不拔"，1分钱都没有给股东分过，所有的收益都用于再投资。2003年，派发现金股息每股8美分。2004年7月20日，媒体发布了震撼性声明：

（1）从2004年起，微软现金股利翻番，每股0.32美元，每年35亿美元，连续四年，共计140亿美元。

（2）在未来4年回购300亿美元股票。

（3）支付每股3元的特别股利，共计320亿美元。

这项计划一共花费760亿美元。实施这一计划后，微软仍有390亿美元的现金储备，不会影响微软的任何投资项目。公司仍有良好的发展前景。这一消息公布后微软股价大涨3.7%。

虽然1986年到2002年的26年间，微软公司从没有发放过股利，但如果1986年时把1万美元投入微软，到2003年该投资已经变成了223万美元。2003年后，微软开始向股东派息和回购股票，但其股价却开始原地踏步，甚至微弱于股指。有分析认为，2003年之前不分红，使微软有充足的资金保证每年30%以上的高增长，一旦企业不能证明自己有能力通过投资为股东创造超常价值，将累积的现金分红，让股东寻找投资机会反而是负责任的做法。

任务发布

讨论	11.2　微软的股利分配政策
教师布置任务	
任务描述	1. 学生熟悉相关知识。 2. 教师结合案例问题组织学生进行研讨。 3. 将学生每5个人分成一个小组，分组研讨案例问题，通过内部讨论形成小组观点。 4. 每个小组选出一个代表陈述本组观点，其他小组可以对其进行提问，小组内其他成员也可以回答提出的问题；通过问题交流，将每一个需要研讨的问题都弄清楚，形成书面研讨结论。 5. 教师进行归纳分析，引导学生扎实掌握股利分配政策及其影响因素。 6. 根据各组在研讨过程中的表现，教师点评赋分。
问题	1. 微软的股利分配政策是什么？ 2. 影响股利分配政策的因素有哪些？

相关知识

一、股利分配政策

股利分配政策是指在法律允许的范围内，企业是否发放股利、发放多少股利以及何时发放股利等方面的方针和对策。股利政策是现代公司理财活动的核心内容之一。一方面，它是公司筹资、投资活动的逻辑延续，是其理财行为的必然结果；另一方面，恰当的股利分配政策，不仅可以树立起良好的公司形象，而且能激发广大投资者对公司持续投资的热情，从而使公司获得长期、稳定的发展条件和机会。

企业在不同成长和发展环境应采取相适应的股利政策，具体如表 11-2 所示。

表 11-2 企业股利分配政策的选择

企业发展阶段	特　点	适用的股利政策
初创阶段	经营风险高，有很强的投资需求但融资能力偏差	剩余股利政策
快速发展阶段	企业快速发展，需要大规模投资	低正常股利加额外股利政策
稳定增长阶段	企业业务稳定增长，市场竞争力增强，行业地位已经巩固，投资需求减少，净现金流入量稳步增长，每股收益呈上升态势	固定或稳定增长的股利政策
成熟阶段	产品市场趋于饱和，企业盈利水平保持稳定，通常已积累了相当的盈余和资金	固定股利支付率政策
衰退阶段	企业业务逐渐减少，获利能力、现金获取能力和股利支付能力逐渐下降	剩余股利政策

（一）剩余股利分配政策

剩余股利分配政策是指公司生产经营所获得的净利润首先应满足公司的资金需求，如果还有剩余，则分配股利；如果没有剩余，则不分配股利。具体来说，就是公司在有良好的投资机会时，根据目标资本结构，测算出投资所需的权益资金，先从盈余中留用，然后将剩余的盈余作为股利来分配。因此，采用剩余股利分配政策时，公司要遵循如下四个步骤：

（1）设定目标资本结构，在此资本结构下，公司的加权平均资金成本将达到最低水平。

（2）确定公司的最佳资本预算，并根据公司的目标资本结构预计资金需求中所需增加的权益资本数额。

（3）最大限度地使用留存收益来满足资金需求中所需增加的权益资本数额。

（4）留存收益在满足公司权益资本增加需求后，如果有剩余再用来发放股利。

1. 剩余股利分配政策的优点

留存收益优先保证再投资的需要，从而有助于降低再投资的资金成本，保持最佳的资本结构，实现企业价值的长期最大化。

2. 剩余股利分配政策的缺点

如果完全遵照执行剩余股利分配政策，股利发放额就会每年随投资机会和盈利水平的波动而波动。剩余股利分配政策不利于投资者安排收入与支出，也不利于公司树立良好的形象，一般适用于公司初创阶段。

【例 11-2】假设某公司 2021 年税后净利润为 3 000 万元，2022 年的投资计划需要资金 2 000 万元，公司的目标资本结构为权益资本占 60%，债务资本占 40%，求 2021 年可以发放的现金股利。

解：

按照目标资本结构的要求，公司投资方案所需的权益资本数额为：

$$2\,000 \times 60\% = 1\,200（万元）$$

公司当年全部可用于分配的盈利为 3 000 万元，除了可以满足上述投资方案所需的权益资本数额外，还有剩余可以用于分配股利。2021 年公司可以发放的股利额为：

$$3\,000 - 1\,200 = 1\,800（万元）$$

假设该公司当年流通在外的普通股为 5 000 万股，那么，每股股利为：

$$1\,800 \div 5\,000 = 0.36（元/股）$$

（二）固定或稳定增长的股利政策

固定或稳定增长的股利政策是指公司将每年派发的股利额固定在某一特定水平，或是在此基础上维持某

微课 3：股利分配政策的类型

一固定比率逐年稳定增长。公司只有在确信未来盈利增长不会发生逆转时，才会宣布实施固定或稳定增长的股利政策。在这一政策下，应首先确定股利分配额，而且该分配额一般不随资金需求的波动而波动。

1. 固定或稳定增长的股利政策的优点

（1）稳定的股利向市场传递着公司经营状况稳定、管理层对未来充满信心的信号，这有利于树立公司良好的形象，增强投资者对公司的信心，稳定公司股票的价格。

（2）有利于吸引那些打算作长期投资的股东。这部分股东希望其投资的获利能够成为其稳定的收入来源，以便安排各种经常性的消费和其他支出。

2. 固定或稳定增长的股利政策的缺点

股利支付与公司盈利相脱节，即无论公司盈利多少，均要支付固定的或按固定比率增长的股利，这可能导致公司资金紧缺，财务状况恶化；甚至，在公司出现经营状况不好或短暂的困难时期，如仍然执行固定或稳定增长的股利政策，那么派发的股利金额大于公司实现的盈利，必将侵蚀公司的留存收益，影响公司现有的资本，给公司的财务运作带来较大压力，最终影响公司正常的生产经营活动。

【例11-3】假设某公司执行的是固定或稳定增长的股利政策，2021年税后净利润为3 000万元，现金股利分配额为1 000万元，公司固定股利增长率为10%，则2021年公司分配股利额为多少？

解：

2021年公司分配现金股利额为：

$$1\,000 \times (1+10\%) = 1\,100（万元）$$

（三）固定股利支付率政策

固定股利支付率政策是指公司将每年净收益的某一固定百分比作为股利分派给股东。这一百分比通常称为股利支付率。股利支付率一经确定，一般不得随意变更。在这一股利政策下，只要公司的税后利润一经计算确定，所派发的股利也就相应确定了。

1. 固定股利支付率政策的优点

股利与公司盈余紧密地结合，体现了"多盈多分、少盈少分、不盈不分"的股利分配原则。持这种分配政策的公司认为，公司的获利能力在年度间是经常变动的，因此每年的股利也应当随着公司收益的变动而变动，并保持分配与留存收益间的一定比例关系。采用固定股利支付率政策，公司每年按固定的比例从税后利润中支付现金股利，从企业支付能力的角度看，这是一种稳定的股利政策。

2. 固定股利支付率政策的缺点

由于公司盈利的变动股利也会随之拨动，而波动的股利向市场传递的信息就是公司未来收益前景不明确、不可靠等，很容易给投资者留下公司经营状况不稳定、投资风险较大的不良印象；另外，如果公司现金流量状况不太好，却还要按固定比率支付股利的话，就很容易给公司造成较大的财务压力。

【例11-4】假设某公司执行的是固定股利支付率政策，确定的股利支付率为40%。2021年税后净利润为3 000万元，如果股利分配政策不变，2021年将要支付多少股利？

解：

该公司2021年将要支付的股利为：

$$3\,000 \times 40\% = 1\,200（万元）$$

（四）低正常股利加额外股利政策

低正常股利加额外股利政策，是指公司先设定一个比较低的正常股利额，每年除了向股东发放正常的股利额外，根据公司的实际盈利状况再增加额外的股利。

1. 低正常股利加额外股利政策的优点

该政策赋予公司一定的灵活性，使公司在股利发放上有较大的财务弹性，有利于稳定股价，增强投资者信心；此政策既吸收了固定股利政策对股东的保障优点，同时又使公司不遭遇大的财务压力。

2. 低正常股利加额外股利政策的缺点

不同年份盈利的波动使得额外股利不断变化，时有时无，造成分派的股利每年不同，容易给投资者造成收益不稳定的感觉；当公司在较长时间持续发放额外股利时，可能会被股东认为是"正常股利"，而一旦取消了额外股利，向股东传达的可能是公司财务状况恶化的信号，进而引起股票价格下跌。

二、影响股利分配政策的因素

企业分配股利并不是毫无限制，总是要受到一些因素的影响。一般认为，影响企业股利分配政策的因素主要有法律因素、企业因素、股东意愿及其他因素。

（一）法律因素

为了保护债权人、投资者和国家的利益，有关法规对企业的股利分配有如下限制：

1. 资本保全限制

资本保全限制规定，企业不能用资本发放股利。如我国法律规定：资本公积只能转增股本，不能分派现金股利；盈余公积主要用于弥补亏损和转增股本，一般情况下不得用于向投资者分配利润或现金股利。

2. 资本积累限制

资本积累限制规定，企业必须按税后利润的一定比例提取法定公积金。企业当年出现亏损时，一般不得给投资者分配利润。

3. 偿债能力限制

偿债能力限制是指企业按时足额偿付各种到期债务的能力。如果企业已经无力偿付到期债务或支付股利将使其失去偿还能力，则企业不能支付现金股利。

（二）企业因素

企业资金的灵活周转，是企业生产经营得以正常进行的必要条件。因此企业长期发展和短期经营活动对现金的需求，便成为对股利最重要的限制因素。其相关因素主要有以下几点。

1. 资产的流动性

企业现金股利的分配，应以一定资产的流动性为前提。企业的资产流动性越好，说明其变现能力越强，股利支付能力也就越强。高速成长的盈利型企业，其资产可能缺乏流动性，因为他们的大部分资金投资在固定资产和永久性流动资产上了。这类企业当期利润虽然多但资产变现能力差，企业的股利支付能力就会削弱。

2. 投资机会

有着良好投资机会的企业需要有强大的资金支持，因而往往少发现金股利，将大部分盈余留存下来进行再投资；缺乏良好投资机会的企业，保留大量盈余的结果必然是大量资金闲置，于是倾向于支付较高的现金股利。所以，处于成长中的企业，因一般具有较多的良好投资机会而多采取低股利政策；许多处于经营收缩期的企业，则因缺少良好的投资机会而多采取高股利政策。

3. 筹资能力

如果企业筹资能力一般很强，那么在决定股利支付数额时，有较大选择余地。如果筹资能力有限，应尽量减少现金股利支付，而将利润更多地留存在企业，作为留存收益。

4. 盈利的稳定性

盈利相对稳定的企业，有可能支付较高股利，而盈利不稳定的企业，一般采用低股利政策。这是因为，对于盈利不稳定的企业，低股利政策可以减少因盈利下降而造成的股利无法支付、企业形象受损、股价急剧下降的风险，还可以将更多的盈利用于再投资，以提高企业的权益资本比重，减少财务风险。

5. 资本成本

留存收益是企业内部筹资的一种重要方式，同发行新股或债务筹资相比，不但筹资成本较低，而且具有很强的隐蔽性。如果企业大量发放现金股利造成生产经营资金不足，往往需要通过债务或者发行新股的形式从外部筹集资金，这从成本角度考虑对企业不利。因此如果企业扩大规模，需要增加权益资本时，不妨采取低股利政策。

(三)股东意愿

股东在避税、规避风险、稳定收入和股权稀释等方面的意愿,也会对企业的股利政策产生影响。毫无疑问,企业的股利政策不可能使每个股东满意,企业制定股利政策的目的在于,对绝大多数股东的财富产生有利影响。

1. 避税考虑

企业的股利政策受到股东的所得税税负影响。在我国,由于现金股利收入的税率是20%,而股票交易尚未征收资本利得税,因此,低股利支付政策可以避免股东缴纳高额个人所得税,如果股东需要现金时,可以通过出售股票的形式取得,从而带来纳税上的好处。

2. 规避风险

在一部分投资者看来,股利的风险小于资本利得的风险,当期股利的支付消除了投资者心中的不确定性。因此,他们往往会要求企业支付较多的股利,从而减少股东投资风险。

微课4:影响股利分配的因素

3. 稳定收入

如果一个企业绝大部分股东属于低收入阶层以及养老基金等机构投资者,他们需要企业发放的现金股利来维持生活或用于发放养老金等,他们就会特别关注现金股利,尤其是稳定的现金股利发放。

4. 股权稀释

高股利支付率会导致现有股东股权和盈利的稀释,如果企业支付大量现金股利,然后再发行新的普通股以融通所需资金,现有股东的控制权就有可能被稀释。另外,随着新普通股的发行,流通在外的普通股股数增加,最终将导致普通股的每股盈利和每股市价的下降,对现有股东产生不利影响。

> **谆谆教诲**
>
> 私欲之中,天理所寓。
>
> ——明末清初·王夫之

(四)其他因素

影响股利政策的其他因素主要包括债务合同约束、政府对机构投资者的投资限制以及通货膨胀等。

1. 债务合同约束

企业的债务合同特别是长期债务合同,往往有限制企业现金股利支付的条款,这使得企业只能采用低股利政策。

2. 机构投资者的投资限制

机构投资者往往更倾向于投资发放稳定股利的公司。如果某种股票连续几年不支付股利或所支付的股利金额起伏较大,则该股票一般不能成为机构投资者的投资对象。因此,如果某一企业想更多地吸引机构投资者,则应采用较高而且稳定的股利政策。

3. 通货膨胀

在通货膨胀的情况下,企业固定资产折旧的购买力水平会下降,会导致没有足够的资金来源重置固定资产。这时较多的留存利润就会当作弥补固定资产折旧购买力水平下降的资金来源,因此,在通货膨胀时期,企业股利政策往往偏紧。

财博士知识通

红利、红股、转增股、配股

红利,包括现金红利和股票红利两种形式,其分配来源是企业当年和以往年度的未分配利润。

现金红利即现金股利,是向投资者发放现金作为其投资的回报,分配现金股利后,股份制企业的未分配利润减少，股东权益等额减少，股票价格会有一定程度的下降，股东资金账户的资金增加。

红股即股票红利、股票股利，红股是免费派送给股东的股份。投资者可将红股视为股息的一部分。值得注意的是，红股会摊薄每股盈利、每股派息等，当然也会摊薄股价。

转增股是指将企业的公积金转化为股本的形式。转增股后，企业的所有者权益总额未发生变化，只是股本总额增加，股数增加。股东拥有的股票数虽然增加了，但股价往往会同比例下降，因此对股东财富不会产生实质性影响。

配股是股份公司的老股东可以根据原持有股数的一定比例按照配股价购买股份公司新发行的股票，配股价通常低于市场价。配股本身不是分红，而是一种筹资方式，是上市公司的一次股票发行行为，公司股东可以自由选择是否购买所配售的股票。

任务实施

结论	11.2 微软的股利分配政策				
实施方式	研讨式				
研讨结论						
教师评语：						
班级		小组		组长签字	
教师签字				日期	

任务3 股票股利和股票分割

案例导入

股票分割的效果

苹果公司在2020年7月底宣布了1∶4的股票分割计划之后,股价持续上涨,累计上涨率超20%。苹果的首席财务官称,宣布对普通股进行一拆四的决定,可以使更多的投资者更容易地投资苹果的股票。拆股似乎往往伴随着股价的走高,市场人士对此的普遍解释如下:

一般而言,公司作出股票分割的决定,是为了降低买入其股票的门槛,提高对散户的吸引力,增加流动性。参与游戏的人更多,股票的需求越旺盛,则股票拆分后的价格更可能上涨。

除了吸引散户之外,拆股还能使股票的估值看起来没那么高。比如,一些没有经验的散户会有一种错觉,即较高的股价可能会限制股票的上涨,或者使股价难以迅速上涨。

再者,拆股也可能会被外界视为公司管理层的一张信任票,表明他们预计股价不仅会保持在当前的水平,还将继续上涨。

那么投资者该如何看待拆股呢?拆股与股价上涨之间有着必然的联系吗?

任务发布

讨论	11.3 股票分割的效果
教师布置任务	
任务描述	1. 学生熟悉相关知识。 2. 教师结合案例问题组织学生进行研讨。 3. 将学生每5个人分成一个小组,分组研讨案例问题,通过内部讨论形成小组观点。 4. 每个小组选出一个代表陈述本组观点,其他小组可以对其进行提问,小组内其他成员也可以回答提出的问题;通过问题交流,将每一个需要研讨的问题都弄清楚,形成书面研讨结论。 5. 教师进行归纳分析,引导学生扎实掌握股票股利和股票分割对股价和投资者的影响。 6. 根据各组在研讨过程中的表现,教师点评赋分。
问题	1. 什么是股票股利?什么是股票分割? 2. 股票股利和股票分割对企业和投资者都有什么影响? 3. 股票股利、股票分割和股价上涨有必然的联系吗?

相关知识

一、股利支付程序

企业通常在年度末,计算出当期盈利之后,才决定向股东发放股利。但是,在资本市场中,股票可以自由交换,公司的股东也经常变换。那么,哪些人应该领取股利?对此,公司必须事先确定与股利支付相关的时间界限。

（一）股利宣告日

股利宣告日是指董事会将股东大会决议通过的分红方案（或发放股利情况）予以公告的日期。在公告中将宣布每股股利、股权登记日、除息日和股利支付日等事项。

股利一般是按每年度或每半年进行分配。一般来说，分配股利首先要由公司董事会向公众发布分红预案，在发布分红预案的同时或之后，公司董事会将公告召开公司股东大会的日期，股东大会通过以后宣告分红方案。

（二）股权登记日

股权登记日是指有权领取股利的股东资格登记截止日期。只有在股权登记日前在公司股东名册上登记的股东，才有权分享当期股利；在股权登记日以后列入名单的股东无权领取股利。

（三）除息日

除息日是指领取股利的权利与股票相互分离的日期。在除息日前，股利权从属于股票，持有股票者即享有领取股利的权利；从除息日开始，股利权与股票相分离，新购入股票的人不能享有股利。在我国，则除息日与登记日差一个工作日。

（四）股利发放日

股利发放日即向股东发放股利的日期。

【例11-5】某股份公司董事会在2021年3月10日发布公告中称："在2021年3月10日召开的股东大会上，通过了董事会关于每股普通股分派股息0.5元的2020年度股息分配方案。股权登记日是2021年4月20日，除息日是2021年4月21日，股利发放日为2021年4月24日，特此公告。"

在此例中，股利宣告日、股权登记日、股利发放日各是哪天？

解：

股利宣告日是2021年3月10日；股权登记日是2021年4月20日；股利发放日为2021年4月24日。

二、股利支付形式

按照股份有限公司对其股东支付的股利方式不同，股利可以分为不同的种类。其中常见的有以下四类：

（一）现金股利

现金股利是以现金的方式支付股利，它是股利支付最常见的方式。公司支付现金股利除了要有累计盈余外，还要有足够的现金，因此公司在支付现金股利前需筹备充足的现金。

（二）股票股利

股票股利是公司以其发行的股票作为股利支付给股东的股利支付形式，又可称其为送红股，它是仅次于现金股利常用的股利派发形式。

（三）财产股利

财产股利是以现金以外的其他财产支付股利，主要是以公司所拥有的其他公司的有价证券（如公司债券等）作为股利发放给股东。

（四）负债股利

负债股利是以负债的方式支付的股利，通常是以公司的应付票据支付给股东，有时也可以用公司发行的公司债券支付股利。

财产股利和负债股利实际上是现金股利的替代方式，目前这两种股利方式在我国公司实务中极少使用。

> 谆谆教诲
>
> 精明的人是精细考虑他自己利益的人；智慧的人是精细考虑他人利益的人。
>
> ——（英）拜伦

三、股票股利

支付股票股利并没有现金流出企业，也不会导致公司的财产减少，而只是将公司的留存收益转化为股本。

【例11-6】假定某公司在2021年发放股票股利前，其资产负债表上的股东权益情况如表11-3所示。

表11-3 发放股票股利前股东权益情况

万元

项目	金额
普通股股本（面值10元，流通在外1 000万股）	10 000
资本公积	20 000
盈余公积	4 000
未分配利润	5 000
股东权益合计	39 000

假设该公司宣布发放30%的股票股利，即现有股东每持有10股，即可获得赠送的3股普通股。要求分析发放股票股利后的股东权益变化。

解：

如果该公司宣布发放30%的股票股利，即现有股东每持有10股，即可获得赠送的3股普通股。那么，随着股票股利的发放，未分配利润项目划转出的资金为：

10 000×30%=3 000（万元）

发放股票股利后的资产负债表上的股东权益情况如表11-4所示。

微课5：股票股利

表11-4 发放股票股利后股东权益情况

万元

项目	金额
普通股股本（面值10元，流通在外1 300万股）	13 000
资本公积	20 000
盈余公积	4 000
未分配利润	2 000
股东权益合计	39 000

可见，发放股票股利，不会对公司股东权益总额产生影响，但会发生资金在各股东权益项目间的再分配。发放股票股利虽不直接增加股东财富，也不增加企业价值，但对股东和公司都有特殊意义。

1. 对股东来说，股票股利的优点

（1）派发股票股利后，理论上每股市价会成比例下降，但实务中这并非必然结果。因为市场和投资者普遍认为，发放股票股利往往预示着公司会有较大的发展和成长，这样的信息传递会稳定股价或使股价下降比例减小甚至不降反升，股东便可获得股票价值相对上升的好处。

（2）由于股利收入和资本利得税率的差异，如果股东把股票出售，还会带来纳税上的好处。

2. 对公司来说，股票股利的优点

（1）发放股票股利不需要向股东支付资金，在再投资机会较多的情况下，公司可以为再投资提供成本较低的资金，有利于公司的发展。

（2）发放股票股利可以有效地降低每股市价，增加股票的流动性，有效地提高投资者的兴趣，进而使股权更分散，有效防止公司被恶意控制。

（3）发放股票股利可以传递公司未来经营前景良好的信息，从而增强投资者对公司的信心，在一定程度上稳定股票价格。

想一想： 支付现金股利和股票股利分别对公司资产负债率和每股收益有什么影响？

四、股票分割

股票分割，又叫作股票拆细、拆股，即将一张面值较大的股票拆成若干张面值较小的股票。在实务中，如果上市公司认为自己公司的股票市场价格太高，不利于其良好的流动性，有必要将其降低，就会选择股票分割的形式。

股票分割不是一种股利分配的形式，但它实际上会使股东财富增加，带来一些股利分配的益处。

微课6：股票分割

【例 11-7】 假定某公司在 2021 年发放股票股利前，其资产负债表上的股东权益情况如表 11-5 所示，公司决定按 5 股换 1 股的比例进行股票分割，分割后股东权益会发生什么变化？

表 11-5　发放股票股利前股东权益情况

万元

普通股股本（面值10元，流通在外1 000万股）	10 000
资本公积	20 000
盈余公积	4 000
未分配利润	5 000
股东权益合计	39 000

解：

股票分割对公司的资本结构和股东权益不会产生任何影响，一般只会使发行在外的股票总数增加，每股面值降低，并由此引起每股市价下跌，而资产负债表中股东权益各账户的余额都保持不变，股东权益的总额也维持不变。根据上述资料，股票分割前后的股东权益如表 11-6 所示。

表 11-6　股票分割后股东权益情况

万元

普通股股本（面值2元，流通在外5 000万股）	10 000
资本公积	20 000
盈余公积	4 000
未分配利润	5 000
股东权益合计	39 000

股票分割的作用如下：

（一）降低股票价格，促进股票流通和交易

股票分割可以增加公司股票股数，从而使每股市价降低，吸引更多的投资者。同时，流通性的提高和股东数量的增加，会在一定程度上加大对公司恶意收购的难度。

（二）传递良好的信息

向股票市场和广大投资者传递公司业绩好、利润高、增长潜力大的信息，从而能提高投资者对公司的信心。

与股票分割相反，如果公司认为其股票价格过低，为了提高股价，会采取反分割措施。反分割又称股票合并或逆向分割，是指将数股面值较低的股票合并为一股面值较高的股票。反分割会降低股票的流通性，提高公司股票投资的门槛，它向市场传递的信息通常是不利的。

任务实施

社会调研	11.3 股票分割的效果
实施方式	研讨式

研讨主要结论

教师评语：

班级		小组		组长签字	
教师签字				日期	

【企业伦理与职业道德】

股份回购是否另有企图?

2017年年末和2018年年初,股票市场波动较大。2018年2月,三峡新材、理工环科、劲嘉股份等9家上市公司发布公告,拟以集中竞价交易等方式回购公司股份。回购资金少则几千万元,多则几亿元。股份回购主要是为了推动股票价格回归内在价值,也有部分公司是为了实施股权激励做准备。

劲嘉股份表示,为增强投资者对公司的信心,通过制定股份回购计划,推动公司股票市场价格向公司长期内在价值的合理回归。回购股份将予以注销,减少公司注册资本,提升每股收益水平。

万里扬公告称,受外部市场因素影响,公司股价出现一定幅度波动,基于对公司未来发展前景的信心,立足长期可持续发展和价值增长,结合公司发展战略、经营情况和财务状况,拟以自有资金回购公司股份,回购股份将予以注销并相应减少公司注册资本。

奥瑞金回购股份则在于推进股权激励。公司表示,为进一步建立健全长效激励机制,吸引和留住优秀人才,充分调动公司高级管理人员和部分核心人员的积极性,将股东利益、公司利益和核心团队个人利益结合在一起,本次回购的股份将用于公司实施股权激励计划。

翰宇药业表示,回购股份用于公司员工激励或减少注册资本。这有助进一步完善公司长效激励机制,同时,增强投资者对公司的信心。

但是,也有投资者提出质疑,认为上市公司的回购徒有虚名,只是炒作的一个借口,甚至不排除另有目的,毕竟,一些公司的股份回购很可能是大股东借机套现的方式。

一般来说,股份回购是作为现金股利的替代方式回报投资者的一种手段,或者是公司缩减规模、调整资本结构的一种手段,股份回购应该以股东财富最大化或企业价值最大化为目标。但我国部分上市公司进行股份回购却是为大股东出售股票获利服务,这样做会损害中小股东的利益,违背了职业道德与企业伦理。

问题:
1. 公司为什么要回购股票?股票回购的目的是什么?公司回购股票意味着什么?
2. 股票完成股票回购是利多还是利空?小股东如何规避公司回购股票行为带来的风险?

知识巩固与技能提高

一、单选题

1. 在下列股利政策中有利于稳定股票价格，从而树立公司良好形象，但股利的支付与公司盈余相脱节的股利政策是（　　）。
   A. 固定或稳定增长的股利政策 B. 固定股利支付率政策
   C. 剩余股利分配政策 D. 正常股利加额外股利政策

2. 上市公司提取法定盈余公积金达到注册资本的（　　）时可不再提取。
   A. 15%　　　　　　B. 25%　　　　　　C. 40%　　　　　　D. 50%

3. 下列有关股票分割表述正确的是（　　）。
   A. 股票分割的结果会使股数增加，股东权益增加
   B. 股票分割的结果有可能会使负债比率降低
   C. 股票分割不影响股票面值
   D. 股票分割会使每股市价降低

4. 下列各项中，计算结果等于股利支付率的是（　　）。
   A. 每股股利除以每股收益 B. 每股收益除以每股股利
   C. 每股股利除以每股市价 D. 每股收益除以每股市价

5. 我国上市公司不得用于支付股利的权益资金是（　　）。
   A. 资本公积金 B. 任意盈余公积金
   C. 法定盈余公积金 D. 上年未分配利润

6. 在下列各项中，能够增加普通股股票发行在外股数，但不改变公司资本结构的行为是（　　）。
   A. 支付现金股利 B. 增发普通股
   C. 股票分割 D. 股票回购

7. 在确定公司的利润分配政策时，应当考虑相关因素的影响，其中资本保全约束属于（　　）。
   A. 股东因素　　　B. 公司因素　　　C. 法律因素　　　D. 债务契约因素

8. 在下列各项中，在利润分配中优先的是（　　）。
   A. 法定盈余公积金　　B. 普通股股利　　C. 优先股股利　　D. 任意盈余公积金

9. 在下列公司中，通常适合采用固定股利政策的是（　　）。
   A. 收益显著增长的公司 B. 收益相对稳定的公司
   C. 财务风险较多的公司 D. 投资机会较多的公司

10. 在确定股利分配政策时，应该考虑的股东因素是（　　）。
    A. 控制权的稀释　　B. 盈余的稳定性　　C. 公司举债能力　　D. 未来投资机会

二、多选题

1. 股东从保护自身利益的角度出发，在确定股利分配政策时应考虑的因素有（　　）。
   A. 避税　　　　　　B. 控制权　　　　　C. 稳定收入　　　　D. 规避风险

2. 从企业的角度看，制约股利分配的因素有（　　）。
   A. 控制权稀释　　　B. 筹资能力　　　　C. 盈利变化　　　　D. 未来投资机会

3. 采用正常股利加额外股利政策的目的是（　　）。
   A. 有利于保持最佳资本结构 B. 使企业具有较大的灵活性
   C. 保持理想的资本结构，降低资本成本 D. 吸引住那些依靠股利度日的股东

4. 我国最常见的股利支付方式有（　　）。

A. 股票股利　　　　　B. 现金股利　　　　　C. 财产股利　　　　　D. 负债股利

5. 按照资本保全约束的要求，企业发放股利所需资金的来源包括（　　）。

A. 当期利润　　　　　B. 留存收益　　　　　C. 原始投资　　　　　D. 股本

6. 上市公司发放股票股利可能导致的结果有（　　）。

A. 公司股东权益内部结构发生变化　　　　　B. 公司股东权益总额发生变化

C. 公司每股收益下降　　　　　D. 公司股份总额发生变化

7. 股利分配的基本原则包括（　　）。

A. 依法分配原则　　　　　B. 兼顾各方面利益原则

C. 分配与积累并重原则　　　　　D. 投资与收益对等原则

8. 确定利润分配时应考虑的因素包括（　　）。

A. 法律因素　　　　　B. 公司因素　　　　　C. 股东因素　　　　　D. 其他因素

9. 以下关于剩余股利政策的表述，错误的有（　　）。

A. 采用该政策的根本理由是为了使资本成本最低

B. 采用该政策时，公司的资产负债率要发生变化

C. 采用该政策时，要考虑公司现金是否充足

D. 采用该政策时，公司不能动用以前年度未分配利润

10. 下列各项中，会导致公司减少利润分配的有（　　）。

A. 市场竞争加剧，企业收益的稳定性减弱

B. 市场销售不畅，企业库存量持续增加

C. 经济增长速度缓慢，企业缺乏良好的投资机会

D. 为保证企业发展，需要扩大筹资规模

三、判断题

1. 固定股利支付率政策能使股利与公司盈余紧密结合，体现多盈多分、少盈少分的原则。（　　）

2. 一个新股东要想取得本期股利，必须在除权日之前购入股票，否则即使持有股票，也无权领取股利。（　　）

3. 企业在以前年度亏损未弥补之前，不得向投资者分配利润。（　　）

4. 企业预计将有一个投资机会，则选择低股利政策较好。（　　）

5. 债权人不得干预企业的资金投向和股利分配政策。（　　）

6. 剩余股利政策的优点是可以保持理想的资金结构，降低企业的资金成本。（　　）

7. 股票分割不仅有利于促进股票流通和交易，而且有助于公司并购政策的实施。（　　）

8. 只要公司拥有足够的现金，就可以发放现金股利。（　　）

9. 盈余公积金是必须提取的。（　　）

10. 股东为防止控制权稀释，往往希望公司提高股利支付率。（　　）

四、实训题

【实训1】

某企业当年实现的净利润为1 600万元，发放的股利为400万元，预计下一年实现净利润为2 500万元，预计投资所需资金为1 000万元。

要求：对以下互不相干的问题予以回答：

（1）公司采用固定或稳定增长的股利政策，要求确定下一年应发放的股利为多少？

（2）公司采用固定股利支付率政策，要求确定下一年应发放的股利为多少？

（3）公司采用剩余股利分配政策，其目标资本结构是负债比重占40%，要求确定下一年应发放的股利为多少？

【实训2】

某公司的本年税后利润为300万元，下一年拟投资一个新项目，需投资400万元，公司的目标资本结构为负债与权益之比2∶3，公司流通在外的普通股为200万股，采用剩余股利分配政策。

要求：
（1）计算公司本年可发放的股利额。
（2）计算股利支付率。
（3）计算每股股利。

【实训 3】

某公司上年税后净利为 800 万元，本年税后盈余降为 600 万元，目前公司发行在外普通股为 100 万股。该公司计划投资 500 万元设立新厂，其投资所需资金 50% 来自举债，50% 来自权益资金。此外，该公司上年每股股利为 4 元。

要求：
（1）若该公司采取固定股利支付率政策，则本年应支付每股股利多少元？
（2）若该公司采取剩余股利分配政策，则本年应支付每股股利多少元？

【实训 4】

某公司发放股票股利前的股东权益情况如表 11-7 所示。

表 11-7 某公司发放股票股利前的股东权益情况

万元

项目	金额
普通股股本（面值 1 元，已发行 300 万股）	300
资本公积	500
未分配利润	1 500
股东权益合计	2 300

假定该公司宣布发放 10% 的股票股利，计算发放股票股利后的股东权益项目变动情况。

【实训 5】

某公司全年实现净利润 1 000 万元，年末在分配股利前的股东权益情况如表 11-8 所示。

表 11-8 年末在分配股利前的股东权益情况

万元

项目	金额
普通股股本（面值 1 元）	1 000
资本公积	4 000
盈余公积	500
未分配利润	1 500
股东权益合计	7 000

若公司决定发放 10% 的股票股利，并按发放股票股利后的股数支付现金股利，每股 0.1 元，该公司股票目前市价为 10 元。

要求：计算并回答以下互不相关的问题：
（1）发放股利后该公司股东权益情况有何变化（计算各账户余额）？
（2）预计下一年净利润将增长 5%，若保持 10% 的股票股利发放率与固定股利支付率，则该发放多少股利？

学习成果认定

		学生自评		
专业能力	评价指标	自测结果		要求 （A 掌握；B 基本掌握；C 未掌握）
认识收益分配管理	1. 收益分配的含义 2. 收益分配的作用 3. 收益分配的原则 4. 收益分配的一般程序	A□ B□ C□ A□ B□ C□ A□ B□ C□ A□ B□ C□		能够理解收益分配的含义，了解利润分配的作用，掌握收益分配的原则和一般程序，明确利润的计算方法
选择股利分配政策	1. 股利分配政策 2. 影响股利分配政策的因素	A□ B□ C□ A□ B□ C□		掌握剩余股利分配政策、固定股利支付率政策、固定或稳定增长的股利政策、正常股利加额外股利政策的优缺点及适用条件，理解影响股利分配政策的因素
股票股利和股票分割	1. 股利支付程序 2. 股利支付方式 3. 股票股利和股票分割	A□ B□ C□ A□ B□ C□ A□ B□ C□		能够了解股利支付程序和股利支付方式，理解股票股利和股票分割对企业和股东的影响
职业道德、思想意识	1. 就业观、创新创业意识 2. 遵纪守法、遵守职业道德 3. 顾全大局、团结合作	A□ B□ C□ A□ B□ C□ A□ B□ C□		专业素质、思想意识得以提升，德才兼备，能胜任利润分配管理的工作
		小组评价		
团队合作	A□ B□ C□		沟通能力	A□ B□ C□
		教师评价		
教师评语				
成绩		教师签字		

附录 资金时间价值系数表

附表1 1元复利终值系数表

附表2 1元复利现值系数表

附表3 1元年金终值系数表

附表4 1元年金现值系数表